中國近・現代文學叢刊 *13*

魯迅死因之謎

靳叢林・劉中樹　編

人間出版社

目錄

1980 年代

2000年代

代序
一樁解不開的心結
須藤醫生在魯迅重病期間究竟做了些什麼？

周海嬰

引　語

老年人往往話多，不僅話多而且還喜歡嘮叨，所以只要有條件，撰寫回憶錄的往往大有其人，我亦不能免俗，也於六年前寫成出版了一本回憶錄《我與魯迅七十年》。

自從我的這本書出版後，頗有一些社會反響。有贊許的，也有異議的；有同意我書中所闡述的事實和觀點的，也有不理解的。所有這些，我都不大措意，因為我寫書之本意只是想把我的所歷、所知、所思，如實的說出來，至於別人如何看，如何想，那是別人的事，我都不在意，更不會因此而妄生悲喜，所以也就沒有寫過什麼「反響之反響」之類的文章。多年積蘊，一吐而快，本來以為可以言盡於此，不必再來饒舌了，但有些問題，比如父親最後的日子裡的病和死以及須藤醫生在其中究竟起了什麼樣的作用，仍像石頭一樣壓在我的心上久久不能釋懷。這個問題我在回憶錄中曾經寫過一節，但我仍然時時有想繼續說話的衝動，這不僅僅是出於做兒子的固執或多疑，更是出於一種責任。我覺得我有責任把這種疑惑盡可能完整地講出來，以等待將來真相大白的一天，即使一時不能還原於歷史的本來面目，也要把它留下來作為後人考證之用。

須藤其人

我們一直懷疑給父親看病的須藤醫生究竟充當了一個什麼樣的角色？須藤醫生全名須藤五百三，1898年畢業於日本第三高等學校醫學部。曾任陸軍三等軍醫，隨軍到過中國大陸和臺灣。後在日本國內善通寺預備病院和姬路衛戍病院等處工作，還以軍醫身份任朝鮮總督府黃海道（海州）慈惠醫院院長。1918 年退伍。以後又來上海開設「須藤醫院」（1926年《上海年鑒》上已有須藤醫院名錄）。到三十年代跟魯迅交往時，他已是一個有三十多年行醫經歷，有相當地位的老醫師了。

須藤醫生進入我家與我有一點點關係，因為我小時候體弱多病，哮喘病更是久治不癒，別的醫生開的藥控制不住，1933年3月，內山先生便推薦他的同鄉同時也是內山書店的醫療顧問須藤先生接替坪井學士為我看病，順乎自然地也給父親看病，時間長達三年半，看病總的次數在150次以上。父親認識他似乎更早，因為1932年的《魯迅日記》裡就有寫信給須藤先生的記載。以後父親還為他買過幾本書，互相之間饋贈過禮品，請過飯，這就超出一般的醫生與病人的關係，而是朋友關係了。因此須藤醫生對他的病人（我父親）瞭解不可謂之不深。那時父親肺結核的症狀已相當明顯，據專家說，即使是一個實習醫生也很容易診斷出來，更不必說資深的、對病人有相當瞭解的老醫師了。然而須藤醫生對魯迅去世前半年病情出示的「病狀經過」是：

> 本年（1936年）3月2日，先生突罹支氣管性哮喘症，承招往診，當時檢查病者體格中等，營養稍差，食欲不振，近一年半來，常患便秘，致每隔四日，總須利緩下劑或洗腸用藥。

須藤先生在診治父親長達一年半的時間裡，始終是按慢性支氣管炎、胃病消化不良進行治療的，從沒有提到父親的主要病症是肺結核，甚至連懷疑、診察化驗也「疏忽」了！

之後父親的病越來越嚴重，親友們也越來越擔心。此種情況下，1936年春，宋慶齡、史沫特萊便介紹美國的肺病專家鄧肯醫生給魯迅看病。經過聽診、叩診之後，鄧肯醫生確診為肺結核病晚期，並提出了治療方案。之後，父親又去另外一個有拍片條件的醫院拍了一張X光胸片，證實鄧肯醫生的診斷極其準確。然而須藤先生才在3月19日確定為係「消耗性熱型」，做「突刺實驗」得微黃色透明液，檢查咯痰為結核菌陰性，也就是還沒有認為或懷疑肺結核晚期。三個月之後，6 月 23 日查出「咯痰多結核菌陽性膿球」。在 X 光片、結核菌陽性膿球確鑿無疑的情況下，須藤醫生才最後不得不確診為肺病晚期；但是儘管如此，他仍沒有針對魯迅的病情，做積極的治療，用藥方面也未見變換，甚至於沒有建議養病，向我母親提出一個醫生應有的勸告。

鄧肯醫生明確指出，病人的肺病已經相當嚴重，必須首先抽出胸部積液，抓緊治療。治療方法很簡單，找位中國醫生，照他說的實施就行。如果不抓緊治療（自然是指按肺病治療），病人最多活半年，如果照他的方案治療，病人有望再活五六年。

一件簡單的隨便一個醫生都能做到的事，一個行醫三十多年資深的日本醫生卻沒有想到和做到。事實上從鄧肯醫生診斷到父親去世正好半年的時間，在這半年寶貴的時間裡，須藤醫生並沒有針對肺病進行任何積極有效的治療，他的治療仍不過是頭痛醫頭腳痛醫腳的表面治療，或者乾脆說是延誤病情的無效治療。父親再活五六年、甚至漸漸恢復身體的希望就這樣被葬送了。

父親去世後，須藤醫生應治喪委員會之請，寫了一篇《醫學者眼中的魯迅先生》的文章，算是對家屬也是對世人一個交代。然而這個交代並不真實。文章開頭就說病人身體如何一貫不好，意志如何剛強的空話，後面還把抽出積液的時間提前了，更讓人不解的是，他說魯迅先生四十四五歲時已有肺結核的預感，並且他還提醒說兩側患過胸膜炎的人大概是會患肺結核的。既然須藤醫生對父親患肺病有所懷疑，有所提醒，那麼為什麼不照此診斷、照此治療呢？

須藤醫生出示的「病狀經過」的結尾是：

> （18日，即去世前十五小時）午後二時往診，呼吸已較徐緩，然尚在五十二乃至四十六之間，脈軟弱。110至114。體溫下降，為三十五度左右。病者聲稱呼吸困難，情況不佳，頗呈衰憊不堪之狀，早晨以來僅進牛奶百公分。右肺喘鳴盡去，左肺亦然。診察左胸下半部覺有高而緊張之鼓音，肋間也覺陷落少許，心臟越過右界，橫徑約半指許。決定為心臟下方右傾，肺動與脈搏二音如稍亢進，諒已引起所謂「氣胸（Pneumothorax）」。由於此病狀，以致雖儘量使之絕對安靜就眠，亦不能深睡，頻頻驚醒，聲稱胸內苦悶，心部有壓迫之感，終夜冷汗淋漓，自翌晨（十九日）半前五時起（原譯文「半前」疑為「午」前），苦悶加甚，輾轉反側，延至午前五時二十分由心臟麻痺而長逝。
>
> 主治醫生須藤。

請看這是作為一個負責任的醫生應盡的責任嗎?!

作這個交代之後，須藤醫生從此杳如黃鶴，音訊全無。後來得知，他仍在上海行醫，並擔任過兩任日本民會議員。

1946年才回日本，在他的家鄉岡山開設診所，1959年去世。後來經有關人士證實，他是日本退伍軍人組織烏龍會的副會長，這是一個軍國主義組織。這樣一個人，這樣一個組織，再加上須藤醫生在診療過程中種種異常之處，所有這些都是足以啟人疑竇的。

建人叔叔曾經這樣說

第一個對須藤醫生診療提出質疑的是建人叔叔。鄧肯醫生診斷後，建人叔叔認為「老醫生」（指須藤醫生，他比我父親還大幾歲）不行，提出更換醫生。父親去世後，須藤醫生診療的疑點更多了，提出質疑的親友也更多了，但限於當時的歷史環境，難以查證。1949年上海解放，母親、建人叔叔立即向中央彙報，請求幫助澄清，然而須藤醫生早於1946年被遣送回國了。雖然失去這個直接澄清真相的最好機會，但多年來建人叔叔從未放棄他的懷疑和查證。1949年10月19日，他在《人民日報》上發表文章，首次把積存在親友心中的疑團向社會公開。

1969年冬天，母親去世不久，我被單位勒令交代「反江青」和涉外關係、個人的業餘無線電臺等問題，辦個人「學習班」。幾個星期之後，因患結核性心包炎等症在杭州用「險」藥——靜脈推注鏈黴素（混合50毫升葡萄糖液）治病，並住在建人叔叔家。在這難得相聚的日子裡，叔叔經常與我敘談往事，甚至久久鬱積於心的疑團。我及時地記錄了下來，直到 1969 年 12 月底。我在記錄本上記寫著這樣一段話：「得幸親聆建人叔叔的教誨，他雖年紀八十有三，但記憶力極佳，十分健談，談吐風生。且邊講邊比劃當時情景……」建人叔叔的話，對我來說，是無可置疑的，對於弄清這件疑案也是非常重要的。因此我把這些話照錄在下面：

魯迅年輕時候身體十分強健，底子很好，很少看到他生病。胃病是趕考大步奔跑去考場，吃飽飯之後形成胃下垂所致。經常胃痙攣作痛，用桌子角頂住止疼。後來慢慢地恢復，而並非和章士釗筆戰喝烈酒造成的。魯迅在紹興，偶爾喝點紹興黃酒，也不過一小碗，並不經常。烈酒是不喝的。

鄧醫生（Dr. Dunn）來會診之後說：「肋膜裡邊有積水，馬上抽掉積液，寒熱會退下來，（這樣下來）胃口就會開，東西吃得下去，身體的抵抗力就會增大。如果現在就這樣治療、休養，至少（還）可以活十年。如果不這樣治療，不出半年便死。治療方法極其簡單，任何一個醫生都可以做到，你們商量一下，找一個中國醫生，讓他來找我，我會告訴他治療方案。只要照我說的去做就行，無須乎我自己治療的。」

還說到是不是需要拍 X 光片，鄧醫生說：「經我檢查，和拍 X 光一樣。」說得十分有把握。

日本醫生須藤五百三，一直否定肋膜裡有積液，直到一個多月之後才予以承認、才抽肋膜積液。一般醫科高年級學生，都有能力診斷出肋膜積水的。

我聽到這些話之後，通過馮雪峰的妻子轉告給馮，說這個日本醫生不可信，應該換個醫生。過了幾天馮雪峰的妻子回覆說，她同馮雪峰講過了，他（馮）是贊成「老醫生（平常大家對須藤的稱呼）看下去的」。

豈知鄧醫生的診斷相當準確，到十月份魯迅就去世了。距鄧醫生的會診，正好半年。魯迅去世後須藤寫出一紙治療經過、用藥等等，你媽媽經常談到診斷書前邊一段是空話，說魯迅怎麼怎麼剛強，後段講使用什麼藥物，把抽肋膜積水的時間提前了。我和你母親對須藤醫生的可疑跡象，向中央彙報。你母親同意應扣留須藤審查，待中央指示電報通知上海，豈知須藤在日本第一批僑民撤回時，已經走了。以致這件懸案無法得到澄清。

對照蘇聯的高爾基的疑問，也是多年之後得到澄清的。想起來魯迅生病的時候，須藤醫生代表日本方面邀請他去日本治療，魯迅當時斷然拒絕，回覆說：「日本我是不去的！」是否由此而引起日本方面決定些什麼呢？

聯繫到魯迅到病重前，他迫不及待地要搬遷到租界去居住，甚至於表示房子都不必親自過目，只需我尋妥就可以，裡邊有值得懷疑的地方。

為什麼要急急忙忙遷居租界，連房子都不經自己選擇決定，只要我看妥認為合適就可以了，這裡不知道魯迅有什麼預感，理由他始終沒有向我講。這件事距離他逝世很近。由於病況很快惡化，終於沒有搬到租界。

須藤醫生的責任

學界（包括日本學界）不少人認為須藤醫生的責任僅止於誤診，個別人甚至對誤診還要曲為辯護，大加體諒，說須藤醫生近兩年的治療和魯迅的臨終搶救是「負責的」，「特別是挽救魯迅生命的最後時刻，從其要求內山完造先生再請其他醫學專家前往診治來看，須藤醫生並沒有延誤診治，而且是盡了最大的努力的，這是一個不爭的事實。」

事實上須藤醫生對待魯迅的重病又是什麼態度呢？

內山完造寫《憶魯迅先生》一文，它載於時隔魯迅去世一年後，1937年10月19日出版《魯迅先生紀念集》第二輯（編者注：《魯迅先生紀念集》分為「自傳」、「年譜」、「譯著書目」、「悼文」、「函電」、「輓聯辭」、「通訊」、「附錄」及「後記」這九部分，作者在此指的是「悼文」部分的第二輯，下同。）1-4頁。內山完造講出這樣一個情節：

那天（魯迅去世前 21 小時）正巧石井政吉醫生偶然來到內山完造的書店，兩人談起了魯迅生病，石井醫生說：馬上去問候一下。由此可見，石井並不是須藤醫生主動邀請去「會診」的。

內山完造在魯迅家裡，他看見「這時候恰好是八點前五分，我因為八點鐘在店裡有個約會，就拜託了須藤醫生，回到店裡來了。」

受內山完造重託之後的須藤醫生是什麼態度呢?!

「須藤醫生說了一聲大概不妨事，明天再來，就回家去了。但我（內山完造）總覺得不放心，因此，就叫一個店員住在先生的家裡。」

這裡插入一段須藤醫生自己寫的「魯迅先生病狀經過」（《魯迅先生紀念集》P.25），18 日：「午前三時（魯迅）喘息又突然發作，18 日午前六時半往診，……午後二時往診……」

對一個隨時會發生生命危險的重病患者，須藤醫生並沒有履行一個醫生應有的職責，離開他所診斷的病情嚴重的「氣胸」病人魯迅「回家去了」。須藤醫生既然採取這種消極拖延的治療措施，當然是不會「建議」將魯迅送到醫院進行搶救的，我想這也是「一個不爭的事實」吧！

須藤醫生態度是不是「負責的」，是不是「盡了最大的努力的」，可以從這些真實的情況裡看得非常清楚了。

種種疑竇

下面來分析「誤診」這個說法或判斷，我認為誤診大致有三種情況：

第一種是一般性的誤診，即因診查的時間匆促，判斷有誤（如急診或首次門診）。這種情況只要醫生囑咐病人或家屬，按時復診並進行必要的檢查，如化驗、照X光片等，這種誤診是可以得到及時糾正的。

第二種是醫生本人醫學知識、臨床水準低，診斷出錯。但醫生或醫院如果對於重病人採取了會診的辦法，也可避免發生不幸的事情。

第三種情況是，已經有了明確的診斷，如像鄧肯醫生已經做了科學正確的診斷，但經治醫生仍然怠忽職守，不按正確的方法進行治療，這就是蓄意的「誤診」。更惡劣的是為了掩蓋其用心，而使之「天衣無縫」，主觀上做許多手腳。但事實總會要被揭露，不會永久被掩蓋的。所以，不懂醫學的人大談「誤診」，實際上只會混淆視聽，產生誤判，其實是有意無意的包庇！

須藤醫生對我父親治療是從1934年11月到1936年10月，歷時近兩年（準確的說是二十三個月），應當說診查準確無誤了。其間還「邀請」了同行日本醫生石井（實際上是內山完造的朋友，臨時一同去探訪魯迅的），按理他們應該早就共同「議」出來了一個符合當時的治療、用藥條件的方案了。可是不幸的是，事實完全不是這樣的，須藤醫生在長達一年另十一個月的對父親的消極治療，顯然不能用「誤診」兩個字來為他「開脫」的！

十月十八日至十九日父親臨終前夕，須藤醫生在用藥、醫囑、搶救等方面，不應當再「誤」了吧？若搶救的措施極不得當，能不能用「誤診」為他掩蓋？尤其是處於臨危的「生命危機」的幾個小時，在這種嚴重狀態下，須藤醫生卻撇下這麼一句：「過了這一夜……」的話，抽腳走掉了！據說是他的休息日。作為醫生，這是失掉了職業道德的行為，簡直是玩忽人命！

父親臨終前的三十個小時，氣喘、虛弱、大汗淋漓……須藤醫生採取了哪些應對措施呢？首先，若假定是氣管性喘息，那就應當使用解痙藥，如麻黃素、阿片酊之類。用了沒有？哮喘缺氧應當使用醫用氧氣直接輸至口、鼻供病人吸入。他根本沒有使用！使少數魯研學者陷入誤導的是家裡有內山完造先生拿來的一個「氧氣發生器」，實際上這只是一個小小木匣狀的「臭氧」發生器，它對空氣有微弱的消毒作用，對病人的缺氧狀況毫無改善作用。

垂危病人狀況越來越嚴重，心率越來越快，須藤醫生只讓看護婦每小時注射一支強心的「樟腦酊」之類的針劑，除此之外並沒有看到採取什麼積極措施，他讓病人用熱水袋暖暖腳！這能夠算是搶救嗎？如果說是「氣胸」，他也沒有對症給胸腔抽氣減壓，這連頭痛醫頭、腳痛醫腳都沒有做到，這能用「誤診」來開脫嗎？

當母親聽到建人叔叔匆匆趕到，從魯迅身邊下樓敘述病況。（建人叔叔告訴我）再長也不過若干分鐘，須藤醫生就在二樓的樓梯宣布了魯迅的死亡！魯迅臨終須藤醫生到底做了些什麼？

母親曾經對我說過這種可疑：須藤醫生聽到店員通知周建人趕到，卻讓她下樓，我十分懷疑這一個短短時間裡，到底發生了什麼？魯迅在清晨五時二十分去世了！

在我從三樓下來站在父親床前的時候，應當說已經是臨床死亡一會兒了。日本看護婦收拾起她帶來的護理用具之後，走向父親的身邊，兩手扶持胸肋用勁振搖，試圖使心臟復蘇，類似現在擠壓方法使心臟蘇醒。顯然，看護婦是在盡最後的努力，應當感激她的良好願望。但是，此時已無法從死神手上挽回父親生命。如果須藤醫生做過搶救措施的話，做過心臟復蘇按壓的施救術的話，看護婦在過後是不必再重複這樣的操作的。

看護婦在魯迅死亡之後，採取振搖「復蘇法」後毫無反應，只好無奈地深深鞠了一躬離去了。從她採取這一個措施來分析，是不是可以說明病人停止呼吸前，並沒有採用其他積極的搶救辦法。這位看護婦有一張「請求書」——實際上是發票，費用由上海北四川路志安坊二十一號，上海（日本）「看護婦會組合」領收的。日期是10月23日，是由內山書店代付的款子。這裡又產生出另一個疑問，看護婦若是須藤醫生雇請的，帳單必包含在他的診療、藥物、出診費內，這是常理常規；而這筆帳單的付給，由內山完造先生店裡轉，看來這位護理人員是內山先生為減輕母親照顧重病人的勞累，後來請來的，也就是並非跟隨須藤醫生一塊來我家的。若是這樣，須藤醫生在父親床前時候，看護婦是否在旁？所以叔叔才會產生「只有須藤醫生在父親旁邊」的驚愕！事後他把這一個重要情節告訴了我並和他的秘書馮仰澄同志。

在「搶救」瀕危病人時候，日本醫療和習慣方面，有沒有叫家屬迴避的做法，須藤醫生卻叫母親離開。為此我詢問了知情者，他們說在醫院裡，除非緊急手術怕礙事，有讓家屬在手術室外等候的情況，但現場絕非只有一個醫生搶救的。一般內科搶救時沒有叫家屬出去的，尤其彌留之際更不會「閒人免入」似的將最親的人支開，這絕對不符合常情。他們還說：當病人處於「生死」交界時候，醫生會讓親人大聲呼叫，往往能把陰陽交界的病人，呼喚復蘇，回醒生還。

一位負責任的醫生，當他的重病病人瀕危前，習慣上應該另請一兩位醫生一齊會診、搶救。直到臨終，也應該當場簽字寫出明確的「死亡證明」。看護婦如在，應有她的簽署。這些，都欠缺。事後，須藤醫生也沒有把書面證明補交給家屬或內山先生。

郭德文教授的讀片

在父親的病危和去世的問題上，對須藤醫生的行為，母親、建人叔叔和我都取懷疑的態度，這個態度不僅從來沒有改變，而且我們從來也沒有放棄探查求證。我們還通過組織向中央彙報過，並請求中央幫助查證。没想到這種觀點有一天忽然被上綱為影響中日兩國關係的「國際問題」。那是在 1984 年 5 月，紀維周先生發表《魯迅之死謎釋》，指出醫生療救過程中種種疑竇，推測他有否圖謀，這種懷疑，對我們親屬來説並不新鮮，但在學術界卻是首次提出，因此日本魯研界也很快有了反應，這本是再正常不過的事情，不應該也不值得大動干戈。然而上世紀 80 年代正是大講中日友好的時代，這種時候提出這種觀點，顯然是「不合時宜」的，於是紀先生承受了巨大的政治壓力，無端遭受種種責難，並被迫公開檢討，現在看來這是極不公正的。

有不合時宜的人和事，就有合乎時宜的人和事。1984 年 2 月，上海方面組織了有 9 個醫院 23 名專家參加的「魯迅先生胸部 X 線讀片和臨床討論會」。這樣大的動作，或許是有所安排有所佈置的，目的是取得關於魯迅的病情和死亡的「科學的、權威的」結論。讀片會的診斷結論是：

(1) 慢性支氣管炎，嚴重肺氣腫，肺大皰；

(2) 二肺上中部慢性肺結核病；

(3) 左側結核性滲出性胸膜炎。

並推斷魯迅先生死於在上述疾病基礎上發生的左側「自發性氣胸」。

這個結論與須藤醫生診斷幾乎完全一致。我想說的是讀片本身大致是可靠的，但根據讀片確定父親的死因為「氣胸」則不見得就是臨床的事實。

2006年4月，我們請上海胸科醫院放射科主任郭德文教授，在上海魯迅紀念館對魯迅X光胸片進行了再次審讀。郭教授先從右上方敍述開始，他說右側肺上方症狀是活動性結核，大量浸潤及增殖性病變延續至中部。未見鈣化和空洞。右側下有胸腔積液，郭教授問及積液顏色，我說呈現透明淺橙黃色。郭教授點頭說這是典型的積液，没有粉紅色，説明没有别的病變。液弧面大致在第8、9肋間，應當屬於中等量的胸腔積液。左肺上、中比右側重，亦見浸潤及增殖性病變，整個面積看到伴有纖維及鈣化點，和右面相比，病灶早於右肺。

郭教授指向X光胸片中部說，這已是乾酪性病變，而且實質量不少，有大量結核菌。從邊緣線判斷，不似有癌變。這也可從胸腔積液顏色判定，並没有癌症的可疑。左側上端並見不規則的透亮點，懷疑是幾個小薄壁空洞。兩肺下顯現透亮度增加，是肺氣腫所致。

郭教授把背面的小型光源向X光片下移，講解說：這裡可見多個肺大皰，以左下最為明顯，左肋隔角鈍，左肋表面有支氣管影粘連。雙側肺門血管正常表現。主動脈弓大小與年齡相符，心形無擴大、形態正常。未見房、室擴大。可以診斷魯迅先生他生前没有心血管粥樣硬化。

郭教授拿出自備鋼皮尺，測量胸腔與心臟比例，心胸比率 0.4 左右。正常值是 0.5-0.55，郭教授說，這是肺氣腫所致，從另一方面說明，魯迅的心臟很好。郭教授把X光胸片移向視窗方向，審視整體狀況，發現左側第 7 根肋骨有陳舊性骨折，對合良好，上緣四周有骨痂，至少是有 5 年之上時間的舊傷。我說父親青年時期在南京騎馬時曾下墜過，郭說碰撞亦有可能。審片完畢，請郭教授寫「診斷」書，書面如下：

> 雙側浸潤及乾酪型肺結核，伴空洞、肺大皰肺氣腫，右側胸腔中等量積液。慢性支氣管炎。
>
> 左側第 7 根肋骨陳舊性骨折，對合良好，有骨痂形成。
>
> 心形及大血管陰影表現為正常範圍內。

郭德文教授對 X 光片的說明

審片之後，我又向郭德文教授請教了幾個問題：

周：魯迅的肺病程度怎樣估計？

郭：如果吐血並不嚴重，痰中帶血，病症似有多年。後期的下午有潮熱、體溫 37 度以上，虛弱、胃口差，是結核病灶的毒素所致。

周：在魯迅去世之前半年，即 1936 年 5 月 15 日，他給曹靖華去信，自己是這樣敘述的：「今日看醫生，云是胃病，大約服藥七八天，就要好起來了。」5月23日魯迅給趙家壁信中說：「發熱已近十日，不能外出；今日醫生始調查熱型，那麼，可見連什麼病也還未能斷定。」

周：日本須藤醫生和魯迅的醫患關係，是自1934年11月開始，親手接觸治療近乎二年，達到百多次。請問郭醫生，父親的病是不是難以診斷？

郭：從魯迅歷年的體徵和病史，即便是剛剛畢業稍有實習經驗的醫生都能診斷出。以胃病為治療目標，令人難以想像。

周：有個別人說，魯迅去世前用了氧氣，我只見到內山完造拿來是一隻一尺見方的木製匣，通電後有「蠅蠅」聲，叫做「阿純」發生器，似乎是臭氧發生器，而非給重症病人使用的氧氣？連我的母親也誤認為是「輸氧」。

郭：那是一種簡易的臭氧發生器，沒有治療作用。只對室內空氣有微弱的消毒作用。

周：父親病情危急時，有用口、鼻輸送氧氣的需要嗎？

郭：即使在那1936年時代，醫院是廣泛使用鋼瓶氧氣給病人輸送氧氣。就像電影裡所見那種。以魯迅病情，如使用吸氧，可緩解許多。

周：能援救臨床瀕危嗎？

郭：有這種可能。判斷魯迅是「氣胸」為死亡原因，根據不足。估計是肺病菌毒素引起身體衰竭，肺氧不足致以功能衰竭死亡。

周：醫生為什麼不提出魯迅病情的嚴重性，急迫需要送醫院搶救?!

郭：應當立即送醫院。醫生没提出過這個建議？

周：没有！須藤醫生離開大門前僅僅這樣回答母親，他講：「過了這一夜，再過了明天，没有危險了！」（許廣平《最後的一天》，原載 1936 年 11 月 15 日《作家》第二卷第二期）須藤醫生以輕鬆狀態走了。

因此母親安下心了。那知道……

郭：真不可思議！

周：如果不是這樣地「疏忽」，父親的壽命可不可能像另一位美國醫生的估計，按結核病治療，還可能再多活 5-10 年？

郭：以他的年齡，有這種可能。須藤醫生用的「蘇忽兒」藥（Solfol）我查出是德國藥，僅僅用於緩解支氣管咳嗽氣喘之類症侯，也略有止痛、退燒作用。

周：謝謝，此藥查證多年未獲結果，日本醫生也表示無可查詢。再比如某位魯迅研究家在《魯迅生平疑案》一書中，把蒸汽吸入器注明是吸氧器，通大便器注明是注射針劑的器械，外用藥重炭酸曹達、黃碘誤為內服用藥，許廣平被日寇抓捕後的補血劑亞硫酸鐵丸藥……當成魯迅用藥，寫入書籍中。其實，此事只要稍稍問問我，當不至出此差錯。

郭：以你的高齡，今天講出當年的實際情況很重要。

周：謝謝郭教授今天的科學判斷。

（以上涉及郭德文教授的內容，均經本人審定）

質疑氣胸的診斷

依據須藤醫生所寫的病狀有些學者認為魯迅先生死於上述疾病基礎上發生的左側「自發性氣胸」。他們所根據的是「病狀經過」，即根據須藤醫生所寫的病歷。

須藤醫生所寫的病情簡史，是在事後才補做出來的，母親和親友曾紛紛指出他倒填日期，含有弄虛作假成份。

魯迅「死於」「左側自發性氣胸」的診斷還有其他醫生的證明嗎？沒有！

因此，這種「診斷」不能做為事實的依據。

須藤醫生沒有按醫療程式簽署死亡證明，更沒有第二位醫生的證明、簽署。早在 1984 年 2 月 22 日下午 2 時，有 23 位專家學者參加的「魯迅先生胸部 X 線讀片和臨床討論會」，也沒有從胸部 X 線片上發現有「氣胸」跡象。

魯迅去世前半年，既然沒有「氣胸」跡象，他的 X 線胸片上必然拍攝不出這個「事實」，郭德文醫生也沒有從 X 光片上讀判出「氣胸」現象，因此須藤的診斷是毫無事實根據的。有人曾經問我根據什麼對魯迅死於「氣胸」產生懷疑？我的回答是沒有「證明」就是最好的反證。

魯迅終究因何而死，我堅信這樁「疑案」終將會大白於天下的。

所謂魯迅用的「酸素吸入器」

魯迅用的所謂「酸素吸入器」，這其實只是一件理療器械。在我童年哮喘病發作時，用它噴出的蒸氣，吸入緩解藥物，以鬆懈氣管的痙攣。它決不是魯迅病危時使用的「氧氣」（酸素——日文氧氣）吸入器。它陳列於上海魯迅故居三樓木櫃中。照片上端亦錯誤地寫成「魯迅用的酸素吸入器」，這和醫院用的瓶裝氧氣完全不搭界。

2006 年 9 月周海嬰於北京木樨地寓所

原載《魯迅研究月刊》2006 年 11 期

1930年代

死[1]

魯迅

當印造凱綏・珂勒惠支（Kaethe Kollwitz）所作版畫的選集時，曾請史沫德黎（A. Smedley）[2]女士做一篇序。自以為這請得非常合適，因為她們倆原極熟識的。不久做來了，又逼著茅盾先生譯出，現已登在選集上。其中有這樣的文字：

「許多年來，凱綏・珂勒惠支——她從沒有一次利用過贈授給她的頭銜[3]——作了大量的畫稿，速寫，

1 本篇最初發表於一九三六年九月二十日《中流》半月刊第一卷第二期。

2 史沫德黎（1890-1950）通譯史沫特萊，美國革命女作家、記者。一九二八年來中國，一九二九年底開始與作者交往。著有自傳體長篇小說《大地的女兒》和介紹朱德革命經歷的報告文學《偉大的道路》等。這裡所說的「一篇序」，題為《凱綏・珂勒惠支——民眾的藝術家》。

3 一九一八年德國十一月革命成立共和國以後，德國政府文化與教育部曾授予凱綏・珂勒惠支以教授稱號，普魯士藝術學院聘請她為院士，又授予她「藝術大師」的榮譽稱號，享有領取終身年金的權利。

> 鉛筆作的和鋼筆作的速寫，木刻，銅刻。把這些來研究，就表示著有二大主題支配著，她早年的主題是反抗，而晚年的是母愛，母性的保障，救濟，以及死。而籠罩於她所有的作品之上的，是受難的，悲劇的，以及保護被壓迫者深切熱情的意識。」
>
> 「有一次我問她：『從前你用反抗的主題，但是現在你好像很有點拋不開死這觀念。這是為什麼呢？』用了深有所苦的語調，她回答道，『也許因為我是一天一天老了！』……」

我那時看到這裡，就想了一想。算起來：她用「死」來做畫材的時候，是一九一〇年頃；這時她不過四十三四歲。我今年的這「想了一想」，當然和年紀有關，但回憶十餘年前，對於死卻還沒有感到這麼深切。大約我們的生死久已被人們隨意處置，認為無足重輕，所以自己也看得隨隨便便，不像歐洲人那樣的認真了。有些外國人說，中國人最怕死。這其實是不確的，——但自然，每不免模模糊糊的死掉則有之。

大家所相信的死後的狀態，更助成了對於死的隨便。誰都知道，我們中國人是相信有鬼（近時或謂之「靈魂」）的，既有鬼，則死掉之後，雖然已不是人，卻還不失為鬼，總還不算是一無所有。不過設想中的做鬼的久暫，卻因其人的生前的貧富而不同。窮人們是大抵以為死後就去輪迴[4]的，根源出於佛教。佛教所說的輪迴，當然手續繁重，並不這麼簡單，但窮人往往無學，所以不明白。這就是使死罪犯人綁赴法場時，大叫「二十年後又是一條好漢」，面無懼色的原因。況且相傳鬼的衣服，是和臨終時一樣的，窮人無好衣裳，做了鬼也決不怎麼體面，實在遠不如立刻投胎，化為赤條條的嬰兒的上算。我們曾見誰家生了小孩，胎裡就穿著叫化子或是游泳家的衣服的麼？從來没有。這就好，從新來過。也許有人要問，既然相信輪迴，那就說不定來生會墮入更窮苦的景況，或者簡直是畜生道，更加可怕了。但我看他們是並不這樣想的，他們確信自己並未造出該入畜生道的罪孽，他們從來没有能墮畜生道的地位，權勢和金錢。

然而有著地位，權勢和金錢的人，卻又並不覺得該墮畜生道；他們倒一面化為居士，準備成佛，一面自然也主張讀經復古，兼做聖賢。他們像活著時候的超出人理一樣，自以為死後也超出了輪迴的。至於小有金錢的人，則雖然也不覺得該受輪迴，但此外也別無雄才大略，只豫備安心做鬼。所以年紀一到五十上下，就給自己尋葬地，合壽材，又燒紙錠，先在冥中存儲，生下子孫，每年可吃羹飯。這實在比做人還享福。假使我現在已經是鬼，在陽間又有好子孫，那

4 輪迴，佛家語。佛教宣揚眾生各依所作善惡業因，在所謂天、人、阿修羅（印度神話中的一種惡神）、地獄、餓鬼、畜生六道中不斷迴圈轉化。《心地觀經》：「有情輪迴生六道，猶如車輪無始終。」

麼，又何必零星賣稿，或向北新書局[5]去算帳呢，只要很閒適的躺在楠木或陰沉木的棺材裡，逢年逢節，就自有一桌盛饌和一堆國幣擺在眼前了，豈不快哉！

就大體而言，除極富貴者和冥律無關外，大抵窮人利於立即投胎，小康者利於長久做鬼。小康者的甘心做鬼，是因為鬼的生活（這兩字大有語病，但我想不出適當的名詞來），就是他還未過厭的人的生活的連續。陰間當然也有主宰者，而且極其嚴厲，公平，但對於他獨獨頗肯通融，也會收點禮物，恰如人間的好官一樣。

有一批人是隨隨便便，就是臨終也恐怕不大想到的，我向來正是這隨便黨裡的一個。三十年前學醫的時候，曾經研究過靈魂的有無，結果是不知道；又研究過死亡是否苦痛，結果是不一律，後來也不再深究，忘記了。近十年中，有時也為了朋友的死，寫點文章，不過好像並不想到自己。這兩年來病特別多，一病也比較的長久，這才往往記起了年齡，自然，一面也為了有些作者們筆下的好意的或是惡意的不斷的提示。

從去年起，每當病後休養，躺在藤躺椅上，每不免想到體力恢復後應該動手的事情：做什麼文章，翻譯或印行什麼書籍。想定之後，就結束道：就是這樣罷——但要趕快做。

5　北新書局，當時上海的一家書店，李小峰主持，曾出版過魯迅著譯多種。因拖欠版稅問題，魯迅於一九二九年八月曾委託律師與之交涉。

這「要趕快做」的想頭，是為先前所沒有的，就因為在不知不覺中，記得了自己的年齡。卻從來沒有直接的想到「死」。

直到今年的大病，這才分明的引起關於死的豫想來。原先是仍如每次的生病一樣，一任著日本的 S 醫師[6]的診治的。他雖不是肺病專家，然而年紀大，經驗多，從習醫的時期說，是我的前輩，又極熟識，肯說話。自然，醫師對於病人，縱使怎樣熟識，說話是還是有限度的，但是他至少已經給了我兩三回警告，不過我仍然不以為意，也沒有轉告別人。大約實在是日子太久，病象太險了的緣故罷，幾個朋友暗自協商定局，請了美國的D醫師[7]來診察了。他是在上海的唯一的歐洲的肺病專家，經過打診，聽診之後，雖然譽我為最能抵抗疾病的典型的中國人，然而也宣告了我的就要滅亡；並且說，倘是歐洲人，則在五年前已經死掉。這判決使善感的朋友們下淚。我也沒有請他開方，因為我想，他的醫學從歐洲學來，一定沒有學過給死了五年的病人開方的法子。然而D醫師的診斷卻實在是極準確的，後來我照了一張用X光透視的胸像，所見的景象，竟大抵和他的診斷相同。

我並不怎麼介意於他的宣告，但也受了些影響，日夜躺著，無力談話，無力看書。連報紙也拿不動，又未曾煉到

6　S醫師，即須藤五百三，日本退職軍醫，當時在上海行醫。

7　D醫師，即湯瑪斯·鄧恩（Thomas Dunn），美籍德國人。當時在上海行醫，曾由史沫特萊介紹為作者看病。

「心如古井」，就只好想，而從此竟有時要想到「死」了。不過所想的也並非「二十年後又是一條好漢」，或者怎樣久住在楠木棺材裡之類，而是臨終之前的瑣事。在這時候，我才確信，我是到底相信人死無鬼的。我只想到過寫遺囑，以為我倘曾貴為宮保[8]，富有千萬，兒子和女婿及其他一定早已逼我寫好遺囑了，現在卻誰也不提起。但是，我也留下一張罷。當時好像很想定了一些，都是寫給親屬的，其中有的是：

一、不得因為喪事，收受任何人的一文錢。——但老朋友的，不在此例。

二、趕快收斂，埋掉，拉倒。

三、不要做任何關於紀念的事情。

四、忘記我，管自己生活。——倘不，那就真是胡塗蟲。

五、孩子長大，倘無才能，可尋點小事情過活，萬不可去做空頭文學家或美術家。

六、別人應許給你的事物，不可當真。

七、損著別人的牙眼，卻反對報復，主張寬容的人，萬勿和他接近。

此外自然還有，現在忘記了。只還記得在發熱時，又曾

8 宮保，即太子太保、少保的通稱，一般都是授予大臣的加銜，以表示榮寵。清末郵傳大臣、大買辦盛宣懷曾被授為「太子少保」，他死後其親屬曾因爭奪遺產而引起訴訟。

想到歐洲人臨死時，往往有一種儀式，是請別人寬恕，自己也寬恕了別人。我的怨敵可謂多矣，倘有新式的人問起我來，怎麼回答呢？我想了一想，決定的是：讓他們怨恨去，我也一個都不寬恕。

但這儀式並未舉行，遺囑也沒有寫，不過默默的躺著，有時還發生更切迫的思想：原來這樣就算是在死下去，倒也並不苦痛；但是，臨終的一剎那，也許並不這樣的罷；然而，一世只有一次，無論怎樣，總是受得了的……。後來，卻有了轉機，好起來了。到現在，我想，這些大約並不是真的要死之前的情形，真的要死，是連這些想頭也未必有的，但究竟如何，我也不知道。

（九月五日）

《魯迅全集》第 6 卷，人民文學出版社，1981 年版

最後的一天

許廣平

今年的一整個夏天，正是魯迅先生被病纏繞得透不過氣來的時光，許多愛護他的人，都為了這個消息著急。然而病狀有些好起來了。在那個時候，他說出一個夢：他走出去，看見兩旁埋伏著兩個人，打算給他攻擊。他想：你們要當著我生病的時候攻擊我嗎？不要緊！我身邊還有匕首呢，投出去擲在敵人身上。

夢後不久，病更減輕了。一切惡的徵候都逐漸消滅了。他可以稍稍散步些時，可以有力氣拔出身邊的匕首投向敵人，——用筆端沖倒一切，——還可以看看電影，生活生活。我們戰勝「死神」。在謳歌，在歡愉。生的欣喜布在每一個友朋的心坎中，每一個惠臨的愛護他的人的顏面上。

他仍然可以工作，和病前一樣。他與我們同在一起奮鬥，向一切惡勢力。

直至十七日的上午，他還續寫《因太炎先生而想起的二三事》（以前有《關於太炎先生二三事》一文，似尚未發表。）一文的中段。（他沒有料到這是最後的工作，他原稿壓在桌子上，預備稍緩再執筆。）午後，他願意出去散步，我因有些事在樓下，見他穿好了袍子下扶梯。那時外面正有些風，但他已決心外出，衣服穿好之後，是很難勸止的。不過我姑且留難他，我說：「衣裳穿夠了嗎？」他探手摩摩，裡面穿了絨線背心。說：「夠了。」我又說：「車錢帶了沒有？」他理也不理就自己走去了。

回來天已不早了，隨便談談，傍晚時建人先生也來了。精神甚好，談至十一時，建人先生才走。

到十二時，我急急整理卧具。催促他，警告他，時候不早了。他靠在躺椅上，說：「我再抽一支煙，你先睡吧。」

等他到床上來，看看鐘，已經一時了。二時他曾起來小解，人還好好的。再睡下，三時半，見他坐起來，我也坐起來。細察他呼吸有些異常，似氣喘初發的樣子。後來繼以咳嗆，咳嗽困難，兼之氣喘更加厲害。他告訴我：「兩點起來過就覺睡眠不好，做噩夢。」那時正在深夜，請醫生是不方便的，而且這回氣喘是第三次了，也不覺得比前二次厲害。為了減輕痛苦起見，我把自己購置在家裡的「忽蘇爾」氣喘藥拿出來看：說明書上病肺的也可以服，心臟性氣喘也可以服。並且說明急病每隔一二時可連服三次，所以三點四十分，我給他服藥一包。至五點四十分，服第三次藥，但病態並不見減輕。

從三時半病勢急變起，他就不能安寢，連斜靠休息也不可能。終夜屈曲著身子，雙手抱腿而坐。那種苦狀，我看了難過極了。在精神上雖然我分擔他的病苦，但在肉體上，是他獨自擔受一切的磨難。他的心臟跳動得很快，咚咚的聲響，我在旁也聽得十分清澈。那時天正在放亮，我見他左手按右手的脈門。脈跳得太快了，他是曉得的。

他叫我早上七點鐘去託內山先生打電話請醫生。我等到六點鐘就匆匆的盥洗起來，六點半左右就預備去。他坐到寫字桌前，要了紙筆，帶起眼鏡預備寫便條。我見他氣喘太苦了，我要求不要寫了，由我親口託內山先生好了，他不答應。無論什麼事他都不肯馬虎的。就是在最困苦的關頭，他也支撐起來，仍舊執筆，但是寫不成字，勉強寫起來，每個字改正又改正。寫至中途，我又要求不要寫了，其餘的由我口說好了。他聽了很不高興，放下筆，歎一口氣，又拿起筆來續寫，許久才湊成了那條子。那最後執筆的可珍貴的遺墨，現時由他的最好的老友留作紀念了。

清晨書店還沒有開門，走到內山先生的寓所前，先生已走出來了，匆匆的託了他打電話，我就急急地回家了。

不久內山先生也親自到來，親手給他藥吃，並且替他按摩脊背很久。他告訴內山先生說苦得很，我們聽了都非常難受。

須藤醫生來了，給他注射。那時雙足冰冷，醫生命給他熱水袋暖腳，再包裹起來。兩手指甲發紫色大約是血壓變態的緣故。我見醫生很注意看他的手指，心想這回是很不平常而更嚴重了。但仍然坐在寫字桌前椅子上。

後來換到躺椅上坐。八點多鐘日報（十八日）到了。他問我：「報上有什麼事體？」我說：「沒有什麼，只有《譯文》的廣告。」我知道他要曉得更多些，我又說：「你的翻譯《死魂靈》登出來了，在頭一篇上。《作家》和《中流》的廣告還沒有。」

我為什麼提到《作家》和《中流》呢？這也是他的脾氣。在往常，晚間撕日曆時，如果有什麼和他有關係的書出版時——但敵人罵他的文章，他倒不急於要看，——他就愛提起：「明天什麼書的廣告要出來了。」他懷著自己印好了一本好書出版時一樣的歡情，熬至第二天早晨，等待報紙到手，就急急地披覽。如果報紙到得遲些，或者報紙上沒有照預定的登出廣告，那麼，他很失望。虛擬出種種變故，直至廣告出來或刊物到手才放心。

當我告訴他《譯文》廣告出來了，《死魂靈》也登出了，別的也連帶知道，我以為可以使他安心了。然而不！他說：「報紙把我，眼鏡拿來。」我把那有廣告的一張報給他，他一面喘息一面細看《譯文》廣告，看了好久才放下。原來他是在關心別人的文字，雖然在這樣的苦惱狀況底下，他還記掛著別人。這，我沒有瞭解他，我不配崇仰他。這是他最後一次和文字接觸，也是他最後一次和大眾接觸。那一顆可愛可敬的心呀！讓他埋葬在大家伙的心之深處罷。

在躺椅上仍舊不能靠下來，我拿一張小桌子墊起枕頭給他伏著，還是在那裡喘息。醫生又給他注射，但病狀並不輕滅，後來躺到床上了。

中午吃了大半杯牛奶，一直在那裡喘息不止，見了醫生似乎也在訴苦。

六點鐘左右看護婦來了，給他注射和吸入酸素，氧氣。

七點半鐘我送牛奶給他，他說：「不要吃。」過了些時，他又問：「是不是牛奶來了？」我說：「來了。」他說：「給我吃一些。」飲了小半杯就不要了。其實是吃不下去，不過他恐怕太衰弱了支持不住，所以才勉強吃的。到此刻為止，我推測他還是希望好起來。他並不希望輕易放下他的奮鬥力的。

晚飯後，內山先生通知我（內山先生為他的病從早上忙至夜裡，一天沒有停止。）：希望建人先生來。我說：「日裡我問過他，要不要見見建人先生，他說不要。所以沒有來。」內山先生說：「還是請他來好。」後來建人先生來了。

喘息一直使他苦惱，連說話也不方便。看護和我在旁照料，給他揩汗。腿以上不時的出汗，腿以下是冰冷的。用兩個熱水袋溫他。每隔兩小時注強心劑，另外吸入氧氣。

十二點那一次注射後，我怕看護熬一夜受不住，我叫她睏一下，到兩點鐘注射時叫醒她。這時由我看護他，給他揩汗。不過汗有些粘冷，不像平常。揩他手，他就緊握我的手，而且好幾次如此。陪在旁邊，他就說：「時候不早了，你也可以睡了。」我說：「我不瞌睡。」為了使他滿意，我就對面的斜靠在床腳上。好幾次，他抬起頭來看我，我也照樣看他。有時我還陪笑的告訴他病似乎輕鬆些了。但他不說什麼又躺下了。也許這時他有什麼預感嗎？他沒有說。我是沒有想到問。後來連揩手汗時，他緊握我的手，我也沒有勇氣緊握回他了。我怕刺激他難過，我裝做不知道。輕輕的放鬆他的手，給他蓋好棉被。後來回想：我不知道，應不應該也緊握他的手，甚至緊緊的擁抱住他。在死神的手裡把我的敬愛的人奪回來。如今是遲了！死神奏凱歌了。我那追不回的後悔呀。

從十二時至四時，中間飲過三次茶，起來解一次小手。人似乎有些煩躁，有好多次推開棉被，我們怕他受冷，連忙蓋好。他一刻又推開，看護沒法子，大約告訴他心臟十分貧弱，不可亂動，他往後就不大推開了。

五時，喘息看來似乎輕減，然而看護婦不等到六時就又給他注射，心想情形必不大好。同時她叫我託人請醫生，那時內山先生的店員終夜在客室守候，（內山先生和他的店員，這回是全體動員，營救魯迅先生的急病的。）我匆匆囑託他，建人先生也到樓上，看見他已頭稍朝內，呼吸輕微了。連打了幾針也不見好轉。

他們要我呼喚他，我千呼百喚也不見他應一聲。天是那麼黑暗，黎明之前的烏黑呀，把他捲走了。黑暗是那麼大的力量，連戰鬥了幾十年的他也抵抗不住。醫生說：過了這一夜，再過了明天，沒有危險了。他就來不及等待到明天，那光明的白晝呀。而黑夜，那可詛咒的黑夜，我現在天天睜著眼睛瞪它，我將詛咒它直到我的末日來臨。十一月五日，記於先生死後的二星期又四天。

原載 1936 年 11 月 15 日《作家》第二卷第二期

醫學者所見的魯迅先生

須藤五百三

我覺得魯迅先生生來就不是健康的體質，即以先生日常的談話看來，先生自少年時代，身體便不見得壯健。

先生自七八歲起即患齲齒，一直到二十四五歲，都在擔心脫牙和臨時應急，差幸這樣的過去了，及至二十六七歲時，終於有全部鑲牙的必要了。故先生自少年時代起便不能像其他的兒童似的吃那硬而甜的東西。

因為牙齒不好，常常減削了胃腸的活動力，而發生胃腸加答兒，消化不良等病。所以四十歲左右便患胃擴張症，腸弛接症和長年食欲不振，便秘等，胃腸時常作痛，每隔三天即須服緩下劑和施行灌腸，努力於通便。

胃腸病最易罹營養不良，而於生成孱弱的體質尤易招患，結局釀成結核性的體質。先生自身於四十四五歲時已有結核，尤其是肺結核的預感了。

然而，當患胸膜炎，用針抽取右胸膜的滲出液時，就耽心能否痊癒。當看見右胸膜有滲出液時，先生便說醫生曾對他說過左側也曾患過胸膜炎的，因為不久便好了，所以自己便不擔心了。我便對他說，凡胸膜炎總容易釀成肺結核的素因和誘因，兩側患過胸膜炎的人大概是會害結核的，然而先生毫不露出早已意想到在什麼時候置自己於死地的必是結核菌的表情。

先生平生很注意於保健，尤其厭惡寒氣和煤煙。自本年五月間起，前面的人家常不客氣地放出黑煙來，真氣煞他了。

他常說道：「頂討厭的是說謊的人和煤煙，頂喜歡的是正直的人和月夜。」在先生的小說中很多對於月夜和月亮之主觀的記述，也許是一種性質罷。我曾說過恰似日本過去的作家嵯峨個家之對於月亮之主觀的地一樣。

在先生逝世之前的一天，和先生談話中說到先生的身體，若由醫生來評論，是筋骨薄弱，並應列舉痔核，牙齒全缺，胃擴張，腸弛緩症，胸膜炎，喘息，肺結核等病症。然而他答道：「只要沒有花柳性病就可以證明自己是純潔的，再者自己雖是老視眼，只要不是中國多數的沙眼就是特別的地方。」

這樣我就覺得先生肉體方面，頗有缺損和不全，體力減退筋肉薄弱。要是普通人的話，無論如何是不能夠活潑地繼續工作的。不過，先生平日是晚上早睡，每在夜間一二點鐘起來工作，讀書。他底辛烈的透明冷徹的腦力之能充分發揮，是這結核性體質的特徵，又是普通結核性體質所具備的。恰與日本明治時代的文學家子規、紅葉、樗牛等相同。

我覺得他在玲瓏皎潔中發出辛辣的警句，大有故小村侯的句癖。又和這些人的體格相等，而軀幹的瘦削及筋肉薄弱的狀態也和這些人一樣。先生不是以肉質來經營生命，也不是以筋力來工作，他是單憑著精神來生存來工作的。

然而他對於事物雖有過敏性和有敏捷的判斷力，可是在治療上，辛辣的藥味一點也不忌避，又如對於注射和痔核疼痛等，不獨能忍耐，就是在治療期間——八個月裡面，不論何種治療，從來沒有說過一句嫌厭或異議的話。

今年三月他的體重只有三十七公斤，所以常常述說關於飲食的意見，和談論香煙的害處及不適之點，但他說惟有吸煙一事要減也減不了。香煙和自己無論如何是離不了的。到後來，結果減至每天吸十五支。

要是我知道他死得這麼快的話，我真不該強要他限制他所最喜歡的香煙的。現在他死了，想起來我還覺得很抱歉！我曾寫過一篇《眺望著紫煙》在報紙上發表過，但是沒有精密地描寫那結核和吸香煙的事情。現在反而覺著慚愧。

先生在世時曾這樣說：受著胃擴張和腸馳緩症的妨礙，每日的食量不但不及常人一半，就是飲食的味道也嘗不出來的。先生在日常食物方面，好像沒有什麼趣味和嗜好似的。不但心腸淡潔正直，且食用方面也很淡泊，沒有什麼欲望和嗜好。

先生不只能記憶許多中俄德等國的文學家，且能記憶著關於有名的科學家之年代和事業，這一點很值得我們佩服和敬仰。

在平日雜談中偶然談及中日問題及文學批評之類的時候，那談話就好像是先生的得意的小說的主體似的，表面上是主觀地議論著，可是，在反面方面，很可以看出他一定是著眼於客觀的冷靜透徹的批評的。這些都是可以用來肯定結核性體質之惱的透徹過敏的材料。

一天給他拍了胸部X光線照片後，說明了他那病灶部。我告訴他右胸的病變部很多時，他便說左邊損害不多，還很可以做點事情。並不以為意。他的意志之這樣的堅強，使我吃了一驚。

然而，因為他底兒子海嬰是腺病性的體質，患著喘息病，是很擔心的。遇到海嬰發熱或下痢的時候，先生常常親自給他檢查體溫，敷解熱藥和吩咐他注意飲食等事。為了兒子他可以說是竭盡了他為親者的慈愛的心力了。

我們為朋友的，是在虛心地禱祝著海嬰康健地長大的。先生關於海嬰的體質與教育，好像無時無刻不在腦裡思量著似的。我們在雜談中常聽到他有這樣的話，說：「海嬰生來就是孱弱和體質不好，很有點不妥。要是他的頭腦屬於中等以上的話，我倒很想教他在學問上得點成果，不然的話，我覺得教他從職業方面找出路比較適當。要是體格又弱，頭腦又不聰明的話，就打算教他充一員適當的職工。……」

先生的死，為什麼這樣快地就到來了呢？說起來，是從十月十八日午前三點鐘起，舊病支氣管性喘息發作，因為呼吸困難，肺臟組織的抵抗減少部，由於呼吸困難促迫；因為肺內壓亢進，容易引起肺組織的脆弱部自開或穿孔，增加胸腔內氣壓壓迫心臟，引起心臟性喘息，愈加增呼吸困難血行異常及障礙。因此在比較的短時間內，症狀遽增，而惹起心臟麻痹，終於成為不歸之客了。

有一天我半談半笑的對先生說；「日本古時武士的習慣，是在每年元旦那一天修改遺囑。因為他們過的那種生活，究在什麼時候遭人殺死，是很難預測的。像先生這樣或者為了主張和主義，會受敵害的危險的身份，對於日本武士的那種習慣，我覺得是頗必要的。」當時他回答說：「在我方面來說，到那時，我平生言論和主張，已很夠留在我死後了，那一套事恐沒有必要吧。」這話我現在尚記憶著。但是，他在十月前就預感到自己快要離開人間了，到這時候他就不去顧他平日的主張，發表他那遺囑的條文，這事在我想來實在覺得太奇妙了。

附錄　魯迅先生病狀經過

本年三月二日，魯迅先生突罹支氣管性喘息症，承招往診，當時驗得病者體格中等，營養稍差，食欲不振，近一年半來，常患便秘，致每隔 xxs 四日，總須利緩下劑或洗腸用藥。喘息發作之日症狀及醫治經過如下：

循左肩胛上部，右鎖骨上下窩及第三、四肋間部，胸骨緣深處，有似水泡之聲響。時作咳嗽，咯痰粘稠，品質或少或多，發熱最高在三十七度六分左右，毫無自覺，泄溺無甚異常。右胸背面第七胸椎以下，呼吸之音細微，診察上肩胛骨下邊以下，詢問胸膜炎的以往情形，答稱並不知道。

胃擴張至胸部之上，不時充滿動搖之水聲，並無饑餓之感，時常失眠。

三月十九日。發熱較高，係「消耗性熱型」，病者聲稱右胸下部較痛，於是作穿刺試驗，得微黃色透明液，檢查咯痰有結核菌陰性，彈力纖維甚多。

三月二十五日。咳嗽，咯痰甚多。

三月二十八日。第一次行穿刺術採取胸液，約得 300 公分。

三月二十九日。咳嗽頻發，而咯痰甚少，熱度仍為「消耗性」，漸次升降，而於三十七度六分乃至三十六度四分左右為多，一時進以滋養食物後，保守安靜，經過良好，遂停止用藥。

六月一日。咳嗽，特別在晚間為甚，有胸內苦悶、食欲不振之兆。承招往診，察得右胸鎖骨上下窩及第二三四肋骨部深處，有繁密之大小水泡聲音，睡眠不穩。

六月九日。熱度平溫，食欲振奮，睡眠良好，元氣充足。

六月十五日。從右胸抽取胸水（第二回），採得帶黃半透明液體 100 公分。

六月十九日。頭部沉重而痛，易感疲勞，有輕度寒熱。翌日平溫。

六月二十三日。第三次抽取胸水，全量百公分，較前十五日所採得者色稍黃而濃。喀痰多結核菌陽性膿球。

六月二十四日？病者聲稱尿量減少，然尿中並無異常現象。

六月二十八日。因勞動過度，夤夜發熱，未能安眠。

七月五日。診察右胸，覺下底部分呼吸聲音增加，尿量亦稍增。

七月九日。熱度平溫，然有漸次上升之兆，食欲不振，睡眠不足。

七月十六日。體熱再高，升降於三十七度及至三十八度之間，食欲依然不振，右鎖骨上下窩有微小之水泡聲音，頭部沉重。

七月十八日。體重 37.8 公斤，筋肉毫無肥胖狀。

八月七日。右胸下方感到重壓，診察後，有增加抵抗之兆。第四次抽取之胸水，呈濃黃色，半透明，200 公分。

八月十四日。在痰中開始發現少許喀血。

八月十八日。右胸鎖骨下方之水泡聲音減少，尤以較深部分未能聽到。

八月十九日。從本日起到八月末，體溫完全相同，並無異常現象。

九月二日。因過勞，稍有寒熱，食欲大振，達平生最高量，精神良好，活氣增加，常往觀電影，並作輕鬆之散步。

九月二十三日。僅覺發熱。

十月一日。體重增至 39.7 公斤。

十月八日。食欲又不振，咯痰咳嗽等如常。

十月十五日。體重 39.5 公斤。

十月八日。自是日至十月十六日，甚至良好，怠於服藥，散步後甚覺快適。

十月十八日。午前三時喘息又突然發作，午前六時半往診，當時即以跪坐呼吸營救，病者顏色蒼白，冷汗淋漓，呼吸纖弱，尤以吸氣為短微，體溫 35.7 度，脈細一百二十左右而軟弱，且時常停滯。腹部扁平，近兩肺處診聽有喘鳴，加以應急處置之後始稍轉輕，其不穩狀態亦似稍緩。午後二時往診，呼吸已較徐緩，然尚在五十二乃至四十六之間，脈軟弱，一百一十至一百一十四。體溫下降，為三十五度左右。病者聲稱呼吸困難，情況不佳，頗呈衰憊不堪之狀，早晨以來僅進牛乳百公分。右肺喘鳴盡去，左肺亦然，診察左胸下半部覺有高而緊張之鼓音，肋間亦覺陷落少許，心臟越過右界，橫徑約半指許。決定為心臟下方右傾，肺動與脈搏二音如稍亢進，諒已引起所謂「氣胸（Pneumothorax）」。由於此病狀，以致雖儘量使之絕對安靜就眠，亦不能深睡，頻頻驚醒，聲稱胸內苦悶。心部有壓迫之感，終夜冷汗淋漓，自翌晨（十九日）午前五時起，苦悶加甚，輾轉反側，延至午前五時二十分由心臟麻痺而長逝。

一九三六年十月十九日。

上海密勒路 108 號主治醫生須藤

（追加疾病名稱：胃擴張，腸弛緩，肺結核，右胸濕性肋膜炎，支氣管性喘息，心臟性喘息及氣胸。）

原載《作家》一九三六年十一月號

魯迅先生

黃源

十月十九日的清晨，我們還在睡夢中，突然被幾下輕輕的敲門聲驚醒了過來。我睜開惺忪的眼睛，一看房間裡的光色，知道時候還很早，再看看床前的小鐘，也還不到七點。

昨夜我們兩點後才睡，今天這樣早就有人來敲門，莫非發生了什麼特別的事故？我有些驚異，於是立刻跳下了床，向門邊奔去，一邊問道：

「誰？」

「是我，」門外應了一聲，是聽慣了的女傭的聲音。接著又輕輕地扭了幾下門上的把手。

我旋開了門鎖，半開著門，問：

「什麼事？」

「樓下有人要見先生，說是有要緊事。」

這時雨也驚醒了。下了床，走到門邊來問道：

「是個怎麼樣的人？」

「沒有見過的。」

我有些猶豫，猜不著來的是誰，有什麼事。

雨隨手把晨衣交給了我，說：

「你下去看看吧。」

我披了衣服，匆匆地跑下樓去。跑到二樓的轉彎處，就見樓梯下站著一個穿藏青色學生裝的青年。他這時聽見了樓梯上的急促的腳步聲，轉過身來迎著我。但因樓梯下光線暗淡，我看不清他的面目。

我一跑到樓下，就把他引進客堂。他的臉孔，好像在什麼地方常見的，但一時想不起那個地方來。那時我也無暇思索，便靠近他身旁，直捷地問道：

「有什麼事？」

他低著頭，哽咽著悲切地說：「魯迅先生死了！」

一聽到這句意外的霹靂似的答語，我好像觸到了電，全身一震，眼前昏黑，一時失去了一切的感覺，木然站著。

「什麼？」過了一下，我才定了一定神，吐出了這兩個字。他的話我是聽清楚了的，而且好像是一把銳利的尖刀，深深地直刺到我的心中。但是我不相信。

「魯迅先生死了！」他依然低著頭，哽咽著悲切地說。

「什麼時候死的？」

「今天五點多鐘。」

我見他手裡拿一張紙，上面有我的名字和地址。我忽然轉到另外一個念頭，問道：

「你是從哪裡來的？」

「內山書店，」他接著催促我說：「汽車在外面等著，請你趕快，我們一道走吧。」

「不，你先走，我換了衣服馬上就來。」另一個念頭抓住了我，我猶豫地這樣說。

「好的，我先走，你馬上到他家裡。」

他說著走了，我直奔上樓。雨在房門口等著我，見我神色異樣，急忙問道：

「什麼事？」

「周先生死了！」

雨聽到這消息驚跳起來，連聲說著「那怎麼行呢？那怎麼行呢？」頰上是簌簌的熱淚，好像一個突然給母親偷偷地撇下了的孩子似地，急得纏住我問，跟我進了房間。我竭力抑住了從胸底溢湧上來的淚水和哭聲，告訴她：

「我們趕快換衣服走吧，車子打軍那裡轉一轉，我去叫他。」

不到幾分鐘車到了軍的門口，雨留在車裡，我獨自下去，問了一聲傭人，知道他還在睡覺，我便飛奔上樓去，他的房門沒有下鎖，我一推便衝了進去，看見他睜著眼睛睡在一個大床上，我便半俯著身說：

「趕快起來，周先生死了！」

又一個霹靂打擊了另一個青年。

「什麼？」他圓睜的眼睛注視著我，那亂蓬蓬的頭，立時離開了枕頭撐起身來。

「剛才有人來通知我，說周先生死了！」

「你誆我。」

「我怎麼能用這話來誆你，趕快穿衣服，車子在外面等著。」我有些焦急了。

二三分鐘以後，我們三個人都已坐在車上。車在早晨清寂的馬路上急駛著。軍幾次要嘔吐。我只能安慰他，說「我不相信，他也不會死的。」心裡也那麼想著，他病了幾月雖然曾遭過幾次險境，可是最近顯然在往痊癒的途上走，決不會病死的。我們十四號去看他，他的精神不是已經顯得好得多了嗎？昨天我們去北四川路，因為同著別的朋友，沒有到他家裡。在內山書店一轉，老闆內山先生和我招呼了一下，並沒有提到魯迅先生的病勢激變。怎麼今天突然會死呢？但也許有什麼意外罷，焦急與憤恨的情感在我胸中翻騰著，車好像走得非常的慢。

車在大陸新村的弄口停了下來，我們朝他的門口走去。這弄堂在這三年來，我不知走了多少次，每次進這弄堂，想到立刻可以看見他，那怕是心境最惡劣的時侯，也會突然變好，而安靜起來，但這時候卻有一個可怕的運命在等著我們。軍開著大步在前面走，我載著一顆過重的心好像被他拖著似地跟在後面。走進了後門，看見廣平女士站在樓梯下，她不等我們開口，就簡單地說了一句：

「在樓上。」

我們往二樓奔去，跑進房門，一眼看見許多人面對著床站著，我們便撲在床前，痛哭起來。

我們的魯迅先生已閉上眼，安謐地躺在床上了。

但這還不能叫我相信。

我們抓住他的手，還是暖生生而柔軟的，他的眼睛閉著，和熟睡著一般。他該還聽到我們的哭聲，怎麼不醒來呢！他自從五月十五日起病直到十月十四日我們最後一次見面，其間他的病雖時重時輕，但他始終不相信自己會死，我們也不相信他會死。尤其是最近，雖則還有熱度，但他的精神顯得很旺盛。他甚至已去看過幾次電影。十月十日他去上海大戲院看了改名為《復仇遇艷》的普式庚原作的《杜勃洛夫斯基》，當晚寫信給我：「今日往上海大戲院觀普式庚之Dubrovsky（華名《復仇遇艷》，聞係檢查官所改）覺得很好，快去看一看吧。」那幾天我忙著《譯文》付印，接著軍又從青島回來了，沒有去看。軍和他別了兩月，回來後急於要去看他，我便約他十四號同去。

那天我帶著一個小小的高爾基木雕像，是一個新從日本回來的朋友託我轉交的。他拿起雕像，看了一下，回頭對我們愉快地說：

「雕得不壞，很像……。」

他的愛兒海嬰這時拿了一個剖開了的，軍剛送去的石榴走進房來，廣平女士跟著照顧，他走到書桌的另一端，看到那雕像，就從椅子上爬到書桌上，問道：

「這是爸爸……」

「我哪裡配……」說著他便把小像放在靠近身邊的桌子上。

「你猜是誰？你知道，高……」廣平女士站在桌子旁邊，撫著海嬰說。

「高爾基……高爾基。」海嬰伶俐地帶著微笑接著說。

他直坐在籐椅上，仰著頭直望著海嬰，聽見他說對了，便回頭對我笑著說：

「高爾基已被他認識了。」

那天軍新從北方回來，談了一些北方的情形以及沿途的見聞，軍的聲音較高，他的聲音也跟著提高起來，我怕他吃力，默坐著很少講話，但他又向我提起了普式庚。

「《杜勃洛夫斯基》去看過了麼？很好。」他問我。

「又在作宣傳了。」廣平女士笑著說。

「還沒有，預備今晚同軍一道去看。」我說。

「我沒有看過原作，不知道他是否完全依據原作。譬如，其中有一場小杜勃洛夫斯基叫村子裡的人放火燒死關在他家裡的四個官員，普式庚那時有這種想頭，自然要被殺死了。」

「我有《杜勃洛夫斯基》的英譯本。可惜還沒有看過。」我說。

在歸途上，軍很愉快地對我說：「他好得多了。」我也承認。

那天晚上，電影看得很滿意，回來已快十二點鐘。軍坐了一會走後，我便檢出那本《杜勃洛夫斯基》的英譯本來躺在床上看。一看便不肯放手，這影片也許是為紀念普式庚百年祭而攝的，所以與美國編攝的所謂文藝電影不同，完全保持著原作的本來面目，劇情和原書簡直毫無出入，而看了原書更覺得這影片好了，因此一直看到三點鐘才睡覺。第二天一醒來再看，看完了才知道只有結尾稍稍不同。我預備下次見面時把這點告訴他，但是現在卻遲了……

魯迅先生生平沒有什麼嗜好，唯一的娛樂，恐怕就要算難得出去看一二次影片和坐在內山書店裡「漫談」吧。但是這半年來，因了病，不能出門，連這點權利都給剥奪了。而他的熱情依然橫溢著，他不甘應寞，他不能無所事事地終日終夜躺著。記得大概是六月初吧，他的病還很重，我怕驚擾他，不敢上樓去看他，僅在客堂裡向廣平女士問病情。那天湊巧是星期六，過了一下建人先生也來了，他先上了樓，於是廣平女士邀我上樓去。我走在前面，廣平女士陪著。我一進房門，他從籐椅直坐起來，看見是我。立刻沉下臉對廣平女士說：

「是你阻止著不讓他上樓吧。我早就聽見樓下的聲音。」

這時廣平女士很窘，我也很不安，於是我立刻解釋道：

「不，許先生幾次邀我上來，我想還是等一下和三先生一同上來。好了一點吧。」

「這幾天已好了一點，前幾天沒有食欲，什麼東西都無味不想吃，只為了想維持精神才勉強吃喝一點。那時真的對什麼都不感覺興趣，一沒有精力，什麼都完了。這幾天好一點，躺著胡思亂想，又想寫文章，可惜……」他自已覺得病輕了一點，愉快地說。

「不過現在也只能好好兒養病，把病養好了再說。」我想到他終天躺在籐椅上，不斷地用腦思索，有些發愁。

到晚飯時，廣平女士來叫吃飯。

「你們到底下去吃吧。我在樓上吃。」

每到星期六，建人先生從商務印書館出來，便直接到他家裡。建人太太往往帶了孩子先去，每次帶一個，三個孩子輪流著。晚上有一餐豐富的晚餐準備著。我在先生生病前，也常常去，有時要是在飯後不久到他家裡，他一定要責問是否「躲避」吃飯。但先生平日自奉甚儉，只備幾樣菜蔬，一有客來，必須另外叫菜。去年夏天雨去日本後，他知道我每天在館子裡零吃，飲食不佳，他就要我每星期六去。因此我有時即使有事，能挨就挨到星期六去。這樣習以為常，我差不多每星期六分享著先生家裡一星期間唯一的豐富的晚餐。我甚至在先生處學會了喝酒。

但最可懷念和感謝的，不僅是這豐盛的食肴，尤其是先生在座時的任意談笑。那晚沒有先生在座，沒有加上那精神上的至上的糧食，雖則依然是同樣豐盛的酒餚，卻失去了酒餚中的至味。我們草草吃了，便上樓去看他晚餐。

籐椅前放著一張茶几，幾上的盤中，盛著幾碟小菜，一碗鷄湯，先生直坐在籐椅上，手裡拿著飯碗，但是吃得很少。他怕和大家在一起吃時禁不住要談話，以致疲勞；但獨自在樓上吃，又覺得索然無味，飯也咽不下去的樣子。

「吃得很少。」我淒然說道。

「我本來吃得不多。」他好像寬慰著我似地說，但我知道他平時飯雖吃的不多，菜可吃得不少的。如今卻小小的幾碟小菜還留著大半。

飯後，他依然躺在書桌邊籐椅上，我坐在書桌前，建人先生坐在另一端的書桌邊。他有時吸一支紙煙，喝一點茶，廣平女士拿了水果來，他也吃一點水果。他覺得疲勞時就閉著眼睛，靠著籐椅養神。我和建人先生都不敢提出話題，但是他的話題卻源源而來。廣平女士擔心著坐在一旁。我們也擔心著既不敢久坐，但又不敢告辭。他在健康時，不過夜半是不放我們走的。並且我們看見有幾個熟人在他面前，他躺著養神時，不再思索，臉上露出安寧的神色，也感到幾分快慰。

過了九點鐘。我望望建人先生，站起來，低聲說：「我先走吧」

「我也要走了。」他說時也站起來，望望書桌對面的先生。

他看見我們站起來，說要走了，便又直坐起來，看看籐椅桌邊上的夜明鬧鐘，說：

「我不留你們，坐到十點同車去吧。」他的聲音滿貯深情，我們又坐了下來。

建人先生原先也住在北四川路附近，但這一帶「特殊區域」時常不很安靜，自從去年冬天又有事情發生後，就搬到法租界去了。搬家後第一個星期六到先生家裡，我也在，我們談到半夜。臨走時，先生說：「你們都在法租界，可以同車，我不送了，」說著又對廣平女士說：「你送一送罷。」廣平女士陪我們走出大門，外面只穿一件絨線背心。這時夜深人靜，外面刮著大風，我們阻止不住她，她獨自趕在前面，趕到四達里弄堂口的汽車公司，付了車錢小帳，笑著說：「你們同車去吧。」直到我們的車子開出以後，她才被冷風吹著回去。第二個星期六又是一個深夜，臨走時廣平女士拿出一塊二角錢塞在建人先生的手裡，叫我們坐汽車走，說：「對不起，今晚我不送了，請你們付一付。」

建人先生推卻了一下，先生便低下頭，看著地板，默聲不響了。建人先生於是不得不收下來。自後每次臨走，廣平女士一定拿一塊二角錢塞在建人先生的手裡。

到六月十五號後，先生的病勢稍輕。那時照過X光，知道是肺病。

有一天我下午去，他把X光的照片拿給我看，並給我作種種的解釋。最後說：「照醫生說，看這照片我在五年前就該死了。然而現在卻還活著，他便不知如何治法。」

醫生大概每天下午四點多來，到四點鐘自己先量一次溫度，廣平女士把溫度錶交給他時，他每次總對我說：「靜默三分鐘吧。」也有時說：「你們隨便談談吧。」

我在房裡，幾次遇見了那位須藤老醫生。有一次他聽聽先生的肺部又用手指敲敲，說：「現在肺部很好，還可以活十年。那時少爺也大了，你太太也不必過分擔心了。」

先生聽了也很高興，立刻翻譯給廣平女士聽。

但是隨著病逐漸好起來，先生愈益不肯「安分」了，醫生常警告他不要多動，提防疲勞，靜靜地躺著。他的答覆是：「我一生沒有養成那樣的習慣，不做事，不看書，我一天都生活不下去。」最後他甚至向醫生說：「我請你醫病，是有條件的。」「什麼條件？」醫生問。

「第一，是要把病醫好，是要活命。第二，假如一動不動一個月可醫好，我寧願動動花兩個月醫好。第三，假如醫不好，就想法把生命拖延著。」

醫生當然無話可說了。

那時天氣漸漸熱起來，他本想七八九三個月往日本去養病。起初想到鐮倉，那裡須藤先生有熟人，可以就近照料，但覺得離東京太近，怕新聞記者繞纏。後來想到長崎，有一天我去，看見書桌上放著兩本《長崎旅行案內》之類旅行指南書。但長崎沒有熟人，他覺得住 Hotel 太貴，住「下宿」或租「貸家」又太麻煩。「那時我要一天到晚給他們（指家裡的人）當翻譯了。」他說。

「我想告雨來幫忙吧，她暑假裡在東京反正天熱，不讀什麼書，有些事情她可幫許先生應付。」我說著，想到他的住所太簡陋，空氣既不好，一有太陽就直逼到他的房中。他又不喜歡多移動，他的籐椅放在靠窗口，太陽逼進來，人依然躺在那裡。

「不，她從東京趕去路太遠，過些時再説罷。」他婉辭拒絶了。

他一生幫助青年，指導青年，把很大一部分的精力獻給青年。他每天要分出一二小時的精力給青年覆信，看稿，有的青年還要他代辦書籍。他平素來往的也都是青年。他為青年活著，他也活在青年中間。但他從不以青年領袖自居，從不使喚青年。即使最接近的友人，他也不願把「私事」託付。有人以為用「捧」用「諂」可以博得先生的歡心，這是對先生侮辱！

同時也因為熱度始終未退，醫生不准他遠行，整個夏天他就在那蒸籠似的房子裡熬著。

他患著不治的肺病，他住在不論精神與肉體都不適於他的病體的地方，但是他還工作。愛他的人，看他工作心痛，但誰能阻止他呢？

有一個酷熱的下午，我二三點鐘到他家裡。一進門就看見他坐在客堂的書櫥旁鋪在地上的蓆子上。他穿了一身短衫褲，顯著骨瘦棱棱的四肢，正彎著腰在折疊珂勒惠支的「版畫選集」。廣平女士坐在旁邊搶著折。不久這「版畫選集」就出版了。

他在病中常常講起《海上述林》，我也常常看見有《海上述林》的校樣在他的書桌上。他曾對廣平女士說，「這書紀念一個朋友，同時也紀念我自己。」十月七號我去，他把一本皮面精裝的《海上述林》送我，我們翻著一同看，他看到底頁上有一個皺折，要廣平女士另挑一本。他交給我時，微笑著說；「總算出版了。下卷也已校好。年內可出版。這書不能多送，有熟人託你買，可打個八折。《譯文》上能揩油登個廣告麼？」十七日他知道《譯文》上的廣告已登出來，那天《海上述林》在內山書店賣去二十册，他非常高興。

最近在《譯文》新二卷二期發表的《死魂靈》第二部第三章，是他在病前就譯好了的，只是没有複看過。因病而擱了下來。魯迅先生幹事最負責，我知道這章譯文一發表，他在病中一定要掛念著以後的譯稿，所以便決心把這已譯成的稿子壓下來。最近他卻再三地說：「那章我已看過了。你拿去先發表了吧。」

「慢點發表吧。一發表你又要接下去翻譯，你現在不能工作，而且翻譯要看幾種本子，東看西看，更加吃力。」

「不，翻譯比寫文章不吃力一點。我想一天譯一張稿紙，老是不工作也不好的。」

「那末把這章登一半吧。」我盡力抑制著感情，裝得很冷靜地說。

「不，接不下去時再停止吧。」他堅決地說。

後來聽廣平女士說，他在十七日夜裡三點鐘病勢突變，到十八日早晨已無力說話，但他到八九點鐘還問報有没有來？有没有廣告？廣平女士告訴他《譯文》廣告已登出，他的《死魂靈》登在第一篇，此外還有些什麼文章等等，他聽了還不滿足，說：

「你把報紙同眼鏡拿來！」

他這樣地關心《譯文》，他最後看的文字，也是《譯文》的廣告。

但他卻在十九日的清晨五時二十五分，悄悄地與我們不別而逝了！

但這怎麼能叫我相信呢？我送他的遺體到殯儀館，我在殯儀館陪他三晝夜，我緊跟著他的靈棺到墓地，我扶他的靈棺進墓穴，我眼看著他的靈棺慢慢地沉入墓穴中，但我不相信他是死了，他活在我的心中，他活在成千萬的主力軍的心中……。

原載上海《文季》月刊，一九三六年十一月

懷亡友魯迅·致死之由

許壽裳

魯迅所患的是肺病，而且是可怕的肺結核，雖經醫師給了好幾回警告，他卻不以為意，也沒有轉告別人，誰都知道肺病是必須安心調養的，何況他自己是懂得醫學的，但是他竟不能這樣做！本年四月五日給我一信，其中有云：

> 我在上月初驟病，氣喘幾不能支，注射而止，臥床數日始起，近雖已似復原，但因譯著事煩，終極困頓。倘能優遊半載，當稍健，然亦安可得哉？

並不說明肺病，我又疏忽糊塗，以為不過是感冒之類，所以回信只勸他節勞調攝。五月底我往上海，看見他氣喘未痊，神色極憊，瘦削不成樣子，才知道這病勢嚴重，極為擔心，便勸他務必排遣一切，好好地療養半年，他很以為然，說：「我從前總是為人多，為己少，此後要想專心休養了。」六月初，景宋來信云病體已轉危為安，到七月一日，我再晤面，確乎已漸恢復。醫師勸他轉地療養，我便竭力慫恿，回家後還去信催問動身日期。他七月十七日覆信有云：

三日惠示早到。弟病雖似向癒，而熱尚時起時伏，所以一時未能旅行。現仍注射，當繼續八日或十五日，至爾時始可定行止，故何時行與何處去，目下初未計及也。

又九月二十五日信云：

賤恙時作時止，畢竟如何，殊不可測，只得聽之……

病勢拖久，原是極可憂慮之事。他九月五日所作的一篇《死》（《中流》第一卷第二期），中間有記述D醫師診斷的一段，很可注意：

大約實在是日子太久，病象太險了的緣故罷，幾個朋友暗自協商定局，請了美國的D醫師來診察了。他是在上海的唯一的歐洲的肺病專家，經過打診，聽診之後，雖然譽我為最能抵抗疾病的典型的中國人，然而也宣告了我的就要滅亡；並且說，倘是歐洲人，則在五年前已經死掉。這判決使善感的朋友們下淚。我也沒有請他開方，因為我想，他的醫學從歐洲學來，一定沒有學過給死了五年的病人開方的法子。

再檢視兩年前他的手札，如云：「從月初起，天天發熱，不能久坐，蓋疲勞之故，四五天以前已漸愈矣。上海多瑣事，亦殊非好住處也。」（二十三年十一月二十七日）又云：「弟因感冒，害及腸胃，又不能優遊，遂至頹憊多日，幸近已向癒，胃口亦漸開，不日當可復原。」（十二月九日）話雖如此，其實病根都在肺部，偶因感冒或過勞而加劇罷了。所可悲痛的是始終不能優遊，直到臨死的前日，還不能不工作如故，而且「要趕快做」。嗚呼魯迅！不幸而有此病，帶病奮鬥，所向無敵，而終於躺倒不起者，我看至少有三個原因：

（一）心境的寂寞，吶喊衝鋒了三十年，百戰創痍，還是醒不了沉沉的大夢，掃不清千年淤積的穢坑。所謂右的固然靠不住，自命為左的也未必靠得住，老的固然靠不住，青年們又何嘗都靠得住。試讀他的「兩間餘一卒，荷戟獨彷徨。」（《集外集》：《題〈彷徨〉》）「慣於長夜過春時」（《南腔北調集》：《為了忘卻的紀念》），就可想見其內心含著無限的痛苦！又讀他去年的一首《殘秋偶作》：

曾驚秋肅臨天下，敢遣春溫上筆端？
塵海蒼茫沉百感，金風蕭瑟走千官。
老歸大澤菰蒲盡，夢墜空雲齒發寒。

竦聽荒雞偏闃寂，起看星斗正闌干。

俯仰身世，無地可棲，是何等的悲涼孤寂！

（二）精力的剥削，他的生命是整個獻給我們中華民族的，「我以我血薦軒轅」這句詩可說是實踐到底，毫無愧色的，可是我們同胞没有讓他能夠好好地整個兒貢獻，倒是重重剥削，各各臠分，有許多人都爭著挖取他的精神的一份。有些書店老闆借他以牟利，有些青年作家借他以成名。還有，他的生前和死後，版權毫無保障，翻版或偷印本層出不窮，單是一本《南腔北調集》，改頭換面的就不知道有若干種。自政府以至人民，自親朋以至社會，有誰曾經保護過他點什麼，贈給過他點什麼？畢生所受的只有壓迫，禁錮，圍攻，榨取。——譬如一池清水，這個也汲取，那個也汲取，既没有養活的源頭，自然容易枯掉。

（三）經濟的壓迫，他的生活只靠版稅和賣稿兩種收入，所有仰事俯畜，旁助朋友，以及購買印行圖書等費盡出於此。但是版稅苦於收不起，賣稿也很費力，只看那《死》中的一句云：「假使我現在已經是鬼，在陽間又有好子孫，那麼，又何必零星賣稿，或向北新書局去算帳呢……」便可窺見他的隱痛了。在日本，雖有幾個雜誌社很歡迎他的文章，酬金也頗優，只是他不願意多寫，必待屢次被催，實在到了情不可卻的時候，才寫出一點寄去，因為他自己知道文章裡免不了諷刺友邦。例如《我要騙人》的末尾有云：

> 寫著這樣文章，也不是怎麼舒服的心地。要說的話多得很，但得等候「中日親善」更加增進的時光。不久之後，恐怕那「親善」的程度，竟會到在我們中國，認為排日即國賊——因為說是共產黨利用了排日的口號，使中國滅亡的緣故——而到處的斷頭臺上，都閃爍著太陽的圓圈的罷，但即使到了這樣子，也還不是披瀝真實的心的時光。

我到後來才明白：他大病中之所以不請D醫開方，大病後之所以不轉地療養，「何時行與何處去」，始終躊躇著，多半是為了這經濟的壓迫。

《魯迅先生紀念集》，上海書店複印版 1979 年 12 月

憶魯迅先生

內山完造

十月十八日午前六點鐘左右，許夫人來了。帶來一封如今已經可悲地成了絶筆的先生的信。

老闆：

出乎意料之外，從半夜起，哮喘又發作起來了。因此，已不能踐十點鐘的約，很對不起。拜託你，請你打個電話請須藤先生來。希望快點替我辦！草草頓首

L拜十月十八日

「原來在十點鐘的時候，是有一個約會的。」一面看信，我一面聽著許夫人的話，我的胸裡感到一種難言的悸動。

時常總是寫得齊齊整整的信，今天，筆卻凌亂起來了。我馬上打電話給須藤醫生，請他就來。隨後我就跑到先生家裡去了。那時候，先生坐在臺子旁邊的椅子上，右手拿著香

煙，但，臉色非常壞，呼吸好像也很困難。我告訴他，須藤醫生馬上就會來。那籐椅就是先生最近時常坐在上面的一張躺椅。

先生的呼吸看起來像異常困難，我靜靜地把他的背部按摩著。許夫人也同樣地在按摩，但一點也不能夠平靜下來。在我的家裡藏有治哮喘的藥，鷄蛋油有一次我曾問過先生吃不吃，但先生卻說是不必，所以也就沒有吃。可是，今天，我覺得或許要吃也未可知，所以，不管妻說「不行，先生決不會吃的，」我還是把裝在膠袋（Kapsel）裡面的藥拿了六管來，作為須藤醫生來到之前的治療。我就問先生吃不吃？先生說：「唔，吃吧。」於是，我馬上揭開膠袋的蓋子，拿到先生的嘴邊去，先生就一口氣吃了三個。我很高興，心中私自祈求它能夠奏效。

我要先生稍為睡一下，先生卻說，一躺下來就很不自在；因此，還是坐在椅子上，有時把身體搖搖，並將上半身伸直。我看著，也覺得他的確很不自在。我們要他停止吸煙，他終於把吸剩的丟了。當我跟許夫人都在按摩著他的背部的時候，須藤醫生就來到了。須藤醫生一踏入房門就用那好像要把先生看個透徹的姿勢跑了進來。當我在那完全用家鄉話說著「怎麼攪起的？」的醫生臉孔上面，明明白白地看到憂色時，我就不得不一個人在心中私自祝禱著。

先生從很困難的呼吸當中，用斷斷續續的話語，說：「從今天四點鐘起哮喘又發作起來了，請快替我注射。」那時候，醫生已經把注射的手續準備好了，馬上就在右腕上打了一針。

可是，先生的呼吸好像還是很困難。過了一兩分鐘，先生說：

「怎麼攪起的，總是沒有效果。」

醫生雖然說是再過一兩分鐘再說，但也還是在做著第二回的注射準備。並且說，如果一針不見效，就再打一針。已經過了五分鐘了；但先生的呼吸並沒有變化，依然還是很困難；因此，醫生又在右腕上面作了第二次的注射。過了一兩分鐘左右，先生就說好像稍為好點了。呼吸也好像變得比較舒服些了。我和許夫人都不知不覺地鬆了一口氣，幾乎同時地開始按摩著先生的背部；但先生要我們停止，我們這才一同停止了。先生的苦悶稍為和緩了一點，跟須藤醫生開始講起話來了。這時候，恰好是八時前五分。我因為八點鐘在店裡有個約會，就拜託了須藤醫生，回到店裡來了。什麼通知也沒有，我以為已經不妨事了，就安心地跟來客談話。可是，這時，須藤醫生來了，說是不但哮喘總沒有好，而且好像已經變成心臟性哮喘。因為想要請松井博士診察一回，所以就馬上把汽車駛到福民醫生去接松井博士；但，偏巧博士今為禮拜天的緣故，不在家；問到了他的去處，須藤醫生就親自去接他。這時候，石井醫生偶然地跑來了，把先生今天發病的情況告訴了他，他就走了。說是馬上要去問候一下。

過了一會，須藤和石井兩醫生回來了，說是病很重，今天須得十分注意。不，他們還說好像很危險，但我不能夠對許夫人說這些話。我把看護婦叫了來。吩咐她按照醫生的治療方法，每隔兩個鐘頭注射一次，呼吸困難的時候，就作酸素吸入。我馬上準備好酸素發生器送去；一面叫藥店準備酸素管；然後就先行用酸素發生器施行吸入。那時候，先生已經睡在床上；酸素的吸入，看起來似乎多少使呼吸舒服了些，於是，先生就說起話來了：

「我的病究竟怎麼樣了！」

我就對他說：最好是靜靜地休養；醫生也說是要讓先生靜靜地休養；所以，請你還是不要想各種事情，好好地休養一下。這當兒，酸素管已經拿來了，就再行準備酸素管的吸入。看起來，酸素管的吸入倒很不錯，先生好像能夠安睡了。在這以前，我為顧慮萬一起見，曾對許夫人說，病勢很重，有注意之必要；並打電話叫先生的令弟建人先生來。他馬上就來了。須藤醫生說了一聲大概不妨事，明天再來，就回家去了。但我總覺得不放心，因此，就叫一個店員住在先生的家裡。

於是，我也就先行回到家裡來。但總覺得不放心，所以，再把石井醫學士請來診察。結果，說是病勢很重，還是叫先生的令弟來好；因此，我又叫人打電話請建人先生來。一會兒，建人先生來了，我就把醫生的話告訴他，請他注意。當他跟我在樓下的客堂間談話的時候，許夫人惦念著我，勸我回去休息。但我總覺得不放心，卻又沒有把這話說出來的勇氣；只得繞著彎兒，說是打算跟建人先生談到天亮。但夫人卻非常操心地說：「先生也很安靜的，還是請你回去吧（請建人先生也在樓上休息）。」我覺得使夫人操心也於心難安，遂於晚間十二時半動身回家了。

我不是神仙，自然無從預知那竟會變成跟先生的永訣！

回來後，我就把先生的情況告訴那還沒有睡，正在等著我的妻；一面祝禱不要有什麼急變，一面就寢了。但我的神經非常興奮，無論如何也不能入睡。翻來覆去的苦悶著，只是祝禱先生能夠平平安安地直到明天。午前五時的鐘聲敲過了。一會兒，我就聽到了老闆老闆的喊聲。我吃了一驚，跳了起來，把窗子打開。「請你馬上來！並且請你馬上請醫生來！」於是，我當即叫佣人去請石井醫生和須藤醫生馬上來診視；然後，我就急跑到先生家裡去。那是午前五時五十一分。可惜——

先生的額還溫暖，手也還溫暖；但呼吸已絕，脈搏也停止了！我用一隻手握著先生的手，一隻手按在先生的額上：溫味漸漸地消失下去了。許夫人靠著臺子悲泣著，我說不出什麼安慰的話語，只是跟她一同悲泣。石井醫生來了，但已經「沒有法子。」接著，須藤醫生也來了，但也「沒有法子。」不管怎樣地誇耀著文明的醫術也還把它沒有辦法，那就是生命。

我馬上就通知鹿地夫婦及其它的人們：

「嗚呼哀哉！魯迅先生長逝矣！時為一九三六年十月十九日午前五時廿五分。」

「我的病究竟怎樣了！」這一句話，將永遠不會從我的耳朵裡消失去吧！「人生如朝露，」「人生如夢，」實在不是虛語啊！

× × ×

現在，我打算就記憶之所及，把先生平日的談論之片斷記錄在下面：

「老闆，孔老夫子如果此刻還活著的話，那麼他是親日呢還是排日呢？」

聽著這十分愉快的漫談，還是最近的事情。

「大概有時親日，有時排日吧。」

聽見我這麼說著，先生就哈哈哈……地笑了起來。

「老闆，如果想要曉得自由人的標本的話，那只要知道帝王的生活就行。那才十分自由呢！」

「老闆，今天有一件很有趣味的事情呢。

「我曾在商務印書館的西書部預定德文書。昨天來了通知，說是預定的書籍已來，可以帶四塊五角錢去領取。我以為那大概是運費，加上書錢，總要五六十元。剛才我就準備了這筆錢去領取。夥計把預定的書拿出來了，要我付四塊五角錢。我問他這是什麼錢。他說，這就是書錢。於是，我就對他說：沒有那樣的事情，這書無論如何也要四十多塊錢，請你再細查一番。但他還是說：不，四塊五角就夠了。我又對他說：這的確不對，這是四十馬克的書籍，我想中國錢無論如何也要四五十元左右，所以還是請你查查看。但那位夥計先生卻說是：麻煩透了！你可以不必那麼囉嗦！你如果要，就付四塊五角錢拿去，如果不要，那你就回去吧。

「我自然是因為必要，才去預定的。事情到了這步田地，已經『萬事休矣。』我就付了四塊五角錢把它拿回來了。商務印書館賺不了錢，乃是當然的事情哩。」

「跟這相同的事體到處都可以看到。無論在郵政局，在火車上，在輪船公司裡，在商店裡，在旅館裡都可以看到。我也曾在各處碰到過好幾回。」

「老闆，你也曉得的那位愛羅先生珂曾經說得好：『日本人很聽從，遵守上頭的人所說的話，官吏尤其是這樣，所以，是一個最便於施行政治的國度。中國人卻恰好相反，對於人家說的話語，首先就加以懷疑。尤其是官吏所說的話，是頗為靠不住的。所以，中國乃是個最難於施行政治的國度。』」

我也覺得，這是實在的情形。

例如長官對一個員警說：這是一個惡人（對於日本人，不管他是否一個罪人，只要被員警署叫去審問過一回，似乎就已經決定他是一個罪人；因此，一個給員警捉去了的人，就光是這一點，也已經可以完全決定他是一個壞人）。那麼，員警的自我意識就完全不會活動。不，應該說是：他不會使自我意識活動起來去研究那個人。他只是跟長官所說的一般地把這個人決定為壞人而加以處理。這似乎是在把長官的話不折不扣地完全相信著。

在中國，則完全相反。雖然長官說這是個罪人，是個極壞的人；但人家決不會相信他的說話。雖然因為是長官的命令，所以要把他當作罪人來處理；但他一定會讓自我意識活動起來，一定有著別的看法。

他一定會有著自己的見解，譬如：這個人為什麼是個罪人？為什麼是個極壞的人？這總不像是一個罪人，也不能把他認作一個壞人之類。

這就是日本易於完成其統一，中國卻難於統一的大原因。

「老闆，在日本，小孩子一生下來就把母乳給他吃的嗎？」

我說：

「不，也許因地而異；但，據我所知：最先是把叫做『五香』的東西給他吃，然後再讓他吃母乳。」

「啊，原來如此。『五香』是什麼，我可不曉得。但那種習慣卻跟我的故鄉（浙江，紹興）的習慣很相像呢。」

「在紹興，小孩子生下來，在吃奶以前，要先讓他嘗五種東西。第一是醋，第二是鹽，第三是黃蓮，第四是鉤藤，第五是糖。」

「是從第一種開始，照次序叫他嘗下去的。醋是酸味，鹽是鹹味，黃蓮是苦味，鉤藤乃是人生的刺（荆棘）。即是痛苦；最後才給他嘗人生的甜味。」

「中國人處理小孩子的順序，從這件事情看來，也就可以瞭解了吧。

把人生的甜味擺到最後，這大概就是跟日本人的處理方法的相異之點吧。」

這是一個普通的習慣和形式；但卻含有教訓的意義。

「老闆，你以為胡漢民到不到南京來？」

「我不曉得。政治家的動向，對於我是沒有興趣的，所以，我還沒有想過哩。」

「那末，×是親日呢，還是排日呢？」

「大概有時親日，有時排日吧。」

「那我們就不能賭輸贏啦。」

「這且不去說他，這樣的時候，中國的大衆是很擔心的。因為吸飽了血液的臭蟲，肚子已經膨脹著，再也不會吸得很多了，所以，稍為能夠放心。但，新的臭蟲，卻還沒有吸血，是個空肚子的傢伙。這空肚子的傢伙一跑出來，那最後的吸血是很厲害的，哈哈哈……」

這是多麼奇妙的譬喻呀！

「老闆，在同樣的吸血的傢伙當中，我最討厭蚊蟲。嗡嗡……的噪鬧著，真討厭！」

「臭蟲這傢伙就頗為可愛。一聲不響地吮吸著，肚子吃脹了就連動也不能夠動地滾來滾去。這些地方，卻很有點滑稽味呢！」

有一天。那是當先生臥病了三個多月的很涼快的時候，先生用很大的聲音叫著「老闆，」這種過分的突然，使我吃了一驚。因為這是病後的第一次。

「老闆，今天的精神很好，所以試行出來走一走。」

「前幾天從南京來了一個客人。他是特地跑來探問我的。是個從前的學生。十分惦念著我。今天又從南京寄來了一封信。信裡頭說著這樣的話：『先生的通緝令自從發表以來，已經有十年之久了。因為先生在生病，所以，我打算把那命令取消。自然，跟先生的人格有關係的事情，我是不會幹的；但恐怕做了之後為先生所申斥，所以想預先得到先生的諒解。』」

我就問先生：那末，你是怎樣回覆他的呢？

「我因為很寂寞，就寫了一封信回答他，大意是：謝謝你的懇切；但我的餘命已經不長，所以，至少通緝令這東西不妨仍舊讓他去的。」

我們很可以看到先生在講完了這段話時的眉目的躍動。

「老闆，你看了報吧？」

「報上載著：×××五十六歲的誕辰，祝賀的錢竟收到十餘萬之多。我想，恐怕沒有人把這件事情看作不可思議或是發生懷疑的吧？」

「我覺得很傷心。原來在中國，慶祝壽辰，每隔十年一回：如四十歲，五十歲，六十歲，七十歲，或八十歲……等等；跟這個人一樣地慶祝五十六歲的習慣是沒有的。所以，我想，這個人一定是每年都在祝壽，並且，每一次祝壽，也一定可以收到這麼一筆大款子。逢著每年的誕辰都可以收到十萬塊錢，這真是厲害！」

「從前的受賄，都是很秘密的；但，如今，則賄賂似乎大抵都變成公然的了。」

到現在，我都還可以想起先生當時的臉孔之變得非常陰鬱。當我去探問臥病中的先生的時候，先生還對我講過這麼幾句話：

「老闆，《海上述林》的校樣還沒有拿來嗎？已經是十月了，他們究竟在幹著什麼事？五月間就約定要打紙版的呀，真是『馬馬虎虎』，沒有辦法。我已經寫信去了。」

「我說：『翻譯的人老早就死了，著作者高爾基也於最近去了世，編輯者的我，如今也快要死了，雖然如此，但書卻還沒有校完，原來你們是在等候著讀者的死亡的嗎！』但，並沒有回信。」

曾經作過這種歎息的先生，僅僅看到了上卷，終於還沒有看見下卷的完成就長逝了。這恐怕也是遺憾之一吧。可是，下卷已經拿去印刷了，我想，最近總可以完成了吧。

先生真是一個不肯馬虎的人物。跟人家約定了碰頭的時間，一定會準時來到。對方如果遲半個鐘頭，他就常常會說：馬馬虎虎真不好辦。

有人曾經把先生秘藏的外國書借去，並且送回來了。可是，多麼暴亂喲！書頁弄得皺得不成樣子，美麗的插畫，也通通弄髒了。

看著先生當時的悲苦的臉孔的我，也覺得十分不安。先生並不是在悲歎書籍的被弄髒，而是無論何時都在悲歎著那把書弄髒了的人心的污濁。

每當碰著這樣的事情的時候，我就時常為崇高之感所打動。

「老闆，你曉得『黃河之水天上來嗎』？治理黃河的方法，不是疏浚河床，而是把兩岸的堤防漸漸地加高的。」

「河床年年為泥沙堆高，因此兩岸的堤防也漸漸地高了起來。大水一來，高築的堤防在什麼地方一潰決，水就會跟瀑布一般地流下來。」

「於是，黃河之水就從天上來。」

「中國實有把這種治水方法加以革命之必要呢！」

從先生嘴裡說出來的許多話語，簡直是千古的金言。不幸由於我的頭腦很壞，並且人又疏懶，沒有把它們一一記錄下來，實在可惜！

「老闆，道路這東西，並非從開頭就有著，都是由人去走成的。」

先生曾經這麼說。

是就是；不是就不是，非常明瞭，他決不妥協。

在政治的，生理的，和反對者的三重壓迫下面，不屈不撓地戰鬥過來的足跡，我覺得，決不能讓草將它覆蔽了的！

讓那足跡變成大道：難道這還不是後來者的責任嗎？

原載《作家》1936 年 2 卷 2 號

1950年代

魯迅的病疑被須藤醫生所耽誤

周建人

魯迅病前常到內山書店裡去買書，因此認識了一個日本老醫生，姓須藤。很沉靜而謙和。知道點中國歷史，讀過《本草綱目》（有日本譯本）等書。認識後，魯迅自己，有時也介紹別人，有小毛病時叫須藤去看看。須藤看病也還認真，收費也低廉。魯迅肺病復發時，也就叫他去看了。須藤說，的確是肺病，但像他（魯迅）的年紀，決不會死於肺病。據魯迅說，須藤本為日本軍醫官。在日俄戰爭時曾出過力。因晝夜醫治傷兵，用X光線找尋彈子所在，結果，自己的生殖腺受了損傷，所以一生不曾生過孩子。因年邁退休，現在自己做醫生。

我又從別處聽來：上海有一個日本在鄉軍人（退伍軍人）的會，是一個侵略性的組織，須藤擔任副會長。又知道須藤家的電話裡所講的多半不是醫藥上的事情，卻多數是中日之間的交涉與衝突。

我遂去勸魯迅不要再請教須藤醫生。但結果無效。

魯迅的病漸漸沉重起來。但經過了一個時期，又好像好起來了。可是忽然急劇的氣喘發作，很快的就死去了。據須藤說：因肺結核穿孔，空氣外漏，心臟受壓迫，所以氣喘。無法醫治，所以死了。

魯迅去世後，我即收到一封交通大學寄來的信，是羅□□（名字已忘記）。他猜疑魯迅係被日本醫生所謀害。並要求我如查無實據，給他保守秘密（不要宣傳他的這種推測）。我看後，便把他的信燒掉了。

但至少有一點是可疑的（別方面沒有證據，不能說什麼）：疑魯迅的病被須藤醫生所耽誤。魯迅病重時，也曾經看過肺病專門醫生，據那醫生說：病已嚴重，但還可以醫治，第一步須急把肋膜的脊椎抽去，如果遲延，必不治。問須藤醫生時，回答是說：肋膜裡並無積水。過了約莫一個月的時間，須藤又說確有積水，才開始抽積水。

又，魯迅死後，治喪委員會要須藤寫醫療經過的報告。可是報告裡所說，與實際醫療不大相符合。好像抽肋膜積水移前了一個時期。所以至少可以說魯迅的病疑被須藤醫生所耽誤。——前一些時，向上海去打聽須藤醫生的情形時，早已不知去向，可能早隨日本兵隊撤走無法查考了。

十三年來沒有提起過羅□□先生的猜度，今天提一下，以表明他關心魯迅的好意。

原載《人民日報》1949年10月19日版
「魯迅先生逝世十三周年紀念特刊」

關於魯迅的病

周建人

魯迅住在上海景雲裡的時候，曾咳嗽，發熱，醫生說他有肺病的嫌疑，叫他吃含幾怪的百拉託，經過一個時期，好起來了。也就不以為意。搬到大陸新村後，經過一個時期，又發熱，有時氣喘。看的醫生是一個年老的日本退職軍醫。魯迅叫他老醫生，說他在日俄戰爭時在日本軍隊裡當軍醫，曾出過力。患病的日子很久，有時好一點，又寫文章。這時想研究目連，《女吊》等文章便是這時候寫的。他病重一點時，老醫生就去給他打鈣針，後來給他抽去肋膜積水。在比較重的時候，自己曾想到死的問題。但老醫生總說像他的年紀決不會死於肺病的，不必擔心。那年夏季，史沫特黎曾邀請了一位肺病專家叫鄧先生的去看他，據說須趕緊抽去肋膜積水（此時老醫生還沒有給他抽水），趕緊醫治，可醫好的，如果拖延下去，秋後必定會死去。

但是結果仍由老醫生看下去。經過一個時候，病漸漸好起來了，身體也胖了一點，能夠行走，想搬房子，曾向舊法租界找房子。這時候中日戰事漸漸吃緊起來，空氣日漸緊張，魯迅覺得住在日本人聚集的北四川路到底不好。比方，這時候海嬰侄年紀還小，還由一個老娘姨領著，有一天不知怎的與間壁一個年紀較大的日本小孩稍有衝突，那小孩便一隻手拿著日本旗，去舂去罵。而且一逕連續鬧下去，不肯甘休。魯迅最後只好叫鐵匠來，把前門的一扇鐵柵門用鐵皮完全釘起來，外面望進來看不見了，總算才停止。日本教育下的小孩，已經與中國人對立到這個樣子了。

（喬峰《略講關於魯迅的事情》，
人民文學出版社 1954 年 8 月）

1980年代

須藤《魯迅先生病狀經過》不甚可靠

老後

魯迅逝世後，須藤醫生發表了《魯迅先生病狀經過》，但與《魯迅日記》所載比較，覺得不甚可靠。

一九三六年三月二日魯迅突然得病，此後病情輕重，日記記載甚詳。三月十五日至五月十四日日記不載病狀，但須藤所記卻有三月十九日「作穿刺試驗，得微黃色透明液，檢查喀痰有結核菌陰性，彈力纖維甚多」和三月二十八日「第一次行穿刺術採取胸液，約得 300 公分」的記載。抽出胸液，《日記》在八月七日才記。

五月十五日《日記》載「往須藤醫院診，云是胃病」，五月二十九日《日記》載「用強心針一劑」，《經過》又不載。

《經過》於七月十八日載「體重 37.8 公斤」，《日記》則於八月一日始載：體重「38.7」公斤。須藤「為我診，云肺已可矣」。而《經過》又不載。

原載《魯迅研究資料》6，天津人民出版社，1980

上海著名醫學專家、教授作出新結論

魯迅先生不是直接死於肺結核病

根據遺物胸部X光片和逝世前二十六小時的病情記錄，專家們認為魯迅先生死於自發性氣胸

【本報訊】「魯迅先生不是直接死於肺結核病，而是死於自發性氣胸。」這是昨天（二十二日）上海魯迅紀念館和上海市第一結核病防治院邀請本市著名肺科、放射科專家、教授參加的「魯迅先生胸部X光片讀片會」作出的結論。

為在一九八六年十月十九日紀念魯迅先生逝世五十周年，上海魯迅紀念館決定對館內珍藏的魯迅先生的遺物——魯迅先生的胸部X光玻璃片舉行一次讀片會，以正確診斷魯迅先生的肺部病變。

在昨天的讀片會上，專家、教授們根據魯迅先生一九三六年六月十日拍攝的胸部X光片與有關醫生的病情記錄，認為魯迅先生患兩側慢性開放性肺結核，右側結核性胸膜炎，病情屬中等程度，因此，肺結核病不是直接造成魯迅先生死亡的原因。而從X光片上看，魯迅先生還患有慢性支氣管炎

與肺氣腫，由此形成肺大泡，結合魯迅先生逝世前二十六小時（一九三六年十月十八日早晨三時至十九日早上五時）的病情記錄：臉色蒼白、冷汗淋漓、呼吸纖弱，左胸下半部有高而緊張的鼓音、心臟越過右界等記錄，大家認為魯迅先生的直接致死原因，是左側肺大泡破裂，使氣體進入胸腔起自發性氣胸，壓迫肺和心臟而引起死亡。

參加讀片會的有著名放射科專家榮獨山、洪應中，著名肺科專家崔祥瑸、汪士、朱爾梅、李德洪等。著名放射科專家鄒仲作了書面發言。專家、教授們都說，從X光片看，魯迅先生的身體很瘦弱，營養差，在當時情況下只能靠抽煙來提精神。據記錄，魯迅先生從二十二歲開始抽煙，每天抽煙四十支，使他的健康受到損害，體重只有三十七點八公斤。但是，他仍不辭辛勞地用筆與敵人作鬥爭，真是我們學習的榜樣。

上海魯迅紀念館保留的魯迅先生這張胸部X光玻璃片，已經由上海市第一結核病防治院複製成可供長期保存的X光膠片。

（記者許菊芬，
上海《解放日報》，
1984年2月23日第一版）

魯迅的直接死因結論為自發性氣胸

中國文豪魯迅的直接死因不是肺結核，而是自發性氣胸，這是22日上海魯迅紀念館、上海市第一結核病防治院邀請本市著名肺科、放射科專家、教授參加的「魯迅胸部X光片讀片會」作出的結論。

據發自上海的中國新聞社電，出席者根據1936年6月15日拍攝的魯迅胸部X光片與病情記錄，認為魯迅患兩側慢性開放性肺結核，右側結核性胸膜炎，病情屬中等程度，因此，肺結核病不是造成魯迅直接死亡的原因。而從X光片上看，魯迅還患有慢性支氣管炎與肺氣腫，因此形成肺大皰。結合魯迅臨終前26小時病情記錄：臉色蒼白、冷汗淋漓、呼吸纖弱、左胸下半部有高而緊張的鼓音等，診斷為魯迅的直接死因，是左側肺大皰破裂，使氣體進入胸膜腔引起自發性氣胸，壓迫肺和心臟而引起死亡。

（中國通信東京）

（靳叢林譯自《朝日新聞》夕刊，
1984年2月27日4版「海外文化」）

揭開魯迅死因之謎

紀維周

魯迅先生於 1936 年 10 月 19 日病逝於上海。過去很多人都一直認為魯迅是因肺結核復發，醫治無效而離開人世的。

但是，魯迅死得很突然，在 10 月 17 日上午，魯迅還續寫《因太炎先生而想起的二三事》一文的中段。午後，他又外出訪問友人，並到內山書店去了一趟，回來天色已黑。傍晚，周建人來看他，魯迅精神很好，還與周建人商談搬家的事。

不料當夜一時，魯迅氣喘復發，後經須藤注射，不但沒有見效，反而加重病情，只有兩天時間，就在 19 日凌晨五時二十分逝世。

魯迅突然病故，曾引起人們的懷疑。這要從須藤醫生談起。據說，須藤原是日本軍醫官。上海有一個日本在鄉軍人（即退伍軍人）會，是一個侵略性質的團體。須藤擔任該會的副會長。他家裡裝有電話機，在電話裡常講關於中日之間交涉與衝突的情況。

眾所周知，日本在軍國主義者的統治之下，特務的秘密活動不下於德國法西斯。電視連續劇《霍元甲》中雖有不少虛構情節，但霍元甲在上海與日本人比武時負重傷，結果被日本醫生用毒藥謀害也是事實。

魯迅先生與日本人民友好，但他堅決反對日本侵略者的暴行。而須藤當時是侵略者團體的負責人。於是，周建人就與魯迅商量，以後不要再請須藤看病。但魯迅認為，中途改變醫生不妥，因此，沒有再請別的醫生。

魯迅去世不久，周建人先生忽然接到交通大學一位素不相識的人寫來的密信。信中推測，魯迅不是死於肺病，而是被日本醫生所謀害。他要求周建人認真調查一下；如查無實據，則務請保守秘密。周建人看完信，遵照來信人的請求，立即把密信給燒掉了。

據說，魯迅的病情雖嚴重，但還是可以醫治的，第一步須把肋膜間的積水抽去，如果遲延，必不治。須藤卻說肋膜下並無積水，但只過了一個月，他又說確有積水。魯迅逝世後，治喪委員會要須藤寫一份治療報告。他雖然寫了，但與實際治療不大相符。

後來周建人打聽須藤的下落，卻發現他早已不知去向了。

——這真是一個「謎」，使人疑惑不解。

魯迅逝世後，還留有一件遺物——1936 年 6 月 15 日拍攝的「胸部X光片」。上海魯迅紀念館和上海市第一結核病防治院，於今年2月24日邀請一些著名肺科、放射科專家、教授，共同研究這件遺物並作出了「魯迅先生不是直接死於肺結核病，而是死於自發性氣胸」的新結論，終於揭開長達四十八年的魯迅死因之「謎」。

專家們認為，魯迅的肺結核病情屬中等程度，不是死亡的直接原因，直接原因是左側肺大泡破裂，使氣體進入胸膜腔引起自發性氣胸，壓迫肺和心臟而死亡。

有些醫師認為，這種病，並不是不治之症，如果及時合理地治療，是可以治好的，至少不會立即死亡。遺憾的是，魯迅先生竟這樣過早去世了。

原載1984年5月5日南京日報社《週末》第三版

魯迅與陳銘樞

司徒浩

魯迅先生死於肺病。現在看來，肺病不是什麼「死症」，然而在三十年代，還沒有發現治肺病的特效藥，更加上當時的鬥爭形勢劇烈而惡劣。朋友們都為他擔心，並為他找環境幽靜、空氣清新的地區去療養。有主張到國外治療的，如到蘇聯或者日本。但由於魯迅先生放不下手上的工作，暫時不想離開，以至耽誤時日，一病不起。

茅盾在《寫在悲痛中》說：「魯迅先生揀定轉地療養，地點是日本鐮倉。可是後來又不果行。夏天卻已過去了。九月中我晤見他，他說暑天已過，索性再過幾時，或者到香港換換空氣。」魯迅先生為什麼會想到來香港「換換空氣」，是不是因為受到當年國民黨愛國將領陳銘樞的邀請？

陳將軍是主張魯迅到蘇聯治病的，而且為他奔走甚力。現任南京大學歷史系教授胡允恭，就是當年受陳銘樞之託，從香港到上海和魯迅先生洽商和安排去蘇聯的人。胡允恭是1936年2月從香港到上海的。見面時，二人的對話——「陳銘樞先生和蘇聯作家的信我已看到。」「蘇聯政府誠心誠意邀你去治病，你同真如兄（即陳銘樞）一道去，比較方便。路費也已籌備好了，他在香港等你。」「朋友們都為我的健康擔憂，你看我的身體不是還可以嗎？」又說:「我從未去過蘇聯，現在國民黨特務和一些墮落文人就說我靠盧布過生活。如果我真的去蘇聯，也不能長住，因為我總不能一直住在國外革命啊！終究要回國。那時，有些人更可造謠，說我帶回了多少盧布。何況我的身體現在還沒有什麼危險，所以我考慮不去。」並請胡向陳銘樞和蘇聯朋友致謝意，還希望陳到蘇聯後代向蘇聯朋友解釋，他正為瞿秋白整理《海上述林》，也是未能離開上海的原因之一。

（據香港《新晚報》，
摘自《團結報》1984 年 5 月 19 日）

魯迅的死因——非難日本醫師引起疑問

因肺結核併發氣胸

「一針注射引起急變」不妥

泉彪之助

據五月十三日（部分地域十四日）本報的報導，中國報紙刊登了中國文豪魯迅之死牽涉到日本原軍醫的短論。我雖未看到全文，但通過本報的報導所知，這一短論的內容有違衆所熟知的史實，對魯迅最後的主治醫日本醫師須藤五百三給予了不恰當的責難。我雖是一個內科醫生，但想站在從事魯迅的醫史學研究的立場上，對這篇短論提出反駁。

直到死都在活動

按照短論說法，魯迅直到死都沒有停止活動。死去的當天，還在內山書店約定與人見面。但這是由於魯迅具有頑強的精神力量，那時魯迅已經身患重病。須藤醫師著有關於敘述魯迅病情的《醫學者眼中的魯迅》和它的附錄《魯迅先生病狀經過》，從中可以感受到魯迅的病情有多麼嚴重。

即便不算須藤醫師的文章，關於這方面的史料也並不缺乏。在魯迅死去的當年，即一九三六年的魯迅日記中也有許多對病情的記錄。最重要的證據是，二十四年間，除去政治激烈動盪的緣故數日無記載外，持續書寫的魯迅日記，在這一年的年初因病中斷。而這時，由於人們不喜歡須藤醫師的診療而召來的美國醫師湯瑪斯．鄧，對魯迅的病情留下了「倘是歐洲人，則在五年前就已經死掉」這句名言。

鄧醫師診察後不久，魯迅就在福民醫院接受了X光的拍攝。關於X光照片的觀察結果，我有文章發表（《魯迅胸部X 光照片》日本醫學新報第 3034 號），對此感興趣的人可以參照。X光照片顯示著正在惡化的肺結核和併發的胸膜炎的變化。與此同時也有多房性薄壁空洞樣的變化，其本來狀態我不能確定。最近，在上海紀念館主持召開的研討會上，專家們得出如下結論：氣腫性肺大泡在死前劇烈惡化，因肺大泡破裂造成氣胸（本報二月二十七日文化版《海外文化》）。須藤醫師的記錄裡也寫到引起氣胸之事，我想這應該是恰當的結論。

對須藤醫師的深深信賴

熟悉魯迅健康狀態的內山完造等人，曾勸他轉地到日本去療養，魯迅沒有答應。

提出用其他醫師代替須藤醫師建議的不只是魯迅的弟弟周建人，理由正如短論的作者說的那樣，不是因為須藤醫師是原日本軍醫，而是在技術信賴這一點上。這件事內山完造、馮雪峰二人也明確記述過。

因此艾格妮絲・史沫特萊、茅盾、馮雪峰等人商量聘請了鄧醫師。魯迅自己說鄧「一定沒有學過給死了五年的病人開方的法子」（魯迅《死》），他謝絕了周圍人勸他繼續接受鄧醫師治療的好意，直到最後對須藤醫師的信賴也沒有改變。魯迅好像對須藤醫師有一種不僅是作為醫師，更是作為友人的非常親密的感覺。據河野櫻氏說，須藤醫師來診，魯迅總將診察的事放在一邊，和他進行很長一段時間的雜談。

日本醫師須藤五百三，明治九年六月十八日出生在岡山縣川上郡成羽町的下原。第三高等學校醫學部（現岡山大學醫學部）畢業後，明治三十一年到四十四年任職軍醫，四十四年到大正六年成為朝鮮的道立醫院院長，大正六年到戰敗在上海行醫。正如魯迅信賴他一樣，自己也曾為須藤醫師患者的作家林京子，在《上海》中描述了他由於溫厚篤實的診療模樣贏得了患者的聲望。對我的詢問，林氏更為詳細地描述了他的樣子，那也可以令人感受到她對須藤醫師的欽佩。

須藤醫師戰敗後回到故里成羽町下原行醫，昭和三十四年十一月六日死去。據說他依舊受到町民的愛戴，度過了最後的行醫生活。

那麼，從短論的記載來看，須藤醫師給魯迅注射好像只有死去的當天。但據魯迅日記記載，須藤醫師幾乎每次來診都注射，因病休息時就讓助手、護士注射。藥的內容並沒有全部寫在魯迅日記中，魯迅記明的注射藥是諸如Cerase之類的，那是昆蟲的提取液，博信堂製的抗結核劑。

關於魯迅之死的情況，除須藤醫師的記錄外，增田涉的《魯迅印象》中也有記載。可以明確的說，決不是須藤醫師在密室裡單獨給魯迅治療的。現據須藤醫師的記錄和《魯迅印象》記下這一概略的經過。

10 月 17 日	
下午六點左右	散步回家
10 月 18 日	
凌晨 3 點	出現氣喘病症
凌晨 6 點	須藤醫師往診。跪坐呼吸面色蒼白冷汗淋漓，呼吸纖弱脈搏弱 120/分
下午 2 點	須藤醫師往診。呼吸 52-46/分 脈搏弱 110-114/分 從病狀上推定係引起氣胸
夜	須藤醫師、松井醫師（福民醫院）、石井醫師會診。病情未減 雇用懂中文的日本護士。周建人、內山完造夫婦侍於床前
10 月 19 日	
凌晨 1 點	內山完造等人回家
凌晨 5 點左右	給內山完造宅急信，內山完造給須藤醫師打電話。須藤醫師趕到病床前時，已近臨終，來不及了

凌晨 5 點 25 分　魯迅逝世

多種併發症

看了這一經過，大家就應該明白，與短論記載的不一樣，決不是一針注射就引起了急變。

無論是須藤醫師的記錄，還是前述的研討會，都認定魯迅的直接死因是肺結核併發氣胸。最近，國立療養所中野醫院的松田先生等人，正在研究活動性肺結核併發氣胸的病例。高度惡化的肺結核引起併發症的情況很多，死亡率是 28.6%（日本胸部臨床 43 卷 5 號 1984 年），即使在急救處理發達的現在，在一流的呼吸器專門醫院國立療養所中野醫院，也會出現四人中一人死於重症併發的情況。須藤醫師沒能挽救魯迅的生命也是很自然的。

雖說是以當時險惡的日中關係為背景而設想的，但在中國報紙上刊載責難誠實的日本醫師內容的短論，這使相信魯迅和日本醫學具有深層因緣的我覺得可悲。正如小說《藤野先生》中描寫的那樣，對魯迅而言，日本人一方面是加害者，另一方面又是友人。我相信，以須藤醫師為代表，有許多日本醫師是魯迅的主治醫，他們都曾深得魯迅的信賴。

（福井縣立短期大學教授・內科學，
宋揚譯自《朝日新聞》（夕刊）1984 年 6 月 4 日）

魯迅的死因——表明疑念的幕後

險惡日中關係的反映

傳達歷史認識的重要性

竹內實（注）

泉氏明快的反駁

關於中國文學家魯迅（1881-1936）之死，中國發表了對主治醫的日本醫師存有疑念的論文。對此，泉彪之助（福井縣立短大教授）基於多年的事實搜集，站在專業醫師的立場上給予了反駁（本報六月四日文化版）。坦率地說，得知中國表明這種疑念後，我有某種哽咽的不舒服的感覺，由於泉氏明快的反證，又有一種得救的感覺。中國研究者大概也會作為寶貴的意見來傾聽吧！

可是，作為對當時日中關係和中國並非表層的魯迅的評價給予若干注意的我，卻感到這次疑念表明的出現是必然

注　竹內實，一九二三年出生在中國，京都大學文學部畢業，曾任東京都立大學助教授，一九七三年任京都大學人文科學研究所助教授，一九七五年起任教授，專業是現代中國論，著有《毛澤東．他的詩和人生》（合著）、《魯迅遠景》、《中國的思想》等等。

的。儘管我還沒有得到中國的論文，但看到對日本醫師是上海「在鄉軍人會副會長」的指責時，似乎覺得這疑念是根深蒂固的。

魯迅的小弟，小他八歲的周建人，在回憶魯迅病情時說，接觸這個日本醫師，覺得他未必是好意的。泉氏也說過，在技術方面感到過不安。於是就請熟悉結核病的鄧醫師來診。這個日本醫師接受鄧醫師的指示，初次實施了從肋膜抽水的處置——周建人是這樣記載的。

周建人也以某種形式參與了這次死因調查。他對醫師的有所限定的指責態度，對這次疑念的表明給予了一種決定性的影響。

周建人還記錄了一些與魯迅的病沒有直接關係的事：當時日中間的空氣非常緊張，魯迅的兒子海嬰或被鄰居日本人的孩子用棍子打（據說這個棍子上繫著日本國旗），或者被辱罵。魯迅因此請來木匠，在門的鐵柵欄上裝上鐵板，說是這樣就看不到屋裡的情況了。

周建人沒有記下這個醫師的名字，只是寫作「退職軍醫」。如果原軍醫是「在鄉軍人會副會長」，那麼作為在鄉軍人，每年穿一、二次軍服參加活動的事也不是沒有。當時，作為日本國民，即使從事所謂正常的社會活動，在被日軍侵佔的上海市民（日本人以外的市民）的眼中，會如何反映呢？這是可以想像的。

弟弟險些被槍殺

一九三二年（昭和七年）魯迅死前四年爆發了所謂的「上海事變」。當時，周建人因有舉止可疑之處而被逮捕，險些被槍殺。這件事周建人沒有寫，魯迅沒有寫，魯迅的遺孀許廣平也沒有寫，只有內山完造寫到了（《花甲錄》岩波書店 183 頁）。內山完造在被押送的中國人隊伍裡發現了周建人，並請求釋放了他。

中國士兵脫掉軍服，摻雜在市民中製造恐怖行為，日本軍將其稱為「便衣隊」予以警戒。日本居留民組織了自衛團或自警團，為捕捉「便衣隊」而奔走。周建人也在那樣的人中，因此受到嫌疑。據說內山本人也受到自警團的責難。

下面是內山沒有寫，周建人寫到的內容：內山書店的一個店員參加了自警團，他相信元寇時先祖被元軍殺害了的傳說，便在上海郊外對農民進行了報復。這個店員後來也很後悔。周建人把這些加在了得病的記述中。後來魯迅聽到這件事也感到很意外。

這樣的事，在魯迅兄弟和他們的朋友周圍一定有許多，其中不乏謠言和近似謠言的東西。但在這些事中，魯迅接受原日本軍醫、在鄉軍人會副會長的來診和治療，魯迅自身的心情另當別論，卻讓周圍的人們感到很困惑。

作為當時的醫療水準，儘管已經盡到最大的努力，加之魯迅自己身體衰弱，但作為家人和友人的感情，對治療不滿和不信任，取而代之的是受社會空氣的影響，將它提升到疑念也是可能的。與其籠統地責備，不如對真相做進一步調查為好。

家庭中也存在「日本」

正如泉氏所說，這次中國表明疑念，對我來說也是「可悲」的。不過，這種悲哀，在於初次由對方傳達出我們是應該如何認識歷史和敘述歷史的。

這又有些偏離本題，但在周建人最近寫的文章《魯迅與周作人》中，相當明確地表現了魯迅和比他小四歲的二弟周作人漸次失和的真相。周建人似乎想說，周作人的妻子是日本人，她的性格影響了周作人，造成了這樣的僵局。對此，我們就不便多說了，但對於周氏三兄弟而言，「日本」已經是深入家庭的存在了。

宋揚譯自《朝日新聞》（夕刊）1984 年 6 月 14 日

魯迅的死因：否定與日本原軍醫有關

中國報紙的報導是個人見解

中國南京的報紙《週末》（五月十三日），關於中國文豪魯迅（1881-1936）之死，以魯迅胸部 X 光照片分析結果為基礎，刊登了《日本原軍醫加速了魯迅之死》的報導，之後，引起許多日本的魯迅研究者的反駁和疑問。記者（橫堀）最近在上海會見了魯迅紀念館的楊藍副館長，詢問了舉行 X 光片分析會的目的以及魯迅紀念館的看法。

楊副館長承認通過對X片的分析，大體得出的新結論並不是歷來已成定說的「肺結核」，而「氣胸」是直接的死因。但關於「與日本原軍醫有關說」，他否認說「那是不可能的」。並批評說：《週末》的報導「沒有科學的根據，只不過是個人的見解」。

問：魯迅紀念館今年二月對魯迅死前四個月拍攝的胸部 X 光片進行了分析，這是為什麼？

楊副館長：一九八六年十月十九日將是魯迅先生逝世五十周年，為此，我們對紀念館中現存的資料進行進一步的整理和分析，以使展示的內容更科學、準確、豐富。

關於魯迅肺結核的惡化程度，有肺部四分之三或五分之四被侵害的兩種說法。而且當時的X線光片是被沖洗在玻璃板上的，用膠捲將它複製也很有必要。因此我們召集了上海市第一結核病防治院的肺科和放射線科的專家十餘人，召開了《魯迅先生胸部X線讀片會》，結果專家們得出了如下意見。

這就是：魯迅的兩肺有開放性結核，右側引起結核性胸膜炎，病狀中等程度，這不是直接的死因。與魯迅的慢性支氣管炎和肺氣腫有關的是左側的肺大泡。從死前二十六小時的病狀記錄：顏色蒼白，冷汗淋漓，呼吸纖弱……來看，這個肺大泡破裂，空氣進入胸膜，引起自然氣胸壓迫肺和心臟，這才是直接的死亡原因。

但我想這不是最終的結論，今後還要繼續研討，X光片是魯迅死前三個月以上拍攝的，僅以此來判斷還不夠完善。

問：中國報紙《週末》指責日本原軍醫處置不當而可疑，並指責他是上海在鄉軍人會副會長。您怎麼看？

楊：讀了《週末》的報導，我很吃驚。衆所周知，筆者紀維周同志在圖書館工作，是個魯迅研究者，並不是醫學專家，並且也沒有參加「X線讀片會」，怎麼會得出這樣的結論呢？讓人費解。魯迅紀念館的研究者包括我，一致認為紀同志的見解沒有科學根據。魯迅在寄給內山書店的內山完造的最後一封信裡還請求日本的須藤先生（《週末》中被稱為原軍醫的日本醫師）來診。從魯迅的日記中也能看出，魯迅對須藤先生是很信賴的。大多數魯迅研究者認為，從當時的醫學水準來看，魯迅的死不是因為須藤醫師，而是無可奈何的事。

問：但是，中國報紙不是不能發表個人的見解和推論嗎？如果紀先生的見解沒有根據，為什麼沒有反對意見呢？在外國人看來，也不得不將紀先生的見解理解為中國有代表性的意見，不是嗎？

楊：《週末》是南京的地方報紙，對個人見解的發表比較寬鬆，很難把《週末》的報導看作代表中國的意見，所以，我們要研究一下用什麼樣的形式來表達我們的意見。

（上海・橫堀克己特派員，
宋揚譯自《朝日新聞》1984 年 6 月 25 日）

魯迅先生並非死於肺病

——對《魯迅與陳銘樞》一文的補充

蔡瓊

1936年的10月17日上午，魯迅先生還在繼續寫《因太炎先生而想起的二三事》。午後外出訪友，並到內山書店去了一趟，回來天色已黑。傍晚，周建人來看魯迅先生，見他精神很好，還一起商談搬家的事。不料當夜一時，魯迅先生氣喘復發，經須滕醫生注射治療，反而病情加重，竟於19日凌晨五時二十分逝世。

魯迅先生的突然病故，曾引起人們的懷疑，周建人就接到交通大學一位素不相識的人寫來的密信，要求他認真調查一下：魯迅先生是否被日本醫生須藤謀害。當周建人打聽須藤的下落時，卻發現他早已不知去向。而且在魯迅先生逝世後，治喪委員會曾經要須藤寫一份治療報告，他雖然寫了，但與實際情形不大相符。這一切，給人們留下了一個難解的「謎」。

為了解開這個「謎」，上海市魯迅紀念館和上海市第一結核病防治醫院，於今年2月22日邀請一些著名的肺科和放射性專家、教授，根據魯迅先生1936年6月15日拍攝的胸部X光片和他逝世前26小時的病情記錄舉行「讀片會」。會上，專家們認為：魯迅先生的肺結核病情屬中等程度，如果及時合理地治療，是可以治好的，至少不會立即死亡；死亡的直接原因是左側肺大泡破裂，使氣體進入胸膜腔，引起氣胸，壓迫肺和心臟而死亡。從X光片看，魯迅先生的身體很弱，營養又差，加之當時全靠抽煙來提精神，使健康受到了損害。大家作出了「魯迅先生不是直接死於肺結核病，而是死於氣胸」的新結論。以上情況，權作貴報今年5月19日第四版刊登的《魯迅與陳銘樞》一文的補充。

《團結報》1984年7月21日

日本讀者對於魯迅死因的看法

魯迅研究室　陳漱渝

編者小啟

本報第669號發表讀者蔡瓊《魯迅先生並非死於肺病》一文，根據報刊發表的材料，指出魯迅先生並非直接死於肺結核，而是死於氣胸。這是一個可以研討的醫學課題；但由此而引伸到當年治病的須藤醫生有什麼責任，是沒有根據的。現在發表研究室陳漱渝同志的文章，以正視聽。

今年2月22日，上海魯迅紀念館邀集部分醫學專家舉行「魯迅先生胸部X光片讀片會」，得出了魯迅先生死於自發性氣胸，而不是直接死於肺結核病的新結論。這項工作，是上海魯迅紀念館正常的業務活動，目的在於逐步整理、研究魯迅文物。2月23日，《解放日報》記者對上述情況了客觀報導。5月5日，《南京日報．週末》刊登了紀維周的文章《揭開魯迅死因之謎》，該文除了介紹前述「讀片會」的情況外，重複解放初期一篇文章的某些說法，對為魯迅先生治病的日本醫生須藤五百三表示懷疑。7 月 21 日，《團結報》在「讀者評報」專頁刊登了蔡瓊的文章《魯迅先生並非死於肺病》，引用《解放日報》有關的報導，對《團結報》今年 5 月 19 日刊登的《魯迅與陳銘樞》一文進行補充，這篇文章也曾提到「魯迅先生氣喘復發，經須藤醫生注射治療，反而病情加重」一節。在這裡。我想介紹一些日本讀者對這件事情的看法。

紀維周的那篇章在日本引起了議論。6 月 4 日，日本《朝日新聞（夕刊）》發表了福井縣立醫院內科醫長、福井縣立短期大學內科學教授泉彪之助的文章，對非難須藤醫生的觀點提出質疑。文章介紹說：須藤五百三醫生在 1876 年生於岡山縣川上郡成羽町，第三高等學校醫學部（現岡山大學醫學部）畢業，1898 年至 1911 年任軍醫，1911 年至 1917 年任朝鮮道立病院院長。此後即赴上海開業，直至第二次世界大戰終結。戰後回到故鄉繼續行醫。1959 年 11 月 6 日病逝。文章說，須藤醫生為人溫厚篤實，深受魯迅信賴，也深為他故鄉的人民敬愛。泉彪之助教授還認為，魯迅所患的活動性肺結核和氣胸合併症，死亡率目前仍高達 28.6%，在擁有第一流設備的日本國立療養所中野病院，這類病人的死亡率也達到 25%。

所以，對須藤醫生的非難是不恰當的。6 月 14 日，《朝日新聞（夕刊）》又刊登了著名漢學家、京都大學教授竹內實的文章，分析了對魯迅死因表示懷疑的歷史原因。他認為，魯迅去世時，中日之間關係緊張，當時有人懷疑須藤醫生為魯迅治病未必是好意，正是險惡的日中關係的反映。

鑒於以上情況，筆者於 8 月 2 日就魯迅死因問題詢問了魯迅先生的公子周海嬰，周海嬰委託筆者說明：紀維周的文章，對魯迅的死因進行推測，但未提供任何新的確鑿的史料，不能代表中國魯迅研究界的看法，也不代表他本人的看法。

原載《團結報》，1984 年 8 月 25 日

魯迅兒子周氏否定魯迅之死與日本原軍醫有關一說

（北京 25 日電橫堀特派員）中國報紙刊載的短文說中國文豪魯迅之死似與日本原軍醫有關，這一說法遭到魯迅兒子周海嬰的反對。

25 日的中國報紙《團結報》，發表了魯迅研究室的署名陳漱渝的短文《日本讀者對於魯迅死因的看法》。文中，陳氏介紹了今年 2 月上海魯迅紀念館邀集醫學專家舉行魯迅胸部 X 光片分析結果被報導後，紀維周在《南京日報》上提出的新說：魯迅之死與日本原軍醫有關；而且詳細介紹了受此影響，《朝日新聞》刊登的福井縣立病院泉彪之助醫長的反駁文章和京都大學竹內實教授對當時歷史背景的解說；並且寫道：「筆者於 8 月 2 日就魯迅死因問題詢問了魯迅先生的公子周海嬰，周海嬰委託筆者說明：紀維周的文章，對魯迅的死因進行推測，但未提供任何新的確鑿的史料，不能代表中國魯迅研究界的看法，也不代表他本人的看法。」

關於魯迅之死，魯迅紀念館也表明不贊成新說，中國的報紙發表反對意見這還是首次。此前，《團結報》雖然刊載過同樣的針對紀氏新說內容的讀者意見，但這次則態度一轉，附上了作為編輯者的意見：「由此而引申到當年治病的須藤醫生有什麼責任，是沒有根據的。」

（靳叢林譯自《朝日新聞》朝刊，
1984 年 8 月 26 日 14 版）

《揭開魯迅死因之謎》一文並無根據

〔編者按〕：本報今年五月五日曾發表紀維周同志的文章《揭開魯迅死因之謎》，文中對魯迅死因和當年為魯迅先生治病的須藤醫生的醫治提出質疑。紀文發表後，國內一些魯迅研究界人士來函指出，紀文中的懷疑是沒有根據的，文中把魯迅之死與霍元甲之死相提並論，更是不妥當的。我們研究後，認為這些意見是正確的，本報刊登紀文是不夠慎重的。除向來信同志表示感謝外，本報現將北京魯迅研究室陳漱渝同志的文章（發表於今年八月二十五日《團結報》）摘登如下，以正視聽。

今年二月二十二日，上海魯迅紀念館邀請部分醫學專家舉行「魯迅先生胸部X光片讀片會」，這項工作，是上海魯迅紀念館正常的業務活動，目的在於逐步整理、研究魯迅文物。五月五日，《週末》報刊登了紀維周的文章《揭開魯迅死因之謎》，該文除了介紹前述「讀片會」的情況外，重複解放初期一篇文章的某些說法，對為魯迅先生治病的日本醫生須藤五百三表示懷疑。

紀維周的文章在日本引起了議論。六月四日，日本《朝日新聞（夕刊）》發表了泉彪之助教授的文章，對非難須藤醫生的觀點提出質疑。文章說，須藤醫生為人溫厚篤實，深受魯迅信賴，也深為他故鄉的人民敬愛。泉彪之助教授還認為，魯迅所患的活動性肺結核和氣胸合併症，死亡率目前仍高達 28.6%，在擁有第一流設備的日本國立療養所中野病院，這類病人的死亡率也達到25%。所以，對須藤醫生的非難是不恰當的。六月十四日，《朝日新聞（夕刊）》又發表竹內實教授的文章，分析了對魯迅死因表示懷疑的歷史原因。竹內實認為，魯迅去世時，中日關係緊張，當時有人懷疑須藤醫生為魯迅治病未必是好意，正是險惡的日中關係的反映。

鑒於以上情況，筆者於八月二日就魯迅死因問題詢問了魯迅先生的公子周海嬰。周海嬰委託筆者說明：紀維周的文章，對魯迅的死因進行推測，但未提供任何新的確鑿的史料，不能代表中國魯迅研究界的看法，也不代表他本人的看法。

南京《週末》報，1984 年 9 月 8 日

魯迅死因之謎的論爭結束

中國報紙發表的自我批判

〔北京十日·橫堀特派員〕中國文豪魯迅之死與日本原軍醫是否有關？這一疑問的肇事者《南京日報》發行的報紙《週末》八日刊載了《魯迅死因之謎的文章没有根據》，並對此做出「缺乏慎重」的自我批判。但並非是筆者自身的訂正，也没有表現出「没有根據就尋找新的根據」，只是暫且為魯迅之死的論爭畫上了一個句號。

五月五日的《週末》刊載了在南京圖書館工作的紀維周先生的文章。今年二月，在上海魯迅紀念館召集醫學專家舉行的魯迅胸部X光片讀片會上，隨著死因不是歷來所說的肺結核而是氣胸這一新的結論的介紹，有人提出主治醫師原日本軍醫是在鄉軍人會的負責人，有相關者告密等問題，進而提出魯迅之死難道與日本原軍醫無關嗎？這樣的疑問。七月二十一日，民主黨派的報紙《團結報》又刊載了與紀先生的具有相同主張的文章，而上海魯迅紀念館卻没有通過報紙等形式對此正式提出反論。

但是，這在日本的魯迅研究專家中間引起了強烈的反響，《朝日新聞》刊載了福井縣立短大教授泉彪之助、京大教授竹內實的論文。特別是泉教授對「與日本軍醫有關說」提出強烈反論。與之相應，《團結報》刊載了北京魯迅研究室的陳漱渝的反駁文章，指出魯迅之子周海嬰也反對紀先生的說法，爭論大有在日中兩國學者中間展開的趨勢。

但是，最新一期的《週末》上，有編輯者按語的文章這樣寫到：「紀氏的文章發表後，國內部分魯迅研究者的來信指出，紀氏的懷疑沒有根據，特別是魯迅之死與霍元甲（被日本軍殺害的精通武術的人——日本記者）之死相提並論是不妥當的。我們認為這一指責是正確的。本報刊登紀氏的文章時缺乏慎重的態度。」全面否定了紀先生的主張。但其根據僅限於援引《團結報》上陳先生的文章，並未提出新的反證。

（宋揚譯自《朝日新聞》（夕刊）1984 年 9 月 12 日）

關於魯迅胸部X線讀片會的始末

上海魯迅紀念館　楊藍

魯迅胸部X線讀片會的消息發表後，引起了中外人士的關注。同時有人主現臆測，對魯迅的死因提出懷疑。為此，我們將召開讀片會的目的，讀片會討論的情況，最後對X線片鑒定結論性的意見，敘述如後，以饗讀者。

上海的魯迅紀念館保存的魯迅病危時拍攝的X線玻璃胸片，至今已四十八年。恐年久有損，不便於長期保存，故請上海第一結核病防治院（以下簡稱「結防院」）複製 X 膠片，並瞭解魯迅肺結核病灶情況，以便對魯迅的病情有個準確、科學的說法。該院領導對此十分重視，除協助複製X膠片外，並於二月二十二日邀請上海著名肺科、放射科專家、教授，對X線胸片作「讀片會」的研究。會上，專家們照魯迅逝世前的病史，充分發表了意見，有的專家因故未能參加，還委託他人發表了書面意見。這純屬醫學病理的探研。

「讀片會」後，為慎重起見，「結防院」領導又分別與專家們認真研究，反覆探討。經過多次修改，於七月初正式寫出了鑒定的書面意見。專家們在意見書上簽了名。現已交上海魯迅紀念館珍藏。這份意見書，對瞭解和研究魯迅的病情，澄清某些猜疑和誤會，是有著重要意義的。

關於魯迅先生胸部X線表現意見書上說：

「據一九三六年六月十五日後前位X線胸片：兩肺上中部見許多纖維增殖性結核病變，左肺中部有大片乾酪性病變。左上肺第二前肋間外帶見可疑的薄壁空洞。

兩肺重度肺氣腫，可見許多大小不等的肺大（泡），以左下肺更為嚴重。

兩上胸均有胸膜增厚，以右側較為明顯。

右側胸腔中等量積液。」

根據病史摘錄及一九三六年六月十五日後前位X線胸片，專家們一致診斷為：

「（1）慢性支氣管炎，嚴重肺氣腫・肺大泡。（2）二肺上中部慢性肺結核病。（3）右側結核性滲出性胸膜炎。

根據逝世前二十六小時的病情記錄，大家一致認為魯迅先生死於上述疾病基礎上左側自發性氣胸。」

目前這份鑒定意見，與日本須藤醫生一九三六年魯迅逝世時寫的《醫學家看到的魯迅先生》及其附錄《魯迅先生病情經過》（刊《魯迅先生紀念集》）中所言及的：魯迅先生的「肺動與脈搏二音如稍亢進，諒已引起所謂『氣胸（Pneumothorax）』。延至午前五時二十分由心臟麻痹而長逝。」最後，須藤醫生還概括了魯迅的疾病：有「肺結核，右胸濕性肋膜炎，支氣管性喘息，心臟性喘息及氣胸。」有許多相似之處。可見，當年須藤醫生對魯迅病情的診斷，在主要方面與鑒定意見沒有根本矛盾。

鑒定意見書表明，魯迅先生是死於「多疾病基礎上的自發性氣胸」。我們認為，對魯迅的病情有不同意見，作為學術探討是完全可以的。但前一時期，有的報刊發表文章，從「讀片會」，懷疑到魯迅的死因；從魯迅的死因又引伸到對日本須藤醫生的譴責是沒有根據的。這既不實事求是，更有背於科學態度。

原載《解放日報》1984 年 9 月 23 日

須藤五百三
——魯迅最後的主治醫

泉彪之助

中國文豪魯迅曾在日本學過醫學，也常用日本人做主治醫師。其中最後的主治醫須藤五百三，為魯迅治病一直到死，還寫了關於魯迅病狀的重要文獻《醫學者所見的魯迅先生》及《魯迅先生病狀經過》[1]。像這樣的重要人物，其生涯卻不為人知，經歷也不清楚。

筆者因其遺族須藤忠男、須藤圭子夫婦的好意，得到調查許可和許多有關人員的幫助，得以對須藤五百三的詳細情況進行了探討。探討的結果，是歷來日中兩國文獻中幾乎不曾記載的，這裡作一報告。

1. 調查經過

筆者最初接觸到須藤的名字，是在增田涉[2]和內山完造

1 須藤五百三：醫學者所見的魯迅先生，附魯迅先生病狀經過，作家，1936 年 11 月；引自文獻（5）及（6）。

2 增田涉：魯迅的印象，講談社，1956 年，及角川選書，1970 年。

的著作[3]中，後來在魯迅日記[4]中每每遇到，並在《魯迅先生紀念集》[5]以及《我心中的魯迅》[6]裡看到了上面談到的兩個文獻。

《魯迅全集》的魯迅日記人名表中記載著須藤的經歷，但只寫到是退職軍醫、內山書店醫藥顧問、1933年在上海市虹口區開設醫院等事。

作家林京子在其作品《上海》[7]中也寫過須藤之事，有須藤是静岡縣出身的記載。為此，筆者在向林氏詢問當時情況的同時，也向静岡縣醫師會發了函件，得到林氏詳細的回信[8]。静岡縣醫師會事務長岩户正衛氏也告之：須藤戰後在岡山縣川上郡成羽町開業行醫，昭和34年死去，遺族住在鐮倉市。後來，有機會與其遺族須藤忠男、圭子夫婦見面，並惠贈我記有須藤經歷的材料（以下稱「經歷史料」[9]）與照片，得到全面調查的許可。

諸多問題，分別得到詳細教示的有：關於須藤軍醫時代的經歷受教於佐久間温巳博士[10、11]，關於魯迅周邊人們對須

3　內山完造：憶魯迅，社會思想社，1979年。

4　魯迅日記，魯迅全集，第14卷、15卷，人民文學出版社，1981年。

5　魯迅先生紀念集，1979年，上海書店複印本。

6　周建人等：我心中的魯迅，1979年，湖南人民出版社。

7　林京子：上海，中央公論社，1983年。

8　林京子：私信。

9　經歷揭載史料，遺族惠贈。

10　佐久間溫巳：初期殖民地醫療中現役軍醫的作用，日本醫史學雜誌，30（2）：182，1984。

藤的評價受教於京都大學人文科學研究所竹內實教授[12、13]，關於須藤及相關病院福民醫院受教於松井昭博士[14]，與第三高等學校（日本的高等學校相當於中國的高中——譯者注）醫學部的關係則受教於岡山大學圖書館分館的岡村司書[15、16]。

以這些所獲知識為基礎，昭和 59 年 7 月 29 日起到同年 8 月 2 日，在岡山縣及東京進行了現地調查和文獻調查。在須藤的出生地成羽町，從與須藤直接相知的平松幹章氏[17]、遠藤洋三氏[18]、丸川尚一博士[19]及其他有關人士那裡得到證言，調查了須藤出生的家[20]和墓碑[21]，註銷户籍的謄本[22]等其他關聯史料也得以到手。

關於上海時代的情況，從內山松藻氏[23]、築地真佐子氏[64]處也得到證言，還研討了保存在國立國會圖書館的《上海

11　佐久間溫巳：私信。
12　竹內實：魯迅的死因，朝日新聞，1984 年 6 月 14 日，學藝欄。
13　竹內實：私信。
14　松井昭：私信。
15　岡山醫學會雜誌，明治 37 年—明治 42 年，（1904 年-1909 年）。
16　岡山大學醫學部同窗會名簿，1984 年。
17　平松幹章：證言（昭和 59 年 7 月 29 日）。
18　遠藤洋三：證言（昭和 59 年 7 月 29 日）。
19　丸川尚一：證言（昭和 59 年 7 月 31 日）。
20　岡村敏男：證言（昭和 59 年 7 月 31 日）。
21　墓碑銘，成羽町下原，龍泉寺境內。
22　須藤五百三戶籍註銷謄本。
23　內山松藻：證言（昭和 59 年 8 月 1 日）。

日報》[24]。

關於成羽町的歷史地理、軍醫時代及朝鮮總督府立道慈惠醫院院長時代的經歷、在成羽町開業行醫的狀況，在成羽町立圖書館、岡山縣立圖書館、岡山大學圖書館鹿田分館、國立公文書館、岡山縣醫師會進行了調查。

上述調查結果製成了家系圖（表1）和年譜（表2）。

表1　家系圖

```
須藤友吉
   │——小次郎
          │———五百三
        常    （1876—1959）——武一郎
              │—————      （1898—）
                花代                │
                （1874—1949）      尙
                                  （1904—）
                                    田鶴子
                                  （1919）
                祐七
                （1878—）
                新六
                （1881——）
                嘉吉
                （1888—）
                正七郎
              （1893—）
```

24　上海日報，1934年3月，1935年2月3月5月，1936年3月，1937年5月。

表 2 須藤五百三年譜

年　月　日	年齡	史料	經　　歷
明治 9 年（1876） 6 月 18 日		史，籍，郡	岡山縣下原村（經東成羽村現為川上郡成羽町大字下原 477 番地）生人
明治 14 年（1881）	5 歲	小	確摯小學校（第四大學區第十中學區第一學區）入學
明治 20 年（1887）	11 歲	小	高等川上小學校入學
明治 21 年（1888）		小	編入同校 2 年？
明治 26 年（1893）	17 歲	史，岡	第三高等中學校醫學部入學
明治 30 年（1897） （10 月？）	21 歲	史，岡，經	第三高等學校醫學部畢業
明治 31 年（1898） 10 月 14 日	22 歲	史，經	醫師執照（第 10743 號）
12 月 13 日		史，陸 98	任陸軍三等軍醫屬步兵第四十二團
明治 34 年 （1901）10 月 26 日	25 歲	陸 125	因明治 33 年清國事變戰功獲六等單光旭日勳章及金三百五十圓
11 月 3 日		陸 125	任陸軍二等軍醫
明治 35 年（1902） 2 月 20 日	26 歲	陸 127	受勳從七位
5 月 9 日		陸 128	受命從第十五憲兵隊
明治 36 年（1903） 3 月 28 日	27 歲	陸 136	受領清國皇帝贈與的第三第二雙龍寶星，允其佩帶
明治 37 年（1904）	28 歲	岡	從臺北守備炮兵第一大隊
日俄戰爭中			升進陸軍一等軍醫
明治 39 年（1906） 6 月 22 日	30 歲	陸 154	受命調離善通寺預備病院從野戰炮兵第十一團
明治 40 年（1907） 3 月 7 日	31 歲	陸 160，岡	受命從騎兵第十團（清國公主嶺）

年　月　日	年齡	史料	經　　歷
明治 42 年（1909） 2 月 9 日	33 歲	軍 1	受命屬姬路衛成病院
2 月 12 日		軍 1	領一等薪水
10 月 20 日		軍 8	受動從六位
明治 44 年（1911） 10 月 16 日	35 歲	軍 27	任陸軍三等軍醫正
同日		軍 27	受命從步兵第三十九團
明治 45 年（1912） 5 月 24 日	36 歲	軍 33	受動四等瑞寶章
6 月 19 日		軍 33	任道慈惠醫院醫生高等官五等
		史	朝鮮總督府立黃海道（海州）慈惠醫院院長
大正 2 年（1913） 7 月 1 日現在	37 歲	職	朝鮮總督府立黃海道（海州）慈惠醫院院長
大正 6 年（1917） 5 月 1 日現在	41 歲	職	同院院長
6 月 1 日		軍 70	任慈惠醫院醫長
大正 7 年（1918） 4 月 1 日	42 歲	軍 77	任陸軍二等軍醫正
同日		軍 77	編入預備役
大正 7 年？		史	在中國上海市開業
昭和 8 年（1933） 7 月 1 日	57 歲	魯	魯迅令郎海嬰初次診察
昭和 9 年（1934） 11 月 7 日	58 歲	魯	魯迅初次服用須藤的投藥
11 月 14 日		魯	魯迅初次接受須藤診察，此後幾乎是作為惟一的主治醫為魯迅診療
昭和 10 年（1935） 1 月 16 日	59 歲	魯	長子武一郎陪同為魯迅出診
2 月 24 日		上	再次當選上海居留民團民會議員
3 月 20 日		上	被指名為上海居留民團民會會計

年　月　日	年齡	史料	經　　歷
昭和 11 年（1936）3 月	60 歲	上	《上海日報》刊登須藤醫院廣告（住所：上海市虹口區密勒路 108 號）（電話：42972）
3 月 25 日		上	當選上海居留民團民會副議長
7 月 26 日		魯	長子武一郎拜訪魯迅
10 月 18 日		病，印	魯迅病重出診
10 月 19 日			魯迅逝世
10 月 22 日		紀，印	列席魯迅葬儀
10 月 23 日		紀	《上海日報》發表《醫生所見的魯迅先生》
11 月 15 日		紀	《作家》雜誌發表《醫學者所見的魯迅》、《魯迅先生病狀經過》
昭和 20 年（1945）8 月 15 日	69 歲		終戰
昭和 21 年（1946）5 月 25 日	70 歲	史	從中國返鄉
6 月		經	在出生的老家岡山縣川上郡成羽町下原 477 番地開業
昭和 22 年（1947）（9 月？）	71 歲	會	當選川上郡醫師會副會長
昭和 27 年（1952）6 月 20 日	76 歲	成	執筆《光明的成羽》、《結核小話》（此後也屢屢執筆）
昭和 27 年以降		成	陸續將藏書捐贈成羽町立圖書館，命名須藤文庫
昭和 33 年（1958）2 月 21 日	82 歲	成	依成羽町民意願召開「須藤老醫盛讚會」
昭和 34 年（1959）11 月 6 日	83 歲	籍，成，墓	逝世，葬於成羽町下原龍泉寺（真言宗），戒名大樹院融怡穆潤清居士

史料略稱：
史：經歷揭載史料（遺族惠贈）
籍：户籍註銷謄本
郡：川上郡史
小：川上小學校百年史
岡：岡山醫學會雜誌及岡山大學醫學部同窗會名簿
經：岡山縣醫師會會員經歷調查表
陸：陸軍軍醫學會雜誌
軍：軍醫團雜誌（番號均系號數）
職：職員錄
魯：魯迅日記
上：上海日報
病：魯迅先生病狀經過
印：增田涉《魯迅的印象》
紀：魯迅先生紀念集
會：岡山縣醫師會史
成：光明的成羽
墓：墓碑銘

下面是對關聯事項的說明。

2. 出生地

須藤的出生地岡山縣川上郡成羽町是備中成羽三萬石的城下町，前後兩期受到過山崎氏的統治。廢藩置縣後，成羽藩變成成羽縣，隨後歷經深津縣、小田縣，明治 8 年 12 月 10 日設置岡山縣，成為該縣一部分。須藤出生之時成羽町還不存在，出生地的行政區域是下原村，後歷經東成羽村於明治 34 年成立成羽町，明治 39 年舊東成羽村和舊成羽村統合，擴大規模成立成羽町。昭和 30 年，合併中村、吹屋町變成現在的成羽町。[25、26]

川上郡成立於明治 33 年，但在大正 12 年一時曾被廢止了郡制。[25、26]

成羽町是距高粱市約 8 公里左右的山間安靜的小鎮，是當地產業、行政的中心。後面將要敘述的內山書店店主內山完造的出生地——後月郡芳井町[27]，距此地 30 公里左近。

3. 家系和家族

關於須藤五百三的家系，據註銷户籍的謄本進行了研究[22]。由此而知，五百三是父親小次郎的第三子，而關於長子、次子卻未有記載。據説，父親小次郎是雜貨商或是和服商。他所出生的家是個大家庭，除五百三之外有祐七、新六、正七郎兄弟[22]。祐七後來在上海經商[17]，正七郎大正 15 年死於上海[22]。

五百三日後與花袋（舊姓大衫）結婚，生武一郎[22]。武一郎在早稻田大學讀書，留學法國，後來以寫作為生[28]。經常來上海，魯迅見到武一郎即在須藤五百三做主治醫時[4]。

25　成羽史話，成羽町教育委員會，1964 年。

26　川上郡史，原田龍右衛門刊，1927 年。

27　小澤正元：內山完造傳，番町書房，1972 年。

28　須藤圭子：證言（昭和 59 年 6 月 30 日）。

4. 學校教育

明治 14 年，須藤入學確摯小學校。確摯小學在天保年間作為成羽藩校發足，明治 2 年命名確摯校，明治 6 年創立川上郡本丁小學校（第四大學區第十一中學區第四小學），明治 9 年改編為確摯小學校。明治 21 年高等科獨立，設立郡立高等川上小學校[29]。

在《成羽小學校百年史》中，作為確摯小學校明治 14 年的入學學生和高等川上小學校明治 20 年的入學學生，可以看到須藤的名字，但如上述，明治 20 年時高等川上小學校尚未設立，該書文中所寫在明治 21 年編入 2 年一事或許也不正確[29]。

據「經歷史料」，須藤於明治 26 年入學於第三高等醫學校醫學部，明治 30 年畢業[9]。無論是該校畢業生的名簿，還是明治 30 年的畢業生中都可看到須藤的名字，該校出身之事無疑[15、16]。第三高等學校醫學部（現岡山大學醫學部）始於明治 13 年的岡山縣醫學校，明治 21 年 4 月 1 日開設第三高等中學校醫學部，明治 27 年 9 月 11 日改稱第三高等學校醫學部[30]。所以，須藤是入學於第三高等中學校醫學部，而畢業於第三高等學校醫學部。第三高等學校醫學部在明治 34 年變成岡山醫學專門學校[30]。

---

29 川上小學校百年史，1973 年。

30 岡山大學醫學部百年史，1972 年。

在高等中學校或高等學校醫學部就學，通常需要中學畢業資格[31]，但須藤受過怎樣的中等教育卻不清楚[9、32]。

據岡山縣醫師會會員經歷調查票所知，須藤明治 31 年 4 月 14 日取得醫師執照，醫籍登錄番號為第 10743 號[33]。這個調查票，由於所寫須藤的年齡很高，年月等多有顯著的訛誤，但這一項參照醫師資格證，還是值得信賴的。

5. 軍醫時代及朝鮮總督府立道慈惠醫院院長時代

獲得醫師執照的須藤，明治 31 年 12 月 13 日被任命為陸軍三等軍醫，隸屬於步兵第四十二團[34]。第三高等學校醫學部畢業後，受命從軍，大概也包括在軍校受到基礎教育的研修時期吧。

據說，須藤為得到援助學費，成了培養軍醫的陸軍委託生而得到了獎學金[17]，而委託生制度擴展到高等學校醫學部，是須藤畢業後明治 31 年之事[62]，這一點不大一致。

軍醫時代一定時間在外地及殖民地工作體驗之事[15、34、35]，可參考著作為理解上海行醫生活基礎。

朝鮮總督府立道慈惠醫院（海州）是日韓合併後為補充

31 泉彪之助：藤野嚴九郎的學歷及其時代背景，日本醫史學雜誌，30（4）：390，1984。

32 岡山縣教育史，中卷，山陽新聞社，1981 年。

33 岡山縣醫師會會員經歷調查表（昭和 31 年 2 月）。

34 陸軍軍醫學會雜誌。

35 軍醫團雜誌。

醫療方面不足而設立的，須藤帶著現役軍醫的身份被派去為當地居民診療[10、36、37]。軍醫團雜誌中明記著須藤被派往的道慈惠醫院（海州）的名稱。據「經歷史料」[9]及職員錄[38]，這分明是朝鮮總督府立黃海道慈惠醫院（海州）。黃海道慈惠醫院於明治43年9月19日開院，醫師定員3名（最初2名），占地1,125坪（一坪約等於3.3平方米——譯者注），建築物272坪，患者收容能力只有20人（後擴充）[36、37]。職員名錄中，大正2年7月1日到大正6年5月1日，可見作為院長的須藤五百三的名字[38]。

大正7年，須藤離開了軍隊。退職時的軍階是陸軍二等軍醫正（相當於後來的中校軍醫）[35]。

6. 上海時代

從道慈惠醫院退職的須藤，在中國的上海開業了[9]。須藤在上海開業的準確時間，文獻中不明。據「經歷史料」是大正6年，軍醫團雜誌則應為大正7年以降。給魯迅看病的當時，須藤在上海市虹口區密勒路（現峨眉路）108號開醫院[1]（圖8），最初是不是在這個位置不清。在經歷調查票中，是在眉山路6號開業，但那是最初的住所呢？還是因為上海的街路名戰後幾番改名[39]而是密勒路的別名呢？也不清

36 朝鮮總督府救療機關，朝鮮總督府，明治45年（1912年）。
37 朝鮮總督府救療機關，朝鮮總督府，大正2年（1913年）。
38 職員錄，明治44年-大正7年（1911年-1918年）。
39 堀田善衛：在上海，堀田善衛全集，第12卷，築摩書房，1974年。

楚。

須藤在上海開業的理由，一般認為是當時弟弟祐七在上海經商、開設須藤洋行的緣故。須藤洋行的準確開設時期雖然不明，但祐七的次子悟郎是大正 2 年在上海總領事館報的出生[22]，那麼祐七這時已經住在上海了吧。在昭和 15 年的上海日本人居住地區的地圖中，在文路日本人俱樂部附近可見須藤洋行之名（圖 8）[40]，另在昭和 12 年的《上海日報》中可看到以該洋行為會場的販賣展示會的廣告[24]。昭和 14 年左右，該洋行擁有電線和插銷工廠[17]。

昭和 10 年左右，給魯迅診療的須藤醫院，是兩幢英國風格的紅磚瓦三層樓房中的一幢[8、64]（照片 9），二樓有診察室[17、64]、藥局[8]加上須藤夫婦的居室[17、64]。一樓是職員的寢室和食堂[17、64]。武一郎來上海時住在三樓[17]，須藤病院中也有病室[8、64]，不知是否也在三樓。（三樓上也有閣樓房間。）[64]魯迅日記中出現的須藤醫院的職員，看護婦以及叫錢君的助手[4]，據林氏所說，看護婦似為中年日本女性，錢君則不明[8]，投藥由夫人來做[8、64]。現在，須藤醫院附近有峨眉中學[8]。

魯迅經常到須藤醫院就診或接受出診[4]。須藤有自家用汽車，讓司機駕駛出診使用[3、17]，還有數台黃包車，那也是出診用的[7、8]。魯迅居住的旋高塔路（現山陰路）與須藤醫

40 上海主要部詳圖，日本堂發行，昭和 15 年（1940 年）9 月 1 日（第 3 版）。

院相距約2.4公里[14]，杉本勇乘在離篠崎醫院很近的歸途中，見過魯迅在北四川路等市內電車（現已廢止）[41]，魯迅去須藤醫院就診之時，恐怕同樣也乘電車去吧。

關於須藤醫院的診療規模，昭和14年左右，一天的患者數有140到170人[17]。午前看病，午後2點出診，5點左右回來，晚飯後還要看病[17]。那時，中國人的患者人數很少，只有經內山完造介紹來的少數上流社會的患者[17]。但日中戰爭之前似有很多中國患者前來診療[64]。經歷調查票寫到，上海時代的診療科目有內科小兒科[33]，實際還有外科、婦科等近於全科[17、64]。須藤的興趣是讀書，昭和14年左右，每月從內山書店購入7-800日元的書[17]，居室裡的書滿滿的[64]。

據1935年的《上海日報》，上海日本人居留民會中有派閥之爭，須藤捲入其中，當上了一方支援的副會長候補[24]。說須藤是一個埋頭於治病的超俗的醫師並不正確吧。須藤是上海的岡山縣人會的會長[17]，後來終戰後就任再建的川上郡醫師會的副會長[42]。須藤是由於有聲望且有願意助人的一面，所以被人推舉到這樣位置上的吧。後面在《週末》的短文中要談到的任在鄉軍人會副會長之事，文獻中雖然不能確定，大概也做的是類似的工作吧。在《上海日報》上也看

41　杉本勇乘：魯迅先生的事，福井縣短歌人聯盟，短歌人會報，No10，1980年。

42　岡山縣醫師會史，岡山縣醫師會，1974年。

得到上海日本人醫師會的活動[24]，由於日本人醫師會的組織規約方面未能及於外地，從日本醫師會的材料是不能知道上海日本人醫師會的詳情的[43]。

7. 與魯迅的關係

魯迅1927年從廣州來到上海，與此同時與許廣平同居，並在1929年生下長子海嬰，由於體弱多病，魯迅一家接受醫療的機會變得多了起來。當時，魯迅一家住在上海市公共租界中日本居民很多的地區。主要是日本人做主治醫生。魯迅一家接受診療的醫療機關名如表3所示[4]。

根據魯迅日記，須藤初次給海嬰出診是1933年7月1日，海嬰第一次去須藤醫院接受治療是同年7月4日；但1932年10月20日日記有寄須藤信的記事，1933年4月23日魯迅設宴所請客人中可見須藤名字，同年6月1日（魯迅日記應為2日——譯者注）有為熟人代請須藤出診的記載[4]。魯迅自己接受治療始於1934年4月17日，係海嬰接受須藤診療之後，看牙醫另當別論，一家人只有三次例外是請其他醫生診療[4]。1936年5月31日，魯迅經周圍人的勸說，接受美國醫生湯瑪斯·鄧恩（Thomas Dunn）的治療；同年6月15日，魯迅在福民醫院接受x光照相；逝世前一天（10

43　基於日本醫師會圖書室的好意。

44　泉彪之助：魯迅的胸部X光照片，日本醫事新報，3034號，1982年6月19日。

表3　魯迅一家在上海就診的醫療機關（牙科除外）

西　曆	醫療機關名
1928	福民醫院
1929	福民醫院
1930	福民醫院　平井醫院　石井醫
1931	石井醫院　平井醫院
1932	篠崎醫院　福民醫院　石井醫
1933	篠崎醫院　須藤醫院
1934	須藤醫院
1935	須藤醫院
1936	須藤醫院

月 18 日）接受福民醫院松井勝冬博士及石井醫院石井政吉醫師會診[2、3、45]，等等，這些都是特例。

魯迅接受須藤的治療，一般認為是經內山完造的介紹，內山與須藤是岡山縣的同鄉，而且出生地又近，這些關係都可以考慮在內。在魯迅日記人名表中，須藤是內山書店的醫藥顧問[4]，但那詳情不明。內山松藻氏說，他不去須藤醫院看病，而去石井醫院[23]。

魯迅臨終的筆跡，也是委託內山完造來請須藤出診。

8.《醫學者所見的魯迅先生》及《魯迅先生病狀經過》

魯迅逝世後，1936 年 10 月 23 日，《上海日報》刊載了

45　新聞報，中華民國 25 年（1936）10 月 20 日。

須藤的文章《醫生所見的魯迅先生》[5]。接著，11 月 15 日發行的《作家》雜誌，以須藤醫生之名刊登了《醫學者所見的魯迅先生》以及《魯迅先生病狀經過》[5]。這個《作家》雜誌，從其內容來看是中國刊物。問題是《上海日報》揭載的文章和《作家》的文章有異同，發表該文的《上海日報》和《作家》都未能直接看到，其中的關係現在不明。有一種説法是：須藤應魯迅治喪委員會的請求而執筆寫了關於魯迅病狀的文章。

這《醫學者所見的魯迅先生》及《魯迅先生病狀經過》，又被收入魯迅逝世約一年後出版的《魯迅先生紀念集》[5]和 1979 年出版的《我心中的魯迅》[6]。

這兩篇文章的內容，前者是圍繞著魯迅的健康狀態和疾病所做的概述式的評論，後者是從 1936 年 3 月到逝世時的病歷。

前者敘述了魯迅病弱的體質，卻又不拘於此，還記下了魯迅積極的工作，那正是結核患者特有的體質所致，這記述也正依了當時的通行的説法[46]。將這篇文章的內容與魯迅日記的整體印象相比較，覺得將魯迅的健康狀況看得稍微惡化了些，這大概是把病入膏肓的魯迅作為患者看待，才寫下那樣內容的吧。

魯迅直到最後也不同意入院，所以後者没有入院記錄那

46　砂原茂一、上田敏：一種病的命運，東京大學出版會，1984 年。

樣精確的記載，但作為繁忙的出診時的記錄卻是相當詳細。

關於後者，有人指出一部分不甚可靠[47]，筆者也在另一文章中比照魯迅日記，指出文中並無發燒的記載[44]。可是，考慮到那是日常診斷的實態，決不能說是須藤的怠慢，毋寧說是留下了比較好的記錄。但是，這個記錄中幾乎沒有關於治療的記載。據魯迅日記記載，須藤為魯迅注射 Cerase、Tacamol 等藥[4]，前者是昆蟲的抽出液體，後者是水楊酸鈣，都是當時結核使用的藥品。

也許正像黃源所說，魯迅的病的最大敵人，是上海的熱和煤煙太多的環境[49]。但他又拒絕到外地去，魯迅離不開工作，空氣、安靜、營養這三個重要條件都得不到滿足。

9.《週末》的短文和中國方面對須藤五百三的評價

昭和 59 年 5 月 13 日（有作 14 日的），朝日新聞從北京報導：中國報紙《週末》（《南京日報》副刊——譯者注）刊登了關於魯迅死因的短文，其中記載的魯迅之死牽涉到日本原軍醫[50]。由於該文內容歪曲事實和無視史實，作者遭到反駁，6 月 4 日該報發表了反駁文章[51]。這次爭論，京

47 老後：須藤《魯迅先生病狀經過》不甚可靠，魯迅研究資料 6，天津人民出版社，1980 年。

48 常用新藥集，11 版：日本新藥株式會社學術部，1938 年。

49 黃源：魯迅和內山完造的事，鄔其山，No1，1983 年。

50 朝日新聞，1984 年 5 月 13 日。

51 泉彪之助：魯迅的死因，朝日新聞，1984 年 6 月 4 日，學藝欄。

都大學的竹內實教授對短文的背景進行了分析[12]，上海魯迅紀念館的楊藍副館長明確地說《週末》短文的記載不過是個人見解[52]，9月8日《週末》自己批評短文的記載沒有根據，爭論便以自我批評[53]告終。因為是已經瞭解了的爭論，這裡避免詳細涉及其內容，不過短文內容的要點還是要敘述如下：比較健康的魯迅，狀態突然惡化死去；惡化之後，由於須藤的注射而急變；若是氣胸是有治療方法的，魯迅的死有可能在於須藤的行為或是技術的欠缺；須藤是在鄉軍人會的副會長，這樣的行為可能是有意圖的[54]，等等。否定這些論據的理由，因為是在反論中敘述的，所以略去。但關於史實，反論中省略之處這裡倒想追加敘述。

《週末》的短文說，歷來都認為魯迅的死因是結核，而上海魯迅紀念館召開的魯迅胸部 X 光片研討會[55、63]對魯迅的死因是氣胸之事，得出了新的結論；須藤記載過那一事實[1]，為此他在《病狀經過》中特地使用了「氣胸（Pneumothorax）」的術語。氣胸之為死因，在當時一般已為人所知。增田涉《魯迅的印象》中引用的內山完造及日高清磨瑳（《上海日報》主筆）的信中也說：「空氣由肺入肋膜」，「因喘息肺破裂壓迫心臟所致」[2]。上海魯迅紀念館研討會

52 朝日新聞，魯迅的死因，1984 年 6 月 25 日，學藝欄。

53 朝日新聞，1984 年 9 月 12 日。

54 紀維周：揭開魯迅死因的謎，週末，123 期（1984 年 5 月 5 日）。

55 朝日新聞，1984 年 2 月 27 日，海外文化。

結論的新觀點是：在氣胸的基礎上又發現了肺大泡（氣腫性囊胞），氣胸不能說是死因。（研討會的鑒定結論是：「多疾病基礎上的自發性氣胸」——譯者注）

可是，正如竹內教授指出[12、13]的那樣，這次爭論的的背景有歷史的原因。在深深信賴須藤的魯迅周圍的人們之中，有一部分人不喜歡須藤的診療，那種情緒增高變做疑惑，也就影響到現在吧。

對須藤的不信任感，一是關於技術能力，另一個即《週末》短文所示：來自直接的疑惑。

因為須藤曾經是軍醫，作為醫師的技術給予很低的評價，這是常見的傾向。周建人說，受鄧恩醫師的提醒，須藤第一次做了胸腔穿刺[56]，而據須藤的記載，鄧恩醫師的診察是在5月31日[4]，而第一次胸腔穿刺是在3月28日進行的[1]。

當時日本青年人中結核病的發生非常多。所以，在徵兵的團隊中也出現了很多患者，年輕女子的發病是肺結核，而士兵的場合則發症為胸膜炎[46]。所以，須藤的軍醫生活中更多是給胸膜炎患者治病。給魯迅看病時，須藤開業已經 15 年以上，期間的臨床經驗也是很有益的吧。不這樣考慮就不能論及須藤的技能。但也必須承認，須藤除了在第三高等學校醫學部畢業後短期間之外，没有系統修煉醫學或再教育的機會。

---

56 喬峰：略講關於魯迅的事情，人民文學出版社，1981 年。（查該書 1954 年 8 月第一版，1961 年 10 月第五次印刷——譯者）

從魯迅逝世開始就對須藤懷有直接疑惑的，內山完造有過記載[3]，在黃源的發言中也可以見到[49]，《週末》的短文中也寫著[54]。

筆者認為，對須藤產生不信任感的背景中有三個要因。

一是當時險惡的日中關係。魯迅死去的 1936 年，是日中戰爭開始前一年，政治處於極不安定的狀況中。由於所謂上海事變，上海已經有了戰火經驗，日本又以極高壓的姿態逼近中國[57]。這樣的政治局勢，一般的中國人採取警戒的姿態也是理所當然。

第二，圍繞著晚年的魯迅，有以中國人為主的和日本人的兩個集團，相互之間的關係並不密切乃是事實。這些事的詳情省略了，如馮雪峰的回憶錄中幾乎沒有日本人出現[58]。須藤雖然出現了卻只寫日本人醫生而不寫名字。這兩個集團之間的疏離，要麼是馮雪峰與中國共產黨的關係很深，所以避免與日本人接觸，要麼就是所屬的文化圈所使用的話語不同。

儘管須藤受到日本人患者的很大信賴[7、8、17、64]，卻得不到某些中國人的信賴，其原因之一，難道不是由於這樣相違的集團之間造成的微妙的不協調嗎？

第三個理由是上海的醫療環境。林京子講述過上海重視歐美人醫師的例子[7]，在國際都市上海，對於接觸歐美文化

57　兒島襄：日中戰爭，2，文藝春秋，1984 年。

58　馮雪峰：回憶魯迅，鹿地、吳譯，鴿子書房，1963 年。

機會很多的中國人來說，必然看不到日本醫學也有很高的水準。看後來在成羽町診療的樣子，須藤作為開業醫生是具有極為優越的資質的，這樣的事，從中國人那裡自然也得不到應有的評價。由於日本醫學是以德國醫學為基礎的，尤為重視體系的思考，這對於慣於務實的歐美醫學人士來說，可能看上去有不足之處。河野櫻氏在《病床上的魯迅》中說，須藤是屬於日本鄉村醫生類型的[59]，這在習慣了英美醫師的人眼中，也是很不協調的吧。

然而，儘管有這些要因，魯迅還是深深地信賴作為醫師的須藤。這只要看一下魯迅的作品《死》就會明白[60]。還有河野氏的證言：魯迅對須藤明確表示了親近[59]。如前所述，魯迅側近的人們勸魯迅請美國人醫師湯瑪斯．鄧恩來診，在《死》中可以看到，那決不是魯迅自己的希望，還可以從中讀到：帶鄧恩醫師前來的史沫特萊，毋寧說給魯迅添了麻煩。其後，魯迅自己也是強烈希望得到須藤的治療，一直到死，對須藤的信賴不變。

黃源描寫過須藤給魯迅診察時的光景[65]，一邊聽診一邊說「現在肺部很好，還可以活十年。那時少爺也大了，你太太也不必過分擔心了。」須藤的話儘管離醫學的真實很遠，卻也很合魯迅的心吧。

責難魯迅的人們並不重視魯迅對須藤的這種信賴，筆者

59　河野櫻：病床上的魯迅，文化評論，1962年2月。

60　魯迅：死，魯迅文集，第6卷，竹內好譯，築摩書房，1978年。

想要全面支持黃源的一個發言[49]：「（魯迅）是分得清對手的辨別力非常敏銳的人。經驗也很豐富，任何事都騙不過他的。魯迅看得非常清楚，所以他信任內山先生和須藤醫師。」黃源在這次接受採訪中還講道：「給魯迅治病的須藤五百三醫師，由於以前是日本軍人，後來遭人懷疑，這一點我覺得應該相信魯迅先生。魯迅是非常瞭解日本人的，也非常信任這個醫生。我有病的時候也請他看過，在魯迅家裡也一起吃過飯。」[49] 內山書店發行的雜誌上發表過記事，黃源與魯迅關係很近，留學日本也熟知日本，後來參加了抗日戰爭，黃源的這個意見，筆者深信不疑。

10. 在成羽町的開業生活

終戰後返回故鄉的須藤，利用他出生的家宅開業行醫。在成羽町的調查證言有兩點是共通的。一是對於町民來說，須藤是一個熱心誠實的臨床家，另一個是須藤常常穿著木屐就去出診。在成羽町的調查，清楚地感到須藤得到町民的強烈的信賴。而且，調查中每每深感到對於須藤的稱讚，決不是外來的筆者所能編造的。舉一個例子，在成羽文化中心聽遠藤氏證言的時候，當時在場的町民們都交口稱讚須藤先生「醫有仁術」，那樣優秀的醫生沒有了。有一個人因為最熟悉須藤先生，特意介紹平松幹章氏，為之引見。須藤從町民那裡得到的信賴，恐怕與魯迅對須藤的信賴並無二致吧。

須藤穿木屐出診之事似給町民留下了很深的印象，這是從很多人那裡聽到的。也有人注解說那是高齒的木屐。須藤應患者請求爽快地到很遠的地方出診，有時坐在自行車的後面，偶爾背上還背著東西前去診療。

須藤不變的嗜好是讀書，留下了許多藏書。其中多數現在成羽町立圖書館作為須藤文庫收藏著。

須藤死去的前一年，成羽町民志願召開「須藤老醫盛讚會」，表達了對須藤的謝意[61]。由這事也可看出須藤所獲信賴之大和町民所愛之深吧。順便說一下，成羽町決不是醫療上的荒疏之地，也有綜合病院。在這裡能夠得到町民的信賴，難道不是顯示了須藤作為醫師的偉大嗎？

昭和 34 年 11 月 6 日，醫師須藤五百三因胃癌死去，享年 83 歲。盛大的葬儀之後，被葬在成羽町下原龍泉寺。戒名大樹院融怡穆潤清居士。

11. 結語

關於魯迅最後的主治醫須藤五百三醫師，其經歷和業績敘述完畢。

---

61 光明的成羽，合卷，成羽町立圖書館藏。

62 陸軍衛生制度史，第一卷，陸軍補充條令，第 31 條，據久間溫巳博士的教示。

63 楊藍：關於魯迅胸部 X 線讀片會的始末，解放日報，1984 年 9 月 23 日。

64 築地真佐子：證言（昭和 59 年 10 月 30 日）。

65 黃源：憶念魯迅先生，人民文學出版社，1981 年。

謝辭

謹對惠贈筆者珍貴史料與照片，准予調查許可的須藤忠雄、須藤圭子夫婦，給予種種教示的周海嬰先生，給予指導、建議的佐久間温巳博士，京都大學人文科學研究所竹內實教授，給予證言、忠告、援助的林京子氏、平松幹章氏、松井昭博士、內山松藻氏、築地真佐子氏、遠藤洋三氏、丸川尚一博士、岡村敏男氏、佐藤庸夫氏、岡山縣醫師會、該會事務長岩户正衛氏、岡山大學圖書館鹿田分館、該館岡村司書、成羽町教育委員會、該會事務長佐藤敬介氏、成羽町立圖書館、龍泉寺、岡山縣立圖書館、國立國會圖書館、國立公文書館、日本醫師會圖書室等，深表謝忱。

尚從未曾請教尊姓者暨其他成羽町民諸位獲予種種援助，記之以示謝意。

【譯者附識】：

譯自《福井縣立短期大學研究紀要》第 10 號，昭和 60 年 3 月（1985 年 3 月）。感謝日本立命館大學絹川浩敏副教授惠寄本材料。（靳叢林、宋揚譯。譯文原載《魯迅研究月刊》2003 年 12 期）

2000年代

父親的死．一個長埋於心底的謎

周海嬰

關於父親的死，歷來的回憶文章多有涉及，說法小異大同，幾乎已成定論。但在我母親許廣平和叔叔周建人的心頭，始終存有一團排解不去的迷霧。到了一九四九年七月，那時北京雖已解放，新中國尚未成立，建人叔叔即致信母親要「查究」此事。這封信至今保存完好，全文如下：

許先生惠鑒：

前日來信已如期收到，看後即交予馬先生了。馬先生屢電催，您究擬何時返平？

魯迅死時，上海即有人懷疑於為須藤醫生所謀害或者延誤。記得您告訴我說：老醫生的治療經過報告與實際治療不符，這也是疑竇之一。此種疑竇，至今存在。今您既在滬，是否可以探查一下，老醫生[1]是

1 中日關係緊張時，要想和馮雪峰、周揚商量一件事，他們都不露面，甚至遞傳點消息都不易。叔叔找馮雪峰妻子遞話，就是當時的實際情況。叔叔還講到過，在十九路軍抗日時期，馮雪峰住虹口離魯迅的家不遠，北四川路郵局旁的永安里，形勢剛剛開始有點緊張，他

否在滬？今上海已解放，已可以無顧忌地查究一下了。不知您以為何如？草此布達，敬祝

健康

弟建人啟七月十四日

到了同年十月，叔叔更在人民日報著文，對須藤醫生的診療公開表示質疑。後來聽說日本醫學界有位泉彪之助先生。為此專程到上海魯迅紀念館來查閱過有關資料，最後似乎做了支援須藤醫生的結論。但這仍不能排除二老的懷疑。一直到晚年，母親和叔叔仍不止一次地向我談起此事，叔叔甚至在病重之際，還難釋於懷。如今我也垂垂老矣，因此覺得有責任重提這樁公案，將自己之所知公諸於衆。至於真相究竟如何，我也無從下結論，只能留待研究者辨析了。

建人叔叔是這樣對我說的，父親臨死前，確實肺病極重。美國友人史沫特萊特請一位美國肺科專家鄧（DUNN）醫生來診。孫夫人宋慶齡也在這裡起了幫助作用。鄧醫生檢查之後對我們說：病人的肋膜裡邊積水，要馬上抽掉，熱度就會退下來，胃口隨之就會開，東西能吃得下去，身體的抵抗力就會增加。如果現在就開始治療、休養，至少可活十年；如果不這樣做，不出半年就死。治療方法極簡單，任何

就不見蹤影，為此，魯迅很不滿，說連通知也不通知一下。幾天以後，由內山先生代雇了一輛汽車，我們全家才被送到四馬路的內山書店二樓避了四十天——海嬰附。

一個醫生都會做。你們商量一下，找一個中國醫生，讓他來找我，我會告訴他治療方案，只要照我說的去做就行，無須我親自治療。提到是否要拍「X」光片，鄧醫生說，「經我檢查，與拍片子一樣。」講得十分把握。鄧醫生的診斷是結核性肋膜炎，而須藤醫生則一口否定。直到一個多月後才承認，才抽積水。我相信叔叔說的話，因為現在我也知道，這種診斷連一般醫科高年級學生都能通過聽診得出的，而不應當被誤診。況且須藤醫生已為父親看病多年，更不該搞錯。

叔叔接著說：上邊這些話，是你爸爸媽媽親自講給我聽的。那時我還通過馮雪峰的妻子，也同馮（雪峰）先生談過[1]，但他仍贊成老醫生繼續看下去，這樣鄧醫生的建議就被擱置起來。孰料鄧醫生的診斷頗為準確，十月份父親就去世了，距他的會診，恰好半年。父親死後，須藤寫了一張治療經過，使用的藥物等等，你母親經常提起這份報告，說這不符合當時治療的實際情況。診斷報告的前段，講魯迅怎麼剛強一類空話，後段講述用藥，把診斷肋膜積水的時間提前了。這種倒填治療時間的做法，非常可疑。記得須藤醫生曾代表日本方面邀請魯迅到日本去治療，遭到魯迅斷然拒絕，說：「日本我是不去的！」是否由此而引起日本某個方面做出什麼決定呢？再聯繫到魯迅病重時，迫不及待地要搬到法租界住，甚至對我講，你尋妥看過即可，這裡邊更大有值得懷疑之處。也許魯迅有了什麼預感，但理由始終不曾透露。我為租屋還代刻了一個化名圖章。這件事距他逝世很近，由於病情發展很快，終於沒有搬成。

須藤醫生在我父親去世後，再也沒有遇到過。當時以為，也許是我們遷往法租界之故吧。但到了解放後，我母親幾次東渡訪問日本，在進行友好活動的過程中，曾見到許多舊日的老朋友，裡面也有為我家治過病的醫生，都親切相晤各敘別後的艱苦歲月。奇怪的是，其中卻沒有這位與我家的關係那麼不同尋常的須藤醫生，也沒有聽到誰人來傳個話，問候幾句。日本人向來重禮儀，母親訪日又是媒體追蹤報導的目標，他竟會毫不知情，什麼表示也沒有，這是不可思議的。只間接聽說，他還活著，仍在行醫，在一個遠離繁華城市的偏僻小地方。難道他曾經診治過的病人太多，真的遺忘了嗎？一句話，他怎麼會在那麼多熟人裡消失了呢？

叔叔又講，魯迅死後，你病了想找醫生診治，那時還沒有離開虹口大陸新村，問內山完造先生該找哪位醫生，內山講了一句：「海嬰的病，不要叫須藤醫生看了吧！」那意思似乎是已經有一個讓他治壞了，別讓第二個再受害了。

商務印書館一位叫趙平聲的人曾在「一‧二八」前講過，須藤醫生是日本「烏龍會」的副會長，這是個「在鄉軍人」團體，其性質是侵略中國的，所以這個醫生不大靠得住。叔叔聽了就對父親講，並建議現在中日關係緊張，還是謹慎些不找須藤醫生吧。父親當時猶豫了一下，說：「還是叫他看下去，大概不要緊吧。」

也許是多疑，還有一件事，母親也對我說過多次。她對用藥雖是外行，有一件事卻一直耿耿於懷。她說，肺結核病在活動發展期，按常識是應當抑制它的擴展。雖然那時還沒有特效藥，但總是有治療的辦法，例如注射「空氣針」等。但是，須藤醫生卻使用了激素類針劑，表面上病人自我感覺暢快些，但促進了疾病的發展蔓延。這種針劑是日本產品，我國的醫生並不熟悉，又時過幾十年，要尋找瞭解當時日本對此類疾病的治療專家來鑒定恐怕是很難的了。我在此只是將母親的疑問記錄下來。

母親還說，父親臨死前一天，病情頗為危急，呼吸局促，冷汗淋漓，十分痛苦。問須藤醫生病情的發展，老醫生說：「過了今天就好了。」母親後悔地講，我總往好轉緩解的方面去想，不料這句話是雙關語，我當時太天真了。到了凌晨，父親終於因心臟衰竭而亡故了。母親當時的傷心悔恨，我想誰都能想像得出的。

綜合以上事實，作為一個負有全責的、人命關天的搶救醫生，須藤醫生在這兩天裡採取了多少積極措施呢？這在母親的回憶錄裡敘述得很清楚，不再重複。我還有進一步的疑問：父親是肋間積水，去世前發生氣胸，肺葉上縮壓迫心臟，最終是心力衰竭而停止了呼吸。我當時站在父親床前，看到日本女護士，兩手左右搖晃父親的胸部，力圖晃動胸中的心臟使它恢復跳動。這僅是「盡人事」而已，毫無效果的。使我懷疑的一點是：須藤似乎是故意在對父親的病採取拖延行為，因為在那個時代，即使並不太重的病症，只要有需要，經濟上又許可，即可送入醫院治療。須藤為什麼沒有提出這樣的建議，而只讓父親挨在家裡消極等死？

如今父親去世已經一個甲子了，這件隱藏在上輩人心中的疑惑，總是在我心頭閃閃爍爍不時顯現。是親人的多疑還是出於莫須有的不信任？我以為否定不容易，肯定也難尋佐證。但我想還是拋棄顧慮，將之如實寫下來為好。我絕無以此煽起仇恨的意思，祈願日本友人，不要以此怪罪。我只是實事實說。

《魯迅與我七十年》，南海出版公司，2001 年 9 月

周海嬰寫魯迅讀書的二三事

何滿子

文人的遭殃，不在生前的被攻擊和被冷落，一瞑之後，言行兩亡，於是無聊之徒，謬託知己，是非蜂起，既以自炫，又以賣錢，連死屍也成了他們的沽名獲利之具。

——魯迅《憶韋素園君》

魯迅是一面鏡子，可以從每個人對待魯迅的態度中，照見其人的人格。

——詩人綠原

魯迅誕生 120 周年，周海嬰的回憶錄《魯迅與我七十年》問世。兒子寫父親，是家人父子之間平常生活的親切紀錄，對消除上世紀六十年代的那陣子將魯迅給真正的造神運動陪綁而肆意扭曲魯迅形象所造成的惡劣影響有益。由於那陣子居心叵測地「神化」魯迅，將魯迅扭曲為「左」的守護神的惡果，招來了一系列的情緒逆反和思想混亂；又正值中國社會轉軌的動盪時期，這惡果更和文化整合中的各項負勢力交叉感染，干擾著人們的理性選擇。因此，如何對待魯迅，就成了與如何對待文化同義。

問題不在於無知妄人對魯迅的輕褻，如稱魯迅遺產為「魯貨」，斥魯迅為「石頭」，以及「魯迅見鬼去吧」之類的低能兒的叫囂，這些並不能多大地傷害魯迅；也不在於起源於臺灣和海外的文痞而為大陸別有用心的附和者惡意傳播的造謠污蔑，如瞎説魯迅如不早死，抗戰時期也會如乃弟周作人似的當漢奸之類的無恥讕言，那種顯然敵視魯迅的謠言世家的鬼話也沒有多少蠱惑人心的力量。將魯迅給真正的造神運動陪綁卻因為歷史的惡作劇而產生了深重的惡果。眼前看得到的最壞的影響有二：其一是，由於曾將魯迅釘定在「左」神的牌位上，誤導人們將魯迅視為和荼毒生靈的壞貨是同夥，其逆反的結果，就連帶地將魯迅戰鬥生涯中一切對人對事的正確判斷都否定了，或大打其折扣。比如，被魯迅在《答徐懋庸並關於抗日統一戰線》一文中評為「拉大旗作虎皮」的後來成為文學權力中心人物的一夥，魯迅對他們的評斷，參照後來的史實一點也沒錯，且尚很留餘地；但因為此類人物後來被更「左」的造反好漢所超過，所黜落，人們因憎惡造反好漢（好漢們確也利用魯迅的言論打擊這些原文學權力中心人物）而遷怒於魯迅，而不顧魯迅原先的評論之無懈可擊。又更如，魯迅曾無可指摘地批評過梁實秋、林語堂等人，如果不抽空具體的歷史語境，魯迅是完全正確的；不管這些人以後的表現如何，他們在被魯迅批評時都處於負面位置。可是近二十年來，卻有人故意吹揚這些人，或明譏魯迅為「偏激」或隱喻魯迅欠高明，進行了一陣「軟翻案」鼓噪。甚至連漢奸周作人，也被捧出來以其「沖淡」來反襯魯迅的「偏執」和「激進」之不可取；更不說以胡適的「公正和平，允執厥中」，推許為新文化的正宗，人文精神取向的典範，用以反襯魯迅的「過激」為不可師法了。

（這裡面也有對「左」的逆反情結。胡適應有胡適的地位。上世紀五十年代對他的「搞臭」批判是非理性的，不公平的。但胡適的努力並未能融入中國社會的基層，對動搖中國社會的舊制度、舊意識、舊風習沒有震撼性的力量，他的啟蒙，總的說來是「外爍」性質的。而魯迅，真所謂是「民族魂」，是生發於民族內部的歷史新覺醒的代表，和中國社會的基層運動血肉相連的。魯迅與胡適的根本區別在此。）

將魯迅扭曲為「左」的守護神的惡果之二是，由於反感於「神化」魯迅，人們努力要把他拉回人間，這原不錯；可是或由於矯枉過正（這樣的成分很少），或出於市民的庸俗趣味和某種陰暗心理，其中也不能排除原因多樣的對魯迅的蓄意抵制，拼命把魯迅往庸人堆裡拉，使之市俗化即矮化。那辦法就是去找一些市井小婦人最熱中的東家長，西家短之類的委瑣事由，當作魯迅「研究」的話題，就像小報的末流訪員津津樂道歌星隱私、影星婚變似的，將偉人扯談在、淹沒在庸俗無聊的口水涎沫之中。前些年臺灣曾有謠言世家編造魯迅在早年留學日本時期酗酒狎妓等胡說八道，趣味十分低級；近年來國內也有些人，「探索」蕭紅與魯迅交往的「戀父情結」，也有「考證」魯迅與許廣平定情係在哪年哪月何時何地的文字，據說是用佛洛依德法或藹理士法「研究」魯迅的「新開拓」。因投合庸俗趣味，頗有市場。然而這種「開拓」不論花樣多麼新鮮，「考據」何等確鑿，都不啻「鄰貓生子」，能給人帶來什麼效益？無非是提供點言不及義的無聊話柄，有如魯迅小說《肥皂》中四銘太太所說的「格支格支，不要臉」而已。通常人們為了揭露某些頭上有神聖光圈的偽君子，才追究其見不得人的隱私，還他們以言清行濁的醜陋真相，以此來找魯迅是找錯了對象。即使本無惡意，也只如魯迅在《題未定草・六》中所說：「譬如勇士，也戰鬥，也休息，也飲食，自然也性交，如果只取他末一點，畫起像來，掛在妓院裡，尊為性交大師，那當然也不能說是毫無根據的，然而，豈不冤哉！」

魯迅逝世以後，關於他的傳記、印象記、回憶錄，不知凡幾。大抵側重於排比事實，為人物定位。寫得較真懇的如許壽裳《我所認識的魯迅》，許廣平的《欣慰的紀念》等，也只從思想風貌著眼；有的則只是政治宣傳，如馮雪峰《黨給魯迅以力量》。總之，都令人覺得與生活實感疏離。可能因為這些作者都是文學家，有某種「做文章」的框框存於心中之故。周海嬰遵守父親的遺訓，「不做空頭文學家」，只從所憶所感，老實寫來，表述的都是事實，正如魯迅所說：「蓋敘述皆存本真，聞見悉所親歷，正因寫實，轉成新鮮。」（《中國小說史略·清之人情小說》）當然，魯迅棄世時，周海嬰還是一個孩子，但他的一生都和魯迅關聯而且不得不關聯，而魯迅又和不少人關聯著。因此，讀這本《魯迅與我七十年》時，看得出他下筆時有不少顧慮，某些段落的躊躇畏縮之狀也很顯然。這因為，從根本之點說，做魯迅的兒子就不知有多少難處……

做偉人或大人物的親屬是很難的——我將偉人和大人物分開來，是因為，大人物未必是而且多數不是偉人，偉人未必是握有權力而且多數不是握有權力的人物——這在全世界都一樣。在中國這個宗法制度、風習、意識濃厚的環境下，其狀尤甚。他們都是十目所視十手所指的社會矚目對象，眾人指指點點的話柄。在西方民主制國家，子弟只要不仰仗父兄的權勢和名望幹非分的事，也就不會遭議論了；西方社會個人主義的人格獨立的牢固觀念也能辨別當事人和親屬各自應擔承的行為責任，權貴名流子弟所受的社會壓力要輕得多。在頑固的宗法意識和宗法風習影響下的中國，鳳子龍孫所享受的蔭庇之優渥，常令平民百姓側目，輿論監視（注意：只限於監視，談不上「監督」；「輿論」也常只限於口議腹誹而難形於文字等正常媒體管道）自然也（一廂情願地）較為嚴厲。這也能算是社會的一點無形制約力量，當然這點制約也只對要顧點臉自知約束的人才有效。

魯迅是一介平民，他的親屬本不該受到權勢人物子弟那樣的監視；但魯迅的巨大存在和無可比擬的望譽卻使他的親屬比一般大人物的子弟受到更嚴格的關注。作為魯迅的兒子，周海嬰不能說沒有得到關愛和照拂，但更多的是限制和約束。且不說他不能如普通公民那樣支配魯迅遺留下來的版稅，急需無奈時因遺產權以公民應有的法律權利提起訴訟，也常成為議論的話柄，而且多半是非議。好像偉人的後代一談錢就玷污了偉人的名譽似的。甚至連某些人身自由也受到限制，舉小例說，據周海嬰自述，因為他是魯迅的兒子，在北大肄業時，課餘連打橋牌也是不許可的（見《北京青年報》2001 年 11 月 14 日所刊《魯迅兒孫如是說》）。這當然也許是出於愛護，是怕他荒廢學業的好意；但由此可知即使是善意的窺伺，他也是處於一種何等樣的經常性的緊張狀態了。

一件發生在別人身上不成問題的事，出在周海嬰身上就不得了。兒女婚姻本是有充分自擇權的，周海嬰的兒子周令飛在國外留學，和一位臺灣省籍女郎相愛結婚，即使算是「涉外婚姻」，那麼耳目所及，中國青年在美國、加拿大等地和外籍、臺灣省籍的異性結婚者也多的是；有的家長還是權力階層的重量級人物，未見引起過波瀾，單單周海嬰的兒子的自由婚姻卻不能容忍。有關方面竟向他施加壓力，要他公開聲明脫離父子關係，可謂荒唐之至。誠然，臺灣有些傳媒惡意散播魯迅的孫子如何如何的讕言，那是國民黨小報和特務刊物的一貫作風，解放前就造謠慣了的。這也說明魯迅後人處境之艱難，常會是謠言世家蜚短流長的對象。但謠言畢竟是謠言，周海嬰幸而頭腦清楚，頂住了壓力，否則只有更丟格。常人就不會遇到這樣的考驗。

不僅臺灣的謠言世家，大陸也有魯迅的冤家，幸災樂禍等著看魯迅後人的笑話。其中特別是當年魯迅的論敵，都七老八十了，仇恨情結之歷久不解，也真令人驚愕。礙於毛澤東曾經對魯迅作過肯定性評價，不敢公開唱反調，除了嘰嘰喳喳之外，甚至將一肚子的怨氣向後人發洩。例如，周海嬰的書中就記有：中國文聯第三屆全委會擴大會議近代組的會議上，「前輩李初梨說：『魯迅算什麼！郭沫若提出革命文學的時候，他還在喊虛無主義呢！』」並誣衊許廣平「和王關戚關係密切，王關戚一揪出來，就嚇死了」云云（見《魯迅與我七十年》第 294 頁）。周海嬰只在書中為母親辯誣，而對李初梨的訓斥只能忍著聽。倘他不是魯迅的兒子，換了別人，聽了這種放肆的「鞭屍」咆哮，就可以反唇相譏：「先生，您懂得什麼叫『虛無主義』麼？您還不如重複當年郭沫若的老調，說魯迅是『封建餘孽』更到位呢！」

從上引李初梨的發洩，可見怨毒入人之深，而這類敵意地貶抑魯迅的言談終究不敢形之於文字，也可見毛澤東對魯迅的肯定，對曾經圍攻過魯迅而又死不服氣的這些下屬是有震懾作用的。

但必須清楚，魯迅的偉大不是任何人和政黨所能捧出來的。並非如美籍華裔夏志清所妄說：「這種殊榮當然是中共的製造品。在中共爭權過程中，魯迅被認作一個受人愛戴的愛國的反（蔣）政府發言人，對共產黨非常有用。甚至於從未輕易讚揚同輩的毛澤東，也在 1940 年《新民主主義論》一文中，……向魯迅致以最高敬意」，「捏造出如此一個神話」（夏志清《現代中國小說史》第二章）。這是顛倒因果，毛澤東的讚揚在魯迅死了多年以後。最早也是「最高敬意」來自中國人民。魯迅逝世的噩耗一傳出，中國人民如喪傅保，給偉人以遠遠高於「國葬」規格的「在中國可說是破天荒」的「民衆葬」（章乃器《我們應該怎樣紀念魯迅先生》）。上海的中外人士未經誰的號召，不顧中外反動派的禁限，萬人弔唁送葬。這種自發的對偉人的崇敬，比任何權威人士的誇讚更過硬，這不是誰能「製造」得出來的！毛澤東的高明之處正是不違民意，肯定了人民之所肯定。政治家都必須舉民心所向的人物為旗幟，中外古今皆然；直到他自以為強大到不再需要這旗幟，自己有力量支配一切為止。

在這點上，毛澤東也表現了他的不愧為政治家的魄力和誠實態度，在 1957 年開展「反右」運動，他所經營的「輿論一律」的局面已見成效時，在回答羅稷南「要是今天魯迅還活著，他可能會怎樣」這一問題時，便認真地回答：「以我的估計，（魯迅）要麼是在牢裡還是要寫，要麼他識大體不做聲。」（《魯迅與我七十年》第 371 頁）這話的意思最明白不過，魯迅活到那時如「不識大體」，要「做聲」，就只有「在牢裡」的命運。從毛澤東語氣的先後看，他「估計」的第一可能是「在牢裡」而不是「識大體」。這也正是毛澤東坦率和睿智之處。因為他認定，魯迅如在，他要寫的必然是和他當時所要求的相違背，相悖逆，因而他為了政治的需要是必須把魯迅投放在牢裡的。毛澤東的這種估計，和他在《新民主主義論》中所論斷的「魯迅的骨頭是最硬的，他沒有絲毫的奴顏和媚骨」，前後精神完全一致。在欽佩毛澤東的誠實坦率之餘，這一意味深長的判斷，不是更能增進人們對魯迅風骨的理解麼？

毛澤東是慎思明辨的，他對魯迅的判斷是有根據的。那根據不僅是看到魯迅在反對北洋軍閥的黑暗統治、反對蔣介石政府殘民媚外的一貫堅定不撓，更在於魯迅在同情堅決抗日的共產黨的統一戰線政策時，仍然堅持自己的獨立見解，而不屈服於當時共產黨在上海的代表周揚等人的壓力。毛澤東的唯一見不到之處，是魯迅那時如仍在世，寫了拂逆他的文字，對「輿論一律」意識禁錮等現象進行批判和抗辯，正確的仍是魯迅一方。當然，這點後來由歷史作出了判斷。

由於自己的特殊身份，周海嬰在他的回憶錄裡寫別人對魯迅的議論，他自身所遭受的種種，都是十分謹慎，不盡欲言的。有些看得出曾使他十分困惑的地方，也大抵採取只敘事實，存而不論的態度。惟有對魯迅之死，日本醫生須藤是否有謀害嫌疑一事，他的懷疑是強烈的，這一懷疑也是合理的。

關於這一公案，人民共和國建立之初，周建人曾在《人民日報》上撰文提出過，似乎未曾受到文學界的注意。但我所接觸到的醫學界人士卻曾關注過這個問題。1950-1951年，我曾在上海醫學院（即上海第一醫科大學的前身，現在已轉屬於復旦大學）兼課，一次在會議間隙，聽到朱恒壁院長、沈克非、黃家駟、蘇德隆等教授不知由於什麼話而談起此事。這幾位都是醫學界權威，意見值得注意。這幾位對解放前在上海行醫的日本醫生很有意見（不排除這幾位都是所謂「英美派」的醫學家，和「德日派」有某種門户之見），這與本題關係不大。現在我記得他們的意見是：三十年代尚未發明雷米風、鏈黴素等治肺結核的特效藥，徹底治癒肺結核確很難，但治療這病也並非没有別的有效手段（他們舉了切割肋骨等一些我所不懂的治療方法），手術如果準確及時，是能延長患者生命的。他們斷定，這個須藤肯定不是肺科專家，醫技平常，耽誤了治療時機。當時根本不知道須藤有日本軍人組織烏龍會的副會長的背景這個可疑身份，所以只判斷為庸醫誤人，應屬於醫療事故。

朱恒壁院長很喜歡讀魯迅的書，和我還談得來，他說，日本人哪裡知道魯迅先生在中國的價值（這點他錯了，如果真是蓄意謀害，那正是因為高度理解魯迅對日本侵略者是最危險的敵人）？如果魯迅先生當時在中山醫院（上海醫學院的附屬醫院）醫治，醫生會想盡各種辦法挽救他的生命。言下無限惋惜憾恨，給我的印象極深。

以魯迅的崇高威望，這不僅是一起醫療事故，也是世界文學史上的特殊事件。可是要追查清楚卻很煩難，想一想日本的右翼勢力連世人皆知的侵略屠殺的罪責尚且要抵賴規避，就更不用說這起歷時已久踪跡迷離的懸案了。須藤肯定也早已死去，這事大概將成為一個歷史黑洞。

不過，王元化在周海嬰此書的序言中所提到的「魯迅在有人提醒他之後，為什麼堅持不換醫生，這也是一件懸案」的問題，我以為倒是可以解釋的。

在魯迅的心中，有一個十分牢固的「藤野先生情結」。這個情結從年輕時代起綰結在他心頭，真叫刻骨銘心。只要讀讀《藤野先生》這篇一往情深的回憶文字，就能理解魯迅是感念這位老師和醫生的程度了。愛屋及烏，他就認為另一位日本醫生也會有同樣的職業道德，不會輕啟疑竇。也因為魯迅在日本學過醫，有這個「藤野先生情結」，所以他介紹親友醫病，也經常光顧日本醫院。而且，魯迅和須藤的關係，已歷有年所，不是親往就醫，就是約他到寓所診治，從《日記》1933年起的記載中，可知彼此往來的頻繁。海嬰生病也由須藤診治，儼然是魯迅家的家庭醫師。再者，彼此有不少函件往返，還多次互贈禮品，互相宴請，已不單單是病員和醫生的關係，而且是當作朋友在交往了。可以想見，這樣的關係是不能說斷絕就斷絕的，人情如此嘛！

還有一層原故使魯迅礙難謝絕須藤：魯迅和須藤的往來中還夾雜著不少魯迅的日本友人在內。如1933年5月23日的日記，就記有宴日本友人秋田、伊藤等男女二十人，須藤亦在內。須藤似乎也讀點書，日記中魯迅贈他的書有多起。

尤以 1935 年 6 月 20 日，日本剛寄到《岩波文庫》中的日譯《魯迅選集》，只有兩冊，魯迅就贈了須藤一冊。這就不是泛泛的交情了。如此真情地對待他，如果須藤真要動魯迅的壞念頭，那真是喪盡良心，狗彘不食其肉了。不過，誰又能保證他不是蛇蠍心腸的呢？如果真是敵寇指派來暗害偉人的話。

這是中日關係史、世界文學史上一個巨大的謎……

2001 年 11 月上海

原載《魯迅研究月刊》2002 年第 3 期

魯迅先生死於須藤誤診真相

周正章

〔編者按〕：周正章先生的文章初稿寫於1984年3月，脫稿於2001年11月。時間跨度較大，有些情況已發生了變化。特別是自從周海嬰先生的《我和魯迅七十年》出版後，對於「魯迅之死」的真相引起廣泛的關注，並趨於認同。本刊發表此篇長文（按周正章先生提供的軟碟照錄），以饗讀者。至於文中涉及的人事問題，不代表本刊觀點與態度。

引子

誰知道十月中旬突然來這晴天霹靂！現在回想起來，我們若能把轉地療養這問題很早佈置的安貼，則魯迅先生不至於因有事實上的一些困難而遷延了三個月的功夫，我們太不負責，我們這罪不能寬饒！我們太不中用了！

……

「中國只有一個魯迅，世界文化界也只有幾個魯迅，魯迅是太寶貴了！」──這是G君在十月二日和我去訪魯迅先生後回來時的話。但是，但是我們太不寶貴魯迅了。我們沒有用盡方法去和魯迅的病魔鬥爭，我們只讓他獨自和病魔鬥爭，我們只讓他獨自和病魔掙扎，我們甚至還添了他病中精神上的不快！中國人的我們愧對那幾位寶愛魯迅先生的外國朋友！

——茅盾：《寫於悲痛之中》

（原載1936年11月1日《文學》第7卷第5號）

真是晴天的霹靂，在南台的宴會席上，忽而聽到了魯迅的死！……

沒有偉大的人物出現的民族，是世界上最可憐的生物之群；有了偉大的人物，而不知擁護、愛戴、崇仰的國家，是沒有希望的奴隸之邦。因魯迅的一死，使人們自覺出了民族的尚可以有為，也因為魯迅之一死，使人家看出了中國還是奴隸性很濃厚的半絕望的國家。

——郁達夫：《懷魯迅》

（原載1936年11月1日《文學》第7卷第5號）

茅盾、郁達夫這兩位與魯迅過從甚密的文學鉅子，兩個不約而同的「晴天霹靂」，既寫出了驚悉魯迅噩耗的巨大震驚，也寫出了魯迅逝世猶如「晴天霹靂」般的突然；既寫出作為文化人的嚴厲的民族自責與高尚而強烈的愛國主義情懷，也寫出了魯迅這個偉大生命可以挽救的悲歎與痛惜。我面對魯迅死因這個沉重的話題，不得不陷入沉思。我想起 1821 年的拿破倫之死，想起了 1837 年的普希金之死，其死因法國人、俄國人一直在孜孜不倦地研究著。而 1936 年才離我們而去的「民族魂」魯迅之死因研究，為什麼總是仰人家的鼻息而自踐自己呢？為什麼國人就沒有一點民族自責呢？難道國人就不能從這裡也證明中國絕對是個很有希望的國家嗎？

——筆者 2001 年 10 月 19 日魯迅 65 周年忌日手記

二十世紀匆匆過去了，但它遺留下不少重大歷史懸案急待研究與解密。新世紀伊始，魯迅之子周海嬰先生在 2001 年 5 月 15 日出版的《收穫》第 3 期發表《關於父親的死》一文，重提魯迅之死種種疑點，並點名直指當年給魯迅治病的日本醫生須藤，國內外傳媒廣泛轉載，引起國人普遍關注。魯迅死因之謎，就屬這許多重大歷史懸案之一。

最早對魯迅死因提出質疑的是周建人先生，見於他在 1949 年 10 月 19 日《人民日報》魯迅逝世十三周年紀念日專版所撰《魯迅的病疑被須藤醫生所耽誤》一文。但是遺憾的是，這篇對魯迅非正常死亡質疑的重要文章，竟沒有引起重視。以後在其《略講關於魯迅的事情》一書中，不知出於何種原因，竟未收錄。對於魯迅死因研究取得突破性進展的是，上海魯迅紀念館和上海第一結核病防治院於 1984 年 2 月 22 日，興師動衆邀請 23 位上海著名醫學專家、教授參加的「魯迅先生胸部X光片讀片會」。在這次讀片會上，由國內第一流醫學專家作出極具權威性的科學診斷是：「魯迅先生不是直接死於肺結核病，而是死於自發性氣胸。」該次讀片會的有關資料見於 1984 年 2 月 23 日上海《解放日報》第 1 版記者許菊芬的報導，同時還見於上海魯迅紀念館 1984 年 12 月發行的《紀念與研究》第 6 輯《魯迅先生胸部 X 線讀片和臨床討論會的意見》。令人遺憾的是，關於魯迅死因的這個重要科學結論，時至今日，連有些魯迅研究專家都不知曉（見 2001 年 6 月 21 日南京《現代快報》第 4 版《魯迅死於日本醫生之手可能性不大》），國內出版的所有魯迅傳記都避而不談，而全都沿用「魯迅死於肺結核病」的誤說。

這個誤說必須予以糾正，因為它不僅掩蓋了魯迅非正常死亡的真相，同時也掩蓋了魯迅死於須藤醫生誤診誤治的真相。值此世紀之交，我們這些從上世紀跨過來的「交接者」，不該把這上世紀因種種原因而被嚴嚴實實包裹著的魯迅死因的誤說再交下去了。

起點：一次很有價值的魯迅胸片讀片會

1984 年 2 月 22 日，上海「魯迅先生胸部 X 光片讀片會」是由上海九家醫院 23 位專家、教授組成的：（1）上海第一醫學院中山醫院放射科教授榮獨山、副教授洪應中，肺科教授孫忠亮、教授崔祥瑸；（2）上海第一醫學院腫瘤醫院放射科教授張去病；（3）上海第二醫學院瑞金醫院肺科教授孫桐年、副主任醫師鄧偉吾；（4）上海第二醫學院新華醫院肺科教授朱爾梅；（5）上海市第四人民醫院放射科副主任醫師湯良知；（6）上海市第六人民醫院放射科主任醫師鄒仲；（7）上海市結核病中心防治所主任醫師徐續宇、陳恆，副主任醫師江風；（8）上海市第一結核病防治院主任醫師汪士、裘德懋、何國鈞，副主任醫師趙基津、鄭岩、計威康、夏祥新，主治醫師黃迪澤；（9）上海市第二結核病防治院主任醫師李德洪，副主任醫師汪鐘賢。討論會地點：上海市第一結核病防治院。

據1984年2月23日上海《解放日報》第1版載《魯迅先生不是直接死於肺結核病》（記者許菊芳）報導：

在昨天的讀片會上，專家、教授們根據魯迅先生1936年6月15日拍攝的胸部X光片與有關醫生的病情記錄，認為魯迅先生患兩側慢性開放性肺結核，右側結核性胸膜炎，病情屬中等程度，因此，肺結核病不是直接造成魯迅先生死亡的原因。而從X光片上看，魯迅先生還患有慢性支氣管炎與肺氣腫，由此形成肺大皰，結合魯迅逝世前26小時（1936年10月18日早晨3時至19日早上5時）的病情記錄：臉色蒼白、冷汗淋漓、呼吸纖弱、左胸下半部有高而緊張的鼓音、心臟越過右界等記錄，大家認為魯迅先生的直接致死原因，是左側肺大皰破裂，使氣體進入胸膜腔引起自發性氣胸，壓迫肺和心臟而引起死亡。

同時，我們也將上海魯迅紀念館 1984 年 12 月發行《紀念與研究》第 6 輯《魯迅先生胸部X線讀片和臨床討論會的意見》全文照錄如下。

魯迅先生胸部 X 線讀片和臨床討論會的意見

胸部 X 線表現

據 1936 年 6 月 15 日後前位X線胸片：兩肺上中部見許多纖維增殖性結核病變，左肺中部有大片乾酪性病變。左上肺第二前肋間外帶見可疑的薄壁空洞。

兩肺重度肺氣腫，可見許多大小不等的肺大皰。以左下肺更為嚴重。

兩上胸均有胸膜增厚，以右側較為明顯。

右側胸腔中等量積液。

臨床討論意見

討論會日期：1984 年 2 月 22 日下午 2 時。

討論會地點：上海市第一結核病防治院。

根據病史摘錄及 1936 年 6 月 15 日後前位X線胸片，一致診斷為：（1）慢性支氣管炎，嚴重肺氣腫，肺大皰。

（2）二肺上中部慢性肺結核病。（3）右側結核性滲出性胸膜炎。

根據逝世前 26 小時的病情記錄，大家一致認為魯迅先生死於上述疾病基礎上發生的左側自發性氣胸。（筆者按：以下為 23 位專家簽名，略。見上文）

需要說明的是，後者這份由上述 23 位著名醫學專家、教授簽名的意見，不是讀片會之時，而是「『讀片會』後，為慎重起見，『結防院』領導又分別與專家們認真研究，反覆探討。經過多次修改，於七月初正式寫出了鑒定的書面意見。」（見楊藍《關於魯迅胸部 X 線讀片會的始末》）否則，套用今天的時髦用語，這個豪華陣容，為了區區幾百字的鑒定意見，不會這麼「艱難」的。但也從一個側面可以看出，要探索魯迅死因真相，在那個年代的語境「艱難」。（下文將略加介紹）不過，即使是醫學行家將這份《意見書》與《解放日報》報導兩相比較，在實質上毫無矛盾之處，只是一些枝節用語不同，或者把一些直截了當的說法變得模糊朦朧一些而已。事實上，反而更顯得報導的鮮活、真實而可信了。

我認為，此次讀片會對魯迅先生病情及其死因作出診斷是很有價值的。首先，它第一次明確地指出魯迅病情屬中等程度，肺結核病不是直接造成魯迅死亡的原因；其次，它第一次精確地公布了魯迅肺部的具體病變，尤其是左側肺大皰嚴重，其破裂發生左側自發性氣胸是魯迅直接致死原因；再次，它無疑是科學的，因為它比較以往所有籠統地敘述魯迅病情資料更接近客觀真實；第四，它無疑是權威性的，自此之後，不管誰出於什麼目的，魯迅是直接死於自發性氣胸的這個科學結論是誰也動搖不了的；第五，我們甚至可以毫不誇大地說，這個對魯迅晚年實際病情的科學診斷，對於魯迅研究界正確廓清魯迅晚年思想評價問題上的某些混亂將發生影響。上個世紀極左思潮為了政治鬥爭需要而隨心所欲地渲染魯迅病情，說魯迅是個瀕臨死亡的人，晚年已經無法獨立思考，被人蒙蔽和利用云云的論者，我們見到的還少嗎？

這張魯迅胸部X光片，對於國人研討魯迅死因與日本醫生須藤責任，更具有重大價值。如果沒有這張魯迅胸部X光片，魯迅死因之謎可能很難談起；如果沒有上海魯迅胸片讀片會結論性意見，須藤誤診誤治真相很可能一時還無從解密。現將須藤與這張魯迅胸片的關係，先交待兩句，即可見一斑。魯迅雖然在《死》那篇著名文章裡說過須藤不是肺病專家，但他很可能是位放射科專家。周建人在《魯迅的病疑被須藤所耽誤》一文中披露：「據魯迅說，須藤本為日本軍醫官，在日俄戰爭時曾出過力。因晝夜醫治傷兵，用X光線尋找子彈所在，結果，自己的生殖腺受到了損傷，所以一生不曾生過孩子。」由此可見，須藤應是位經驗豐富、年資頗高的放射科專家。所以這裡就凸現出一個問題：作為內科醫生兼放射科行家而言，在考慮與運用X光射線來診斷魯迅肺結核病，不存在任何思維上與技術上的困難。但是，須藤竟没有這樣做，這是為什麼？不過，這也不必或無須深究了，因為此刻延誤，無礙魯迅生死；好在這張X光片在美國鄧醫生診斷魯迅肺結核病之後很快就拍攝了。這裡又凸現出第二個問題：作為內科醫生兼放射科專家而言，上海魯迅胸片讀片會所見「胸部X線表現」：「兩肺上中部見許多纖維增殖性結核病變，左肺中部有大片乾酪性病變。左上肺第二前肋間外帶見可疑的薄壁空洞。／兩肺重度肺氣腫，可見許多大小不等的肺大皰。以左下肺更為嚴重。／兩上胸均有胸膜增厚，以右側較為明顯。／右側胸腔中等量積液。」須藤都應全部看見。尤是其中第二節：「兩肺重度肺氣腫，可見許多大小不等的肺大皰。以左下肺更為嚴重。」這個有關魯迅生死的大關節，須藤更不應忽視。魯迅即死於這個左下肺更為嚴重的肺大皰破裂而引發的左側自發性氣胸。1936 年 6 月 15 日，魯迅胸部 X 光線已明明白白顯示了這個危機，歷四個月又四天，魯迅生命危機爆發了，誰能否認給魯迅看病已兩年左右的須藤醫生無責任呢？那麼，這裡又凸現出第三個問題：假若須藤是放射科專家，他的確應有不可推卸的責任，但事隔這麼多年，誰曉得須藤是否看過這張魯迅的胸片呢？如果，須藤没有看過這張胸片，上述一個問題則懸空了。如果，須藤確實看過，又當如何？請看須藤在《醫學者所見的魯迅先生》一文中果然寫道：「一天，給他拍了胸部X光線照片後，說明了他那病灶部。我告訴他在右胸病變部很多。」（筆者按：「右」字應為「左」字之誤）我們若僅憑這一條譴責須藤醫生誤診魯迅致死，委實應負有不可推卸之責任，未嘗不可，然似有淺薄之嫌。但在我看來，這不過是開場白而已。二十世紀這一大公案，豈可只拿雞毛當令箭呢？這裡要特別強調的，此乃上海魯迅胸片會對於國人解密魯迅死於須藤誤診真相確有重大價值之舉隅也，這是個多好的起點啊！

這張由上海魯迅紀念館珍藏的魯迅 1936 年 6 月 15 日拍攝的胸部X光玻璃片照片，拍攝後從未有過一份正式的書面診斷，有的只是種種不可靠的「口頭」傳聞。也就是說，到 1984 年為止，魯迅晚年病情終於有了完整意義上的科學結論。

挫折：一場對研討魯迅死因的大封殺

就研究魯迅死因而言，是直接死於肺結核病還是直接死於自發性氣胸，這決不是小事一樁；就主治醫生的責任而言，關係甚大。如果說是前者，屬正常死亡，家屬絕不會叫喊不休 60 多年之久的；如果說是後者，作為並非不治之症，可以搶救的自發性氣胸，就有個主治醫生診治是否得當的問題了。這是一個順理成章的事情，可是在 1984 年 2 月 23 日上海《解放日報》發佈讀片會報導後，竟引發了一場風波，一次新「友邦驚詫論」。當年，有人竟蠻不講理地把魯迅死因研究與須藤醫生責任硬性分開，而魯迅死因真相又被塵封了 17 年。

1984年5月5日南京《週末》報發表《揭開魯迅死因之謎》一文，作者紀維周先生根據上海讀片會結論和周建人建國初那篇《魯迅的病疑被須藤醫生所耽誤》的看法，再次把問題指向日本醫生須藤。7月21日北京《團結報》又發表《魯迅先生並非死於肺病》一文，作者蔡瓊先生也根據上海讀片會報導，提及「魯迅先生氣喘復發，經須藤醫生注射治療，反而病情加重。」

就這麼簡單，就這麼兩篇小文章，卻引來了大麻煩，引來了對魯迅死因真相探討的大封殺。紀維周的文章被日本《朝日新聞》轉載，隨後《朝日新聞（夕刊）》6月4日發表日本泉彪之助（筆者按：泉先生系藤野紀念館資料調查員、福井縣立醫院主任醫師、福井縣立短期大學內科學教授）的文章，6月16日發表日本學者竹內實的文章，對紀文提出不同看法。須藤已於1959年病逝，但這兩位日本作者出發點顯然是了維護須藤的，雖然他們並未「提供任何新的確鑿的史料」，卻在中國境內像鑿鑿言詞似的大行其道。其實，這本屬正常範圍內的不同議論而已，不值得大驚小怪的。可是，熟讀魯訊《「友邦驚民」論》的人士，將日本報紙上的文章譯成「內參」向上報告，一些人就驚詫了起來：指出紀文「有礙中日友好」，「必須設法消除不良影響，以正視聽」。隨即1984年8月25日北京《團結報》發表魯迅研究室陳漱渝先生《日本讀者對於魯迅死因的看法》一文，作者在涉及讀片會結論時持肯定態度，並承認《解放日報》

記者「作了客觀報導」。陳文主旨是根據兩位日本作者的意見，批評「有礙中日友好」的紀文：「鑒於以上情況，筆者於 8 月 2 日就魯迅死因問題詢問了魯迅先生的公子周海嬰，周海嬰委託筆者說明：紀維周的文章，對魯迅的死因進行推測，但未提供任何新的確鑿的史料，不能代表中國魯迅研究界的看法，也不代表他本人的看法」。事實上，包括紀維周在內的中國魯迅研究者可謂多矣，可能誰都沒有考慮過「資格」問題，能不能代表中國魯迅研究界。難道「文責自負」的遊戲規則已此路不通了嗎？難道陳漱渝就能代表中國魯迅研究界？（筆者按：1984 年，陳漱渝曾接受周海嬰委託，代表周海嬰。2001 年，周海嬰發表《關於父親的死》一文，北京一位魯迅研究專家又嘮叨起來，是不是委託書已經過期失效了？）當年在發表陳文的同時，《團結報》還發表一則《編者小啟》，全文如下：「本報第 669 號發表讀者蔡瓊《魯迅先生並非死於肺病》一文，根據報刊發表的材料，指出魯迅先生並非直接死於肺結核，而死於氣胸。這是一個可以研討的醫學課題；但由此而引伸到當年治病的須藤醫生有什麼責任，是沒有根據的。現在發表魯迅研究室陳漱渝同志的文章，以正視聽。」1984 年 8 月 26 日日本《朝日新聞・朝刊》迅速作出反應，對《編者小啟》的表態表示滿意：「《團結報》在此之前曾刊登和紀氏新觀點相同內容的讀者意見，然而現在則一轉，在編者按中說，認為日本原軍醫在魯迅之死上有什麼責任是沒有根據的。」蔡瓊也未被放過，罪名是「沒有根據」。彷彿編者有了陳文舶來日本兩位作者的「根據」就有了「根據」了，就可以厲聲厲氣「以正視聽」了。陳漱渝這篇「以正視聽」的文章，當然還得由《週末》報轉載，繼續「以正視聽」。當時北京《文摘報》、上海《報刊文摘》（1984年9月4日）等以《從魯迅死因懷疑須藤醫生並無根據》為題轉摘該文與《編者小啟》，很「以正視聽」了一陣。

緊接著，1984年9月23日上海《解放日報》發表上海魯迅紀念館副館長楊藍先生《關於魯迅胸部X線讀片會的始末》一文，作者除了敘述讀片會始末並摘錄了專家們鑒定意見外，主旨是不指名地把矛頭指向涉及日本須藤的文章作者：「鑒定意見書表明，魯迅先生是死於『多疾病基礎上的自發性氣胸』。我們認為，對魯迅的病情有不同意見，作為學術探討是完全可以的。但前一時期，有的報刊發表文章，從『讀片會』懷疑到魯迅的死因；從魯迅的死因又引伸到對日本須藤醫生的譴責是沒有根據的。這既不實事求是，更有背於科學態度。」該文第二天（即9月24日）又由《南京日報》和《週末》報全文轉載。請看楊文的「科學態度」何其鮮明：怎樣探討魯迅的死因是可以的，怎樣引伸到日本須藤醫生是不可以的，彷彿全憑楊先生說了算數。似乎不甚了然醫學的楊先生的「科學態度」，還表現在她竟為須藤醫生的診治進行醫學「鑒定」：「最後，須藤醫生還概括了魯迅的疾病：『有肺結核，右胸濕性肋膜炎，支氣管性喘息，心臟性喘息及氣胸』。有許多相似之處。可見當年須藤醫生對魯迅病情的診斷，在主要方面與鑒定意見沒有根本矛盾。」其實，上海專家的意見書已將須藤誤診的「支氣管哮喘」與「心臟性喘息」兩個病完全排除（下文將具體討論），有了「根本矛盾」，楊先生卻視而不見，大談「有許多相似之處」。科學不是「似」與「不似」的問題，而是「是」與「不是」的問題，再多相似也毫無用處。由此可見，楊先生這裡不存在什麼「科學態度」問題，存在的只是為日本須藤醫生辯解的「心態」而已。現任上海魯迅紀念館負責人王錫榮先生表示：「須藤誤診這一事實基本上可以確定。」（見2001年5月23日《南京晨報》）這不是又把魯迅死因引伸到須藤了嗎？並把前任的「科學態度」打得粉碎。

[剛剛接到的消息，上海幾位魯迅研究專家在對周海嬰重提魯迅之死表示存疑時，又重提了1984年批紀之事。「他們告訴記者一件事：上世紀八十年代初，南京有一位魯迅研究者寫過文章說魯迅是被日本人害死的。上海魯迅紀念館1984年2月為此還專門召開了一個有十數位（筆者按：其實是23位）醫學專家參加的會議」，下文緊接著抄錄了讀片會的結論。（見2001年9月上海《文學報．大衆閱讀》月末版A版記者陸梅《周海嬰回憶錄引起爭議》，同時見2001年10月23日南京《揚子晚報》A8版陸梅《周海嬰出書憶魯迅》）這真是荒唐之極！（1）明明是2月間召開讀片會，5月間紀維周寫了上述那篇被批的文章；現在竟變成紀文在

「八十年代初」，讀片會在後了；（2）明明是讀片會，與紀文毫無干係，時間概念也絕不允許有任何干係，這裡竟變成「為此專門召開」會議；（3）隻字不提「讀片會」三個字，給讀者的誤導好像是這次專題否認魯迅被謀害的醫學會議似的；（4）其實，紀文並未說魯迅被日本須藤醫生謀害，只是抄錄周建人看法，並也表示懷疑而已。幸好本文前兩段已將當年封殺經過梳理了一遍，讀者自可明辨。一提魯迅死因，有些研究者就口口聲聲：「許多史實已沒法調查取證，」「是是非非已很難說清」。真是「沒法調查取證，」「很難說清」嗎？還是根本不讓「說清」，根本不想「說清」？對於 1984 年批紀之事，過去時間並不太久，他們既是研究者又是當事人，白紙黑字俱在，竟攪混成這樣，還指望他們去「說清」六十多年前的事嗎？手邊現存的資料都不願翻閱一下，還指望他們去「調查取證」嗎？]

當年「有礙中日友好」的紀文被批了下去，「有益中日友好」的奇文《須藤五百三其人》就出來了。作者張曉生先生在文章開頭重複了陳漱渝那句「不能代表中國魯迅研究界」的名言後，從正面「以正視聽」道：「據說魯迅夫人許廣平對此兩說（筆者按：係指周建人的『耽誤說』與有人猜度的『謀害說』）不以為然，以後也就不再有人提起了」。隨後介紹了須藤「為人沉静謙和，看病認真，取費也低廉」及與魯迅診病交往的情況：「魯迅完全依賴須藤，無論何種治療，從來沒有說過一句嫌厭或異議的話。除了看病之外，他們還常在一起談論些其他的事情，如文學、人生、孩子……關係很融洽。無奈魯迅所患的活動性肺結核因哮喘頻頻發作，致使胸內壓不斷增高，終於在 10 月 18 日凌晨突然發生氣胸綜合症。在這最後的時刻，須藤及時趕到，仍然竭盡全力進行搶救，直到魯迅已因心臟麻痹而逝世。」「魯迅逝世後，須藤心情非常沉重，在向魯迅先生紀念委員會提交的《魯迅先生病狀經過》中，如實地報告了診治的全部情況。他同時還寫了一篇題為《醫學者所見的魯迅先生》的文章，回顧與魯迅的交往，深切地表示了對魯迅的佩服和敬仰。」（見 1984 年 9 月 16 日《解放軍報》第 3 版）這一幅中日友好情誼圖，是由以下幾個謊言構建成的：（1）「無奈」是什麼意思？據上文提到的日本醫生泉彪之助教授在為須藤開脫時提供的肺結核和氣胸合併症死亡率目前仍高達 28.6%，那麼治癒率則為 71.4%。也就是說此病該是三分無奈七分不無奈，即使是上世紀三十年代至多是四分無奈六分不無奈。這裡何苦用一個完整的「無奈」把話說絕呢？（2）須藤「及時趕到」，「竭盡全力」，「直至」魯迅逝世是什麼意思？實際情況，據魯迅逝世後即發表的內山完造《憶魯迅先生》與許廣平《最後的一天》兩篇文章（原載《魯迅先生紀念集》，現又收入 1999 年 1 月北京出版社出版的《魯迅回憶錄》）記載，須藤在魯迅病情十分危急的 18 日這一天只來過兩趟：一趟是應內山完造早晨 6 點多鐘打的魯迅求診的電話而趕到的；一趟是在束手無策的情況下親自請來日本松井醫生會診；約在傍晚前後，須藤對許廣平說：「過了這一夜，再過了明天，没有危險了」。須藤對內山完造說了一聲「大概不妨事，明天再來，就回家去了」。其實，須藤在《魯迅先生病狀經過》18 日也記錄兩趟：「午前六時半往診，」「午後二時半往診」。須藤的辦法：「每隔兩小時注射強心針，另外吸入養氣」。（見許文，筆者按：「養氣」即「氧氣」）晚間 6 點鐘後即由須藤的一位護士遵醫囑直至魯迅逝世。魯迅自發性氣胸要緊急抽氣減壓，給魯迅抽過胸水的須藤醫生當然也具備抽氣的條件，但當時他確確實實没有給魯迅抽氣。這是為什麼？結論只能是：須藤本人没有服務「直至」魯迅逝世；他採取的搶救措施也是錯誤的。（3）須藤的《魯迅先生病狀經過》（筆者按：以下簡稱《魯迅病歷》）不是在對魯迅逝世「心情非常沉重」情況下，「主動」向魯迅紀念委員會（筆者按：系「魯迅治喪委員會」之筆誤）提交的，據魯迅治喪委員會成員之一的周建人在《魯迅的病係被須藤所耽誤》一文介紹說：「魯迅死後，治喪委員會要須藤寫治療經過的報告」，而「被動」提交的。（4）須藤的《魯迅病歷》，也不是「如實地報告了診治的全部情況」。周建人在上文中指出：「報告裡所說，與實際治療不大相符合。好像抽肋膜水一節移前了一個時期。」這是確實的，《魯迅日記》1936 年 3 月 28 日項下没有任何須藤看病的記錄，須藤卻在《病歷》3 月 28 日項下偽寫了「第一次行穿刺術採取胸液，約得 300 公分」。須藤

《病歷》是一份疑竇累累的病歷，怎扯得上「如實」二字呢？（下文還將具體討論）1936 年 6 月 15 日魯迅拍 X 光胸片，這樣重要的事，在《病歷》中隻字未見，又怎扯得上「報告了診治的全部情況」呢？這篇正面的「以正視聽」與前者略有不同的是，極像國人十分眼熟的「好人好事」報導稿似的，如此而已。

問題由南京發端，自然還得回到南京。因發表《揭開魯迅死因之謎》的南京日報社主辦的《週末》報與作者紀維周，雖然臺上被批，但是臺下的日子更難過。據當時的見證人張震麟先生介紹說：「『大人物』一發話，於是，有關方面出面找了當時的報社負責人和作者談話，指出此文錯誤的嚴重性，要作出深刻檢查。當時江蘇就有一文化方面領導人對作者說：『你這篇文章不是學術問題，是政治問題』。」「報社負責人和作者除在內部作檢查外，報紙還兩次以《按語》形式作了公開檢查。並專程派人為紀文公布了『讀片會』內容到上海魯迅紀念館道歉」。（見 2001 年第 4 期南京《新聞廣場》刊載張震麟《是誰言不由衷——十七年前南京〈週末〉報的一場風波》）這真滑稽可笑，引用公開發表的資料，彷彿成了竊取內部機密文件似的。還搞專程登門道歉的玩藝。所幸的是，還沒有跨出國門到一衣帶水的彼岸去登門道歉。1984 年 9 月 12 日日本《朝日新聞．夕刊》頗為得意地發表《魯迅死因之謎的論爭可以終止了——中國報紙刊登了自我批評》一文。

總之，臺上的所謂什麼「不能代表中國魯迅研究界」呵，什麼「沒有根據」呵，什麼「這是一個可以研討的醫學課題或學術問題」呵，什麼「以正視聽」與「科學態度」呵，還有什麼「須藤五百三其人」好人好事報導呵，都是表面文章而已。實質，潛臺詞原來還有個所謂的「政治問題」。然而，不管怎麼蠻橫無理，目的還是達到了。從此，中國境內所有報刊關於魯迅死因的探討文字連一個字都不讓露頭。全中國的教授們，還有更多的中小學教師們，在回答學生提問魯迅怎麼死的問題時，一條聲的回答道：魯迅死於肺結核。好像魯迅死得很正常似的。不！現在是到了該說「不」的時候了。

揭開：一份須藤偽造過的魯迅病歷

魯迅逝世後，是凡與魯迅相關的方方面面都被涉及過，唯獨這份事關魯迅生與死的須藤《魯迅病歷》是個空白點，從未有人研究過。即使是機會難得的「上海讀片會」，也只是「讀片」而未及對《魯迅病歷》的研究與鑒定。

須藤五百三（1876-1959）是日本退伍醫生，在日俄戰爭時期做過軍醫，1933 年時在上海設立須藤醫院，並任內山完造書店醫藥顧問。魯迅因內山書店關係與須藤相識。1933 年 7 月開始替代坪井醫生為海嬰診病。1934 年 7 月（筆者按：1981 年版《魯迅全集》中的人物注釋「須藤五百三」條誤為「1934 年 11 月」）起，迄魯迅逝世兩年多時間，須藤是魯迅的主治醫生。魯迅逝世的突然，人們懷疑魯迅係被須藤所謀害，懷疑須藤係日本軍國主義所派遣的傳說就多了起來。即使在魯迅生前這類傳說就已經有了，周建人在上文中寫道：「我又從別處聽來：上海有一個日本在鄉軍人（即退伍軍人）的會，是一個侵略性的團體，須藤擔任副會長。又知道須藤家的電話裡所講的多半不是醫藥上的事情，卻多數是中日之間的交涉與衝突。我遂去勸魯迅不要再請教須藤醫生。但結果無效」。對於魯迅死因持懷疑態度的不外兩種觀點：「謀害」說即有政治圖謀，「耽誤說」即為誤診誤治。對於前者目前缺乏有力證據，也不屬本文研究範圍，姑且不論；對於後者可資查閱的資料頗多，但必須要用醫學眼光才能耙梳出來。現在我們就揭開有人認為是「如實」的，而我則認為是一份偽造過的《魯迅病歷》，從而把須藤誤診誤治的來龍去脈鉤沉出來，以探明魯迅非正常死亡的人為因素，倒是件十分緊要的事。

首先要說明的是，如周建人所介紹的那樣，這份記了魯迅逝世之前八個月的唯一一份《魯迅病歷》，是「治喪委員會要須藤寫治療經過的報告」而提交出來的。含有被迫、勉強或無奈的意思，和自覺、主動提交是完全不同的兩碼事。經我反覆考證，不僅如周建人所指出的那樣，「與實際治療不大相符合」，而是「很不相符合」，確實進行了偽造。同時，還必須說明的是，這份《魯迅病歷》的記載是很不完整的，並未記錄「全部病情」。須藤的主要目的，是為了應付治喪委員會的差事以洗刷自己的責任而已。

這份從1936年3月2日起，至10月19日魯迅逝世的《病歷》，與《魯迅日記》同期平行記載相比較，我作了如下統計：

（1）《日記》除6月6日至6月30日這二十五天未記載外，逐日記載關於診治情況及病情的計107項（天），而《病歷》記載的計25項（天），兩相比較，《病歷》比《日記》漏記載82項（天）。

（2）《病歷》記載的25項（天）從《日記》中可以查找的計15項（天），無從查找的計10項（天）。

（3）這《病歷》記載而《日記》中無從查明的10項（天），其中6月9日、6月15日、6月19日、6月23日、6月24日、6月28日計6項（天）。因魯迅病重日記未記，無從印證。

（4）但在魯迅3月間逐日正常記載期間的《日記》中無從查找的《病歷》中的3月19日、3月25日、3月28日、3月29日計4項（天）便露出了須藤偽造的馬腳。

為什麼下這樣結論呢？理由如下：根據以上統計，《魯迅日記》記載107項（天）是《病歷》記載25項（天）的4.28倍，《病歷》記載占《日記》的23.36%，這樣懸殊巨大的事實，說明《病歷》漏記是正常的，多記是不正常的。《魯迅日記》是紀事應用體，尤其是涉及經濟方面絕少漏記，因為要按記錄次數支付診金；《病歷》按摘要方式記載。從這個角度出發，《病歷》也不該出現多記現象。須藤三月份多記4項（天），就屬這樣不正常的性質。這還只是從統計學的概念揭開須藤偽造病歷的第一層皮。

請看以下具體分析：

1936年6月15日拍胸部X光玻璃片，是魯迅肺結核病被明確診斷的重要標誌，這根魯迅病史的準繩絕對不能模糊。這就是說在6月15日確診肺結核病之前，醫生須藤與患者魯迅本人並未「確知」所患之病乃肺結核病；6月15日確診肺結核病之後，醫生須藤與患者魯迅本人才「確知」所患之病是肺結核病。而須藤的《魯迅病歷》卻竭力把這條分界線搞混，以洗刷自己誤診的痕跡。《魯迅病歷》6月15日這一天僅記「從右胸抽取胸水（第二回），採取帶黃半透明液體100公分」一句外，並無即使之前之後也無拍攝胸部X光片的記載。他另在《醫學者所見的魯迅先生》一文中，提到此事時也無日期記載。可是，一經考證，須藤的意圖就會顯現出來。

1936年6月15日之後醫生須藤與患者魯迅才「確知」肺結核病併發肋膜炎的證據，有以下五條：

（1）「大約十天以前，去用X光照了一個肺部的相，才知道他從去年至現在，至少生過兩次危險的肺病，一次肋膜炎」。（《魯迅書信集》1936年6月25日致曹白，筆者按：該信係魯迅口述許廣平筆錄）

（2）「到七月初（筆者按：此係魯迅筆誤，應為6月15

日），乃用透物電光照視肺部，始知從少年時即有肺病，至少曾發病兩次，又曾生重症肋膜炎一次，現肋膜變厚，至於不通電光，但當時竟並不醫治，且不自知其重病而自然全愈者，蓋身體底子極好之故也」。（《魯迅書信集》1936 年 7 月 6 日致母親）

（3）「我生的其實是肺病，而且是可怕的肺結核，此係在六月初（筆者按：應為 6 月 15 日）用 X 光照後查出」。（《魯迅書信集》1936 年 7 月 6 日致曹靖華）

（4）「我這次所生的，的確是肺病，而且是大家所畏懼的肺結核，我們結交至少已經有二十多年了，其間發生過四五回」。（《魯迅書信集》1936 年 8 月 28 日致楊霽雲）

（5）「男所生的病，……是肺病，且已經生了二三十年，……今年是第四回，大約因為年紀大了之故罷，一直醫了三個月，還沒有能夠停藥」。（《魯迅書信集》1936 年 9 月 3 日致母親）

從以上這 5 件魯迅書信中所採取的證據，我們不難看出：1936 年 6 月 15 日之前魯迅的肺結核病肯定沒有明確診斷出，肯定無從「知情」；魯迅所患肺結核病併發肋膜炎，是 1936 年 6 月 15 日確診肺結核後才「確知」的。時間概念十分明確的「才知道」、「始知」、「用X光照後查出」、「這次所生的」（8 月間對 6 月間的指代）、「一直醫了三個月」（9 月間對 6 月間的指認），件件都確鑿無疑地證明了這個事實。

可是，須藤的《魯迅病歷》就奇了。

1936年3月2日（筆者按：即《魯迅病歷》開始之日）記載：「魯迅先生突罹支氣管性喘息症，承招往診」。同時記載：「詢問胸膜炎的已往情況，答稱並不知道」。《魯迅日記》3月2日只記載一句：「下午驟患氣喘，即請須藤先生來診，注射一針」。並無胸膜炎及其症狀的任何記載。顯而易見，須藤在《病歷》的開頭就把此後三個月的胸部X光片才明確的診斷提前到這兒來了。請看三月間須藤在《病歷》這四天記載的內容：

3月19日。發熱較高，係「消耗性熱型」，病者聲稱右胸下部較痛，於是作突刺試驗，得微黃色透明液，檢查咯痰有結核菌陰性，彈力纖維甚多。（筆者按：其中「陰性」係「陽性」之誤，否則醫理不通）

3月25日。咳嗽，咯痰甚多。

3月28日。第一次行穿刺術取胸液，約得300公分。

3月29日。咳嗽頻發，而咯痰甚少，熱度仍為「消耗性」，漸次升降，而於37度6分乃至36度4分左右為多，一時進以滋養食物後，保守安靜，經過良好，遂停止用藥。

再請看，《魯迅日記》這四天記載的「全部」內容：

19日雲。上午得樓煒春信。得王冶秋信。得三弟信。下午張因來。

25日晴。午後張因來。明甫來。夜蕭軍、悄吟來。譯《死魂靈》第一章訖。

28日雲。上午得增田君信，午後複。寄吳朗西信。下午得唐弢信。得孟十還信。蕭軍及悄吟來。得《漱石全集》（十三）一本，一元七角。晚蘊如攜蕖官來。三弟來。夜小峰夫人來，並交小峰信及版稅泉二百，付印證四千。邀蕭軍、悄吟、蘊如、蕖官、三弟及廣平，攜海嬰，同往麗都影戲院觀《絕島沈珠記》下集。

29日星期。雲。無事。

這四天上文用統計學方法查找出的屬不正常性質的添加，我們再將《魯迅日記》與《魯迅病歷》這四天所記內容一一對比，問題的癥結就出來了：這四天魯迅無病無災，無「須藤先生來診」，亦無「往須藤醫院診」，《病歷》所記之診治從何而來？尤其是28日魯迅從上午到下午、從晚忙至夜，日程安排得滿滿的，還興致勃勃地邀請客人一道看電影。哪有時間抽取300公分胸液呢？須知抽300公分胸水需要多長時間？如果須藤當時能看到魯迅日記，他絕對不會偽寫到這一天的。質言之，這四天《病歷》除了日期是真的，其餘全是假的。這裡，我們不僅能夠對須藤的行為「知其然」，而且還露出了須藤「所以然」的企圖。顯然3月19日、3月25日、3月28日、3月29日這四天所記內容，繼3月2日的所謂「胸膜炎」云云之後，有關肺結核診治的記載，純屬編造無疑。查《魯迅日記》3月2日之後的3日、

4日、6日、8日、15日均記載「須藤先生來診」一句之外，以後一直至5月15日兩個月時間沒有任何有關須藤診治的記錄與病情的記錄。3月8日清楚地記了，「須藤先生來診，云已漸癒」，3月15日又「來診」一次，即告一段落。當然也不存在3月19日、3月25日、3月28日、3月29日須藤診病之事，「胸膜炎」、「查痰」、「結核菌」、「穿刺」、「採取胸液」之類診治經過均屬無中生有。這些關於診斷肺結核病的常規處理及胸膜炎抽取胸液的措施等，應是6月15日拍胸部X光片之後的應做的相關處理，不過被須藤把日期提前了。這個關節點就是魯迅家人周建人、許廣平、周海嬰六十多年一直耿耿於懷，累累訴說而又沒有把握說清抽胸水提前日期的事實真相。

不用說3月份須藤把魯迅的肺結核病誤診為「支氣管性喘息」（下文將具體分析），就是越過4月份延至5月15日《魯迅日記》記載「往須藤醫院診，云是胃病」，請須藤繼續診治，他也沒有作出肺結核病的診斷，大約還在兩眼漆黑地尋找之中呢，不過開始了「發熱待查」。

1936年5月15日之前須藤沒有給魯迅檢查熱型，也沒有診斷肺結核病的證據，有以下二件：

(1) 魯迅在1936年5月23日致趙家璧信中說：「發熱已近十日，不能外出；今日醫生開始調查熱型，那麼，可見連什麼病也還未斷定。何時能好，此刻更無從說起了」。（《魯迅書信集》）

（2）1936年5月23日致曹靖華信又說：「這回又躺了近十天了，發熱，醫生還沒有查出發熱的原因，但我看總不是重病」。（《魯迅書信集》）

證之《魯迅日記》這幾天記載的病情，1936年5月18日、19日、20日、21日、22日、23日分別為「夜發熱38度2分」、「夜熱38度」、「夜九時熱37度7分」、「夜九時熱37度6分」、「夜九時熱37度7分」、「夜九時熱37度6分」與5月23日分別致趙家璧信、曹靖華信所述病情完全吻合。《魯迅日記》從5月18日開始至5月31日天天記載發低熱，同時天天記載「須藤來診」，而須藤《魯迅病歷》，則全部漏記。——時至5月下旬，須藤尚且「連什麼病也還未能斷定」，「今日醫生開始調查熱型」，「醫生還沒有查出發熱的原因」，5月23日才開始「調查熱型」。可是須藤卻在3月19日、25日、28日、29日這四天魯迅沒有發熱也沒有看病的情況下，竟然大談所謂「發熱較高，係『消耗性熱型』」，「檢查咯痰有結核菌陰性」，「熱度仍為『消耗性』」，「第一次行穿刺採取胸液」，——這驚人的大漏洞，誰能補得上！須藤偽造《魯迅病歷》的行徑誰能辯解得了？須藤玩弄的「死無對證」足實可瞞騙天下人於一時，但終不能瞞騙永遠；現在，我們就還他個「死有對證」。

1936年5用31日下午由美國記者史沫特萊引薦，當時在上海行醫的美國肺科專家鄧醫生（Thomas Dunn,

1886-1948）來給魯迅診治。1936年6月15日又拍攝魯迅胸部X光片，明確診斷魯迅患有肺結核病併發右側胸膜炎。但是這個正確診斷，最終沒有把須藤從迷誤中解脫出來，因為他在自己的誤診思維中委實陷得太深了，太漫不經心了。

胡風在《魯迅先生》一文中這樣寫道：

> 他病得這樣重，但一直是請熟識的日本須藤醫治。這醫生一直把他那麼重的肺病發熱當作感冒治。到經過美國肺科專家D醫生診斷出來後，他還是不換醫生。一次，我去的時候遇見了這位醫生。走了以後魯迅告訴我，他要魯迅不抽煙，少談話，但他自己每次來的時候，煙一支接一支地抽，滔滔不斷地談到一、二小時才走。談著，好像這個醫生是天真可愛的人似的。

探尋：一個魯迅被誤診致死的遠因

中國有句古話：差之厘毫，謬以萬里。還有句古話：庸醫殺人不用刀。須藤在《魯迅病歷》起始「3月2日，魯迅先生突罹支氣管性喘息症」這第一句誤診，就給有七個半月之遙的10月19日魯迅突然逝世埋下了禍根。

3月2日魯迅突然氣喘，究竟是什麼病？非常值得探討。魯迅先生這一天《日記》記載：「下午驟患氣喘，即請須藤先生來診，注射一針。」患者寫的是症狀並非病名，而須藤卻一筆寫定「突罹支氣管性喘息症」，醫生寫的是病名而非症狀。這一點必須辨別清楚，這也正是魯迅死因人為因素方面一個萬萬不可忽略的遠因。直截了當地說，須藤診斷魯迅突然氣喘為支氣管喘息，即今稱支氣管哮喘，是完全錯誤的。上海讀片會《臨床討論意見》一致診斷魯迅患有：「（1）慢性支氣管炎、嚴重肺氣腫、肺大皰。（2）二肺上中部慢性肺結核病。（3）右側結核性滲出性胸膜炎。」肯定慢性支氣管炎，排除支氣管哮喘，而須藤則肯定支氣管哮喘，排除慢性支氣管炎。這個不經意的差異雖小，一般無礙生死，但在魯迅「這一個」患者，卻釀成嚴重後果。現將須藤《魯迅病歷》3 日 2 日這一天記載照錄如下，以便深入討論：

本年三月二日，魯迅先生突罹支氣管性喘息症，承招往診，當時驗得病者體格中等，營養稍差，食欲不振，近一年半來，常患便秘，致每隔四日，總須服緩下劑或洗腸用藥。喘息發作之日症狀及醫治經過如下：

循左肩胛上部，右鎖骨上下窩及第三、四肋間部，胸骨緣深處，有似水泡之聲響。時作咳嗽，咯痰粘稠，品質或少或多，發熱最高在三十七度六分左右，毫無自覺，泄溺無甚異常。右胸背面第七胸椎以下，呼吸之音細微，診察上肩胛骨下邊以下，詢問胸膜炎的已往情形，答稱並不知道。

胃擴張至胸部之上，不時充滿動搖之水聲，並無饑餓之感，時常失眠。

據《魯迅日記》記載從 1933 年 7 月須藤開始給海嬰診病，經常診治的就是支氣管哮喘。1986 年 1 月 16 日，我拜訪周海嬰先生時，他曾提到從小留有支氣管哮喘的病根，經常發作，很頑固。我又問他，後來怎麼樣？他説，後來長大，這個病就好了，這主要與我後來長期生活在北方有關。北方天氣乾燥，南方氣候潮濕。南方潮濕氣候對支氣管哮喘患者是不利的。當年，須藤在給海嬰治療這個反覆發作的支氣管哮喘病時，在醫療思維中留有較深印記，容易把相似的疾病誤為此病，是可以理解的。但是，他把這個支氣管哮喘病套到魯迅的氣喘上，則是没有根據的。可以用來鑒別診斷的有以下四點：

（1）支氣管哮喘是一種過敏性疾病，以陣發而常有哮鳴音的.氣喘為其主要表現；

（2）發作前，常有咳嗽、胸悶、連續噴嚏等先兆症狀；

（3）聽診兩肺布滿哮鳴音；

（4）有反覆發作史。

魯迅 3 月 2 日的氣喘，以上四點都不具備。須藤的《魯迅病歷》中無哮鳴音的記載此其一；發作前無任何先兆症狀（魯迅稱「驟患」，須藤記「突罹」，兩者意思一致）此其二；須藤聽診「有似水泡之聲響」而未寫「兩肺布滿哮鳴音」此其三；無反覆發作史此其四。關於上述前三點，十分了然，第四點無反覆發作史的證據，有如下二件：

（1）魯迅在 1936 年 3 月 20 日致母親信中談到 3 月 2 日氣

喘時說：「至於氣喘之病，一向未有，此是第一次，將來是否不至於復發，現在尚不可知也，大約小心寒暖，則可以無慮耳。」（《魯迅書信集》）

（2）若查遍《魯迅日記》、《魯迅書信集》，似也無氣喘之記載。

魯迅活到五十六歲才第一次發作這樣的氣喘，按須藤《魯迅病歷》記載 10 月間第二次（筆者按：據許廣平記載應為第三次）再發作時竟成不治之症，這樣的支氣管哮喘，天下實屬罕見。上述四點雖均可排除，支氣管哮喘的診斷無法成立，可是須藤卻把魯迅 3 月 2 日氣喘診斷為支氣管哮喘，確實是太武斷了。——這個誤診影響所及，當魯迅 10 月 18 日凌晨 3 時，6 月間即可從 X 光胸片上看到的左側肺大皰破裂而引起自發性氣胸時，須藤則認為「舊病支氣管喘息發作」（筆者按：僅發作一二次，就稱「舊病」了），其錯誤的醫療思維，從這裡可以理出一條十分清晰的端緒來。須藤把自發性氣胸誤作支氣管哮喘來治不是偶然的。

現在，我們從魯迅胸部X光片上可以看出，魯迅患有慢性氣管炎，而且也是上海讀片會專家們一致診斷的，可是須藤根據魯迅症狀並不這樣認為，否認「炎」，只承認支氣管哮喘。這點，我們還可以從「一任著日本的 S 醫師（筆者按：即須藤）的診治的」（1981 年版《魯迅全集》第 6 卷 611 頁）魯迅，在給友人書信中探出一點消息。證據如下：

> 魯迅在 1936 年 5 月 4 日致王冶秋信中說：「你所說的藥方，是醫氣管炎的，我的氣喘原因並不是炎，而是神經性的痙攣。要復發否，現在不可知。大約能休息和換地方，就可以好得多，不過我想來想去，沒有地方可去。」（《魯迅書信集》）

這是須藤向魯迅解釋病情的反映，應屬無疑：因為魯迅「一任著日本的 S 醫師」。從支氣管哮喘的角度來解釋病理：因為是「神經性的痙攣」即支氣管平滑肌痙攣，所以要用解痙藥物，而不用消炎藥物；因為是過敏性疾病，所以要解決過敏源問題，醫生往往建議患者改換居住環境。這是須藤動議魯迅到日本異地治療，魯迅晚年屢屢有別處轉地治療打算的原因，以避開過敏源。但魯迅所患氣喘，並非屬過敏性疾病的支氣管哮喘。

魯迅 3 月 2 日的「驟患氣喘」，很快在親近的友人之間傳開，據《魯迅日記》前來慰問的朋友絡繹不絕，信函慰問者更多且不計。6 日「午後孔另境來贈勝山菊花一瓶，越酒一罌」，8 日「上午內山君來訪，並贈花二盆」，13 日「下午張因（筆者按：即胡風）及其夫人攜孩子來」，15 日「上午內山君及其夫人來問病，並贈花一盆。增井君寄贈虎門羊羹一包」，23 日「下午史女士（筆者按：即史沫特萊）及其友來，並各贈花。得孫夫人（筆者按：即宋慶齡）信並贈糖果三種，茗一匣。」3 月間另有五十人次來訪問候。魯迅從

2日之後，迄20日，近二十天的時間裡，據《魯迅日記》未有一次外出記載。到21日才開始出門，「往內山書店」買書。魯迅1936年3月24日致曹靖華的信中說：「月初的確生了一場急病，是突然劇烈的氣喘，幸而自己早有一點不好的感覺（筆者按：這「一點不好的感覺」，現在仍無法斷定是支氣管哮喘的先兆症狀），請了醫生，所以這時恰好已到，便即注射，平靜下去了。躺了三天，漸能起坐，現在總算已經復原，但還不能多走路。」——從羅列這些證據看來，魯迅3月2日的氣喘病，絶不是一場小病，這是支氣管哮喘所不能解釋的：

（1）這次氣喘，驚動了衆多的友人，史沫特萊女士也登門看望，甚至連宋慶齡都致信（筆者按：此信似未發現）致禮慰問，可見病的程度；

（2）如果魯迅確有支氣管哮喘病史，不是第一次發作，友人們即使出於對魯迅的愛戴，也不會「興師動衆」的；

（3）支氣管哮喘一次短暫發作後，很容易恢復，是不會歷二十天才「總算已經復元，但還不能多走路」的。

魯迅致曹靖華信中雖然說「便即注射，平靜下去了」，不能誤解成「注射一針後，氣喘就完全平靜下來了」。不是的，魯迅這裡所說是指氣喘相對緩解的意思。何以見得？這時已搬到北四川路底西側永樂里，已成魯迅近鄰常客，幾乎一二天要見魯迅一次以至兩次的蕭紅，在《回憶魯迅先生》

裡寫道：

「一九三六年三月裡魯迅先生病了，靠在二樓的躺椅上，心臟跳得比平日厲害，臉色略微灰了一點。……魯迅先生呼喘的聲音，不用走到他的旁邊，一進了臥室就聽得到的。鼻子和鬍鬚在煽著，胸部一起一落。眼睛閉著，差不多永久不離開手的紙煙，也放棄了。藤躺椅後邊靠著枕頭，魯迅先生的頭有些向後，兩隻手空閒著垂著。眉頭仍和平日一樣沒有聚皺，臉上是平靜的，舒展的，似乎並沒有任何痛苦加在身上。……醫生看過了，吃了藥，但喘並未停，下午醫生又來過，剛剛走。……晚餐後……許先生輕輕的在樓梯上走著，許先生一到樓下去，二樓就只剩了魯迅先生一個人坐在椅子上，呼喘把魯迅先生的胸部有規律性抬得高高的」，「魯迅先生睡在二樓的床上已經一個多月了」。

三月間魯迅氣喘病發作時的神情、的程度、的病程從這裡也可以找到印證。蕭紅這部屬上乘之品的魯迅回憶錄名篇，我們在欣賞她這段文字描繪的栩栩如生、形神俱見、細膩逼真之餘，也應承認她給魯迅三月間氣喘症狀留下了難得一見的醫學資料，魯迅所患氣喘絕非支氣管哮喘所能解釋的理念焉能不確定下來？

然而，魯迅3月2日的氣喘，究竟是什麼病呢？我以為很可能就是一次較輕的自發性氣胸的發作，即一次閉合性氣胸的發作。閉合性氣胸，裂口較小，肺臟收縮後裂口自動閉合，空氣隨即就停止進入胸膜腔。胸膜腔因進入的空氣不多，壓力不高。胸膜腔積氣可由血——淋巴管吸收，胸膜腔恢復負壓，肺臟復張。——如果說，魯迅經歷了近一個月時間的恢復，身體才「總算復原」，支氣管哮喘不能作圓滿解釋（支氣管平滑肌一經緩解，身體恢復是很快的），那麼從閉合性氣胸的病理上則可獲滿意的解釋。

我們即將看到，當魯迅以一個左側肺大皰破裂自發性氣胸形成的病人出現在須藤面前時，須藤思維還停留在支氣管哮喘上盤旋呢。

顯示：一幅魯迅死於須藤誤診的真相

10月17日上午，魯迅寫《因太炎先生而想起的二三事》未完即擱筆。這天秋風大起，氣溫下降。下午由胡風陪同訪問日本人鹿地亙，又在大風中往內山書店，與日本人奧田杏花談論一陣中日關係問題。回來後已晚，與周建人談租房事，精神很好，隨便談談至11點鐘。上床已經1點多鐘。兩小時後魯迅自發性氣胸發作了。

在我們論證這個問題之前，簡略敘述一下自發性氣胸的病理，是十分必要的。

根據病理生理的不同，自發性氣胸可分為：閉合性氣胸、開放性氣胸（又稱交通性氣胸）、活瓣性氣胸（又稱高壓性氣胸）三型。魯迅致死於哪一種自發性氣胸呢？一、閉合性氣胸，空氣進入胸膜腔的裂口小，相對進入胸膜腔的空氣也較少。胸膜腔是完全封閉的，正常情況下絕無空氣進入。當空氣進入胸膜腔後，肺臟則萎陷，裂口乃自動閉合，肺內空氣不再進入胸膜腔。而剩留的胸膜腔內的空氣可逐漸吸收，肺臟復張，預後較好。對照魯迅臨終病情，閉合性氣胸可以完全排除。故我假設魯迅3月2日氣喘發作，很可能是一次閉合性氣胸的發作，即使未經治療，若不併發其他疾病也可自癒。二、開放性氣胸，空氣進入胸膜腔的裂口較大，空氣可以自由交通，胸內壓與大氣壓相似。裂口經久不癒，病程較長，預後較差。聯繫魯迅病程僅26小時，開放性氣胸顯然可以排除。三、活瓣性氣胸（亦稱高壓性氣胸），肺內空氣進入胸膜腔的裂口呈單向活瓣作用；當吸入空氣或咳嗽時活瓣樣裂口被氣流衝開，空氣進入胸膜腔內。當呼出氣時，活瓣樣裂口則關閉，進入胸膜腔空氣不能排出，結果是大量空氣在完全封閉的胸膜腔內積聚，胸膜腔內壓力逐漸增高形成高壓狀況，嚴重壓迫肺及胸內大靜脈，縱隔推向對側，引起呼吸及迴圈障礙。這個嚴重的肺結核併發急症，如不及時處理，可迅速發生呼吸、迴圈衰竭而死亡。其速度之快，往往幾個小時即死亡。根據魯迅的胸片及當時病況記錄，魯迅左側肺大皰破裂後，很可能出現以上三型互相轉變的情況，診斷魯迅直接死於已患疾病基礎上發生的左側自發性高壓性氣胸，是可以肯定的。——顯而易見，此刻給患者抽氣減壓是唯一正確的當務之急；如果醫生正確診斷，緊急施行得法處理，引流胸膜腔排氣解壓，病人即可轉危為安。魯迅的自發性氣胸發作歷時 26 小時之久，完全有時間、有機會、有可能得到急救，但被須藤喪失了。

我們這裡敘述的對自發性氣胸病理的認識，不是什麼新理論、新發明、新創造，上世紀三十年代須藤是完全明白的。為避苛求須藤之嫌，現將須藤完全知曉自發性氣胸病理認識的證據，羅列三件如下：

（1）是須藤《魯迅病歷》最後一天記載：

十月十八日。午前三時喘息又突然發作，午前六時半往診。當時即以跪坐呼吸營救，病者顏色蒼白，冷汗淋漓，呼吸纖弱，尤以吸氣為短微，體溫 35.7 度，脈細 120 左右而軟弱，且時常停滯。腹部扁平，近兩肺處診聽有喘鳴，加以應急處置之後始稍轉輕，其不穩狀態亦似稍緩。午後二時往診，呼吸已較徐緩，然尚在 52 乃至 46 之間，脈軟弱，110 至 114。體溫下降，為 35 度左右。病者聲稱呼吸困難，情況不佳，頗呈衰憊不堪之狀，早晨以來僅進牛乳百公分。右肺喘鳴盡去，左肺亦然，診察左胸下半部覺有高而緊張之鼓音，肋間亦覺陷落少許，心臟越過右界，橫徑約半指許。決定為心臟下方右傾，肺動與脈搏二音如稍亢進，諒已引起所謂「氣胸（Pneumothorax）」。由於此病狀，以致雖儘量使之絕對安靜就眠，亦不能深睡，頻頻驚醒，聲稱胸內苦悶。心部有壓迫之感，終夜冷汗淋漓，自翌晨（十九日）午前五時起，苦悶加甚，輾轉反側，延至午前五時二十分由心臟痲痹而長逝。

一九三六年十月十九日

上海密勒路一〇八號主治醫生須藤。

（追加疾病名稱：胃擴張，腸弛緩，肺結核，右胸濕性肋膜炎、支氣管性喘息、心臟性喘息及氣胸。）

（原載 1936 年 11 月 15 日上海《作家》月刊第 2 卷第 2 期

（2）是須藤在《醫學者所見魯迅先生》一文中關於魯迅之死的解釋，說的便是氣胸的病理：

先生的死，為什麼這樣快地就到來了呢？說起來，是從十月十八日午前三點鐘起，舊病支氣管性喘息發作，因為呼吸困難，肺臟組織的抵抗減少部，由於呼吸困難促迫；因為胸內壓亢進，容易引起肺組織的脆弱部自開或穿孔，增加胸腔內氣壓壓迫心臟，引起心臟性喘息，愈加增呼吸困難血行異常及障礙。因此在比較的短時間內，症狀遽增，而惹起心臟麻痺，終於成為不歸之客了。

（3）是周建人《魯迅的病疑被須藤醫生所耽誤》一文所載須藤關於魯迅之死的解釋，說的也還是氣胸的病理：

魯迅的病漸漸沉重起來。但過了一個時期，又好像好起來了。可是忽然急劇的氣喘發作，很快的就死去了。據須藤說：因肺結核穿孔，空氣外漏，心臟受壓迫，所以氣喘。無法可治，所以死了。

我們拋開一些用詞的殊異和枝節分歧，須藤對氣胸病理的認識，與上述對氣胸的認識是一致的。所不同的是：須藤胡扯氣胸「無法可治，所以死了」，瞞騙了死者家屬。其實，氣胸可治，可以挽救。

有了這個關於氣胸病理概念及須藤完全掌握氣胸病理的大前提，我們再來看看須藤在 10 月 18 日這一天的實際處理，以及魯迅怎樣死於誤診誤治的問題，就會明白如畫了。

應該說，魯迅在這一天肺結核併發急症自發性氣胸之前，絕無任何作為慢性肺結核病患者死亡前的任何徵兆。據《魯迅日記》記載 10 月 1 日至 17 日期間，這十七天魯迅除了發低熱二次（1 日 37.9 度，10 日 38 度）外，其身體、精神、生活與工作狀況，幾如常人：

（1）10月1日體重39.7公斤，較8月1日增加1公斤；

（2）在家接待來訪客人38人次；

（3）出門活動13次；

（4）寫書信25封；

（5）分送或寄贈瞿秋白《海上述林》上卷26本；

（6）撰寫文章5篇；

（7）日記17則；

（8）買書20本，合計19元。

根據以上可以統計的資料，魯迅這些工作量（每天1則日記，平均每0.68天寫1封信，平均每3.4天撰寫1篇文章，平均每天買1本書）、活動量（平均每天接待客人2.2人次，平均每天外出0.76次；因卧居工作在二樓，每次必登樓1次）及精神狀態，可推知他體能所能達到的程度、肺活量的情況，以及他心臟功能的大概。由此可見，魯迅至此雖身患慢性肺結核病，並非是個精力消耗殆盡的人，他只是面臨著一次急症危機，由於醫生的錯誤，魯迅終於没有跨越這次生命的劫難而已。

雖然如前所述，在須藤的《病歷》中已有魯迅死於氣胸的最早記載，但是我並不認為，須藤在《病歷》中的記錄是真實的。換句話說，須藤在魯迅急症之際，實際上没有作出魯迅病因的正確診斷，他重蹈了他還没有自覺的三月份的覆轍，仍誤把急症氣胸當作支氣管哮喘復發來診治。繼而又誤為心原性哮喘。然而，此一時已非彼一時，這次的氣胸已非閉合性氣胸（如前假設），而已是致命的活瓣性氣胸。如果說3月份的失誤，多少還有情可原，那麼在6月份肺結核病已確診後，對於肺結核患者突然氣喘，不首要考慮氣胸，則不能不是大錯誤，不可原諒的大錯誤。至於《病歷》中氣胸的診斷，那只是他事後「追加」上的擬診。我作這樣大膽的判詞，是否有根據呢？我估計基於以下幾條理由，即便是讀者看了也會得出與我同樣的結論的。

（1）從當時須藤的處理，可逆推出他的診斷決不是氣胸，而是支氣管哮喘。據許廣平介紹：「內山先生為他（筆者按：即魯迅）的病從早上忙至夜裡，一天沒有停止。」（《最後的一天》，《魯迅先生紀念集》第4輯）那麼，內山完造的《憶魯迅先生》中關於魯迅臨終之日的記述，我們是可以視為「信史」的。將一直陪伴在魯迅身邊的許廣平《最後的一天》和內山完造《憶魯迅先生》相互對照，須藤在《病歷》中含糊其詞的所謂「應急處置」，不過是上午給魯迅注射三針而已。內山說：「醫生已經把注射的手續準備好了，馬上就在右腕上打了一針」，「醫生又在右腕上面作了第二次的注射」。許廣平說：「須藤醫生來了，給他注射」，「醫生又給他注射」。後來，魯迅的氣喘並沒有平復下來。須藤的處理是：「每隔兩個鐘頭注射一次」，「酸素的吸收」（內山文）。下午「六點鐘左右看護婦來了，給他注射和吸入酸素、養氣」，「每隔兩小時注強心針，另外吸入養氣」（許廣平文）。我們把須藤的處理概括起來，似乎只有兩點：注射、吸氧。注射，除了強心針外，舒張支氣管平滑肌痙攣的解痙藥物當也包括在內。吸氧無疑是正確的。

根據須藤的這兩點處理，我們逆推他的診斷確實是支氣管哮喘，不是氣胸，可以確定下來。何況他在《醫學者所見的魯迅先生》清楚地寫著：「10 月 18 日前 3 點鐘起，舊病支氣管性喘息發作」呢。所謂舊病者，即指三月間第一次氣喘。

（2）反過來說，我們假設須藤當時作出了正確診斷，而不是事後「追加」的擬斷，那麼氣胸患者魯迅的生命是完全可能挽救的。在這裡，我無意用今天的醫療水準來要求當時條件下無法達到的醫療水準，也無意苛求須藤做出當時無法做出的奇蹟，絕不是的。因為，正確急救氣胸的條件，不僅三十年代的上海具備；落實到須藤這個人身上，如果不是診斷上出了偏差，運用他具備的技術條件，及時（魯迅整整掙扎了 26 小時之久，搶救的時間因素是不成問題的）進行抽氣處理，魯迅的生命是可以得救的。

須藤既然給魯迅抽過三次胸水，那麼運用同樣的條件，給魯迅處理高壓狀況下的氣胸進行抽氣解壓，不存在任何技術上的困難。

須藤給魯迅抽胸膜炎胸水運用的手段，和我們今天臨床上仍在運用的胸腔閉式引流術相差無幾，今天搶救自發性氣胸仍在運用此術，請看周海嬰目睹的回憶：

> 我和母親拿了藥，進入一間玻璃隔扇的換藥室，看見父親坐在一把有靠背的木椅上，斜側著身體，衣襟半解開著。我順眼一望，他的胸側插入一根粗的針頭，尾部還有一段黃色半透明的橡皮管，地下接著一隻廣口粗瓶，其中盛有淡黃色液體約半瓶，橡皮管子還在徐徐滴下這種液體，速度並不很快，似乎與呼吸起伏相適應。父親安詳地一邊吸煙，一邊還和醫生用日語交談，不久便拔去針頭，和我們一同離開醫院。後來，我看他的《日記》，在一九三六年八月七日項下，記有「往須藤醫院，由妹尾醫師代診，並抽去肋膜間積水二百格蘭（相當於200毫升），注射Tacamol一針。廣平、海嬰亦去。」我想，這大概就是我目睹的這一次了。（《新文學史料》1981年第3期11頁）

根據海嬰這段文字，說明須藤所用方法和今天的胸膜腔封閉式引流術大體相仿，可是，當魯迅氣胸形成的時候，須藤為什麼忘了運用此法，而束手無策呢？

我們退一步說，假如海嬰回憶有誤，當時確實無此良法，那麼用50毫升空管針（或少於50毫升的空管針）緊急穿刺抽氣至病人呼吸困難緩解為止，也是切實可行的。但是須藤連這個簡單易辦的措施也沒有採用。他曾給魯迅做過「突穿試驗」也忘了。這個事實說明了什麼呢？我想，順理成章的結論無須我來下了，大概誰都能論定：須藤當時（在搶救的時刻）未能作出氣胸的正確診斷，是沒有疑問的。天下哪有診斷了病因卻並不針對病因採取相應措施的醫生呢？

（3）在須藤的《病歷》中，僅有所謂擬診氣胸的記載，而無任何針對病因採取相應措施的記錄，是《病歷》中留下的天然漏洞，這個漏洞是無法縫合的。須藤在事後作出的「追加」擬診氣胸，固然給他的誤診在解釋死因上挽回了面子；但是他礙於在場的親屬和友人，是不敢把親友沒有目睹到的處理氣胸的具體措施偽寫進《病歷》的。須藤不是這樣的笨伯，那是會很快露餡的。《病歷》在「諒已引起所謂『氣胸』之後」，連一句類似「應急處置」含糊的話語也沒有。這樣的行文很容易給人造成一種氣胸是無法醫治的錯覺。在實際上，須藤也沒有任何氣胸的處理。證之許廣平《最後的一天》和內山《憶魯迅先生》都決無關於氣胸抽氣減壓的任何痕跡，這是值得深思的。在上述兩篇文章中，上午注射三針，從 18 日下午 6 時起到 19 日凌晨 5 時 20 分魯迅逝世，只有一個護士陪伴在側，在給吸氧同時，遵醫囑有條不紊地兩小時一針地連續注射到這顆偉大心臟停止跳動而已。

（4）正因為須藤在當時沒有作出氣胸的正確診斷，所以他對魯迅病的預後也不可能作出正確的判斷；反之，錯誤的預後判斷，必然導源於錯誤的診斷。須藤對許廣平說：「過了這一夜，再過了明天，沒有危險了。」（見許文）一個「心臟越過右界」（見《病歷》），也就是說縱隔已被推向對側的病人，危在轉瞬之間；不給危重患者以最首要的抽氣緩壓處理，只兩小時一針又一針地挨時間，怎能說「過了這一夜，再過了明天，沒有危險了」呢？也許有人會說，這是醫生「安慰」親屬的話，不能視為醫生的預後。如果，僅有許廣平記下這麼一句話，未嘗不可以這麼說。但強硬的事實，卻不允許我們作違心的結論：「須藤醫生說了一聲大概不妨事，明天再來，就回家了。」（見內山文）這真是無獨有偶。面對一個生命即刻將要消逝的活瓣性氣胸病人，醫生能夠這樣說嗎？但須藤畢竟這樣說了，那無非又給我們從預後這個角度，研究須藤在十八日並未認識魯迅的自發性氣胸提供了一個證據，須藤是希冀著魯迅臨床印象「痙攣」、「心臟性喘息」有緩解的可能的，否則他是決不會作出這樣十分荒唐的預後的。

（5）須藤在面臨魯迅病情危急的情況下，我們如果說他一直維持著支氣管哮喘的診斷，那是不確的。他在《病歷》中追加診斷的七個病名的「心臟性喘息」，確實是他在魯迅病情進一步惡化，深感支氣管哮喘不能圓滿解釋患者病情時的臨床印象。因為在內山的文中可以得到印證：「須藤醫生來了（筆者按：系指須藤離魯迅家來內山書店），說是不但哮喘（筆者按：指支氣管哮喘而不是指氣胸）總沒有好，而且好像已經變成心臟性哮喘（筆者按：其實是氣胸進一步惡化）。」

關於須藤一誤再誤的心臟性喘息，即今通稱的心原性哮喘，這個臨床印象也是錯誤的。雖然，上海讀片會已經否定了魯迅患有心原性哮喘，但是，我們這裡還有略加討論的必要。心原性哮喘只有左心心力衰竭和肺水腫時才能引起。前者，魯迅完全可以排除，可見上述魯迅在 10 月間的體能、工作量及活動量等，同時還可見日本鹿地亙、池田幸子、奧田杏花在當時寫就即已發表的回憶錄中，描寫魯迅在 10 月 17 日輕鬆微笑的登樓，在大風中快捷有力的行走，不一一摘錄。魯迅不具備左心心力衰竭的任何體徵。須藤的《病歷》中有心律失常和心動過速記載，而無心臟病患者心臟擴大、心區雜音的痕跡，也無左心心力衰竭的任何病徵。後者，原無心臟病患者，在過多過快輸血輸液情況下發生肺水腫，可有陣咳頻仍並咯出大量粉紅色泡沫樣痰液，甚者可從口腔和鼻腔湧出。但魯迅當時 2 小時肌肉注射一次，根本談不上輸液過多過快；魯迅沒有咳出、咯出、湧出任何少量或大量粉紅色泡沫樣痰液，而是活活憋死的。因此，無論從前者與後者分析，心原性哮喘臨床印象是不能成立的。——這裡討論心原性哮喘不能成立的用意何在？與須藤沒有正確診斷氣胸有何關係呢？關係甚大，用意甚明。因為心原性哮喘這個錯誤臨床印象的概念，在病情險惡的緊迫時刻，盤踞在醫生的思維中心。當須藤第二天一覺醒來，10 月 19 日 5 時許，由急救電話再呼喚到魯迅病榻前時，魯迅已突然逝世，他如果是個善良之心還沒有泯滅的醫生，那麼他的驚駭和痛疚是可想而知的。

10 月 20 日上海《時事新報》在報導魯迅逝世消息時，現場採訪魯迅彌留一刹的實際情況，也印證了須藤確實是把自發性氣胸誤為心原性哮喘來醫治的。證據如下：

「當時因憑一時病勢突變，故派看護婦田島在旁照料，每隔三十分鐘用酸素吸入，以助呼吸。並注射強心身針（筆者按：原文如此。多出一個「身」字）蓋至兩日內無變化，即可渡過危機。至昨晨五時，呼吸益促，經注射三針無效，延至二十五分時，心臟麻痹，遂溘然長逝。時在側侍護，僅氏妻許女士、弟建人及看護婦等三人云。」

要之，須藤當時在自發性氣胸的病理、病因、診斷、治療上具備挽救魯迅生命的客觀條件；然而他在主觀診斷上出了偏差，這可從他的處理、治療、預後幾個方面求得論證；至於他在《病歷》中添加的氣胸病名，那是須藤作偽無疑。須藤不過是作了一回為挽回已經丟盡面子的事後諸葛亮而已。

重播：一個偉大生命可以挽救的分分秒秒

我們有了上述對魯迅死因研討的基礎，再把魯迅 10 月 17 日 3 時 30 分凌晨發作氣喘至 19 日凌晨 5 時 25 分撒手而去的 26 小時簡要回顧一下，須藤究竟是怎樣誤診誤治的，就會得出一個比較完整的概念了，一個無可爭議的概念。同時，我們還注意記錄魯迅這段時間的語言，以提示他體能與精神變化的情況；多好的一次次機會，多寶貴的分分秒秒，硬是給須藤拋擲了。

這個時刻表，是以許廣平《最後的一天》（筆者按：作者注「記於先生死後的兩星期又四天」）與內山完造《憶魯迅先生》（筆者按：原載 1936 年 11 月 15 日上海《作家》月刊第 2 卷第 2 期）兩篇在魯迅逝世後即發表的文章中，反覆對比，互相參照後列出的，並參考須藤的《魯迅病歷》，當真實可靠。

17 日 3 時 30 分：魯迅告訴許廣平：「2 點鐘起來過就覺睡眠不好，做惡夢。」似氣喘初發的樣子，這回氣喘是第三次了，也不覺得比前二次厲害。（筆者按：估計 6 月間發作一次，《魯迅日記》未記，《魯迅病歷》漏記，未見其他資料，故本文未涉及）許廣平先以家庭備用「忽蘇爾」（可治肺病、心臟性氣喘）給魯迅 3 時 40 分服一次，4 時 40 分服一次，5 時 40 分服一次。但病態不減。魯迅因天未亮，怕打攪別人，叫許廣平早上 7 時去內山書店請託電話須藤。（筆者按：多善良而會體貼他人的長者啊！）許廣平因看病重，6 時多鐘就去內山書店。魯迅掙扎著起床到書桌前坐下寫了一張字跡歪歪倒倒的便條，讓許廣平帶去。（筆者按：這就是認真一生的魯迅）

早晨 6 時 30 分之前：內山打過電話後，即來到魯迅病榻前，先給魯迅吃了治哮喘病的鷄蛋油三個。魯迅對內山說苦得很。

早晨 6 時 30 分：須藤趕到魯迅病榻前，魯迅對須藤說

「從今天4點鐘起，哮喘又發作了，請快替我注射。」須藤在魯迅腕上打了一針（筆者按：估計應是針對哮喘的解痙止喘類藥水）。但魯迅呼吸仍很困難，對須藤說：「怎麼攪起的，總是沒有效果。」其間須藤給魯迅體檢：體溫35.7度，脈細120次左右／分，時有停滯。腹部扁平，兩肺聽診有哮鳴音。並回答魯迅說：「如果一針不見效，就再打一針。」——此刻須藤看來還有點鼓勵病人的信心和勇氣。其實，再打多少這類解痙止喘的針，也無濟於事，因為根本就不是哮喘病。這是須藤沒有診斷出氣胸的一誤。

早晨7時30分之後須藤給魯迅打了第二針。——估計還是解痙止喘類藥水。因為解痙攣止喘畢竟有改善支氣管通透性功能，症狀自然會出現略緩情況。但絕對還是無濟於事的。此是須藤不考慮氣胸的二誤。魯迅由書桌前坐椅移到躺椅上，開始和須藤講起話來了。7時55分：內山看到魯迅病情緩解，因有個約會，即回書店。

上午8時：當天的日報到了，魯迅問許廣平：「報上有什麼事體？」許廣平回答：「沒有什麼，只有《譯文》的廣告。你的翻譯《死魂靈》登在頭一篇上。《作家》和《中流》的廣告還沒有。」但魯迅說：「報紙把我，眼鏡拿來。」他一面喘著，一面細看《譯文》廣告。

上午9時左右，須藤給魯迅打了第三針。但魯迅氣喘照舊，三針不見效。——須藤誤診所謂支氣管哮喘並不緩解下來。他這才有些犯嘀咕，不對呵，這是什麼哮喘？須藤為什麼不用自己手中的空注射針管來抽氣呢？他會「行穿刺術取胸液」，為何不用「行穿刺取胸氣」呢？這是須藤不考慮氣胸的三誤。

上午 10 時：須藤離開魯迅病榻。來到內山書店，對內山說：「哮喘總沒有好，好像已經變成心臟性哮喘。」——時間已經過去 3 個多小時，須藤還沒有作出正確診斷。好像這個好像那個，又從誤診支氣管哮喘，再誤到莫須有的心臟性哮喘，就是考慮不到肺結核病常見併發症自發性氣胸。這是須藤還是沒有把錯誤的思維端正過來的四誤。

午 11 時：須藤醫生在內山書店與內山先生商量，要請福民醫院松井醫學博士，來一道會診。並馬上把汽車駛到福民醫院去接松井醫學博士；恰巧因星期天緣故，松井博士不在醫院；須藤想打聽到他的去處，就親自去接他。又巧，松井偶然跑到內山書店來了，內山當即把魯迅今早發作氣喘、注射幾針無效的情況告訴松井。松井答應看視一下。——時間又過去了 2 小時，須藤已經手足無措了。找同行搬救兵是個辦法，但這「救兵」在肺科方面的醫學水準是不是比自己高明呢？這是須藤在急忙之中的五誤。

中午 12 時：須藤和松井兩醫生來到氣喘不已的魯迅病榻前，進行會診。經過一番問診聽診體檢後，竟一致診斷為支氣管哮喘轉為心臟性哮喘。在松井認可的情況下，決定兩小時打一針強心劑，並給予吸氧。

在痛苦窒息中苦苦煎熬的魯迅，在這期間問了句：「我的病究竟怎麼樣了？」

晚間6時：須藤派一名護士來值班，執行須藤和松井兩醫生已經決定的醫囑。須藤對許廣平説「過了這一夜，再過了明天，没有危險了。」又對內山說了「一聲大概不妨事，明天再來，就回家去了。」——時間又過去7小時；從早上6時半須藤開始所謂「應急處置」以來，時間已經過了近12小時之久。上午的「王牌」是注射解痙止喘針，下午的「王牌」是注射強心針，外加吸氧。偏偏就是不考慮自發性氣胸，當然也不能採取任何抽氣減壓的措施。更令人不解的是，須藤竟心安理得地回家去了。回家不妨，你如果也交待一句醫生醫得了病，醫不了命之類回絕病家，我無能為力了，你家是否另請高明？家屬救人要緊，當可另圖他法或另請醫生，或急送醫院，魯迅一命還可得救。這是須藤的六誤。

晚間7時：內山總覺得不放心，再次請松井醫生來診，在須藤不在場的情況下看松井能不能想出更好的辦法。松並因不負全責，只説病勢很重，還是叫魯迅三弟周建人來好。——松井並未説是什麼病的病勢很重，也没有採取措施。建議家人周建人來，是暗喻料理後事之類，隱含放棄之意。比愚拙的須藤没有示意放棄要略高一些。但放在眼前的明明白白的自發性氣胸，就是視而不見；這是醫家誤診的悲哀，這是病家遭遇的不幸。因為，假設此刻那位還在上海廣東路3號開業的美國的肺科專家鄧醫生出現，魯迅這個偉大生命還是可以挽救的。

晚間 7 時 30 分：許廣平送牛奶給魯迅，魯迅說：「不要吃。」過了些時，他又詢問：「是不是牛奶來了？」許廣平答道；「來了。」魯迅說：「給我吃一些。」飲了小半杯就不要了。此時已沒有醫生在場，只有許廣平、周建人、內山書店一名店員、還有一名護士留下熬夜，內山是裡裡外外忙了一天，到夜間 12 時才離去。——夜越來越深，越來越靜，時鐘的嘀答聲和魯迅的喘息聲顯得越來越清晰。魯迅已經窒息了整整 15 小時，處在高壓狀態下的胸膜腔氣體把肺臟壓得越來越小，並把縱隔向右側推移。誰也不知道魯迅這麼厲害的氣喘真正是什麼病，更不用說穿刺左側胸膜腔放出一點點空氣來了。這時，我們不得不提及日本泉彪之助為須藤開脫的、被有些魯迅研究專家引為證據的、肺結核和氣胸合併症死亡率目前仍高達 28.6%的資料。那麼，治癒率則為 71.4%，遠遠高於死亡率。即使上世紀三十年代也只能是治癒率 60%而死亡率 40%。問題是否正確診斷，像魯迅這樣被誤診的病例，在這裡活活挨時間，打強心針和吸氧，死亡率該是 100%呵！當時為了營救魯迅突發的急症，內山和書店店員是全體動員，要錢有錢，要人有人，要物有物，要汽車有汽車，就是沒有要到一個好醫生。在上世紀三十年代的大上海，一名中國上層知識份子，竟發生這樣慘烈的悲劇，還說什麼呢？但魯迅此刻還沒有倒下，不過須藤誤診的情勢已成定局。魯迅剩下的時間不多了！

夜間 12 時：魯迅看到善良的妻子擔心晚間 6 點鐘才來值班的護士熬不住夜，讓護士先睡一下，由她來盡護士的職責時，說了一句：「時間不早了，你也可以睡了。」這是魯迅在臨終之前給妻子留下的最後一句話；自己將撒手而去了，還關愛著妻子；這就是魯迅！真催人淚下！——如果在這個時刻，有誰忽然想起了 1936 年 6 月 15 日拍攝的魯迅胸部 X 光片，或者就是須藤在睡夢中想起了這張被遺忘的 X 光胸片，請一位高明的放射科醫生來會診一下，魯迅這個偉大的生命還可挽救！但病榻周遭除了嘀答聲和喘息聲外，只有死一般的沉寂。

夜間 12 時至次日凌晨 4 時：魯迅這其間飲過三次茶，解過一次小便。

19 日 5 時：護士又提前給魯迅注射最後一針強心針，即感情況不妙，店員即趕到書店大聲向內山老闆呼救。內山即奔到魯迅病榻前。石井醫生先趕到。須藤醫生後趕到。兩位醫生都說：「沒有法子。」是什麼病你們還明白吧？你們何曾想出過應該想到的法子呢！

1936 年 10 月 19 日凌晨 5 時 25 分：魯迅先生這個偉大的生命定格。

嗚呼！魯迅這個——可能挽救而竟因誤診誤治被氣胸活活憋死的——偉大生命不幸逝世的巨大悲劇，終於釀成。雖然，歲月的河流已經流淌了大半個世紀之久，但每當我們憶念起我們的「民族魂」彌留之際，那一聲比一聲急促的喘息，那在黎明之前的黑暗中漸漸消失的痛苦掙扎的神情，那已無法再凝視多事的中國文壇與多難的中華民族的目光時，我們的內心也還不得不為之震顫。在深深的痛惜之餘，即便我們已經跨入了新世紀，我們能不再次同聲一哭嗎？!

本文在寫作過程中，承醫學界前輩南京胸科醫院院長談光新先生、南京醫科大學第二附屬醫院肺科主任醫師楊志華先生，魯研界前輩南京師範大學教授甘競存先生、副教授洪橋先生、南京圖書館副館員紀維周先生、南京日報社張震麟先生審閱，特此致謝！限於本人水準，可能仍有欠妥與不足之處，歡迎讀者批評指正。

《魯迅先生死於須藤誤診真相》校閱記

南京胸科醫院院長、主任醫師　談光新

周正章同志撰《魯迅先生死於須藤誤診真相》稿已閱，對其中醫學部分，僅提出如下意見：

一、上海的專家作出「魯迅先生不是直接死於肺結核病，而是死於自發性氣胸」的結論是正確的。雖然須藤醫生在死亡診斷書上最後追加了氣胸，但同時又並列了支氣管喘息與心臟性喘息（Impression）幾種病，說明主治醫生只是想到了這幾種可能，最多算為擬診，而態度不明確，未能作出科學的（Final Diagnosis）最後診斷。

二、十月十八日（見須藤《報告》）檢查「近兩肺處聽診有喘鳴，加以應急處置之後始稍轉輕，其不穩狀態亦似稍緩」，十九日早晨「右肺喘鳴盡去，左肺亦然，診察左胸下半部覺有高而緊張之鼓音」，但「肋間亦覺陷落少許……」這其間有矛盾之處。如何理解喘鳴之時有時無？氣胸既呈鼓音，肋間一般呈膨滿，為何陷落？病者自發病至死亡 26 個小時之多，如果是張力（高壓）性氣胸，在病程中不可能出現稍許緩解，而應進行性加劇，造成死亡可能還更為迅速。氣胸如文中所述可分為三型，但可以互相轉變，我同意作者的意見，高壓性氣胸是病者的主要死因。

三、「酸素」在日文中是指氧氣，而「酸素的吸入」即「吸氧」。文章論述「可以挽救偉大生命」的現點，我是同意的。須藤對魯迅先生誤診誤治，應予譴責。

由於原稿文長，考證之處甚多，不及仔細鑽研，且限於水準，以上與作者商榷之處，僅供參考。

1984 年 4 月

《魯迅先生死於須藤誤診真相》校閱錄

南京醫科大學第二附屬醫院主任醫師　楊志華

看了周正章同志撰《魯迅先生死於須藤誤診真相》一稿後，作者的觀點我是同意的。文中的醫學部分，就肺結核病的生理病理及其術語的運用和分析而言，沒有問題，是可以放心的。

這裡，我想談點氣腹箱問題。氣腹箱應用於肺結核臨床是比較早的，年輕時的白求恩大夫患肺結核，因當時還沒有發明有效的抗癆藥物，就用氣腹箱做過氣腹治療（筆者按：時間是 1926 年）。氣腹治療法，在有效的抗癆藥物發現之前，是治療肺結核病的一種很普通的治療方法。原理就是用氣腹箱向胸腔裡注入空氣，使橫隔肌上升，將肺臟向上託，從而使肺臟中空洞性病灶閉合，以促進病灶的癒合。人工氣腹，到六十年代還用。這種氣腹箱，在三十年代的上海，是比較普遍的一種醫療器械，已廣泛應用於臨床。如果，把氣腹箱功能倒過來，從胸腔裡抽取空氣，改善氣胸的高壓狀態，使危害生命的氣體排出體外，是完全可以做到的。

我同意作者這個觀點，須藤當時既然能給魯迅抽取胸水，那麼，給魯迅的氣胸抽氣自然不成問題。

關於魯迅為什麼不讓美國肺科醫師代替日本醫師來給自己看病，我說不出所以然來。在我的印象中，舊中國醫學界，派別是很厲害的。三十年代的上海，在中國的德日派很吃香，紅的很；英美派那時不行，不很吃香。英美派一度也變得很紅，那是後來的事了。魯迅學的醫屬德日派，我年輕時學醫，也是德日派。當時，醫學界就是這麼個形勢，叫做潮流吧。

魯迅逝世時，我在上海讀高中二年級，這事至今還記得。但我還沒有學醫。這篇文章，如果再從當時的治療背景上找些資料來論證，將會更有說服力的。不過，這工作有一定的困難，因為到目前為止，西醫學傳入中國的歷史，各種技術藥物演變的情況，恐怕還沒有人研究整理，這方面的資料不好找。自然，找一些年紀七十開外的老專家還是可以的；但人數極少，而且他們的事情多，各種會議多，也不好找。如果方便的話，南京軍區總醫院的鄔學俊老先生是可以就近請教的。上海的榮獨山老先生也會很清楚的。大家都很忙，如果文章發稿後，再請他們發表意見，我看也不算遲。

1984 年 5 月

原載《魯迅世界》2002 年 1 期

「魯迅死因」引起的一場風波

紀維周

〔編者按〕：本刊今年來一期發表周正章先生長文《魯迅先生死於須藤誤診真相》之後，引起關注，南京市魯研界反應更為強烈。現又將紀維周先生這篇文章刊出，以饗讀者。

周正章同志在《魯迅世界》2002 年第 1 期上，發表《魯迅先生死於須藤誤診真相》一篇論文，拜讀之後，感到內容翔實，條理清晰，為魯迅死因研究填補了空白，這是一篇品質很高的學術論文，而獲得魯研界關注和好評。

研究魯迅，除了熟悉魯迅作品、生平事蹟、掌握大量資料外，還得懂得某種專科知識。例如，上海「魯迅先生胸部 X 光片讀片會」，是由上海九家醫院 23 位專家、教授組成的。經專家研究和鑒定，魯迅先生不是直接死於肺結核病，而是左側肺大皰破裂，使氣體進入胸膜腔引起自發性氣胸，壓迫肺和心臟而死亡。

這些醫學家，都不是魯迅研究者，他們不熟悉魯迅生平事蹟，也沒有從須藤偽造的病歷進行探討，這就是它的局限性。

周正章是一位醫生，他又是魯迅研究專家。他認真搜集有關魯迅資料，除《魯迅日記》、《魯迅書信集》、《魯迅回憶錄》等書外，還有各種有關資料，都作了詳細筆記。另外，他懂醫學知識，他對須藤的《魯迅病歷》，通過各種資料，進行綜合研究。論文內容翔實，論據確鑿，使人信服。

周正章同志為人正直，在論文中還涉及到我在 1984 年 5 月 5 日《週末》上發表的《揭開魯迅死因之謎》，曾受到當時不公正的批判，表示憤慨，並給予嚴厲抨擊。他對我的支持和關愛，我在此表示由衷的感謝。

十七年過去了，我不準備再談那些使人不愉快的往事。自周海嬰同志發表《關於父親的死》之後，引起學術界的關注。在刊物上發表一些論文，又涉及到我所寫的《揭開魯迅死因之謎》。張震麟同志在《新聞廣場》2001 年第 4 期上，發表《是誰言不由衷——17 年前〈週末〉報的一場風波》，其中說：

> 「《揭開魯迅死因之謎》，內容是根據周建人的文章和上海『魯迅先生胸部 X 光片讀片會』的會診意見，其行文和用語比今天周海嬰的文章要委婉和緩得多。紀的文章被當時日本報紙《朝日新聞》轉載後，在部分日本人士中引起了議論，對此事有不同的看法並不奇怪。可是，事情並不那麼簡單，竟因這篇短文

在南京報界引起了一場軒然大波。」

先是有「魯研界」人士將日本報紙上的文章譯成「內參」向上級報告，指出紀文「有礙中日友好」，「必須設法消除不良影響，以正視聽。」接著，上海和北京的報紙上就陸續出現了「魯研界」有關人士的批「紀」文章；「大人物」的發話，於是，有關方面找了當時的報社負責人和作者談話，指出此文錯誤的嚴重性，要作出深刻檢查。當時江蘇就有文化方面領導人對作者說：「你這篇文章不是學術問題，是政治問題。」

在當時極左思潮尚未肅清的影響下，誰的職務高，誰的水準就高，誰就擁有絕對權威，誰就能說了算。報社負責人和作者除在內部作檢查外，報紙還兩次以《按語》形式作了公開檢查。並專程派人為紀文公布了「讀片會」內容到上海魯迅紀念館道歉。如今，魯迅的公子代表了他的叔叔和母親「實話實說」，重提魯迅死因疑團，不知當年嚴厲指責《週末》報和紀維周的先生、女士們作何感想？

張震麟同志是江蘇魯迅研究學會會員、報社編輯，是這次風波目睹的見證人。這裡摘錄其中有關經過，可以使讀者瞭解當時的實況。至於文章所揭露當時批判者，怎樣弄虛作假，因限於篇幅，只好從略。

自從周海嬰同志發表《關於父親的死》之後，有幾篇文章又涉及我所寫的《揭開魯迅死因之謎》。為此，我簡要將寫這篇短文的心態和經過以及受檢討的情況寫出來，希望能澄清一些不實的批評。

在中國現代文學史上，周氏三兄弟都有顯著貢獻，尤以魯迅最為傑出。但從生命來說，周作人 83 歲去世，周建人終年 95 歲，可謂長壽。而魯迅僅有 56 歲，便過早去世了。如果是因病屬於正常死亡，那也無話可說。遺憾的是，魯迅的病，醫學界認為完全可以治療，至少不會立即死亡。但日本醫生須藤在治療上，不僅極不負責任，而且還存在有謀害魯迅的嫌疑。

1949 年 10 月 19 日，周建人先生在《人民日報》上，發表《魯迅的病疑被須藤醫生所耽誤》，其中披露許多重要資訊，例如，須藤原是日本軍醫官。上海有一個日本在鄉軍人（即退伍軍人）會，是一個侵略性的團體。須藤擔任該會的副會長。他家裡裝有電話機，在電話裡常講關於中日之間交涉與衝突的情況。

我認為在這種情況下，請須藤為魯迅治病，是相當危險的。因為魯迅當時堅決反對日本軍國主義者侵略中國。

周建人先生為人正直，與魯迅感情深厚，決不會信口胡說的。遺憾的是，周建人這篇重要文章發表後，歷經三十多年，從未引起人們的關注，連《魯迅研究資料索引》中也未收錄。因此，有不少魯迅研究者，還不知道有這樣文章。

關於魯迅的死亡原因，在魯迅傳記裡，都說魯迅因肺結核病復發，醫治無效去世的。這是一種錯誤說法。

1984年2月，上海魯迅紀念館和上海市第一結核病防治院，邀請一些著名肺科、放射科專家，對1936年6月15日魯迅的「胸部 X 光片」的遺物，重新研究和鑒定，作出了「魯迅不是直接死於肺結核病，而是死於自發性氣胸」的新結論。我對這種務實精神，深表敬意。便由此把它寫了一篇短文《揭開魯迅死因之謎》，認為他們終於揭開長達48年的魯迅死因之「謎」。

萬萬沒有想到，這篇知識性短文，竟掀起軒然大波。有人暗地打了報告，說我所寫的文章「有礙中日邦交」。

上海魯迅紀念館楊藍先生在1984年9月23日《解放日報》上發表《關於魯迅胸部X線讀片會的始末》，其中結尾說：「但前一時期，有的報刊發表文章，從『讀片會』，懷疑到魯迅的死因，從魯迅的死因又引申到對日本須藤醫生的譴責是沒有根據的。這既不實事求是，更有悖於科學態度。」

北京陳漱渝撰文說：「筆者就魯迅死因問題詢問了魯迅先生公子周海嬰，周海嬰委託筆者說明：紀維周的文章，對魯迅的死因進行推測，但未提供任何新的確鑿的史料，不能代表中國魯迅研究界的看法，也不代表他本人的看法。」

在南北夾擊之下，於是，報社編輯找我談話；單位領導對我指責；還有文化部門派專人多次找我審問。第一次檢討時，我如實的說，是根據周建人一篇文章內容編寫的，目的是普及有關魯迅知識。但沒有通過，指出檢討不能作一般說明，並嚴厲指出我的文章「不是學術問題，而是政治問題」，一定要從妨礙中日邦交上作出深刻認識和檢討，否則是過不了關的。於是，我昧著良心，說了我所不願說的話。

十七年過去了，我不願再提到這件不愉快的往事。不料，2001 年 5 月 15 日，周海嬰在《收穫》上發表《關於父親的死》一文，重提須藤為魯迅治療八項疑點。閱讀之後，覺得其中所說，都來自周建人的意見。與我所寫《揭開魯迅死因之謎》並無矛盾，主要方面卻是一致的。為何十七年前，卻說「不代表家屬的意見」，使我困惑不解。我曾寫信向海嬰詢問，他在復信中，沒有正面答覆。

海嬰同志所寫《關於父親的死》，直指當年給魯迅治病的日本醫生須藤，國內外傳媒廣泛轉載，引起國人普遍關注。魯迅研究專家紛紛發表意見：

> 王元化是知名的學者，他說：「這件事我早就聽說過。從海嬰回憶錄得知，須藤是日本烏龍會副會長。烏龍會是日本在鄉軍人組織，這組織是鼓吹軍國主義、侵略中國的。須藤醫生曾建議魯迅到日本去治療，魯迅拒絕了。日本就此知道了魯迅的態度，要謀害他是有可能的，像這樣一件重大懸案，至今為止，沒有人去認真調查研究，真令人扼腕。現在由海嬰提

> 出來，希望就此能引起重視，能將這件懸案查個水落石出。」（載《服務導報》2001 年 10 月 21 日）。

中國魯迅研究會原會長林非先生接受《南京晨報》記者採訪時說，周海嬰這個人我很清楚，他是一個非常嚴肅、老實的人，不會隨隨便便說話。他對父親的事情很在意，他媽媽生前肯定和他討論過。周海嬰的看法值得注意。他表示，包括北京、上海等方面，應該開展進一步研究，把事情弄個水落石出。（載《南京晨報》2001 年 5 月 23 日）。

周建人先生所寫《魯迅的病疑被須藤醫生所耽誤》一文，鮮為人知，沒有收入周建人文集中，是一篇佚文，為了研究者方便，我把全文公布，作為附錄之一；我根據此文編寫的《揭開魯迅死因之謎》作為附錄之二，以供研究者參考。（略去附錄——本書編者）

原載《魯迅世界》2002 年 2 期

魯迅研究專家周正章、王錫榮分別撰文認為

魯迅死於醫生誤診

究竟誤診至何程度、有無主觀上的延誤、專家意見不一

魯迅先生究竟是怎麼死的？這已成為二十世紀遺留下的一樁歷史懸案。近日有魯迅研究專家以確鑿的史實考證出：魯迅死於日本醫生須藤誤診。此觀點在魯迅研究界得到了比較廣泛的認同，但究竟誤診至何程度、是否有主觀上的延誤，專家意見不一。

須藤偽造過魯迅病歷，病歷和魯迅記載不一致

對「魯迅之死」的真相，魯迅研究界一直有存疑。魯迅之子周海嬰在他的回憶錄《魯迅與我七十年》中也做過大膽質疑。他點名直指當年給魯迅治病的日本醫生須藤，對須藤的用藥、治療等等提出疑問。本報去年9月《大眾閱讀》月末版曾做過相關報導，當時周海嬰還向記者強調：之所以將這一問題公之於衆，是希望提供給史家研究——魯迅究竟是被日本軍醫用殘忍的手段暗殺致死，還是正常範圍內的不治

而死。

近日，滬、寧兩位魯迅研究專家上海魯迅紀念館常務副館長王錫榮、江蘇省魯迅研究會理事周正章分別撰文，對魯迅死因真相進行了研究和「解密」。他們不約而同發現：須藤偽造過魯迅病歷，魯迅本人的記載和須藤後來補寫的病史記錄不一致；魯迅生命危急時，須藤處理有誤。

周正章從 1984 年 2 月上海「魯迅先生胸部 X 光片讀片會」說起。讀片會上，23 位著名醫學專家作出過一個結論：魯迅不是死於肺結核病，而是直接死於自發性氣胸。這個結論一出，即掀起一場風波。對魯迅死因持懷疑態度的有兩種觀點：「謀害說」，即有政治圖謀；「耽誤說」，即為誤診誤治。對前者，周正章認為目前尚缺乏有力證據，故姑且不論；倒是後者，可資查閱的資料頗多。周正章在充分佔有魯迅著作中有關病情的全部資料和魯迅親友提供的第一手資料後認為：須藤作為主治醫生為逃避責任，曾偽造過魯迅的病歷。如《魯迅日記》1936 年 3 月 19 日、25 日、28 日、29 日四天，無「須藤先生來診」，亦無「往須藤醫院診」的記載；而須藤的《魯迅病歷》，這四天卻記載了診病之事「查痰」「結核菌」「穿刺」「取胸液」等等。《病歷》中還有不該出現的多記現象。周正章認為，這些都屬不正常性質，是須藤的人為編造。

周正章的推斷和王錫榮的不謀而合。王錫榮把須藤的說法和魯迅先生的說法對照起來，也發現很多疑點。首先，魯迅本人的記載與須藤的記載不一致，主要有這樣幾方面：須藤很多次漏記、誤記；兩人病狀描述不一致；抽取積水時間有對不上之處；用藥與魯迅的記錄對不上。其次，魯迅先生生命危急時須藤的處理有誤。「根據須藤的記錄，他在 1936 年 10 月 18 日下午 2 時第二次前往診察時，已經意識到發生了『氣胸』。並且說：『由於此病狀，以至雖儘量使之絕對安靜就眠，亦不能深睡……』他好像既知道氣胸，卻又完全不懂得氣胸的兇險。氣胸直到今天，還是非常難處置、死亡率很高的病症，倘發現得早，全力搶救，措施得當，或者還有救，而須藤卻只靠打強心針，加上吸氧氣，就指望他安睡，未免糊塗得出奇。」王錫榮認為不管有意無意，須藤最後處置失誤的責任是無法推卸的。

是否存在主觀上的拖延，專家意見不一

上述推斷即「魯迅死於須藤醫生誤診」在魯迅研究界得到了比較廣泛的認同，陳漱渝、陳福康等魯迅研究專家在接受記者採訪時也持相同觀點。只是究竟誤診到什麼程度、有沒有須藤主觀上的拖延，專家意見不一。

周正章的觀點是須藤的誤診誤治，存在著一定程度的拖延。「須藤當時在自發性氣胸的病理、病因、診斷、治療上具備挽救魯迅生命的客觀條件。然而，他在主觀診斷上出了偏差，這可從他的處理、治療、預後幾個方面求得論證。至於他在《病歷》中添加的氣胸病名，那是須藤作偽無疑。須

藤不過是作了一回為挽回已經丟盡面子的事後諸葛亮而已。」

王錫榮、陳福康等則認為：個中原因複雜，是否存在拖延這個結論還難下。王錫榮承認須藤醫生的醫道有點怪；須藤的病史記錄也怪，倒填不說，還與魯迅的記載處處相左；須藤的搶救更離譜，明知氣胸，卻又十分輕慢。但如果說是謀害，目前既無證據，也無法尋出故意。「他在醫學上，可說是魯迅的『學長』，資歷上也是魯迅的前輩，魯迅平時對他敬重有加，他對魯迅也頗表敬佩，有何加害的理由和必要？」如果說須藤是受日本政府之命加害魯迅，則當時的日本政府，也無可能和必要這樣做。「須知當時中日關係很是緊張，暗害了魯迅，非但不可能借此挑起戰爭，反而讓國民黨高興。所以，若非別有深因，這也是不大可能的。」

本報記者　陸梅《文學報》2002 年 3 月 28 日

魯迅死因「正、反、合」

朱正

周海嬰的《魯迅與我七十年》書中「父親的死」一章中有「一個長埋於心底的謎」一節，說魯迅是死於須藤醫生的誤診，引起了廣泛的注意，國內許多報刊（包括臺灣《傳記文學》）紛紛轉載，成了讀書界的熱門話題。

其實這並不是一條新聞。早在1949年周建人就在《人民日報》上發表文章把這問題提出來。有這懷疑的還不只是他一個人，許廣平也是懷疑的。周海嬰在這本書中說：「一直到晚年，母親和叔叔仍不止一次地向我談起此事，叔叔甚至在病重之際，還難釋於懷。」（第59頁）接著，周海嬰還公布了周建人致許廣平的一封信，其中說到許懷疑的理由：「老醫生的治療經過報告與實際治療不符」這就抓住了問題的關鍵所在。許廣平是每一次診治都在旁照應的親屬，熟知診治的全過程，須藤報告中與事實不符之處，他是很容易覺察到的。

須藤的這一篇報告《魯迅先生病狀經過》，作為他寫的《醫學者所見的魯迅先生》一文的附錄，現在收在北京出版社 1999 年所出的《魯迅回憶錄》散篇下册，大家很容易看到了。只要拿他同魯迅日記對照一看，即可發現這並不是根據每一次診治的實際病歷寫成的，而是臨到要發表之時編寫的，其中有明顯作偽的痕跡。這裡只舉 1936 年 3 月 28 日這一天為例。這一天，須藤的報告說的是：「第一次行穿刺術取胸液，約得 300 公分。」（第 1453 頁）

而魯迅日記所記載的是：「曇。上午得增田君信，午後覆。寄吳朗西信。下午得唐弢信。得孟十還信。蕭軍及悄吟來。得《漱石全集》（十三）一本，一元七角，晚蘊如攜蕖官來。三弟來。夜小峰夫人來並交小峰信及版稅泉二百，付印證四千。邀蕭軍、悄吟、蘊如、蕖官、三弟及廣平攜海嬰往麗都影戲院觀《絶島沈珠記》下集。」

這裡不但没有「行穿刺來取胸液」的記載，連「須藤先生來診」的記載也没有。而且，在上午下午都排得這樣滿的日程裡，能夠在什麼時間去做穿刺術，取 300 公分胸液呢？這一天的病歷豈不顯然是偽造的麼。

事實上，抽掉肋膜邊的積水，是 5 月 31 日美國鄧醫生來診之後提出的治療方案。6 月 15 日照的 X 光片，證實了鄧醫生的診斷是對的。在這以後須藤採取這抽胸液的措施。他在寫這個報告的時候，卻倒填日月，把這時間移前了兩三個月，因為這時他已經心中有數，知道自己前一段是誤診了，為了推卸誤診的責任，就寫出這樣一份真真假假的報告來。

1984 年 2 月 22 日在上海市第一結核病防治院開了一次「讀片會」，由上海九所醫院的放射科、結核科、胸科專家二十三人來上讀海魯迅紀念館珍藏的這張X光片。第二天上海的《解放日報》以《魯迅先生不是直接死於肺結核病》為題報導了這件事，說：「大家認為魯迅先生的直接致死原因，是左側肺大泡破裂，使氣體進入胸膜腔引起自發性氣胸，壓迫肺和心臟而引起死亡。」這就為瞭解魯迅死因提供了確鑿無疑的科學證據，可以作結論了。

想不到的是，由此竟引發了一場中日兩國間的筆墨官司。有關這一筆墨官司的文獻，可以在陳漱渝著《魯迅史實求真錄》（湖南文藝出版社 1987 年版）裡看到。這本書裡在他的《日本讀者對於魯迅死因的看法》一文後面，附錄了有關的文章四篇，一是紀維周的《揭開魯迅死因之謎》，原載 1984 年 5 月 5 日《南京日報．週末版》；二是蔡瓊的《魯迅先生並非死於肺病》原載同年 7 月 21 日北京《團結報》；三和四是從日本《朝日新聞》翻譯過來的兩篇報導。還以題注的形式全文引錄了《團結報》在同年 8 月 25 日發表陳立時的一則「編者小啟」。

「讀片會」只分析了病情，並沒有提出須藤誤診的問題。而紀維周、蔡瓊的文章卻是提出了這一點。這兩篇文章引起了日本人的不滿。

陳漱渝的這篇文章裡介紹了泉彪之助和竹內實這兩個日本人的反應。醫學家泉彪之助為須藤所作的辯白有兩條，一是「須藤一生為人温厚篤實，深受魯迅信賴，也為他故鄉的人民敬愛」，二是「魯迅所患的活動性肺結核和氣胸合併症，死亡率目前仍高達28.6%」。應該指出，這樣的辯辭是沒有說服力的。第一，即使說須藤是個大大的好人，良心大大的好，温厚篤實，深得病家信任，這可以說明他不會做蓄意謀害病人的事，卻不能保證他不會偶然也有一次誤診，出一次醫療事故。第二，把這數字計算一下，豈不可以說這病的治癒率高達71.4%嗎？豈不是說有三分之二以上的患者可以治癒嗎？為什麼魯迅不幸沒有能夠成為三分之二以上多數中的一人呢？竹內實是著名漢學家，《魯迅全集》日文譯本的編委，據陳文所引，他說的是，魯迅去世時，中日之間關係緊張，當時有人懷疑須藤醫生為魯迅治病未必是好事，正是險惡的中日關係的反映，算是分析了人們對魯迅死因表示懷疑的歷史原因。對於「讀片會」結論所證實的須藤誤診這一事實，我想陳文不會不引吧。

不知道為什麼，日本有人不高興，中國就有人著急了。我猜想，陳漱渝的這篇文章，就是應《團結報》編者的約請而寫的。作為一個對魯迅生平有研究的專家，他對此事的是非曲直應該是心中有數的，所以這篇文章就很不容易寫。首先，他說了這次「讀片會」是「上海魯迅紀念館正常的業務活動」，不是蓄意破壞中日邦交，《解放日報》的文章是「客觀報導」，不是造謠惑衆。具體到紀、蔡二文，怎麼辦呢？陳漱渝想出了一個不必由自己出面批判的辦法：「筆者於八月二日就魯迅死因問題詢問了魯迅先生的公子周海嬰，周海嬰委託筆者說明：紀維周的文章，對魯迅的死因進行推測，但未提供任何新的確鑿的史料，不能代表中國魯迅研究界的看法，也不代表他本人的看法。」（第 284-285 頁）該報編者同時刊出的「小啟」說前刊蔡文「是没有根據的」，現在發表陳文，是「以正視聽」云。

這篇文章只留下一處小小的矛盾。前面說這次讀片會「得出了魯迅先生死於自發性氣胸，而不是直接死於肺結核病的新結論」，用了一個「新」字，這個「新結論」豈不正是紀蔡立論的依據麼，後面卻說紀文「未提供任何新的確鑿的史料」，這兩個「新」字就有點互相衝突了。

這文章在日本立刻受到了歡迎。日本人做事也真快，就在《團結報》刊出陳文和編者小啟的第二天，東京《朝日新聞・朝刊》即以《魯迅兒子周氏否定魯迅之死與日本原軍醫有關的論點》（即陳文之附錄三）為題，詳細介紹了《團結報》的這兩篇。同年 9 月 12 日《朝日新聞・夕刊》又報導了《南京日報・週末》批評紀維周文的一則編者按，題為《魯迅死因之謎的論爭可以終止了》，副題是「中國報紙刊登了自我批評」（即陳文之附錄四）。日本人鳴金收兵，在這一場筆墨官司中，他們已經大獲全勝。此後十餘年，無人重提此一公案，真正依了日本人說的「可以終止了」。

没想到到了 2001 年周海嬰在他的書裡把這舊案又翻出來，比最早周建人的文章，比後來紀維周、蔡瓊的文章，都說得更詳細，更具體，更有材料，也更無可游移，可見他和十七年前委託陳漱渝表示態度那時，已經大不相同了。到了今天，我想到可以借用《朝日新聞》的標題：「魯迅死因之謎的論爭可以終止了」。

我想，這本《魯迅史實求真錄》再版的時候，這一篇末還可以增加一個附錄五，即把周海嬰此書中的有關段落摘錄附上去。

原載上海《文匯讀書週報》2002 年 4 月 12 日

是誰言不由衷
——十七年前南京《週末》報的一場風波
張震麟

最近，《收穫》雜誌今年第3期上刊出了周海嬰先生新近撰寫的《關於父親的死》一文，重提了若干年前一樁公案，即周建人、許廣平和他本人對魯迅死因的懷疑。他列出了八個疑點，都是針對日本醫生須藤的，全國許多報紙都作為「焦點新聞」加以轉載或摘要。這使我不由想起了17年前發生在南京報界的一場風波。

圍繞魯迅先生的死因，歷年來一直就不斷有人提出過。魯迅逝世後，周建人先生就收到一封署名上海交通大學羅先生的來信，「他猜疑魯迅系被日本醫生所謀害。」1949年10月19日《人民日報》為紀念魯迅逝世13周年的專版上，周建人的文章題目就是：《魯迅的病疑被須藤醫生所耽誤》。到了1984年2月22日，上海魯迅紀念館邀集部分醫學專家舉行「魯迅先生胸部X光片讀片會」，X光胸片顯示魯迅死於自發性氣胸。專家們會診後一致認為：魯迅確實患有肺結核、肋膜炎，但這不是魯迅的直接死因，直接死因是氣胸壓迫心臟，造成心率衰竭。據上海魯迅紀念館負責人王錫榮證實，「須藤誤診這一事實基本上可以確定。至少在魯迅肺氣腫（原文如此）發作後，須藤沒有及時採取搶救措施。此外，須藤在最後階段的治療措施也不恰當。」（以上引文見《南京晨報》今年5月23日）

1984年5月5日，南京日報社剛創刊不久的《週末》報上發表了紀維周的文章：《揭開魯迅死因之謎》，內容是根據前述周建人的文章和上海「魯迅先生胸部X光片讀片會」的會診意見，其行文和用語比今天周海嬰的文章要委婉和緩得多。紀的文章被當時日本報紙《朝日新聞》轉載後，在部分日本人士中引起了議論。按說這種議論屬於正常，對此事有不同的看法並不奇怪。可是，事情並不那麼簡單，竟因這篇短文在南京報界引起了一場軒然大波。

先是有「魯研界」人士將日本報紙上的文章譯成「內參」向上級報告，指出紀文「有礙中日友好」，「必須設法消除不良影響，以正視聽」。接著，上海和北京的報紙上就陸續出現了「魯研界」權威人士的批「紀」文章；「大人物」一發話，於是，有關方面出面找了當時的報社負責人和作者談話，指出此文錯誤的嚴重性，要作出深刻檢查。當時江蘇就有一文化方面領導人對作者說：「你這篇文章不是學術問題，是政治問題。」

在當時極左思潮尚未肅清的影響下，誰的職務高，誰的水準就高，誰就擁有絕對權威，誰就能說了算。報社負責人和作者除在內部做檢查外，報紙還兩次以《按語》形式作了公開檢查。並專程派人為紀文公布了「讀片會」內容到上海魯迅紀念館道歉。如今，魯迅的公子代表了他的叔叔和母親「實話實說」，重提魯迅死因疑團，不知當年嚴厲指責《週末》報和作者紀維周的先生、女士們作何感想？作為這一事件的見證人，我在這裡「舊事重提」，說一說真實情況，仿照「魯研界」權威主編的新作《「一個都不寬恕」》（魯迅語）的原則，也來個「以正視聽」。

關於魯迅先生的死因，可以開展調查和討論，留待專家們據事實去作論證，這裡姑且不提。但對17年前上海和北京所謂權威人士的批駁文章，不妨拿出來重作一番審視，看一看他們究竟說了些什麼樣的「肺腑之言」？

上海魯迅紀念館楊藍先生在1984年9月23日《解放日報》上發表了《關於魯迅胸部X線該片會的始末》。文章開頭就說：「魯迅胸部X線讀片會的消息發表後，引起了中外人士的關注。同時有人主觀臆測，對魯迅的死因提出懷疑。」接著介紹了專家們「鑒定的書面意見」。「兩肺上中部見許多纖維增殖性結核病變，左肺中部有大片乾酪性病變。左上肺第二前肋間外帶見可疑的薄壁空洞。兩肺重度肺氣腫，可見許多大小不等的肺大泡，以左下肺更為嚴重。」當年病歷摘錄：「（1）慢性支氣管炎、嚴重肺氣腫，肺大皰。（2）二肺上中部慢性肺結核病。（3）右側結核性滲出性胸膜炎。」說到底魯迅的死因是氣胸。楊藍先生在幾個轉彎抹角之後，作了「可見，當年須藤醫生對魯迅病情的診斷，在主要方面與鑒定意見沒有根本矛盾。」這結論真令人啼笑皆非，批駁別人已到了不顧事實的地步，對科學的討論用了似是而非的敘述，並沒有、也不想把真實的結論表達出來。在文章結尾他才點出了目的：「但前一時期，有的報刊發表文章，從『讀片會』，懷疑到魯迅的死因，從魯迅的死因又引申到對日本須藤醫生的譴責是沒有根據的。這既不實事求是，更有悖於科學態度。」我之所以不厭其煩地引用其文，特別是結尾的話，這正是楊藍自己文章的真實寫照。

北京魯迅研究室的陳漱渝先生是全國魯迅研究界的權威，他的言論不僅在國內，也在國際上有一定影響。他於 1984 年 8 月 25 日在《團結報》上十分肯定地指出：「《揭開魯迅死因之謎》一文並無根據」。他的這篇妙文還被非常珍貴地收進他的學術專著《魯迅史實新探》裡。說它奇妙，在於作者運用了「魔術性」的手法，讓讀者在他的魔筆指揮下進入五里霧中。文章開始，他說上海「讀片會」是正常的業務活動，目的在於逐步整理、研究魯迅文物。在淡化了「讀片會」沒有任何現實意義之後，他直指紀維周的文章：「除了介紹前述『讀片會』的情況外，重複解放初期一篇文章的某些說法，對為魯迅先生治病的日本醫生須藤五百三表示懷疑。」如我在前面引述的，魯迅的弟弟周建人先生在 1949 年 10 月 19 日發表在《人民日報》紀念魯迅專刊上的文章，在陳先生筆下來了個彎彎繞，變得極其模糊而無足輕重了，這種隱瞞事實真相的手法，除蒙蔽廣大青年讀者外，更便於他放手批駁紀文。如果點明紀文的根據是周建人的文章，陳先生的批駁就會適得其反了。「解放初期」離魯迅逝世只有13年，相距時間越近的記憶，相對來說越接近真實。

更令人奇怪的是，他指出紀維周的文章之所以出問題是因為「在日本引起了議論」。陳文引述了日本《朝日新聞（夕刊）》上的兩篇文章作為依據，但都没提供任何新的確鑿的史料。第一篇是泉彪之助教授的文章，「對非難須藤醫生的觀點提出質疑」：一是「須藤醫生為人溫厚篤實，深受魯迅信賴，也深為他故鄉的人民敬愛」，二是「魯迅所患的活動性肺結核和氣胸合併症，死亡率目前仍高達28.6%。」為人好的醫生就一定不出差錯嗎？死亡率之說更是滑稽和勉強。第二篇是竹內實教授的文章，「分析了對魯迅死因表示懷疑的歷史原因」。竹內實認為，「魯迅去世時，中日關係緊張，當時有人懷疑須藤醫生為魯迅治病未必是好意，正是險惡的日中關係的反映。」翻開當時的報紙，正是「9·18」事變、東三省已經淪陷之時，魯迅逝世10個月後，就出現了「盧溝橋事變」，中國人民真的對當時的中日關係不動心嗎？用今天的現實來推論65年前的形勢，能有什麼意義呢？同樣是無力和徒勞的。

陳先生在文章的結尾，擺出一副代表中國魯迅研究界的權威架勢，指責紀文未提供任何新的確鑿的史料，就懷疑須藤醫生，不能代表「魯研界」的看法。這種盛氣凌人的態度，正活脫脫地顯露出他千方百計為須藤醫生辯解的良苦用心，他惟恐得罪了友邦，不能不為消除紀文的影響而邀功。

當我對當事人訪談、並重讀這樁公案的有關資料後，感觸頗深：凡奉命「打棍子」的文章，內容都是邏輯混亂、行文都是言不由衷的。只能依仗權勢壓人或騙人於一時，最終總是要敗露的。討論問題，必須說真話，看來說真話也不容易。

原載《新聞廣場》2001 年第 4 期

愛護魯迅是我們共同的道義
——質疑《魯迅與我七十年》
秋石

海嬰先生以古稀之年出了一本自傳體的回憶錄，因為他是魯迅先生的兒子，故將其書名定為《魯迅與我七十年》。

早在此書還在出版社運作之中，媒體已經為此著著實實地渲染了一番。因而可以這麼說，在這本書尚未面世之前，無論是長期從事魯迅研究及相關研究的學者，還是成千上萬熱愛魯迅的讀者，無不翹首以待——因其十分醒目的書名，足以使人們藉此承繼一些迄今為止尚未知曉的魯迅遺產。令我感到失望的是，海嬰先生在此書中告訴了我們一些困惑和費解的內容，我覺得很有必要對這些內容作進一步的探究和澄清。

關於魯迅的死因

魯迅因肺結核晚期又不同意外出休養療病，於 1936 年 10 月 19 日逝世。應當說，有關魯迅的死因是十分明瞭的，也是一個沒有什麼爭議的問題。現在，距魯迅逝世 65 年之後，海嬰先生用衆多「疑點」向世人包括仍活於世的巴金、黃源、梅志等前輩見證人，驚爆了一個「秘聞」：魯迅極有可能是被他的家庭醫生須藤拖延治療謀害的。不僅如此，城門失火，殃及池魚，還涉及到了時任中共中央特派員、黨中央與魯迅先生之間的唯一聯繫人馮雪峰的頭上。

海嬰在該書 58-64 頁中以《一個長埋於心底的謎》為題，向我們「披露」了魯迅的死因。其依據有二，一個是魯迅之弟周建人 1949 年 7 月 14 日致許廣平信，信中言：「魯迅死時，上海即有人懷疑為須藤醫生所謀害或者延誤。」另一個是海嬰再度依據「建人叔叔」向我們據供：「商務印書館有一位叫趙平聲的人曾在『一・二八』前講過，須藤醫生是日本『烏龍會』的副會長，這是個『在鄉軍人』團體，其性質是侵略中國的，所以這個醫生不大靠得住。」

有關須藤醫生系日本「烏龍會副會長」一說，迄今無有第二人涉及。而 70 年前那個名叫趙平聲的人其可信程度，依據又有幾何？從 1932 年「一・二八」前到魯迅逝世須藤醫生竟然要用五年左右的時間來實施這個慢性謀害計畫？魯迅早年習醫，難道他對同行們欲謀害於他長達五年之久的拖延戰術竟然無從察覺？

實際上，同海嬰的說法完全相反，魯迅對須藤醫生是尊重和信賴有加的。魯迅不僅認定須藤從來没有向他隱瞞病情，而且早在史沫特萊、馮雪峰、茅盾（兼翻譯）和許廣平先生一起協商邀請美國醫生鄧恩給他作徹底診斷之前，就向他發出病情惡化的警告。這可以從他所寫的類似遺囑的《死》一文中找到答案（該文寫於1936年9月4日，發表於同月20日出版的《中流》1卷2期。此時距他逝世還有一個月。此文後被收入1981年版《魯迅全集》第6卷第611頁）

魯迅這樣寫道：

> 直到今年的大病，這才分明的引起關於死的豫想來。原先是仍如每次的生病一樣，一任著S醫生（即須藤先生——筆者注）的診治的。他雖不是肺病專家，然而年紀大經驗多，從習醫的時期說，是我的前輩，又極熟識，肯說話。自然，醫師對於病人，縱使怎樣熟識，說話還是有限度的，但是他至少已經給了我兩三回警告，不過我仍然不以為意，也沒有轉告別人。

請讀者們注意了，魯迅所云「他至少已經給了我兩三日警告」的話，是在史沫特萊邀請美國醫生鄧恩為其全面診察之前。因此，不存在海嬰所述須藤醫生「隱瞞病情」的說法。在《死》一文中，緊接著「也沒有轉告別人」之後魯迅寫道；「大約實在是日子太久，病象太險了的緣故，幾個朋友暗自協商定局，請了美國的D醫生（即鄧恩——筆者注）來診察了。他是在上海的唯一的歐洲的肺病專家，經過打診，聽診之後，雖然譽我為最能抵抗疾病的典型的中國人，然而也宣告了我的就要滅亡；並且說，倘是歐洲人，則在五年前已經死掉。

這判決使善感的朋友們下淚。我也沒有請他開方，因為我想，他的醫學從歐洲學來，一定沒有學過給死了五年的病人開方的法子。然而D醫生的診斷卻實在是極準確的，後來我照了一張用X光透視的胸像，所見的景象，竟大抵和他的診斷相同。」

縱觀魯迅親述，一是替無辜的須藤先生摘除了在他死後65年由海嬰先生冠以「謀害」或「延誤」的冤獄；二是經當時最具權威的肺病專家鄧恩診斷，魯迅不僅病危，而且「早在五年前就已經死掉」，其後的X光片證實了鄧恩醫生所言魯迅病情的危重。蕭紅後來在《回憶魯迅先生》一文中這樣追述著：「這照片取來的那天，許先生在樓下給大家看了，右肺的上尖角是黑的，中部也黑了一塊，左肺的下半部都不大好，而沿著左肺的邊邊黑了一大圈。」

海嬰先生在其書61頁寫道：魯迅逝世「距他（指鄧恩——筆者注）的會診，恰好半年。」

經查，史沫特萊引鄧恩醫生到魯迅寓中為之全面診查，系1936年5月31日，魯迅在這一日日記中有「下午史君引鄧醫生來調，言甚危」的字樣。這一日距魯迅逝世的10月19日，僅4個月零19天，又何來海嬰先生的「恰好半年」之說。海嬰先生在成書之時，難道連翻一下父親書信日記的工夫也沒有？而且就在鄧醫生診查的當日下午，須藤醫生也及時趕來給予了診治，可見也沒有海嬰所說「拖延」一說了。因為這一日日記中魯迅還有「須藤醫生來診」的字樣。

作為妻子的許廣平在其《關於魯迅先生的病中日記和宋慶齡先生的來信》一文中（刊 1937 年 10 月上海《宇宙風》），也實事求是地寫道：

> ……大家互商之後（指與馮雪峰、茅盾——筆者注）由史沫特萊女士請了一位醫生來，醫生診斷說已經無可設法，後來經史女士再三懇商，才說最好趕緊入醫院，醫三個星期，然後離開上海養病一年，什麼也不做。當時史女士請先生決斷一下。但是他說：「現在已經好些了。」終於不相信自己的病狀危急……

魯迅病危的消息一經傳出，引起了許多人的關注。其中尤以五天后宋慶齡先生的敦促信為甚。剛剛割治盲腸還不能行走的宋慶齡急切地寫道；「方才得到你病得很厲害的消息，十分擔心你的病狀！我恨不得立刻來看你……我懇求你立刻入醫院醫治！因為你延遲一天，便是說你的生命增加了一天的危險!! 你的生命，並不是個人的，而是屬於中國和中國革命的!!! 為著中國革命的前途，你有保存、珍重你身體的必要，因為中國需要你，革命需要你!!! 」宋慶齡最後寫道：「我希望你不會漠視愛你的朋友們的懇求！！！」

面對宋慶齡和衆多友好的懇切要求，魯迅又是怎樣想的呢？

還是許廣平在同一篇文章中作出了詮釋，她寫道：「宋先生那麼懇切的一封信，同樣不能變動他的心，他覺得若果『中國需要你，革命需要你』，就更不應該自己輕易捨去。另外的一個致命傷，就是他向來不曉得休息和娛樂，一提起醫院的靜靜躺下，不言不動，不看書，不思想，不寫作，凡這些，他都是不願意的。這樣堅強的意志的人，肺病實在不適宜於他。此外較小的原因，自然也在打算養病費的巨大而遲疑，雖然我再三解說了，有生命才能發展生活，然而他的意思也是那麼堅定，許多朋友都覺得想盡方法，終於没奈何，仍由他在寓所養病。」

許廣平先生的這個親筆詮釋，從根本上否定了海嬰先生在該書中一再指責「須藤似乎是故意在對父親的病採取拖延行為」，不將魯迅「送入醫院治療」，「而只讓父親挨在家裡消極等死」的說法。

海嬰先生還在書中寫道：「記得須藤醫生曾代表日本方面邀請魯迅到日本去治療，遭到魯迅斷然拒絶……」

以須藤區區一退休醫生而言，他能代表「日本方面」向魯迅發出去日本治療的邀請？其次，翻遍魯迅所有書信日記、許廣平先生及其他親近者的追憶、回憶，我們都找不到這一說法的依據和由來。但魯迅不止一次同馮雪峰、茅盾、姚克、蕭軍、胡風、黃源等人談及去日本療病的可能。到了後來，如同年初放棄接受我黨和蘇聯政府安排去蘇聯療病一樣，他也放棄了去日本療病的安排。在魯迅逝世前數日，著名翻譯家、斯諾好友姚克先生帶著剛出版的譯著去見魯迅。在這篇名叫《最初和最後的一面》的悼文（刊1936年11月5日《中流》1卷5期）中姚克先生記錄了有關這次會面的談話內容。

魯迅：這肺病是已經有二十來年了……反正醫生已經檢查過我的肺，據說我這樣的肺病在五年之前就早該死的。可是我至今還沒有死，已經是賺到了「外快」了，所以我並不怎樣放在心上。

姚克：可是，總以靜養為上，不宜勞神。

魯迅：只要坐得起來，我還要看書寫文章的。叫我躺著不動，那就等於死掉。那麼我還不如看看書寫寫文章，倒未必一定怎樣。

姚克：我想最好還是找個安靜的地方去養病。不是聽說你要到日本去治療嗎？

魯迅：原有到日本去療養的計畫，但一則我至今每天還要發熱，恐怕經不起舟車的勞頓，二則一到日本就免不了有許多新聞記者要來訪問；不見他們呢，他們不免要不開心，若見他們呢，實在沒有那許多精神來對付。所以現在要決計想不去了。

海嬰先生還在書中指責須藤沒有給魯迅先生注射「空氣

針」，因而「促進了疾病的發展蔓延」。

事實上，正是魯迅先生拒絕了鄧恩先生關於静養一年及注射「空氣針」的診療方案。

蕭軍在《病中的禮物》一文（刊 1936 年 8 月 15 日《作家》雜誌，魯迅生前看過這篇文章）中寫道，魯迅對他說「只要好一點，就想要做事情……這是没有法子……他們說要我打空氣針，說打一年空氣針就可以好了，再就是為……可惜這兩樣我全做不到……我的老子没給我留下錢……」

綜上所說，魯迅的死因並非像海嬰所說的是一個「公案」（見書 59 頁），倒是海嬰先生所言種種，同魯迅當年的書信日記及同他人的談話，同許廣平、馮雪峰、茅眉、胡風等一些親近者及當事人的當時記述，有著如此之大、之多的差異。

在該書 60-61 頁，海嬰先生再次借用「建人叔叔」的話，在指責馮雪峰仍「贊成老醫生（即須藤——筆者注）繼續看下去」，擱置「鄧醫生的建議」，導致魯迅不出半年即告「去世」的同時，親筆作了一個頗能引發讀者們憤懣的「附注」。現全文轉錄如下：

> 中日關係緊張時，要想和馮雪峰、周揚商量一件事。他們都不露面，甚至傳送點消息都不易。叔叔找馮雪峰的妻子遞話，就是當時的實際狀況。叔叔還講到過，在十九路軍抗日時期，馮雪峰住虹口高魯迅的

家不遠，北四川路郵局旁的永安里，形勢剛剛開始有點緊張，他就不見蹤影。為此魯迅很不滿，說連通知也不通知一下。幾天以後，由內山先生代雇了一輛汽車，我們全家才被送到四馬路的內山書店二樓避了四十天——海嬰附。

在這裡，首先而且必須強調的一點是「贊成老醫生繼續看下去」的說法，是魯迅本人的主張，不是馮雪峰的意見，海嬰先生自己在該書 63 頁開首也證實了這一點。況且，在 1936 年，馮雪峰是代表黨中央同魯迅先生發生關係的，在魯迅先生治病的這個問題上，馮雪峰是十分謹慎的。對此，許廣平在自己的回憶中也多次提及到。

談及「一・二八」時馮雪峰的行蹤，海嬰先生不查證當時實際就發出這個指責，是極不負責任的，也是嚴重違背歷史事實的。事實上，1932 年「一・二八」事變前後，馮雪峰按照黨中央交給的任務，一直活躍在抗日前線和救亡運動中。而且，此期間，馮雪峰也一直與魯迅保持著聯繫。

經查證歷史資料：

1932 年 1 月 17 日，事變發生前 11 天，面對日寇咄咄逼人的侵略行徑，馮雪峰在上海南市公共體育場召開的上海各界人民抗日大會上作了發言，之後，他即深入各行各業鼓動民眾抗日和慰問前線十九路軍。

「一・二八」事變一發生，我十九路軍迅起全國反抗，此時，馮雪鋒一直活躍在抗日前沿陣地，或鼓勵士氣，或帶領各界民衆慰問抗日將士。有關此期間馮雪峰的行蹤，有著名女作家丁玲的話為證。丁玲在其所撰《「一・二八」期間我在上海參加的幾次抗日救亡活動》一文中這樣寫後：「我到過前線一次，馮雪峰去過幾次慰勞。」

2 月 3 日，也就是「一・二八」事變發生後的第六天，馮雪峰與魯迅、茅盾、葉聖陶、郁達夫、丁玲、陳望道、胡愈之、胡秋原等 43 位文化名人聯名發表了控訴日本發動侵略戰爭罪行的《上海文化界告全世界書》。由此可見，自「一・二八」事變次日起、馮雪峰一面帶領各界群衆慰問十九路軍將士，一面積極奔走，與各位文化名人協商起草《上海文化界告全世界書》，這其中就有魯迅先生。海嬰先生又怎麼能毫無根據地說「形勢剛剛開始有點緊張，他就不見蹤影」及「魯迅很不滿」呢？

在發表《上海文化界告全世界書》的第四天，也就是 2 月 7 日，馮雪峰與魯迅、茅盾、胡愈之、葉聖陶等 129 位作家聯名發表「為抗議日軍進攻上海屠殺民衆宣言」。

相隔僅一天，2 月 8 日，馮雪峰再度與魯迅等人一起發起組織了中國著作界抗日協會，並當選為執委會執行委員和編輯委會委員。

也就在 2 月，為加強對國統區抗日救亡的文化宣傳領導，黨中央任命馮雪峰為中共中央宣傳部文委書記。毫無疑問，他與魯迅的聯繫更為密切了。

這是歷史，而歷史的真實是誰也不能捏造或篡改的。

在這裡，我只是希望，希望海嬰先生將來再度著書立說，特別是在涉及一些重大歷史事件、重要人物時，稍稍花點工夫查閱一下歷史資料以及父親的書信日記，這樣，失誤和偏差就會大大減少，莫須有也就自然不存在了。

關於「魯迅如果活著會如何？」

海嬰在該書 370-371 頁以「再說幾句」為題，繼魯迅死因之後又向我們驚爆了一則「秘聞」。

海嬰寫道：

1957 年，毛主席前往上海小住，依照慣例請幾位老鄉聊聊，據所有周谷成等人，羅稷南先生也是湖南老鄉，參加了座談。大家都知道此時正值「反右」，談話的內容必然涉及到對文化人士在運動中處境的估計。羅稷南先生抽個空隙，向毛主席提出了一個大膽的設想疑問：要是今天魯迅還活著，他可能會怎樣？…不料毛主席對此卻十分認真，沉思了片刻，回答說：以我的估計，（魯迅）要麼是關在牢裡還是要寫，要麼他識大體不做事。一個近乎懸念的詢問，得到的竟是如此嚴峻的回答。

羅稷南先生頓時驚出一身冷汗，不敢再作聲。他把這事埋在心裡，對誰也不透露。一直到羅老先生病重，覺得很有必要把幾十年前的這段秘密對話公開於世，不該帶進棺材，遂向一位信得過的學生全盤托出。對於羅稷南先生的這一

「孤證」，海嬰先生的第一個依據「是在 1996 年應邀參加巴人研討會時，這位親聆羅老先生講述的朋友告訴我這件事的」，「同時在場的另有一位老專家」。海嬰先生的另一個依據是王元化先生「也聽說過這件事情」。海嬰先生找「聽說過」的王元化先生作證，這樣做，是否過於輕率了一點，因為王元化先生既不是在 1957 年毛澤東與羅稷南對話的在場者，也非親聆過羅老先生臨危託話的人。「聽說」過類似意思的人，在中國何止王元化先生一個，可以說是成千上萬，比如筆者，早在「文革」中就「聽說」了。

前不久，一位名叫謝泳的山西學者，在經過深入細緻的考辨後，於2002年第6期《文史精華》上撰文，援引了1957年 3 月 10 日毛澤東《和新聞出版界代表談話紀要》中的一段話（《毛澤東文集》7 卷 263 頁）。毛澤東所說的這段話是：

> ……有人問，魯迅現在活著會怎樣？我看魯迅活著，他敢寫也不敢寫，在不正常的空氣下面，他也會不寫的。但更多可能是會寫的。俗話說得好。『捨得一身剮，敢把皇帝拉下馬。』魯迅是真正的馬克思主義者，是徹底的唯物論者。真正的馬克思主義者，徹底的唯物論者，是無所畏懼的，所以他會寫。……魯迅的時代挨整就是坐監獄和殺頭，但是魯迅也不怕。……國民黨壓他，我們上海的共產黨員也整他，兩面

夾攻，但魯迅還是寫。

兩天後，1957 年 3 月 12 日，毛澤東《在全國宣傳工作給議上的講話》中再次提到「假使魯迅還在」會怎樣的問題。毛澤東指出：「魯迅的雜文是對敵人的，魯迅對付敵人的鋒芒可不可以用來對付我們自己內部呢？據我看也可以，假使魯迅還在，他就要轉過來對付我們的缺點、錯誤。」

毛澤東在上述講話中很好地解答了「有人問，魯迅現在活著會怎麼樣」的敏感問題。歷史地、全面地看，自 1937 年 10 月 19 日毛澤東在延安陝北公學紀念魯迅逝世周年大會上發表《論魯迅》的講話，直到 1976 年 9 月 9 日逝世，毛澤東一直是倍加敬崇魯迅的。這可以從他逝世前一二年仍在閱讀《魯迅全集》和向身邊工作人員推介魯迅雜文中得出結論。

謝泳先生的考辨如此，而專門從事毛澤東文化思想和當代史研究的陳晉先生的考辨，則更為深入細緻一些。近日，他在第 9 期《百年潮》雜誌上撰文指出，第一，羅稷南並非毛澤東「老鄉」而係雲南人；第二，羅稷南逝世於 1971 年，而非海嬰書中所云「九十年代」；第三，迄今沒有任何記載表明，周穀城先生在 1957 年見過毛澤東；第四，羅稷南與毛澤東會面的確切時間為 1957 年 7 月 7 日，從兩天後《文匯報》公布的全部名單看，除羅外，還有陳銘珊、漆琪生、談家楨、趙丹等 35 位科技文教工商界代表人士，但惟獨沒有周穀城。而且，這次人數衆多的座談會還有中共上海市委的主要領導柯慶施、陳丕顯、曹荻秋等陪同在場。既然不是「老鄉聊聊」，自然也不存在假設的「老鄉」羅稷南向毛澤東提出這個「具有潛在的威脅性」話題的可能了。

對於歷史上特別是與魯迅生前相關聯的人和事，海嬰先生又是怎樣描寫的呢？在該書300頁中有如下一段文字：

> 1933-1934年某日，陳庚同志由馮雪峰陪同，詳談長征的反圍剿鬥爭和事蹟，直談到晚間……談到延安種種故事，魯迅深為感動，他認為黨的二萬五千里長征，是史無前例的英雄偉業，遠遠超過《鐵流》……

在2001年成書時，海嬰將他們母子在山雨欲來風滿樓的1966年5月27日受江青密命而寫的這份材料原封不動地收錄了進去，但在收錄時仍不作任何考證。

有關此事，馮雪峰、樓適夷兩位當事人都著文說明過，（見《馮雪峰憶魯迅》，寫於1950年，原刊於當年《新觀察》；樓適夷《魯迅二次見陳庚》，載《魯迅回憶錄》第2集），確切時間是「1932年的夏秋之間」而非「1933-1934年某日」。具體內容是「陳庚同志從鄂豫皖紅四方面軍來到上海，談到紅軍在反對國民黨圍剿中的戰鬥的劇烈、艱苦和英勇的情形。」在這裡要強調的是，無論是馮、樓二人確證的「1932 年的夏秋之間」，還是許廣平、海嬰母子所述的「1933-1934 年某日」，紅軍都還沒有開始長征。其二，書中所云「延安種種故事」更是子虛烏有的事，就連 1934 年 10月率領紅軍長征的張聞天、博古、周恩來以及長征途中確立領導地位的毛澤東事先也無法預測三年後將在延安安營紮寨。而且這些歷史知識，新中國成立後只要上過中學的人們都能說個一清二楚。

不僅如此，一些與海嬰先生家庭無關的重大問題，海嬰先生也輕率地發表獨家看法。海嬰先生在該書 241 頁上「披露了」馮玉祥將軍遇難一案，而且僅憑前國民黨軍統特務頭子沈醉一句「蔣介石……的手沒有那麼長」，就武斷地下了替國民黨脫卻干係的結論，並以權威的口吻說道：「我想，這也可算作是解密的一部分吧。」

前不久，78 歲的馮理達將軍就同一問題發表了看法（刊 8 月 27 日《北京青年報》）。同海嬰的「說法」有兩大不同，海嬰憑「聽說」將遇難日期定在 1948 年 8 月 22 日，而馮理達的確切指認是 9 月 1 日。至關重要的一點是，馮理達將軍談到，他們一家「7 月 31 日秘密離開紐約，在 8 月中旬抵達埃及亞歷山大港，這時，我們發現這裡停泊著一艘國民黨的軍艦，引起父親警惕。父親就不再外出。叫我母親和我偷偷地下船，把他寫給李濟深將軍的信和一首叫《小燕》的詩寄出去。誰也沒想到這信竟是父親的絕筆。9 月 1 日，輪船在黑海上航行時，突然起火，待弟弟洪達和我愛人羅元錚將父母救了出來時父親已經昏迷不醒了，父親活活地在煙火中窒息死亡。我的妹妹曉達也不幸遇難。」

馮理達還談到：記得在美國的時候，有一次一個美國官員對我父親說：「給你六個月時間，請你考慮考慮，只要你不要共產黨，我們就不要蔣介石，願意幫助你。」我父親回答說，「我們中國，有幾千年的文化，不像美國，只是短短的一百年。我們哲學是：天聽自我民聽，天視自我民視。這是說，全國的人民，工農大衆，喜歡什麼，我們說什麼；喜歡什麼，我們做什麼。可是没有聽說過，天視自美國人視，天聽自美國人聽。真那樣做，不單是三民主義的叛徒，並且是中國的賣國賊，你看我馮玉祥是做這些事的人嗎？」結果自然是不歡而散。

作為歷史見證人的馮理達的這個「發現」十分重要。試想，在 1948 年的 8 月，蔣介石正熱衷於同共產黨打內戰，且節節敗退。在這種情況下，他還能派出一艘軍艦遠赴數千里外的埃及，而且恰好停泊在馮玉祥將軍乘坐的輪船途經之地。海嬰先生援引沈醉的話，其可信程度又有幾何？何況蔣介石的特務系統又非沈醉一家，還有中統，極機密任務更有他的總統侍衛室。儘管在這件事上，蔣介石和美國的嫌疑最大，但在事情過去整整 54 年之後，馮理達將軍也没有輕易下這個結論，只是理性地告訴後人：「但真正的兇手是誰，也許永遠無法知道了。」相比之下，海嬰應當從中學習些什麼，注意些什麼。

何止是一些重大事件，小至一些人名、地名、地域位置，不經細核從而導致不應有的差錯，在書中為數不少。如50年代聞名全國、家喻户曉的小豐滿水電站，海嬰先生將其從吉林搬到了哈爾濱（240頁）；如將全國知名人士周穀城先生的名字寫成周谷成（370頁）；如將瀋陽的名勝古蹟北陵寫成了北嶺（231頁）等。

我們需要什麼樣的魯迅遺產

我們需要什麼樣的魯迅遺產？

對於這個問題，無論是魯迅的後代，還是萬千熱愛魯迅的讀者，應當說，目標是一致的。這也就是當讀者掏錢買來這本近400頁的「熱門」書時的一種殷切企盼。

這本書，與其說是《魯迅與我七十年》，倒莫不如取名為《我這七十年》更要貼近得多。這是因為讀者所要從中汲取的精神營養實在可憐得很。

我們無意去評價《長子周令飛的婚事》一節究竟跟魯迅的遺產，或者魯迅生前所要提倡的有什麼關係。我們都清楚，在史無前例的「文革」中，16歲能特招當兵意味著什麼？一般人能實現這個目標嗎？我們也清楚，在80年代初，不是大學畢業生，不是有專門研究課題的科技人員，有幾個能「公派」出國留學的？那麼，當你因了祖父魯迅的光環實現上述目標時，是否應當想一想：我為繼承祖父的精神，為祖國、為民族做了些什麼？

周令飛的婚事是周家的私事，由不著哪個外人來說三道四。可在上個世紀 80 年代初周令飛擅自去臺灣和屢屢發表聲明退出中國共產黨的「壯舉」，又說明了什麼？海嬰先生花費整整 24 頁（僅次於《記憶中的父親》一節）的文字篇幅，用「幾乎轟動全球」（該書 346 頁）的驚人辭彙向我們披露了一個又一個的「內幕新聞」。這其中，既有國內當局欲將「叛徒」周令飛「不惜採取組織措施——強行押解回國」（該書 332 頁）的「傳聞」（又是「傳聞」！一個天方夜譚式的傳聞！這是因為，自新中國成立以後，中國共產黨和中國政府還沒有「強行押解」海外留學生回國的先例），又有有關方面「注意」其兒媳張純華是「臺灣方面訓練有素的女特務」的「謠傳」（該書 346 頁），還有國內高層對海嬰先生採取的所謂種種「高壓」……

事實勝於雄辯，連海嬰先生最終也不得不承認：周令飛偕妻女在兩岸自由往來及經商做事，海嬰本人偕老伴飛赴臺灣出席學術研討會和探親，其親家公親家母來大陸探視及在京逗留，都沒有遇到官方非官方任何人為設置的障礙，他們的一切都是自由的。那麼，海嬰先生在書中反反覆覆向我們訴說的一切，又是怎麼一回事呢？

筆者不是共產黨員，對於書中提到的周令飛擅自在東京和臺灣兩地機場發表退出中國共產黨的聲明這一舉措，卻有著與海嬰先生截然不同的看法和立場。周令飛是志願加入中國共產黨的，入黨之時，周令飛莊嚴地舉起右手作了宣誓，自然也十分明確表示要嚴格遵守黨章、黨規、黨紀。那麼，若要退黨，又須履行什麼樣的手續呢？因為直到20年後的今天，我們仍然沒有聽說，包括無從見到海嬰這本書中有什麼披露：當初，有人向周令飛施加了強大的政治壓力或曰政治迫害。這，完完全全是他個人要和臺灣女子結婚，從而「我宣布退出中國共產黨」。而宣布退黨，既不是向國內所在黨組織提出申請，也不是向我駐日使館有關方面作口頭申明，卻採取了在東京機場和臺灣機場向媒體宣布的極端做法。

我們需要什麼樣的魯迅遺產？

海嬰先生有著驚人的記憶力，他不僅記起了幼小時的種種趣聞，還在書中專門向我們展示了其母親和蕭紅共同服用治療痛經的白鳳丸的外包裝照片（該書20頁），但是為什麼不向我們談談蕭紅蕭軍這一對抗日熱血夫妻冒著生命危險攜帶世界上最早兩部反法西斯小說原稿來到魯迅身邊的故事；談談博大仁愛的魯迅先生嘔心瀝血扶持兩位東北青年登上左翼文壇一舉成名的故事；談談你當著二蕭面在飯桌上喊「馮先生」以及馮雪峰述說紅軍二萬五千里長征的可歌可泣的衆多細節；談談在魯迅逝世前數日你當著蕭軍、黃源和父親的面認出手中的木雕像是「高爾基」的可愛鏡頭；談談你父親魯迅為祖國為民族壯壯烈烈戰鬥到生命最後一息的動人情節……

我們需要什麼樣的魯迅遺產？

自上個世紀 80 年代起，我們耳聞不斷的是海嬰先生關於父親的版稅官司，為此海嬰先生在該書中專設《父親的遺產》一節向世人訴說。對於精神的遺產，海嬰先生在書中涉及極少，但對魯迅「遺作的利益」，海嬰先生則反覆論之。就同周令飛退出中國共產黨一樣，魯迅版稅的繼承也得有個程式問題。因為早在 1949 年建國前夕，許廣平先生偕子海嬰已書面向國家作了捐贈的要求。那麼，在許廣平先生逝世後，海嬰先生欲討回魯迅遺作版稅，是否應當再寫一個書面報告，宣布收回以前的書面捐贈報告，這是一個起碼的常識。

自上個世紀 80 年代中後葉到 21 世紀的今天，境內外地區和國家，主要是臺灣、日本、香港和大陸，不斷有人標新立異，著文立說，說魯迅與日本特務機關、國民黨政府暗中勾結的有之，宣揚「魯迅精神過時了」的有之，誣衊乃至全盤否定魯迅的人更是有之，但獨獨不見海嬰先生站出來，給予義正詞嚴的駁斥。記得 1994 年 1 月，臺灣國民黨喉舌《中央日報》以兩個版的篇幅，以極其低級庸俗的話語，刊發攻擊魯迅及蕭紅蕭軍等大陸非黨左翼作家的長篇文章，那時，我多麼的希望海嬰先生能夠站出來與之論理啊！可是，海嬰先生又一次保持了沉默。後來，在眾多前輩作家的支持下，《文藝報》以大篇幅刊發了我與之對陣的長篇文章，面對南北眾多報刊對拙文的轉載、推介、評論，海嬰先生依舊是一言不發。

在新世紀裡，我們需要什麼樣的魯迅遺產？

這是筆者在第11遍讀完《魯迅與我七十年》後掩卷深思的一個問題。著名學者楊憲益先生的夫人，有「中國文化戰線上的白求恩」之譽的英籍戴乃迭女士，於臨終前說了如下一段話：

「現在有人叫我寫一本書，寫我的兒子，寫我在牢獄裡的經歷，說這種書一定會暢銷，可以拿一筆錢。我怎麼能夠這樣做呢？」

一個為中國革命和中國社會主義建設事業無私奉獻了一生的外國人，「文革」中又備受誤解和折磨，尚且如此，那麼作為中國人的我們又該如何呢？魯迅後代呢？

原載《文藝報》2002年9月17日3版「理論與爭鳴」欄

秋石撰文質疑周海嬰寫書風波又起

有專家認為，《魯迅與我七十年》是消閒讀物而非史料見證

（本報訊）（實習記者陳香）秋石近日撰文《愛護魯迅是我們共同的道義——質疑〈魯迅與我七十年〉》，對周海嬰所著《魯迅與我七十年》的若干內容作了「探究和澄清」，指出「歷史的真實是誰也不能捏造或篡改的」，並提出《魯》一書究竟會留給後人怎樣的魯迅遺產以及讀者可以從中汲取怎樣的精神營養的問題。9月11日《文藝報》大篇幅刊發其文後，《文匯讀書週報》以《海嬰先生，請讀讀〈魯迅全集〉》的醒目標題整版轉發此文，南北衆多報刊對該文轉載、推介和評論，如一石激起千層浪，讓本不平靜的文壇江湖更添風雨。

得知此消息之後記者首先聯繫上了《魯迅與我七十年》一書的責任編輯。該書責編楊雯女士表示，並沒有注意到這些文章。對於秋石所提出的書中史實的出入，楊雯談到海嬰先生年事已高且本書的寫作時間較長，在該書的寫作過程

中，他人幫助做了包括核對史料在內的一些工作，且編輯工作也不可能做得無懈可擊。所以，該書在部分史料上有出入是情有可原的。至於秋石認為讀者所能從書中汲取的精神營養實在可憐得很，楊雯則認為對於圖書的品質，各人有各人的看法。編輯部和周海嬰先生都接到很多讀者的來信，認為這是一本好書。周先生以自己獨特的身份來看魯迅先生，視角新穎，更有其獨特的史料價值，也更能得到讀者的認可。魯迅先生和其家人也是人。他們也有生活中的另一面。關於應留給後人怎樣的魯迅遺產的問題，楊雯說，周海嬰先生自己表示，他不是魯迅研究的專家，只是覺得自己70多歲了，應該把自己所知道的一些東西說出來。

記者幾經周折聯繫到風波的發難者秋石，拒絕接受任何媒體採訪以避免炒作嫌疑的秋石卻向本報鄭重表明了態度。他強調撰文質疑《魯》一書，絕不是對具體個人有意見，只是為了弘揚正氣。任何尊重魯迅、愛護魯迅的讀者都不能容忍這樣一本從頭到尾史實、事實錯漏百出的書。魯迅的兒子連魯迅的書都不看，是誰也想不通的；但是兒子要給父親臉上抹黑，誰也不能答應。責編提到周海嬰先生年事已高、寫作時間長等，秋石認為不成其為理由。至於請人幫助核對史實，秋石更認為是著者不負責任的表現。至於責編提到海嬰先生是從自己獨特的視角出發寫作此書，秋石表示他無法理解周海嬰先生只是記得母親月經失調（在書中描寫過兩次），而不及其他。這甚至在中學生中產生了極其不良的影響。秋石提到，該書流傳到了臺灣，種種失實之處產生了惡劣的影響。秋石強調，他只是就事論事，不涉及人，但落實到一點上，就是要尊重魯迅、愛護魯迅、高揚魯迅精神的旗幟。民族魂是不能輕辱的。秋石認為《文藝報》刊發他的文章時所採用的標題正是他要表達的意思，而《文匯讀書週報》轉發時加上的題目未免曲解了他的用意。

另一當事人周海嬰先生到目前為止未對此事發表任何看法。周海嬰的家人認為此事不值一提，並表示，與秋石沒什麼可交流的。

雙方爭議的焦點牽涉到魯迅。為此，記者特意採訪了幾位國內魯迅研究的專家。不少人表示，不願意對秋石撰文質疑《魯》書一事公開表態，對《魯》書不予評價。他們認為，《魯》書印刷量這麼大，影響這麼廣，究竟有沒有價值，還是讓讀者和時間來檢驗，他們絕不會捲入這些爭議之中。王景山教授表示，自己只是愛好魯迅作品，從愛好其文到愛好其人，因此最關心的是普及魯迅作品和弘揚魯迅精神。周海嬰的《魯》一書及秋石的撰文自己均無研究，只能說點讀後印象。他認為，不能把《魯》一書看成是有關魯迅的回憶錄，更多的是周海嬰自己七十年的回憶錄，想寫什麼、能寫什麼，只好由他。更不能把《魯》一書看作一部研究魯迅的學術著作或魯迅傳記，因此也難以苛求。但書中史實時有錯訛，疏於考證，則是不該。他肯定了秋石在學術研究和學術論爭中可貴的認真和嚴謹的態度。而周海嬰對史實或提出質疑，或提供資訊，似無可厚非。關於「魯迅遺產」的問題，他認為，魯迅的著作才是留給後人的主要遺產。記者還電話採訪到朱正先生，他認為，《魯》書作為消閒讀物來讀，還是有其存在價值的，作為魯迅見證資料的書來說，則意義不大，如作為史料來看，則錯誤甚多了。提到魯迅精神遺產的問題，他指出，假如圖書能帶給讀者健康的休閒也未嘗不可，不必把任何出版物都拔高到遺產的地位，但著者應對讀者負起責任來。他認為秋石的文章還是可以接受的。

原載《中華讀書報》2002 年 10 月 16 日

稠厚的舊世紀的味道
——白鳳丸、版稅及其他

李潔非

周海嬰所著《魯迅與我七十年》出版前後，引來不少風波，先發生著作權爭議，後又在內容上遭到質疑與抨擊。關於後者，秋石先生發表在 9 月 17 日《文藝報》的《愛護魯迅是我們共同的道義——質疑〈魯迅與我七十年〉》，較有代表性。

近二三年以來，魯迅一直是很熱很熱的話題，傳記、評論激增，爭鳴不斷，似乎預示相關研究正釀大變。總的來說，這應視為積極的跡象；「魯迅」二字，遠非如一般那樣，只是某個作家的姓名而已，由於先生的地位和影響，這兩個字早已成為二十世紀以來中國文學的關鍵字，它在新世紀再呈啟動狀態，當昭顯著文學思想的某種突破。值此之際，雜說紛現、泥沙俱下，誠在意料之中，不久前我曾於《伐樹競賽》文中略指一二；不過，對那類胡悖貶魯的論調，我內心其實並不以為意，「爾曹身與名俱滅，不廢江河萬古流」，相信時間，相信歷史，是我從積極而非消極角度看待目前魯迅話題升溫的根本理由。

由這樣的角度，有關魯迅的新描述，新觀點，我都抱著濃厚興趣與期待，願聞其詳。之所以如此，是因種種現實所限，魯迅研究並未充分和完整地展開。秋石先生文章標題用了「愛護魯迅」的字眼，這是每一個懂得魯迅價值的人共有的心情，不過我理解的「愛護」，不是基於禁忌、諱避之上，實際上，近來魯迅話題這麼熱，僻説蜂起，冷門迭爆，恰恰是過去禁忌、諱避太多所導致的後遺症——據此看來，倘對魯迅的「愛護」仍意味著禁忌、諱避，則世人對先生的肚疑腹誹只會越積越多、越積越深，而破除禁忌、諱避，將先前不讓理論的都拿出來憑任探究，慢慢地搞明白，才是對先生的真愛護。

所以，周海嬰以魯迅後人身份寫回憶錄，貢獻材料、表述認識，好得很。其他人以魯研者身分撰文，對周氏回憶錄中史實的正誤、論點的是非，加以辨別、糾謬、質疑、商榷，我認為也好得很。他們的文字，統統是如我這般的有興趣瞭解魯迅研究進展的讀者所需要的。

秋石先生那篇文字，一部分內容即如上言，我讀後獲益良多，可惜不全都這樣。內中關於若干魯研公案的討論，就事論事，沒有問題；此外，對周著某些持論或筆墨表示相左的意見，本也沒有問題，但不知因何我一邊讀一邊往往覺得不舒服。細味之，終明白問題出在行文上。比如，文中連連發問「我們需要什麼樣的魯迅遺產？」那語氣，好像「魯迅遺產」是宗廟神器，斷然不容「群小」探覷與觸手，又好像有誰指派了作者擔任「魯迅遺產」的法定監管人，只有他才配認證什麼是「魯迅遺產」什麼不是「魯迅遺產」——這就很有點奇怪了。再看他驚堂木般的喝問之後，具體提出的指控吧：「海嬰先生有著驚人的記憶力，他不僅記起了幼小時候的種種趣聞，還在書中專門向我們展示了其母親和蕭紅共同服用治療痛經的白鳳丸的外包裝照片（該書第 20 頁），但是為什麼不向我們談談蕭紅蕭軍這一對抗日熱血夫妻冒著生命危險攜帶世界上最早兩部反法西斯小說原稿來到魯迅身邊的故事；談談博大仁愛的魯迅先生嘔心瀝血扶持兩位東北青年登上左翼文壇一舉成名的故事；談談你當著二蕭面在飯桌上喊『馮先生』以及馮雪峰述說紅軍二萬五千里長征的可歌可泣的衆多細節；談談在魯迅逝世前數日前你當著蕭軍、黃源和父親認出手中的木雕像是『高爾基』的可愛鏡頭；談談你父親魯迅為祖國為民族壯壯烈烈戰鬥到生命最後一息的動人情節……」「自上個世紀 80 年代起，我們耳聞不斷的是海嬰先生關於父親的版稅官司。為此海嬰先生在該書中專設了《父親的遺產》一節向世人訴說。對於精神的遺產，海嬰先生在書中涉及極少，但對魯迅『遺作的權益』，海嬰先生則反覆論之。」我委實不明白，許廣平和蕭紅共同服用的藥緣何就不可以載入書中，僅僅因為這藥是「治療痛經的白鳳丸」麼？倘不是白鳳丸，秋石先生就不氣憤和挖苦了麼？痛經和白鳳丸的鏡頭也許的確算不得「可愛」（或「可歌可泣」等），但文學史研究者的需求似乎也並不以「可愛」來取捨的，又怎麼排除這個小小細節也可能會對某個研究者的某項研究有用呢？我們也都知道，「可愛」與「可歌可泣」的研究一直都有人在做著，而且有相當多的人在做著，周著裡一枚小小的白鳳丸照片，斷不至於就遮住了淹沒了魯迅研究的上述主流——但我們的魯迅研究，就真的不能讓白鳳丸一類內容也分得小小的一席之地麼？說到「版稅官司」，我更弄不懂秋石先生無名之火如何竄將起來的，難道今天中國不是一個主張個人合法權益的法制社會？難道尊重和保護知識產權不是現在的一種基本的國民意識？難道中國不是已經加入了 WTO？為什麼周海嬰先生在書中談談他個人對魯迅作品版稅的主張，就那樣大逆不道了呢？魯迅後人爭版稅，是給先生臉上「抹黑」了嗎？魯迅先生——僅僅因為他是「魯迅」——便沾不得版稅、錢這類「俗物」嗎？周家討要版稅、錢便意味著拋棄魯迅的「精神遺產」了嗎？

「在新世紀裡，我們需要什麼樣的魯迅遺產？」秋石先生提到了「新世紀」的高度，可我反覆看來看去，總覺得他這文章中的某些東西遠遠不屬於「新世紀」的，比如這樣的句子：「歷史的真實是誰也不能捏造或篡改的」，照我的理解，是二十年前就應該從學術討論用語裡剔除出去的。這真的讓我瞬間覺察了一點——我們往往錯以為已經脫離了「舊世紀」、處於「新世紀」了，其實不然；在我們的語言、我們的文氣以及我們的心靈中，仍殘存著稠厚的舊世紀的味道。這倒也是一樁「遺產」，然而卻絕不該繼承的。

原載《中華工商時報》2002 年 11 月 1 日

請尊重周海嬰先生的人格

景迅

一

秋石先生《愛護魯迅是我們共同的道義——質疑〈魯迅與我七十年〉》一文在 9 月 17 日《文藝報》發表之後，又被 9 月 27 日的《文匯讀書週報》分別在頭版和 16 版以《海嬰先生，請讀〈魯迅全集〉》和《海嬰先生的記憶力與魯迅的遺產》兩個標題選刊。

作為魯迅先生與許廣平先生的獨子，周海嬰先生的《魯迅與我七十年》一書以獨特的視角，回憶和記述了魯迅生前逝後許多鮮為人知也難為人知的事情，並對魯迅逝世後 70 年來圍繞魯迅的風風雨雨提出了自己的看法，加之作者情感真摯，語言樸實、親切、流暢，文筆生動感人，寫作技巧熟練，所以該書出版以來發行量大，好評如潮，受到讀者的廣泛歡迎，確是解讀魯迅、認識魯迅及其家人的一本好書。

由於魯迅書簡中特別是在致母親的信中頻繁地描述幼年海嬰的天真活潑、聰明可愛，許廣平先生的著作《欣慰的紀念》中也多次寫到海嬰，所以 70 多年來童年海嬰在廣大魯迅研究者與愛好者之中並不陌生，然而，半個多世紀以來，由於愛屋及烏的原因，衆多魯迅研究者特別是愛好魯迅的廣大讀者，無不希望聽到海嬰的資訊，看到海嬰有關魯迅的著述，因此，於魯迅誕辰 120 周年暨逝世 65 周年前夕出版的這本《魯迅與我七十年》可以說是關注魯迅及其家人的廣大魯迅研究者與愛好者的一件大喜事，即此，亦足以說明此書的彌足珍重。

至於書中個別事實與時間等的出入與差錯以及語言文字方面的瑕疵與疏漏，海嬰已於去年底做成一個詳細的勘誤表分寄給廣大讀者，再版時自應訂正。至於此類錯漏的造成，責編、校對等有關人員都有責任，不應全推到海嬰身上。

出於對魯迅的愛護，秋石先生的文章對《魯迅與我七十年》中某些令他「困惑和費解的內容」「作進一步的探究和澄清」，這對學習魯迅，研究魯迅，宏揚魯迅精神無疑是十分有益的。

二

然而秋石先生的文章也還有值得商榷之處。

首先是對海嬰關於魯迅為須藤延誤治療致死的懷疑的質疑。秋石先生質疑的主要依據是魯迅在《死》一文中所述鄧恩與須藤對他的病情的診斷與「警告」以及許廣平、馮雪峰、茅盾、胡風等人的當時記述，然而這並不能排除周建人、許廣平、周海嬰等所提出的種種疑點與推測，特別是魯迅逝世之後須藤的突然的人間蒸發，尤其是建國後許廣平先生多次訪日，許多魯迅生前的日本朋友如內山完造夫婦、內山嘉吉、長尾景和等都曾會面，唯獨始終為魯迅治病直至魯迅逝世的須藤醫生一直音信杳然，而據說「他還活著，仍在行醫」，這難道不值得懷疑嗎？早年習醫的魯迅「對同行欲謀害於他長達 5 年之久的拖延戰術竟然無從察覺」有什麼奇怪呢？秋石先生怎麼能根據病人本人的「親述」就武斷地得出「替無辜的須藤先生摘除了在他死後 65 年」所謂「由海嬰先生冠以『謀害』或『延誤的』冤獄」的結論呢。

其次是秋石先生的一些論述有違文藝批評的基本原則。眾所周知，論者可以就作者寫出的內容加以評論，但不應對作者寫什麼不寫什麼橫加干涉與指摘。例如，秋石先生一方面說「我們無意去評價《長子周令飛的婚事》一節究竟跟魯迅的遺產，或者魯迅生前所要提倡的有什麼關係」，一方面又責難海嬰「沒有披露其子宣布退黨須履行什麼手續」等等。作者還責難海嬰「在書中專門向我們展示了其母親和蕭紅共同服用治療痛經的白鳳丸的外包裝照片」，為什麼不談談蕭軍蕭紅冒著生命危險攜帶世界上最早兩部反法西斯小說原稿來到魯迅身邊的故事，談談魯迅扶持兩位東北青年登上左翼文壇一舉成名的故事，「談談你父親為祖國為民族壯壯烈烈戰鬥到生命最後一息的動人情節」等等，如此越俎代庖般地替作者設計論題，完全背離了文藝批評的基本原則。讓作者去議論當時只有四五歲的他對這些重大問題的認識，豈不是太離譜了嗎？更何況作者出於同情與義憤對馮玉祥先生的遇難略抒己見，竟被秋石先生斥為「一些與海嬰先生家庭無關的重大問題，海嬰先生也輕率地發表獨家看法」，那麼海嬰先生如果真寫出當時只有四五歲的他對上述諸多政治性很強的重大問題的認識，秋石先生又不知該扣什麼樣的帽子呢！

然而，還有更其令人啼笑皆非的指責。這就是秋石先生說他當年在《文藝報》上發表反擊臺灣《中央日報》攻擊魯迅及蕭紅蕭軍等內地非黨左翼作家的長篇文章，並被「南北衆多報刊」「轉載、推介、評論」而對此海嬰先生卻「一言不發」。這是什麼邏輯？是什麼人規定的你秋石先生發表了長篇大論，海嬰先生就必須積極回應，寫一篇讀後感呢？而況周海嬰先生是無線電技術專家，不是文藝評論家，怎麼能要求他對任何文藝、政治問題都發表意見呢？

這裡還有必要談一談有關周著中所錄《左聯時期有關三十年代後回憶資料》的問題。這是 1966 年 5 月奉江青密令在上海錦江飯店不准「下樓、外出、打電話」的近乎軟禁狀態下由許廣平先生口述海嬰記錄寫成的，文末並交代「此稿記述於旅途，全憑記憶，其中年月和有關內容，可由魯迅著作中查對」。（《魯迅與我七十年》304 頁）

在此種無法查閱資料的全封閉狀態下所寫，個別史實、時間有出入，自是情理中事，而海嬰先生為存真別種意義上的史實，乃原件照錄，有什麼不好？而對此，秋石先生卻歪曲為海嬰的「描寫」，並冠以「子虛烏有」的罪名，還說什麼「這些歷史知識，新中國成立後只要上過中學的人們都能說個一清二楚」，難道只有「許廣平、海嬰母子」說不清楚嗎？

三

然而，最令人氣憤的還是作者對周海嬰先生提到母親月經不調一事的指責。作者話中有話地諷刺道，「海嬰先生有著驚人的記憶力……還在書中專門向我們展示了其母親和蕭紅共同服用治療痛經的白鳳丸的外包裝照片」，而到了《中華讀書報》10月16日頭版刊發的「記者對此事的跟蹤報導」（《中華讀書報》10月23日第12版），秋石先生的指責與諷刺更升級為「他無法理解周海嬰先生只記得母親月經失調（在書中描寫過兩次），而不及其他。這甚至在中學生中產生了極其不良的影響」。

周著確有兩處涉及此事，為便於說明問題，不妨引錄如下。一次是解放前夕由上海轉道香港去東北解放區，在長沙至廣州途中，因長途汽車車廂低，公路凹凸不平，「以致車身不僅在不斷地『篩沙子』，還上下顛簸。乘客是頭上吃栗子，屁股打板子。母親遇更年期，月經的流血量很多。到了站頭幾乎邁不開步」（210頁），但因許先生「是廣州生長的，現在重返故地自然成了大家的導遊」；另一次是批駁

「曾有人著文，説魯迅反對中藥，更不信中醫。實際似乎並不如此」，乃徵之以「母親當時因過度勞累，白帶頗多，西醫讓用沖洗方法，沒有見效。她遂買『烏鷄白鳳丸』服了，見效很快」。「後來父母親還介紹給蕭紅服用，因她也是體弱勞累，生活不安定，以致患了婦女的月經不調症，結果也治癒了」（247-248 頁）。此純係情節、內容的需要而簡述或提及，而秋石先生卻誇大其詞，稱之曰「描寫過兩次」。作為文藝批評家的秋石先生不至於連文學中「描寫」的概念也搞不清吧？況且，近幾年我國已陸續在中學生中開展性教育，普及性知識，而周先生如此一筆帶過的片言隻語，秋石先生怎麼就能武斷「這甚至在中學生中產生了極其不良的影響」呢？但究竟產生了哪些「極其不良的影響」，秋石先生想必作過調查，那麼，可否宣示一二，以正視聽呢？

衆所周知，以魯迅為代表的周氏兄弟乃是「五四」以來提倡婚姻自由、普及性科學的少數前賢中的幾位，魯迅先生「五四」時代所寫《我之節烈觀》、《寡婦主義》、《我們現在怎樣做父親》等名篇，對這些問題談得再坦白、清楚不過了。

許廣平先生在《欣慰的紀念》中也以生動的記述顯示了魯迅先生在「我們現在怎樣做父親」這個重大問題上的身體力行。

由此不難理解，魯迅先生關於性問題思想的先進性與超前性，這同秋石先生文中指責的保守與落後形成何等強烈的對比！魯迅與許廣平兩位先賢倘在天有靈，對兒子的這幾句記敘也決不會有異議的。同時，也就不難認識，秋石先生對海嬰先生的指斥，不僅是不公平的，而簡直是人身攻擊，人格污辱，而且也是對其雙親尤其是對許先生的褻瀆。

而更加令人「無法理解」的是，號稱將周著「第 11 遍讀完」的秋石先生怎麼「只記得」「周海嬰先生只記得母親月經失調而不及其他」呢。事實難道果真如此嗎？海嬰先生以大量的篇幅生動而詳盡地描述了許廣平先生於魯迅過世之後，走向社會，積極投入上海的抗日救亡運動，以及解放後大量的繁忙而辛勤的國務活動和其他各種文化、社會工作，這怎麼能說「不及其他」呢？在多達 11 遍的閱讀中，面對如此豐富生動的描述，秋石先生是視而不見呢，抑或根本就沒有讀呢？怎麼能以一句「只記得母親月經失調……而不及其他」一筆抹殺，全盤否定呢？

本著與秋石先生「愛護魯迅」的共同的美好願望，筆者真誠地向秋石先生以及相關的編輯、讀者與傳媒呼籲：

請尊重周海嬰先生的人格！

原載《中華讀書報》2002 年 11 月 13 日 14 版

魯迅死因之謎

王錫榮

魯迅究竟是怎麼死的？這已成為魯迅生平一件公案。

在 2001 年 9 月出版的魯迅之子周海嬰的回憶錄《魯迅與我七十年》一書的序言中，記者吳洪森與王元化有這樣一段對話：

> 吳：海嬰回憶錄提到魯迅的死可能和須藤醫生的陰謀有關。在魯迅病逝前半年，一位美國醫生路過上海經朋友引介來為魯迅看病。這位醫生的結論是，魯迅的病情主要是肋膜積水，只要將積水抽去至少還可以活許多年。這位醫生說這是個很簡單的手術，只要他指導一下，一個護士都可以做這種手術。但須藤醫生卻一直不施行這位美國醫生的方案，還是以注射激素的方式給魯迅治療。據許廣平後來瞭解，採用激素治療，病人感覺舒服一些，但同時也會加速病情的發展。最奇怪的是，須藤醫生自從魯迅去世就消失不見了，再也沒有出現過。因此許廣平生前一直對魯迅的

死有懷疑，對海嬰也講過。許廣平解放後多次東渡日本，當年和魯迅有交往的都紛紛來看她，唯有這須藤醫生沒出現，這就加深了她的懷疑。

王：這件事我早就聽說過。從海嬰回憶錄得知，須藤醫生是日本烏龍會副會長。烏龍會是日本在鄉軍人組織，這組織是鼓吹軍國主義、侵略中國的。須藤醫生曾建議魯迅到日本去治療，魯迅拒絕了。日本就此知道了魯迅的態度，要謀害他是有可能的。像這樣一件重大懸案，至今為止，沒有人去認真調查研究，真令人扼腕。現在由海嬰提出來，希望就此能引起重視，能將這件懸案查個水落石出。另外魯迅在友人提醒他之後，為什麼堅持不換醫生，這也是一件懸案。

實際上，關於魯迅死因的懸案，早就有人提出疑問了，甚至為此曾經幾乎成為中日之間的外交事件。

魯迅 X 光讀片會引起軒然大波

事情的起因，是出在上海魯迅紀念館。1984 年，該館當時的領導，因有人偶然問到魯迅的死因，而想到館內珍藏著 1936 年 6 月 15 日魯迅在上海福民醫院拍攝的 X 光胸片，決定對它作一個病理的研究，好確定魯迅的病情。當時倒也並非要追查須藤醫生的責任。於是，該館聯繫了當時上海最權威的一批肺科、放射科專家來對魯迅的 X 光片進行讀片。這確實是一個很有見地的主意。魯迅的病，確實没有作過準確的診斷，就是當時報刊的報導，也是衆説紛紜，莫衷一是。從没有人對此給予澄清。現在有了徹底弄清楚的機緣。經聯繫，有 23 名專家同意參加讀片。為首的是上海當時首屈一指的放射科專家榮獨山教授。2 月 22 日，讀片會在上海市第一結核病防治院舉行。讀片會首先對魯迅病史作了整理歸納，然後作出了「根據逝世前 26 小時的病情記錄，大家一致認為魯迅先生死於上述疾病基礎上發生的左側自發性氣胸」的結論。為便於説明，這裡將原始記錄記於下面：

魯迅先生病史摘錄

魯迅先生誕生於 1881 年 9 月 25 日，於 1936 年 10 月 19 日逝世，享年 55 歲。

1936 年 3 月 2 日發熱 37.6ºC，訴咳嗽，咳白色粘痰，或少或多，伴食欲不振。常失眠，近一年半來常便秘。體檢：體格中等，營養稍差，體重 37 公斤。肺部聽診：左肩胛上部，右鎖骨上下窩及第三、四肋間，胸骨緣有水泡音。右胸背面第七胸椎以下，呼吸音明顯降低。3 月 19 日右下胸痛，發熱較高。作右下胸腔診斷性穿刺。抽出微黃色透明液。痰檢結核菌陰性，彈力纖維甚多。3 月 25 日咳嗽咳痰甚多。第一次於右下抽出胸水 300 毫升。3 月 29 日進營養食物，保持安靜，經過良好。6 月 1 日，咳嗽加劇，尤以夜間為甚。有胸悶，食欲不振。肺部聽診右胸鎖骨上下窩及第四肋骨以上聞及密集的大小不等的水泡音。6 月 15 日第二次於右下抽出半透明液 100 豪升。6 月 19 日感頭重而痛，易感疲勞，有輕度發熱。6 月 23 日第三次抽出微黃而濃的液體 100 毫升。咳痰多，結核菌陽性。7 月 16 日體溫 37-38ºC 之間，食欲仍然不振。右鎖骨上下窩有微小水泡音。8 月 7 日右胸下部有重壓感。第四次抽出濃黃色半透明液體 200 毫升。8 月 14 日有少許痰血。8 月 18 日右胸鎖骨下方之水泡音減少。自 8 月 19 日後至 9 月份症狀尚屬平穩。10 月初至 16 日情況良好，怠於服藥，散步後甚感快適。10 月 17 日下午外出，晚會客至 11 時，12 時曾吸煙一支，18 日子夜 1 時方睡。

18 日淩晨 3 時半細察呼吸有些異常，似哮喘初發情況。後繼以咳嗆，指端呈紫紺，冷汗淋滴。體溫 35.7ºC，脈搏軟弱 120 次／分，常有停滯。肺部可聞及喘鳴音。經處理後有所減輕。下午 2 時呼吸已稍徐緩，仍有 46-52 次／分。脈軟弱 110-114 次／分，體溫 35ºC 左右。自覺呼吸困難。檢示情況不佳，呈衰憊不堪狀況。早晨以來僅進牛乳 100 毫升，聽診右肺喘鳴盡去，左肺亦然。叩診左胸下半部有高音調的鼓音，心界右移約半指許。疑有「氣胸」發生。雖儘量使先生絶對安靜，不能安睡。頻頻驚醒，聲稱胸悶，心區有壓迫感。徹夜冷汗淋漓。自 19 日上午 5 時起，胸悶加甚，輾轉反側，延至上午 5 時 25 分，因心力衰竭長逝。

過去史：26-27 歲齒病嚴重，至 49 歲牙齒全脱。40 歲有「胃擴張症，腸弛緩症」、44-45 歲已知有肺結核病。曾有「左側胸膜炎」，「痔核」、「支氣管哮喘」史。吸煙史33年，每天約50支，55歲減至每天15支。

魯迅先生胸部以光片讀片和臨床討論會的意見

胸部X線表現

據1936年6月15日後前位X線胸片：兩肺上中部見許多纖維增殖性結核病變，左肺中部有大片乾酪性病變。左上肺第二前肋間外帶見可疑的薄壁空洞。

兩肺重度肺氣腫，可見許多大小不等的肺大皰。以左下肺更為嚴重。兩上胸均有胸膜增厚，以右側較為明顯。

右側胸腔中等量積液。

臨床討論意見

討論會日期：1984年2月22日下午2時。

討論會地點：上海市第一結核病防治院。

根據病史摘錄及1936年6月15日後前位X線胸片，一致診斷為：（1）慢性支氣管炎，嚴重肺氣腫，肺大皰。（2）二肺上中部慢性肺結核病。（3）右側結核性滲出性胸膜炎。

根據逝世前二十六小時的病情記錄，大家一致認為魯迅先生死於上述疾病基礎上發生的左側自發性氣胸。

在這份意見書上簽名的23位醫師，都是當時上海最負盛名的肺科、放射科名醫。所以，這個結論是十分權威的。

這個結論，打破了過去幾十年來人們的誤解。幾十年來，人們都認為魯迅死於肺結核病，現在始知並非如此。這個結論一出，也就掀起了一場風波。

1984年2月23日，《解放日報》以《魯迅先生不是直接死於肺結核病》為題，在頭版大篇幅報導了討論會的情況。5月5日，南京圖書館的魯迅研究者紀維周在南京的《週末》報上發表一篇題為《揭開魯迅死因之謎》的文章，文中重提當年周建人曾經提出的觀點：魯迅之死疑為日本人所害。文中說：

> 魯迅突然病故，曾引起人們的懷疑。這要從須藤醫生談起。
>
> 據說，須藤醫生原是日本軍醫官。上海有一個日本在鄉軍人（即退伍軍人）會，是一個侵略性質的團體。須藤擔任該會的副會長。他家裡裝有電話機，在電話裡常講關於中日之間交涉與衝突的情況。
>
> 眾所周知，日本在軍國主義者的統治之下，特務的秘密活動不下於德國法西斯。電視連續劇《霍元甲》中雖有不少虛構的情節，但霍元甲在上海與日本人比武時負重傷，結果被日本醫生用毒藥謀害也是事實。
>
> ……
>
> 魯迅去世不久，周建人先生忽然接到交通大學一

位素不相識的人寫來的密信。信中推測，魯迅不是死於肺病，而是被日本醫生所謀害，他要求周建人認真調查一下；如查無實據，則務請保守秘密。周建人看完信，遵照來信人的請求，立即把密信給燒掉了。

據說，魯迅的病情雖嚴重，但還是可以醫的，第一步須把肋膜間的積水抽去，如果遲疑，必不治。須藤卻說肋膜下並無積水，但只過了一個月，他又說確有積水。魯迅逝世後，治喪委員會要須藤寫一份治療報告。他雖然寫了，但與實際治療不大相符。

後來周建人打聽他的下落，卻發現他早已不知去向了。

紀維周這一驚人之語立刻引起強烈震驚，一時輿論喧嘩。據說，日本外交部為此向我國提交了外交照會，認為這是我國在給復蘇中的日中友好設置障礙。這一年，正是胡耀邦總書記與日方商定邀請日本3000名青年來中國與我國青年大聯歡的一年，預定9月間實現。距這時還有半年。日方認為我方想法有了變化。在他們眼裡，中國所有的報紙都是政府的喉舌，所有的文章都是政府授意的，或經政府同意的，所以把這事看得很嚴重。

6月4日，日本《朝日新聞（夕刊）》發表了日本福井縣立病院內科醫長、福井縣立短期大學內科學教授泉彪之助的文章，對此提出不同意見。文中介紹：須藤五百三醫生

1876年生於岡山縣川上郡成羽町，第三高等學校醫學部（現岡山大學醫學部）畢業，1898年到1911年為軍醫，1911年到1917年在朝鮮道立醫院任院長。之後赴上海開業，二次大戰後回國，在故鄉行醫。1959年11月6日病逝。泉彪之助經過調查指出：魯迅所患的活動性肺結核和氣胸合併症，死亡率目前仍達28.6%，即使在擁有第一流設備的日本國立療養所中野病院，其死亡率也達25%，所以，對須藤醫生的非難是不公平的。

6月14日，日本著名漢學家、京都大學教授竹內實在《朝日新聞（夕刊）》上發表文章，他比較客觀地分析了當時對魯迅死因表示懷疑的歷史原因。認為，魯迅去世時因中日關係較緊張，那樣的懷疑反映了日中關係的險惡。

7月21日，北京《團結報》在「讀者評報」專頁刊登蔡瓊的文章《魯迅先生並非死於肺病》，也引述了紀維周的觀點。但是，事情本來是紀維周由於看到上海魯迅紀念館的讀片會報導而寫了文章的，該文卻把事情顛倒了一下，說是因為有人懷疑須藤，所以上海魯迅紀念館才來開讀片會。這是很容易引起誤會的。

8月25日，《團結報》又發表北京魯迅博物館陳漱渝先生的《日本讀者對於魯迅死因的看法》一文，除介紹了泉彪之助和竹內實的看法外，特別著意澄清有關情況：

鑒於以上情況，筆者於八月二日就魯迅死因問題詢問了魯迅先生的公子周海嬰，周海嬰委託筆者說明：紀維周的文章，對魯迅的死因進行推測，但未提供任何新的確鑿的史料，不能代表中國魯迅研究界的看法，也不代表他本人的看法。

《團結報》在發表陳文的時候，加了《編者小啟》說：

本報第669號發表讀者蔡瓊《魯迅先生並非死於肺病》一文，根據報刊發表的材料，指出魯迅先生並非直接死於肺結核，而是死於氣胸。這是一個可以研討的醫學課題；但由此引伸到當年治病的須藤醫生有什麼責任，是沒有根據的。現在發表魯迅研究室陳漱渝先生的文章，以正視聽。

8月26日，日本《朝日新聞（朝刊）》又發表報導《魯迅兒子周氏否定魯迅之死與日本原軍醫有關的論點》，其中報導了陳漱渝文章的觀點和周海嬰的態度說：「魯迅的兒子周海嬰則明確表示反對這一論點。」其中還說：

關於魯迅的死因，魯迅紀念館表示不贊成紀氏的新論點，中國的報紙上也開始發表反對這種觀點的文章。《團結報》在此之前曾刊登和紀氏新觀點相同內容的讀者意見，然而現在則一轉，在編者按中說，認為日本軍醫在魯迅之死上有什麼責任是沒有根據的。

9月8日，南京《週末》報發表署名文章，批評了紀維周的說法。編者有按語說：

「紀氏的文章發表後，國內部分魯迅研究者來信指出，紀氏的懷疑沒有根據，特別是魯迅之死與霍元甲之死相提並論是不妥當的。我們認為這一指摘是正確的。本報刊登紀氏的文章時缺乏慎重的態度。

此文剛剛發表四天，9 月 12 日日本《朝日新聞（夕刊）》又發表文章：《魯迅死因之謎的論爭可以終止了——中國報紙刊登了自我批評》，報導了《週末》的新結論，並稱：魯迅之死的論爭大致可以終止了。」

由於周海嬰代表家屬出面澄清：紀維周的觀點不代表魯迅家屬的意見；上海魯迅紀念館也表明了純為科學研究而非為證明魯迅為須藤所害的態度，《週末》又作了批評和自我批評；紀維周受到嚴厲的批評。一場外交風波這才算平息。有人說，這些都是中方為了消除日本方面的誤解而作出的姿態，但也只是傳說，而未見確鑿證據。從表面現象看，似乎輿論有些一陣風來一陣風去的味道。但無論怎麼說，當時不管是周海嬰還是紀維周，或者上海魯迅紀念館，都並未提出足以證明或足以懷疑須藤謀害的確鑿證據，即使有些疑點，但要說到懷疑謀害，畢竟還是不敢斷言的，所以一當有人質疑，特別是引起了外交上的問題時，就作出否定的表態，也是勢所必至的事。

周海嬰的曠世疑問

然而，事實上這場風波並沒有真正平息。在周海嬰的內心，其實也並非沒有疑問，在某種程度上，他的疑問比別人更多，他也比別人更關心此事的真正澄清。當時只是從中日友好的大局出發，又沒有確鑿證據，才那樣表態的。在外界輿論平息後，他內心恐怕是反而更加不能平靜了。但一直沒有機會說。到了 2000 年，上海有家出版社約他寫回憶錄，他感到，自己年齒日增，再不說就會留下終生遺憾，所以就在書中把自己的存疑了半個多世紀的疑問，盡情訴說了出來。他說：

> 如今父親去世已經一個甲子，這件隱藏在上輩人心中的疑惑，總是在我心頭閃閃爍爍不時顯現。是親人的多疑還是出於莫須有的不信任？我以為否定不容易，肯定也難尋佐證。但我還是拋棄顧慮，將之如實寫下來為好。我絕無以此煽起仇恨的意思，祈願日本友人，不要以此怪罪。我只是實事實說。

周海嬰根據自己的母親許廣平和叔父周建人的多次議論、書信及文章中的看法，進一步提出了自己的看法。周海嬰的疑問，歸納起來有這樣幾點：

1. 美國肺科專家鄧醫生偶然一次為魯迅診察，對魯迅病情判斷準確，而須藤醫生長期為魯迅治病卻連起碼的判斷都搞錯，還堅持錯誤治療方法，可疑；
2. 須藤倒填魯迅病歷，更加可疑；
3. 須藤代表日本方面邀請魯迅去日本治療，被魯迅斷然拒絕。魯迅在病重時急於搬家，也可疑；
4. 在魯迅死後，魯迅家屬再也沒有遇到過須藤。許廣平多次訪問日本，見到很多友人，卻沒見到過須藤，不合情理；

5. 魯迅死後，內山也表示過對須藤的不信任；
6. 有人曾提出須藤是「烏龍會」副會長，不大靠得住，魯迅有猶豫，但未下決斷；
7. 須藤用藥可疑，所用的激素對魯迅病體不利；
8. 最後的搶救只是盡人事，而未送醫院，為什麼讓魯迅在家裡消極等死？

但周海嬰也明確表示，他只是把母親、叔父和自己的疑問記錄下來，「至於真相究竟如何，我也無從下結論，只能留待研究者辨析了」。只是因為「母親和叔叔仍不止一次地向我談起這事，叔叔甚至在病重之際，還難釋於懷。如今我也垂垂老矣，因此覺得有責任重提這樁公案，將自己之所知公諸於衆」。

周海嬰的疑問究竟有沒有道理呢？這裡暫且按下不表。話分兩頭，事情得從魯迅的病說起。

魯迅病史溯源

魯迅的病是否有一點家族淵源？這也不能排除。魯迅父親患的病，一說是「癆病」，所謂「癆病」，就是指肺病，故有「肺癆」的說法。根據其表現，也很像是肺病。但魯迅少時，體質是強健的，迄今的文獻中，幾乎沒有當時魯迅生病的記錄。他自己說，少年時，牙病是早就有的。在南京求學時，開始有吃辣椒的記錄，在日本，魯迅開始抽煙，且抽得很厲害，一夜下來，煙頭常常插滿了煙缸。按照許壽裳的說法，魯迅的肺病「其實是伏根很早，從少年時已然」（許壽裳：《亡友魯迅印象記》：《二五病死》）。還患有支氣管哮喘（也許他有些過敏體質，他的兒子周海嬰也是過敏體質，也患有嚴重的支氣管哮喘）。在北京時，日記上經常有「頭腦岑岑然」、「發熱」等記載，因為當時是單身居住在會館裡，病了也沒有人知道。這裡不妨略作摘要：

1912 年 8 月 12 日記

數日前患咳，疑是氣管病，上午就池田醫院診之，云無妨，惟神經衰弱所當理耳。……（當年日記共有生病記錄 14 次：主要是感冒、腹痛、支氣管炎、神經衰弱。）

1913 年 1 月 6 日

晚首重鼻窒似感冒，蒙被卧良久，頓愈，仍起閱書。（當年日記共記載生病 19 次，主要為受涼、發熱、牙痛、神經衰弱，而以 3 月和 10 月兩次最為集中，延續時間較長。）

1914 年日記有生病記載 15 次

主要症狀是發熱、胃痛、牙痛，其中最可注意的是：10 月 26 日：「齊壽山與藥餅三十枚，是治呼吸病者也。」可能與肺病有關。

1915 年日記有生病記載 18 次

主要症狀是胃痛、牙痛、發熱、腹瀉及瀉血。7 月 21

日、24 日接連兩次瀉血，是極可注意的不良之兆。1916、1917 年生病較少，1918 年日記生病記錄又達 19 次。主要症狀是咳嗽、傷風、發熱、氣管炎。值得注意的是，他開始服用兜安氏補肺藥、燕醫生除痰藥等類藥物，顯然，他的肺發生問題了。

1919 年日記有生病記錄 13 次

除了牙病，就是有痰。他又多次買除痰藥。到 1920 年 3 月 10 日：「買藥及吸入器，直共三元。」這吸入器此後陪伴了他十幾年，直到去世。此物既可用於氣管炎，也是肺病患者的常備用具。

1920 年 5 月 19 日起

周建人的兒子豐二（沛）生病住院至 8 月，魯迅經常在醫院陪夜，勞累過度，至 11 月 23 日起發熱，休息至 26 日。

1921 年 3 月 29 日

周作人進山本醫院，5 月 31 日回。6 月 2 日魯迅又護送他去香山碧雲寺養病，到 9 月 21 回來。其間魯迅自己也常在頭疼腦熱中。可以看出，魯迅的肺部常有感染。

1923 年夏

周作人聽信其妻子羽太信子的讒言，與魯迅交惡，魯迅憤而搬離八道灣，住進了磚塔胡同，在那裡，他病倒了，前後達一個多月，這是他的肺病第一次大發作。

1924 年初

魯迅買下西三條 21 號後，開始修葺這房。這時，他又發病了。在種牛痘時，因為脅痛，請校醫診察，結論是「輕症肋膜炎」，但後來山本醫生又說是神經痛。

1925 年

魯迅因積極支持女師大學生運動，被教育總長章士釗罷免了教育部僉事、科長的職務，魯迅氣憤之下，肺病又一次發作，又躺了將近一個月。他在北京還多次患病，包括重症肋膜炎（現在叫胸膜炎），魯迅都硬挺了過來。但他的胸膜因此增厚，連 X 光也無法穿透。所以他後來照的那張 X 光片右下部是看不見肋骨的。

1927 年以後

魯迅在上海生活相對安定，在許廣平的精心照料下，身體還算粗安。但隨著年齡的增大，精力的透支，心情的惡劣，身體也越來越弱。

1936 年 3 月 2 日

魯迅到位於溧陽路（狄恩威路）的自己的藏書室去翻了一下午書。這時正是乍暖還寒的時節，那間房陰冷潮濕，魯迅著了涼，回家就開始發病。日漸委頓，艱於起坐，到 23 日，史沫特萊和宋慶齡特地前來看望他，到 5 月底，史沫特萊、馮雪峰和茅盾看著這樣不行，就由史沫特萊說服了魯迅，並設法找了當時上海最有名的肺科專家、美國的鄧醫生來為魯迅診察。（關於這位鄧醫生，《魯迅全集》注釋為託瑪斯・鄧[THOMASDUNN]，這是根據當時的電話簿記載，名氣最大的來自美國的肺科醫生。但他是否即是那位為魯迅診病的醫生，卻沒有直接的證據。後來日本的泉彪之助醫生還專門去美國調查了鄧醫生的家乘及其本人的生平資料，其中當然有他在上海行醫的記載，但卻沒能找到直接說明他為魯迅治病的證據。甚至也沒能找到他與史沫特萊相熟的證據，所以，究竟是否就是這個鄧醫生，也還不是沒有問題的。）

根據有關記載，鄧醫生的診斷是驚人的準確。茅盾回憶說，鄧醫生聽診以後，史沫特萊問他：魯迅病情如何？他對史沫特萊說：「嚴重。」史又問嚴重到什麼程度？醫生回答：「恐怕過不了年。」史沫特萊這時忍不住流下眼淚。醫生又說，魯迅不光有肺病，還有其他病，需要詳細檢查。他建議找一個設備好的外國人辦的醫院，開個房間，由他診治，只借用該醫院的設備；病人如果同意，馬上就可以辦（《我和魯迅的接觸》）。茅盾又曾說：「那美國專家說過：如果仍住在那房子裡，他過不了夏！」（《寫於悲痛中》）根據周建人回憶：「鄧醫生說須趕緊抽去肋膜積水（此時老醫生還沒有給他抽水），趕緊醫治，可醫好的，如果拖下去，秋後必定會死去。」（《略講關於魯迅的故事》）根據周海嬰的記憶，周建人曾對他說：「鄧醫生檢查之後對我們說：病人的肋膜裡邊積水，要馬上抽掉，熱度就會退下來，胃口隨之就會開，東西能吃得下去，身體的抵抗力就會增加。如果現在就開始治療、休養，至少可活十年，如果不這樣做，不出半年就死。治療方法極簡單，任何一個醫生都會做。你們商量一下，找一個中國醫生，讓他來找我，我會告訴他治療方案，只要照我說的去做就行，無須我親自治療。提到是否要拍X光片，鄧醫生說，『經我檢查，與拍片子一樣』。講得十分有把握。鄧醫生的診斷是結核性肋膜炎，而須藤醫生則一口否定。直到一個多月後才承認，才抽積水。」

到5月下旬，魯迅的病就越來越重了，已經艱於起坐，到6月5日，他記了幾十年的日記也不得不中斷了。6月15日，由福民醫院拍攝了魯迅胸部X光片，其結果竟與鄧醫生的診斷十分接近。到6月25日，由許廣平代筆回曹白的信說：「大約十天以前，去用X光照了一個肺部的相，才知道他從青年至現在，至少生過兩次危險的肺病，一次肋膜炎。兩肺都有病，普通的人，早已應該死掉，而他竟沒有死。醫生都非常驚異，以為大約是：非常善於處置他的毛病，或身體別的部分非常堅實的原故。這是一個特別現象。一個美國醫生，至於指他為平生所見第一個善於抵抗疾病的典型的中國人。可見據現在的病狀以判斷將來，已經辦不到，因為他現在就經過幾次必死之病狀而並沒有死。……現在看他的病的是須藤醫師，是他的老朋友，就年齡與資格而論，也是他的先輩，每天來寓給他注射，意思是在將正在活動的病灶包圍，使其不能發展。據說這目的不久就可達到，那時候，熱就全退了。……據醫師說，這回修繕以後，倘小心衛生，一不要傷風；二不要腹瀉，那就可以像先前一樣拖下去，如果拖得巧妙，再活一二十年也可以的。」

直到 6 月 30 日，才好一點，就又開始記日記。7 月、8 月，不停地治療，但情況不斷惡化，抽了幾次胸膜積水後，似乎好一點，到 10 月初甚至出外走動了，10 月 8 日還跑到老遠的八仙橋青年會去看全國木刻展覽。到 10 月 17 日下午去距家 400 來米的燕山別墅日本友人鹿地亙家聊天，回家後，半夜裡就開始不適，次日一天在痛苦中度過，第三天（10 月 19 日）清晨 5 時 25 分便溘然長逝。

而魯迅自己的說法又不一樣。

魯迅自己怎麼說？

魯迅對自己的病向來是不以為意的。年輕時，仗著年輕體健，有病都是硬挺過去。而且明知自己所患的是兇險的肺病，也不張揚。他剛到北京時，日記上記著「頭腦岑岑然」、「發熱」，實際上已經發燒了，卻還在外奔走。在 1936 年，魯迅在日記上逐日記下了治療的粗略經過，說明他很重視病勢的發展。同時，在書信中頻頻談到自己的病。事實上因為病勢沉重，為外間所知，人們紛紛來打聽，就不能不談到了。但仍是用了輕描淡寫而達觀的口氣與態度來談論的。但仍然可以從中發現很多問題。

3 月 11 日，他在給楊晉豪的信中說：「病還沒有好，我不很生病，但一生病，是不大容易好的；不過這回大約不至於死。」

在3月20日給母親的信中說：「上月底男因出外受寒，突患氣喘，至於不能支持，幸醫生已到，急注射一針，始漸平復，後臥床三日，始能起身，現已可稱複元，但稍無力，可請勿念。至於氣喘之病，一向未有，此是第一次。」

在4月1日又給母親信說：「每日喝一種茶，是廣東出品，云可醫咳，似頗有效，近來咳嗽確是很少了。」但顯然，魯迅儘量把病情說得輕一點，樂觀一點，以免母親焦急。

5月4日給王冶秋信說：「你說的藥方，是醫氣管炎的，我的氣喘原因並不是炎，而是神經性的痙攣。要復發否，現在不可知。」

5月15日致曹靖華信說：「今日看醫生，云是胃病，大約服藥七八天，就要好起來了。」很是樂觀，實際上一點也沒有好。到23日，在給趙家璧信中說：「發熱已近十日，不能外出；今日醫生始調查熱型，那麼，可見連什麼病也還未能斷定。」同日給曹靖華信中也是這麼說。

後來就病得字也寫不動了。直到7月6日才開始寫信，他告訴母親：「男自五月十六日起，突然發熱，加以氣喘，從此日見沉重，至月底，頗近危險，幸一二日後，即見轉機，而發熱終不退。到七月初，乃用透物電光照視肺部，始知男蓋從少年時即有肺病，至少曾發病兩次，又曾生重症肋膜炎一次，現肋膜變厚，至於不通電光，但當時竟並不醫治，且不自知其重病而自然痊癒者，蓋身體底子極好之故也。」同日在給曹靖華的信中也說：「我生的其實是肺病，而且是可怕的肺結核，此係在六月初用X光照後查出。」到8月2日，他寫信告訴茅盾：「注射已在一星期前告一段落，肺病的進行，似已被阻止；但偶仍發熱，則由於肋膜，不足為意也。」到 8 月 13 日，又寫信給茅盾：「肺部大約告一段落了，而肋膜炎餘孽，還在作怪，要再注射一星期看。」

但當天，魯迅就大口吐血，直到第二天才好。16日他又告訴茅盾：「肋膜炎大約不足慮；肺則於十三、四兩日中使我吐血數十口。肺病而有吐血，本是份內事，……血已於昨日完全制止，據醫生言，似並非病灶活動，大約先前之細胞被毀壞而成空洞處，有小血管孤立（病菌是不損血管的，所以它能獨存，在空洞中如橋樑然），今因某種原因（高聲或劇動）折斷，因而出血耳。」

8月27日，又告訴曹靖華：「我的病也時好時壞。十天前吐血數十口，次日即用注射制止，醫診斷為於肺無害，實際上確也不覺什麼。此後已退熱一星期，當將注射，及退熱，止咳藥同時停止，而熱即復發，昨已查出，此熱由肋膜而來（我肋膜間積水，已抽去過三次，而積不已），所以不甚關緊要，但麻煩而已。」

到 9 月初，似乎遠在北平的母親也知道了他吐血的消息，寫信來問，魯迅答道：「男確是吐了幾十口血，但不過是痰中帶血，不到一天，就由醫生用藥止住了。男所生的病，……是肺病，且已經生了二三十年，被八道灣趕出後的一回，和章士釗鬧後的一回，躺倒過的，就都是這病，……初到上海後，也發過一回，今年是第四回，……」

在病逝前四天，他致信臺静農：「荏苒已至晚秋，倘一止藥，仍忽發熱，蓋胃強則肺病已愈，今胃亦弱，故致糾纏，然糾纏而已，於性命當無傷也。」就是說，他本人感覺尚好。在逝世前兩天，他還在給曹靖華的信中說：「我病醫療多日，打針與服藥並行，十日前均停止，以觀結果，而不料竟又發熱，蓋有在肺尖之結核一處，尚在活動也。日內當又開手療治之。此病雖糾纏，但在我之年齡，已不危險，終當有痊可之一日，請勿念為要。」「終當有痊可之一日」這樣的話，顯然是安慰對方的，但到此時，他還在說「已不危險」，而毛病只在「肺尖的一處結核」，又是所據何來？下面我們當與須藤的報告逐一對照分析，便可知端的。

當時報紙對魯迅死因報導眾說紛紜

魯迅逝世當天，上海的報紙就作了大量報導。次日起更多。其中對魯迅死因的說法卻是五花八門，各執一詞。僅在題目中提到病名的，就有十來家，看看這些題目，就可見一斑了：

19 日《大滬晚報》：「昨日起突發惡性氣喘症醫治罔效」；

《大晚報》：「患肺結核病體突變」；

19日《上海日報》（日文，晨刊）：由於「『老病心臟性喘息』病逝」；

19 日《上海日報》（日文）：「因『心臟性喘息』危殆」；

20日《申報》：「患肺病甚劇，今夏曾一度甚危，旋在滬診治，已漸康復，十七日因散步及談話過勞，致病情突發，喘息甚劇，不能安眠，經延醫急救，卒致不起」；

20 日《時事新報》：「肺病轉劇難治竟致不救」；

20 日《北平新報》：「患肺結核不治」；

20 日《立報》（上海）：「十八日晨舊病加劇竟致不治」；

20日《廣東報》（上海）：「舊病肺結核驟發轉劇醫治罔效長眠滬寓」；

20 日《時代報》（上海）：「肺結核病情突變卒至不救」；

20 日《大公報》（上海）：「患肺結核重症有年」；

20 日《民報》（上海）：「因肺病轉心臟麻痹症」。

歸納上述報導所稱其病名，大致有三種類型：

1. 肺結核（肺病、舊病）；

2. 心臟性喘息（惡性氣喘症）；

3. 因肺病轉心臟麻痹症。

應當指出：其中的「心臟性喘息」的提法，來源應當是須藤醫生。他在所寫的《魯迅先生病狀經過》中有此提法。這時還沒有人提到肺氣腫及氣胸。這説明什麼呢？——至少可以說明：

第一，家屬及治喪委員會沒有正式統一向外宣布過死因，所以會出現報導的混亂；但當時一定會有人問到死因，有關人士的回答可能出於想當然：「肺病」即指肺結核，而去世前的症狀是嚴重的氣喘，最後的表現則是心臟麻痹，經打強心劑無效，當時心臟的麻痹是當然的。根據病情的描述各人可能得出的結論自然上述三者都可能。

第二，家屬及治喪委員會沒有對外人提到過肺氣腫或氣胸，所以無一處報導提到氣胸；如果提到，一定會有人在報導中提到。這恰恰說明：

第三，家屬及治喪委員會可能根本就沒有肺氣腫或氣胸直接致死的概念；而這就又說明：

第四，醫生沒有告訴家屬病人有肺氣腫或氣胸。

那麼，醫生本人是否知道病人有肺氣腫和氣胸呢？我們來看醫生的描述。

醫生怎麼說？

在魯迅逝世後，主治醫生須藤五百三有一篇回憶文章《醫學者所見的魯迅先生》收入《魯迅先生紀念集》，該文附有《魯迅先生病狀經過》一文，是弄清整個問題的癥結之一，要想知道事情真相是不能不讀的。文章不長，轉錄於此。（前文已見，此處從略——編者）

為周海嬰解疑

根據上述情況，我們來就周海嬰的疑問進行分析。

【疑問一】

美國肺科專家鄧醫生偶然一次為魯迅診察，對魯迅病情判斷準確，而須藤醫生長期為魯迅治病卻連起碼的判斷都搞錯，還堅持錯誤治療方法，可疑；

但根據當時鄧醫生為魯迅診治時在場的茅盾的記載，與周海嬰所記周建人的說法略有不同。茅盾說的是鄧醫生建議找一家設備好的外國醫院，由他本人親自治療，而周建人說鄧醫生建議找一個中國醫生，而無須他親自治療，而且否定了拍X光片的必要性，令人難以理解。顯然，茅盾的說法更合乎邏輯，更為可信。另外，茅盾的記載沒有說到如果處理得好，至少還可以活十年等語。類似的說法僅見於上引許廣平的信，但那是說須藤的看法，而非鄧醫生的看法。

其次，對於魯迅病的診斷，照周海嬰所記，鄧醫生說是「結核性肋膜炎」，卻沒有說到其他病，而據茅盾的說法，鄧醫生說魯迅不僅有肺病，而且還有其他病，要全面檢查。事實上魯迅並不止「結核性肋膜炎」一種病，而且致死的也不是此肋（胸）膜炎，而是肺氣腫。

其三，當時應該採取什麼措施？周建人的說法是：鄧醫生認為，只要把積水抽掉，胃口就會開，胃口一開，抵抗力增強，至少可活十年。如果不這樣做，不出半年就死。而按茅盾的說法，鄧醫生並沒有說採取措施後可活多少年，而是明確說「過不了年」！因為在他看來，按常情魯迅在五年前就死掉了，所以他這樣說是完全可能的。如果他說還可以活十年，那不是打自己的耳光嗎？正因為他說「過不了年」，所以史沫特萊才會頓時潸然淚下，如果他說還可活十年，史沫特萊怎麼會那麼衝動呢？事實上，須藤並非沒有抽積水，按魯迅自己記錄，至少抽取了三次，熱也退了，胃口也一度很好，可是為什麼還是沒能拖過年呢？

從這些地方看，可能茅盾因為當時在場，所以記得更為準確，而周建人因當時不在場，所說的可能有誤差，因此並不能由此看出須藤有什麼可疑，更不能據此下結論。

【疑問二】

須藤倒填魯迅病歷，非常可疑；

須藤的《魯迅先生病狀經過》署的日期是一九三六年十月十九日，也即魯迅逝世當天所寫。而根據周海嬰說，是在許廣平的多次催促下才寫的。那就不可能為當天所寫。所以，「倒填病歷」是當然的。問題是當時醫生行醫，有沒有完整的病歷卡？如果有，按照許廣平的性格，應該是會保存，或者要求醫生保存下來的，尤其在她有懷疑的情況下。現在既然要求須藤寫出病歷來，則顯然她也知道並無魯迅個人病歷卡。可能須藤只有給病人診療的記錄本，裡面記著每天給所有病人診療的情況。我們看到，魯迅留學日本時的老師藤野先生行醫時，就有這樣的記錄本。如果連這個也沒有，那是不應該的。假定須藤按此記錄本來寫這份《病狀經過》，應該也可以比較清楚，如果馬虎一點，當然也可以因為那記錄本很雜亂而有疏漏、錯訛。

因此，須藤寫的病歷肯定是倒填的，從這做法本身還不足以說明他的可疑。再說，「倒填」也絕不等於「偽造」。如按事實填，就不能說是偽造，故意不按事實填寫，才是偽造。

因此問題在於「填」得是否正確。周海嬰說，須藤把他診斷肋膜積水的時間提前了，這才是問題。根據須藤的記載，他於 3 月 29 日、6 月 15 日、6 月 23 日、8 月 7 日四次為魯迅抽取積水，而魯迅僅在 8 月 7 日日記中記載抽積水，因前兩次在六月份，魯迅日記中斷，無法證實。但在 8 月 27 日魯迅說已抽了三次，則兩人記載不一致。這是存在疑問的。但究竟是魯迅記錯，還是須藤「填」錯呢？許廣平對此有懷疑，可能當時礙於情面，沒有當面質問，但正因為如此，也就為須藤留下了一個退步。如果我們退一步看：也許許廣平自己記錯了？也許當須藤第一次為魯迅抽取積水時，並沒有特別加以說明其措施的重要意義？也許魯迅沒有把第一次抽積水與三個月後的治療聯繫起來？如此一推理，則我們疑則疑矣，只是疑耳。要確定什麼，總還底氣不足。

【疑問三】

須藤代表日本方面邀請魯迅去日本治療，被魯迅斷然拒絕。魯迅在病重時急於搬家，也可疑；

這也不足以成為問題。須藤是否「代表日本方面」邀請魯迅，這沒有證據，因為「代表日本方面」的提法太正式了，令人覺得是某種組織行為。可能周海嬰先生的意思只是日本的一些朋友和某家醫院而已。但須藤曾建議魯迅轉地療養是事實。6月25日許廣平代筆回曹白信中說：「至於轉地療養，就是須藤先生主張的，但在國內，還是國外，卻尚未談到，因為這還不是目前的事。」這就有力地證明了須藤至少在當時並未邀請魯迅去日本。之前，美國鄧醫生也曾提出「找一家設備好的外國人開的醫院」建議，也許日本的醫院設備比中國的強一點，有人提出去日本的建議是很正常的。實際上，根據魯迅自己和親友回憶，當時有不止一個人建議魯迅去日本。而且，魯迅並沒有「斷然拒絕」，這一點海嬰先生說錯了。

說到這事，真要令人感慨系之。魯迅是曾經打算去日本的。在7月6日，魯迅給友人曹靖華的信中還說：「本月二十左右，想離開上海三個月，九月再來。去的地方大概是日本，但未定實。」這就確鑿無疑地說明了魯迅確曾接受了轉地去日本療養的建議，連動身的日期都大致選好了。當然，也有人建議魯迅去蘇聯高加索的黑海邊。魯迅也沒有斷然拒絕。還有傳說去西湖的，魯迅回答說「至於到西湖去云云，那純粹是謠言」。7月11日，魯迅在給王冶秋信中說得更具體：「醫生說要轉地療養。……青島本好，但地方小，容易為人認識，不相宜；煙臺則每日氣候變化太多，也不好。現在在想到日本去，但能否上陸，也未可必，故總而言之：還沒有定。現在略不小心，就發熱，還不能離開醫生，所以恐怕總要到本月底才可以旅行，於九月底或十月中回滬。地點我想最好是長崎，因為總算國外，而知道我的人少，可以安靜些。離東京近，就不好。剩下的問題就是能否上陸。那時再看罷。」7月17日，魯迅在給好友許壽裳信中又說：「弟病雖似向癒，而熱尚時起時伏，所以一時未能旅行。現仍注射，當繼續八日或十五日，至邇時始可定行止，故何時行與何處去，目下初未計及也。」這說明，魯迅這時仍沒有放棄在七月底八月初轉地療養的打算。但似乎已不一定是日本了。

8月2日，魯迅在給茅盾的信中自己說明了原委：

> 醫師已許我隨意離開上海。但所往之處，則尚未定。先前決赴日本，昨忽想及，獨往大家不放心，如攜家族同去，則一履彼國，我即化為翻譯，比在上海還要煩忙，如何休養？因此赴日之意，又復動搖，惟另覓一能日語者同往，我始可超然事外，故究竟如何，尚在考慮中也。

這說明、醫生並沒有指定去哪裡，魯迅更沒有「斷然拒絕」。魯迅赴日之意的動搖，主要是因為恐怕成了翻譯。同一天，魯迅在給曹白信中再次談到此事：

> 我的病已告一段落，醫生已說可以隨便離開上海，在一星期內，我想離開，但所向之處，卻尚未定。……總之，就要走，十月裡再談罷。

就要走，卻還沒有確定去向，這是很奇怪的。其實，顯然很多人都知道他要轉地療養了，他不想讓太多的人知道。所以在 8 月 7 日給曹白信中明白說道：

> 我還沒有走，地點和日期仍未定，定了也不告訴人，因為……給一個人知道，數天後就有幾十人知道，在我目前的景況上，頗不方便。

同日在給趙家璧信中再次說：

> 我的病又好一點，醫師囑我夏間最好離開上海，所以我不久要走也說不定。

老在說，可老也不走，其實，不僅這時他的身體根本走不了，而且手上工作忙得不亦樂乎；編《海上述林》、《蘇聯作家七人集》，搞《中國文藝工作者宣言》……這一段，天天發熱、打針。到 8 月 13 日，寫信給茅盾說：「說到賤體，真也麻煩，肺部大約告一段落了，而肋膜炎餘孽，還在作怪，要再注射一星期看。大約這裡的環境，本非有利於病，而不能完全不聞不問，也是使病纏綿之道。我看住在上海，總是不好的。」這時，《海上述林》校樣馬上就要校完了，他想等校對完，病也基本好了，再走。誰知，當天晚上，他就大口吐起血來。但他還沒有放棄計畫：「現已交秋，或者只我獨去旅行一下，亦未可知。但成績亦恐未必佳，因為無患無慮之修養法，我實不知道也。倘在中國，實很難想出適當之處。莫干山近便，但我以為逼促一點，不如海岸之開曠。」（8月16日致茅盾信）到8月20日，還在想：「我想在月底走，十月初回來。」（給趙家璧信）8月25日給母親的信中，還說：「但有時總還有微熱，一時離不開醫生，所以雖想轉地療養一兩月，現在也還不能去。到下月初，也許可以走了。」直到8月27日，還在說：「我的病時好時壞，……因此不能離開醫生，去轉地療養，換換空氣，卻亦令人悶悶，日內擬再與醫生一商，看如何辦理。」次日，致楊霽雲信中又說：「現醫生不許我見客和多談，倘略癒，則擬轉地療養數星期，所以在十月以前，大約不能相晤……」

但到了8月31日，因為「肺部已無大患，而肋膜還扯麻煩，未能停藥；天氣已經秋涼，山上海濱，反易傷風」，所以不得不宣告：「今年的『轉地療養』恐伯『轉』不成了。」（給茅盾信）9月3日給母親的信中，再次確認：「今年不能到別處去休養了。」

這就是魯迅沒有去日本療養的原因和經過。可見須藤只是建議他轉地療養，並未堅持去向。魯迅的去向完全是他的自主考慮的事，他本也一直打算去日本長崎。最後因病體虛弱，根本無法旅行而作罷。而且即使去日本，日本當局是否允許魯迅上岸都不一定，更可見，作為民間的「日本方面」有此好意，而作為政府的「日本方面」根本就不可能打算把魯迅「請」到日本去：那是自找麻煩。由此也可見，須藤並不代表日本政府立場。對於去日本療養，魯迅所要擔心的，是日本政府是否允許他上岸，而不是誘騙他去。

尤其應當指出：後來魯迅之所以不走，是他離不開須藤醫生！如果要把魯迅騙去日本，須藤只要在他稍好些時鼓勵他去，或陪他去，就能成行。

至於說魯迅在逝世前急於搬家，也是事實。但也與身體有關。因為別處去不成，他想換換環境。10 月 6 日他寫信給曹白說：「種種騷擾，我是過慣了的，一二八時，還陷在火線裡。至於搬家，卻早在想，因為這裡實在是住厭了。但條件很難，一要租界，二要價廉，三要清靜，如此天堂，恐怕不容易找到。」為什麼住厭呢？10 月 12 日給遠在北平的宋琳信中說：「滬寓左近，日前大有搬家，謠傳將有戰事，而中國無兵在此，與誰戰乎，故現已安靜，舍間未動，均平安。惟常有小糾葛，亦殊討厭，頗擬搬往法租界，擇僻靜處養病，而屋尚未覓定。」直到 10 月 17 日，他自己把真相揭開了。他在給曹靖華信中說：「閘北似曾吃緊，遷居者二三萬人，我未受影響，其實情形也並不如傳說或報章之甚，故寓中一切如常。我本想搬一空氣較好之地，冀於病體有益，而近來離閘北稍遠之處，房價皆大漲，倒反而只好停止了。但我看這種緊張情形，此後必時時要有，為寧靜計，實不如遷居，擬於謠言較少時再找房子耳。」曹靖華是知友，魯迅對他向不避諱，不可能是外交辭令。據此我們瞭解到：其實魯迅早就想離開這一帶，主要有三個原因：

1. 常有小糾葛：鄰家日本孩子經常騷擾，欺負海嬰，很是討厭；

2.「一二八」以來，閘北已成敏感地區，中日關係前景堪憂，故這裡不是久居之地；

3. 想換一空氣較好的地方，以利養病。這也是醫生的建議。

所以，他的要求是要租界、清靜，房價不貴。之所以沒搬，倒是因為人家都在搬，因而房價大漲。是否還有沒說出來的隱衷呢？我認為不像。因為如果他對須藤有懷疑不好說，大可以不要他看病，其實搬到租界，也不可能成為謝絕須藤治療的理由。要知道，搬家乃是須藤的建議。所以，對這一點的懷疑，是沒有理由的。

【疑問四】

魯迅死後，內山也表示過對須藤的不信任；

這也並不奇怪。魯迅已經在須藤治療下去世了，不管什麼原因，作為介紹須藤給魯迅治病的中間人，內山完造的心理上總是有陰影的。再把海嬰交給他去醫治，至少感覺上總不那麼舒服。說得通俗點：一個已經在他手裡死了，這個還敢再讓他去看嗎？所以，內山的這種反應，是極為正常的。如果他還是積極地主張讓須藤看，倒反令人覺得他怎麼對須藤那麼信任？

【疑問五】

在魯迅死後許廣平再也沒有遇到過須藤。解放後她多次訪問日本，見到很多友人，卻沒見到過他，不合情理；

其實這倒也不奇怪。

第一，魯迅死在須藤治療中，這對須藤總不是什麼光彩的事，他恐怕也知道魯迅親友對他多少有些不滿，甚至懷疑，他自己或亦有內疚，所以避而不見，正是人之常情。倘還沒事人似的到處出現，倒又使人起疑，或憤然。

第二，他是個民間醫生，並非什麼名人，而許廣平是中國政府要員，她訪日時，會見多為較有影響的人士。並非所有認識的人都見過，一般輪不到他。

第三，一些內山書店成員，多是經由內山完造接洽而見到她。而內山鑒於前因，即使知道須藤在哪裡，也不會叫他來會見。

第四，許廣平第一次訪問日本是 1956 年 8 月，那時須藤還活著，但許廣平行程匆匆，根本沒有時間安排日程以外的會見。第二次訪問日本是 1961 年。須藤已於 1959 年去世。所以，許廣平雖然多次訪日，卻只有一次會見的機會。

因此，許廣平到日本沒有見到須藤，也是正常的。

【疑問六】

有人曾提出須藤是「烏龍會」副會長，不大靠得住，魯迅有猶豫，但未下決斷；

周海嬰說，1932年「一二八」戰爭前，周建人在商務印書館有同事叫趙平聲，他告訴周建人，須藤醫生是日本「烏龍會」的副會長，這「烏龍會」是個「在鄉軍人」團體，其性質是主張軍國主義，侵略中國的，所以這個醫生不大靠得住。周建人轉告魯迅後，又建議說，現在中日關係緊張，還是謹慎些，不找須藤醫生吧。魯迅猶豫了一下，說：「還是叫他看下去，大概不要緊吧。」但周建人知道須藤家的電話裡所談的多半不是醫藥上的事，卻多數是中日之間的交涉與衝突。故對此人一直心存疑慮（周建人從哪裡得到這一資訊，也是一個謎）。1936年，魯迅逝世後不久，周建人忽然收到交通大學一位素不相識的人寫來的密信，信中推測，魯迅不是死於肺病，而是被日本醫生所謀害。他要求周建人認真調查一下，如查無實據，則務請保守秘密。周建人看完來信，依照寫信人的要求，把信燒了。後來周建人打聽須藤的下落，卻發現他早已不知去向。接著抗日戰爭爆發，也就更沒有機會調查了。到了1949年7月，那時北京已經解放，而新政府還沒有成立，周建人就急切地給許廣平寫了一封信，重提追查的問題。這封信至今保存在周海嬰手中，全文如下：

許先生惠鑒：

前日來信已如期收到，看後即交予馬先生了。

馬先生屢電催，您究擬何時返平？魯迅死時，上海即有人懷疑於為須藤所謀害或者延誤。記得您告訴我說：老醫生的治療經過報告與實際治療不符，這也是疑案之一。此種疑案，至今存在。今您既在滬，是否可以探查一下，老醫生是否在滬？今上海已解放，已可以無顧忌地查究一下了。不知您以為何如？草此布達，

敬祝

健康

弟建人啟

七月十四日

同年10月19日，周建人便在《人民日報》發表《魯迅的病疑被須藤所耽誤》一文，公開對須藤醫生的治療提出質疑。

不過，周海嬰這個資料有個誤差。須藤是1932年10月才認識魯迅，1933年4月開始為海嬰治病，到1934年11月才開始為魯迅診病（在7月曾有幾次請他看過病，但主要還是給海嬰看）。在「一二八」以前，須藤還不認識魯迅，更沒有給魯迅看病。所以這裡說「一二八」前就懷疑他，可能是弄錯的。但顯然，周建人對須藤可說是「深疑不信」。問

題是，當時魯迅既然也知道此情況，而不予採信，我們如無證據，更難以確認他是否因此而有加害魯迅之心。當然，魯迅之所以決定仍讓他醫治，是出於「用人不疑」的待友之道，但正因為如此，我們又有什麼理由和依據由此得出相反的判斷呢？

再說，周建人究竟是什麼時候才「打聽須藤下落」的呢？看上面的信，似乎是 1949 年在打聽，倘是，則這時須藤早已回國，當然無從打聽了。

須藤是 1905 年日俄戰爭時的軍醫，這事已去得遠了，他早已退休。至於「烏龍會」，即使它有侵略傾向，即使須藤在其中很活躍，即使須藤本人也有侵略傾向，但在取得證據之前，我們也還是無法認定該會與魯迅的死有關係。畢竟政見與治病是兩回事。從歷史的實際出發，在當時中日關係那樣的態勢下，抱持、認同、接受軍國主義的日本人不在少數。作為日本人，在電話中與友人談論中日衝突也並不等於就是主張侵略。即使主張侵略的，也不等於要把病人害死。

【疑問七】

須藤用藥可疑，所用的激素對魯迅病體不利；

周海嬰說，有一件事常使他母親耿耿於懷：按常識對肺結核病應使用打空氣針等方法治療，可是須藤卻使用了激素類針劑，表面上病人自我感覺暢快些，但卻促進了疾病的發展蔓延。

周海嬰先生這個提問，可說是觸及了問題的一些實質的，但還沒有完全打中要害。

當時，確有很多人使用「打空氣針」的治療方法。例如，女作家蕭紅就是患肺病而使用了打空氣針的治療方法，可見，這並非什麼稀罕物事，也不像費用很昂貴的樣子。須藤為什麼從來就沒有給魯迅使用過這種治療方法呢？這其實也並不難解釋：魯迅的肺結核早過了活動期。當須藤 1934 年 11 月開始給魯迅治病的時候，魯迅主要的疾患是胸膜炎、肺氣腫。不需要用空氣針。至於使用激素類藥物，因為迄今為止我們並不知道這些藥物的成分和功用，所以也無法說它的作用究竟是積極還是消極。

【疑問八】

須藤對魯迅的最後搶救只是盡人事，而未送醫院，為什麼讓魯迅在家裡消極等死？周海嬰說，須藤的做法令人覺得他似乎是故意在採取拖延行為。

這裡，也可以說，當時魯迅病體非常虛弱，送醫院恐經不起折騰。還有一點，因魯迅多次發生極度虛弱而均有驚無險的情況，可能須藤因此存有僥倖心理，認為不至於出大問題。事實上當時誰也沒有想到那麼快就會災禍臨頭。如果他蓄意謀害或有意拖延，那一定在魯迅最危險時把魯迅送進醫院，以擺脫干係。他沒有這麼做，至少說明他還是願意承擔責任的。

那麼，為什麼許廣平不提出送醫院呢？看來她也有僥倖心理。但周海嬰認為，當許廣平問須藤：魯迅的病情會如何發展，須藤回答「過了今夜就好了」是雙關語。他的意思是，這話也可以理解為：「過了今夜就結束了。」所以許廣平後悔不迭。

巧的是，在 6 月 5 日，當魯迅病到停止寫日記的那一天，當時正住在醫院裡割治盲腸炎的宋慶齡寫信給魯迅，急切地懇請他住醫院治療。魯迅為什麼也沒有住進去呢？似乎魯迅對住醫院有一種天然的反感。同時我們也不能忘記，魯迅至死都是一個國民黨當局的通緝犯！他連到青島這類地方都因為感到容易為人所認識而不去，住進醫院不是更惹人注目嗎？

此外，如果須藤這話真是雙關語，那就是說，他有蓄意謀害的意圖。但既然這樣，事後許廣平為什麼不追究他呢？人都讓他治——或者說害——死了，難道還有什麼不好意思的嗎？

綜合以上對周海嬰先生八點疑問的解說，看來是「事出有因，查無實據」了。但是，事情又絕不那麼簡單。——我們把須藤的說法和魯迅的說法對照起來，就會發現很多疑點。

真正的疑點

根據我的考察，真正的疑點在於：

第一，魯迅本人的記載與須藤的記載不一致。

我們檢視兩者，可以發現，魯迅對於治療過程的記錄，與須藤後來補寫的《魯迅先生病狀經過》的記載，竟然大相徑庭。主要有這樣幾方面：

1. 很多次看病漏記、誤記。

照須藤記載，1936 年 3 月 2 日魯迅開始發病，3 月間總共五次診治，四次在 19 日以後，而魯迅記錄有六次，時間卻都在月初。五月間，從 15 日開始，停二天後，從 18 日一直到 7 月 23 日為止（除 6 月 5 日到 30 日他日記停寫，無法確知外），魯迅基本上天天都有治療記載，而須藤僅有從 6 月 1 日起到 7 月 18 日總共 11 次記載，5 月間竟一次也沒有。

2. 病狀描述不一致。

須藤描述，3 月 19 日魯迅「發熱較高，係『消耗性熱型』，病者聲稱右胸下部較痛，於是作突刺試驗」，而這樣嚴重的事，魯迅卻全無一字記錄。而在 3 月 8 日就記錄「云已漸癒」了。而所謂發熱的「熱型」，根據魯迅的說法，到 5 月間才有調查「熱型」之說，那時還不清楚屬於什麼熱型呢！也許 5 月間的調查是另一回事了，可是為什麼 3 月魯迅對「熱型」毫無注意呢？另一個例子是：5 月間魯迅病得那麼嚴重，天天發熱，注射，5 月 29 日還用了強心劑，31 日還請了鄧醫生來，出了那麼多曲折，須藤卻又全無一字記錄！6 月 5 日起，魯迅徹底躺倒，連書信、日記也寫不動了，甚至「頗虞奄忽」，而須藤卻記錄得很平淡。6 月 9 日竟記「熱度平溫，食欲振奮，睡眠良好，元氣充足！」6 月 20 日又是「平溫」。魯迅自己說 8 月 13 日開始吐血數十口，到

14 日打了止血針才止住。而須藤記載則是 14 日「在痰中開始發現少許喀血」，似乎很輕微，而且並無治療記錄。10 月 8 日須藤記錄：「自是日至十月十六日，甚至良好，怠於服藥，散步後甚覺快適」，而魯迅自己記錄：10 日「又發熱幾卅八度」，11 日、13 日都去醫院診治，15 日須藤來診，並又開始服藥。魯迅 17 日寫信給友人說：「蓋有在肺尖之結核一處，尚在活動也。日內又開始療治之。」兩人記錄的明顯反差，竟到這種程度！

3. 抽取積水時間有對不上之處。

周海嬰說，五月間鄧醫生要求抽積水，而須藤不予採信，到一個多月後才抽，而須藤的記載是第一次從 3 月 28 日就抽取了第一次積水。到 6 月 15 日（鄧醫生看過後半個月）抽第二次，6 月 23 日又抽了第三次，8 月 7 日抽第四次。可是，魯迅自己在 8 月 27 日給友人的信中說：「我肋膜間積水，已抽去三次，而積不已。」6 月間魯迅無日記，無法證實，3 月 28 日那次抽水卻並無記載。只有 8 月 7 日那次有記載，但魯迅說是因須藤不在，由另一醫師代診並抽積水。按魯迅的說法，只有三次，與須藤說的四次不一致。也許魯迅沒有計入 3 月 28 日那次，但魯迅似乎根本就不認為那時曾經抽過積水。

4. 用藥與魯迅的記錄對不上。

奇怪的是，在須藤的記錄中，主要是一些主訴、體檢和診斷記錄，雖然有一部分治療、手術記錄，卻很少有處方、醫囑和用藥的記錄。尤其是，從 3 月以後魯迅記錄的注射有 70 次，而須藤的記錄中幾乎没有注射。魯迅記錄，須藤醫生給魯迅注射用的 Takamol Peetol Cerase 三種針劑，每種都連續注射 5 天 6 天和 8 天不等。這些針劑究竟是什麼藥？藥物成分、性狀功能究竟如何？至今都不清楚。1977 年我在注釋《魯迅日記》時，曾專門向上海市醫藥公司查詢，得到的答覆是，這些藥早已不生產，難以查清其成分，但基本可知其屬於激素類藥物。難怪周海嬰先生對所注射的針劑大表懷疑：須藤對這些藥物的使用竟無一字的交代，是很令人困惑的。

老實説，須藤這樣的病史記錄，怎麼不令人起疑呢？然而這些記錄本來就是後來追記的，其真實性本來就要打折扣，然則動機卻無法輕斷。

第二，危急時的處理有誤。

魯迅 10 月 18 日凌晨 3 時發病，到清晨 6 時許，寫了字條，託內山完造電招須藤來診，須藤 6 時半到達，經檢查發現脈搏細弱，心率 120 次，而且「時常停滯」！他的緊急處置就是給魯迅注射（大約是強心劑），又命給他熱水袋暖腳，就走了！

根據須藤的記錄，他在 18 日下午 2 時第二次前往診察時，已經意識到發生了「氣胸」。並且説：「由於此病狀，以致雖儘量使之絶對安静就眠，亦不能深睡……」他好像既知道氣胸，卻又完全不懂得氣胸的兇險。氣胸是非常難處置、死亡率很高的病症，如發現得早，全力搶救，措施得當，或者還有救，而須藤卻只靠打強心針，加上吸氧氣，就指望他安睡，未免糊塗得出奇。而且他本人還並不守在病人身邊，看過以後就走了。護士也直到晚上6點才來注射並看護。他的醫囑是吸氧並每2小時打一針強心劑。看來這些措施只是一種維持，並沒有積極的搶救，尤其是針對氣胸的措施好像完全沒有。大約他的全部希望只在於魯迅本人的抵抗力，要靠魯迅堅持「過了這一夜，再過了明天，就沒有危險了」（許廣平的記錄）。這一切種種處置，今天看來肯定是有誤的。這些都是以現有可靠事實為依據說的，並非猜測。

事後他曾這樣描述魯迅的死：「舊病支氣管性喘息發作，因為呼吸困難，肺臟組織的抵抗減少，由於呼吸困難促迫；因為胸內壓亢進，容易引起肺組織的脆弱部自開或穿孔，增加胸腔內氣壓壓迫心臟，引起心臟性喘息，愈加增加呼吸困難血行異常及障礙。因此在比較短的時間內，症狀遽增，而惹起心臟麻痹，終於成為不歸客了。」既然他明白事情的嚴重性，就算限於條件無法搶救，又不能住院，怎麼也應該把實情告訴家屬呀！

應該承認，氣胸直到今天，還是很兇險的，仍有很多人死於此症。不是在醫學上治不了，而是在臨床上難以及時發現，它發作之初常常與支氣管哮喘相似。從這點上說，又似乎有些怪不得他。

但無論怎麼說，不管有意無意，須藤最後處置失誤的責任，卻是無法推卸的！

難解的謎

如此看來，魯迅先生死得真是有點冤。他的肺結核只是中度，在他這樣的年齡已經不致命了，卻不知道肺氣腫半路殺將出來，要了他的命！

須藤醫生的醫道真是有點怪。他原是個軍醫，不知算什麼科？給海嬰看看病，不知怎麼一來，卻給魯迅看起病來，而且魯迅竟會相信到把性命交給他！

須藤的病史記錄也可怪，倒填不說，還與魯迅的記載處處相左。

須藤的搶救更離譜，明知氣胸，卻又何等輕慢！

但若說他謀害，卻是既無證據，也無法尋出故意。他在醫學上，可說是魯迅的「學長」，資歷上也是魯迅的前輩，魯迅平時對他敬重有加，他對魯迅也頗表敬佩，有何加害的理由和必要呢？

若說須藤受日本政府之命要加害魯迅，則當時的日本政府，又有何可能和必要這樣做呢？魯迅固然是反對侵略，反對專制，反對法西斯的，但當時他最主要的矛頭，首先是對著南京政府的。南京政府倒是想殺他，還沒敢動手，難道日本政府倒要越俎代庖，替國民黨政府除去心腹之患嗎？須知當時中日關係很是緊張，而已日益緊張，暗害了魯迅，非但不可能借此挑起戰爭，反而讓國民黨高興。所以，若非別有深因，這也是不大可能的。何況，本來也沒有證據。

因此，如果沒有驚人的新發現，也許這真將永遠成為一個謎了。

寫於2001年10月19日魯迅逝世65周年之際

補記

在寫完了以上的文字以後，卻又發生新的續聞了。

周海嬰《魯迅與我七十年》出版後，各方面反響熱烈，許多報刊紛紛轉載和報導，連臺灣的《傳記文學》都作了報導。

今年初，在廣東魯迅研究小組和學會編輯的2002年第一期《魯迅世界》中，刊登了周正章的《魯迅先生死於須藤誤診真相》的三萬餘言長文，重新詳細考察了這個問題。由於周正章先生是一個資深醫生，同時又是一個魯迅研究者，他對這個問題的關注已經多時——他也是南京人——他是肯定下過一番工夫的。文章初寫於1984年那場風波初起時，顯然後來不得不擱淺了，直到周海嬰的《魯迅與我七十年》出版後，才又修改完稿。周正章以他作為醫生兼魯迅研究者的優勢，十分細緻地分析了全部資料，並請教了醫學界、魯迅研究界資深專家後，十分肯定地得出了「魯迅死於須藤醫生誤診」的結論，同時他也批駁了過去報刊上關於此事的一些否定須藤誤診的說法。南京的兩位醫師還撰文對周正章的觀點表示支持。

周正章的文章分為六個章節：

一、「起點：一次很有價值的魯迅胸片讀片會」，復述了上海魯迅紀念館 1984 年的讀片會，是全文的立論依據；

二、「挫折：一場對研討魯迅死因的大封殺」，回顧 1984 年讀片會結果披露後的論爭風波，認為本來已可有結論，但卻被人為壓制了；

三、「揭開：一份須藤偽造的魯迅病歷」，論證須藤偽造魯迅病歷的結論；

四、「探尋：一個魯迅被誤診致死的原因」，論證須藤從一開始就錯誤判斷魯迅為哮喘；

五、「顯示：一幅魯迅死於須藤誤診的真相」，從病理角度舉證了須藤誤診的具體證據；

六、「重播：一個偉大生命可以挽救的分分秒秒」，描述魯迅死前 26 小時的病狀發展到一再被耽誤而死去的真相。

周正章對事實的考辨主要集中在兩個問題上：一，須藤偽造病歷；二，須藤嚴重誤診。

對於病歷，周正章指出：

第一，須藤所寫病歷與魯迅所記相差很大。漏記很多，也有多記的。兩者相差巨大；

第二，魯迅和須藤都是 6 月 15 日經拍 X 光片後才知道魯迅患肺結核併發胸膜炎，而病歷卻說 3 月間已詢問魯迅胸膜炎，而 3 月間魯迅並無關於胸膜炎的點滴記載。可見是不正常的添加；查胸膜炎、查痰、結核菌、穿刺、採胸液等，都是6月15日以後的事，都被提前了。

第三，5月25日前須藤没有給魯迅作熱型調查。而須藤記3月間已判明為「消耗性熱型」，顯係作偽。

對於須藤誤診，周正章指出：根據種種現有資料，可知須藤完全知曉氣胸的病理，而從未考慮魯迅為氣胸。魯迅逝世前幾天中並無任何作為慢性肺結核患者死亡前的徵兆，他只是面臨一次急症危機，而被須藤耽誤了。他從以下幾方面論證：

第一，從當時須藤的處理，可逆推出他的診斷決不是氣胸，而是支氣管哮喘。

第二，按當時須藤的水準和設備，如果不是誤診，他完全有能力挽救魯迅的生命。

第三，在須藤的《病歷》中，僅有「擬診」氣胸的記載，而無針對性措施，是個天然漏洞。

第四，他對許廣平説「過了這一夜，再過了明天，没有危險了」，是錯誤的預後，顯係誤診的結果；之所以説一聲「大概不妨事」就回了家，是出於預後較好的判斷。

第五，在魯迅病情惡化時的搶救中，須藤又判斷為「心臟性哮喘」，而上海讀片會已明確否認此症；事後的新聞報導可證實須藤確實是把氣胸誤為心臟性哮喘了。周正章指出他有「六誤」：18日早上，先打解痙止喘類針，一誤；第二針後症狀有所緩和，只是暫時現象，卻未抓住時機，二誤；在第三針不見效時，已可知並非哮喘，卻又不考慮抽氣，三誤；3 個多小時後，症狀不見減輕，還不轉變思路，仍不考慮氣胸，四誤；中午，請來松井博士會診，所搬救兵醫術不對路，五誤；晚六時，連苦苦煎熬中的魯迅也開始懷疑其診治是否對路了，他卻竟認為不妨事，而心安理得地回家去了！根本沒有意識到災難已經降臨，哪怕明示放棄，病家也好另請高明，或急送醫院，或許還有救，然而他卻無所作為——這是最終致命的第六誤。

應該說，無論是否懂醫學，從邏輯上、事理上判斷，周正章的這些論斷看來是具有邏輯力量的，我是相信的，——也正與我的結論相一致。

不過，從科學論證的角度，我還想提出幾點商榷。

首先，對於這一「世紀公案」進行嚴肅的科學論證時，我主張先摒除感情因素，只有在排除一切情緒性思維的情況下，才可能真正冷靜、客觀。我們並非出於希望挖出什麼驚人的結論的目的而來研究，而首先是希望得到真相，才來探究事情的本原，因此，在得出最後結論之前的感慨、指責都是不可取的，帶著情緒的論證也是可能帶來偏差和絕對化的。

其次，關於《病歷》的真偽問題。我也已注意到其與魯迅、許廣平、內山完造等人的記載不合，也注意到那是在治喪委員會的催促下才寫出來的。因此其「倒填病歷」已是不爭的事實。然而正因為是倒填的，所以，與魯迅的記載、與實際情況不合，可說是必然的。但平心而論，是否構成「偽造」呢？我覺得還沒有 100%的把握。理由如次：

a）從周正章所舉的與魯迅記載不合之處來看，病歷是摘要，「漏載」完全正常，不可能也不必要每次照錄。魯迅漏載也肯定是有的。

b）其實魯迅日記在經濟帳目上漏載不是絶少，而是很多，魯迅看病付費是看一次付一次的，並非先記錄次數，再總結帳。魯迅有時記付款，而後來大多不記，難道是不付錢的嗎？

c）病歷為什麼不提拍 X 光片？——因為這不是須藤處理的。那是福民醫院拍的，所以須藤在病歷中不提應屬正常（他在另一文中是提到的）。

d）魯迅從 X 光片拍出後才知道所患為「肺結核病併發肋膜炎」，而須藤記 3 月份已「詢問胸膜炎以往情況」，他並沒有問肺結核，魯迅也沒有説那時還不知道胸膜炎，故似乎也算不上大問題。我們不知道那時注射的是什麼針？但總之，他的措施似乎還是奏效了。還有，他肯定沒看過魯迅日記，他關於這次治療的記載似乎還是準確的。

e）須藤記載，1936 年 3 月 28 日為魯迅抽去肋膜積水 300 公分，而這天魯迅的日記記載：「陰。上午得增田君信，午後覆。寄吳朗西信。下午得唐弢信。得孟十還信。蕭軍及悄吟來。得《漱石全集》（十三）一本，一元七角。晚蘊如攜蕖官來。三弟來。夜小峰夫人來並交小峰信及版稅泉二百，付印證四千。邀蕭軍、悄吟、蘊如、蕖官、三弟及廣平攜海嬰往麗都影戲院觀《絕島混珠記》下集。」周正章指出：這四天魯迅無病無災，無「須藤先生來診」，亦無「往須藤醫院診」，《病歷》所記之診治從何而來？尤其是 28 日從上午到下午、從晚忙至夜，日程安排得滿滿的，還興致勃勃地邀請客人一道看電影。哪有時間抽取 300 公分胸液呢？但是，我倒覺得，就以魯迅這樣的記載，似乎還不能完全排除做胸液穿刺的可能性。這天日記雖然內容很多，但仔細看看，整個上午他其實一步也沒出家門，也沒做什麼事，也沒有接待任何客人。下午也都是別人來，「得」的書也顯然是內山書店送來的。到夜裡才出門看電影。據周海嬰記載，做這穿刺很簡單，也沒有多大痛苦，做完就可以走人，所以在魯迅家裡做的可能性也不能排除。至於說魯迅日記沒有記載，則魯迅漏記當然也是完全可能的。再說，到次日已停止用藥，確實也基本無礙，故日記不記也屬正常。

f) 魯迅 5 月下旬說才開始調查熱型，而須藤記載 3 月已知道其熱型為「消耗型」，是否「驚天大漏洞」？倘說兩者有明顯不合，是肯定的，但就此而下「偽造」的結論，實在還是不很踏實的。3 月 19 日須藤記魯迅發熱較高，而魯迅未記，但那天記的僅有得樓煒春、王冶秋信和胡風來，什麼事也沒做，也許正是病的表示呢？魯迅日記不是病歷，據現有魯迅最後幾天的體溫記錄表，每天都有熱度，而魯迅都沒記。那麼，須藤究竟有沒有掩蓋自己失誤的意圖呢？我以為是有的，至少，在被要求寫出病歷的顯然包含了不信任意味的目光注視下，他的潛意識中，是難免有把這補寫的病歷寫得合乎醫理和規範，能夠自圓其說，以免受到指責的心理的。所以把 5 月間的熱型調查誤為 3 月間也就不奇怪了。考慮到這病歷是後來補寫的，如果不是在關鍵問題上明顯作偽，一時也很難抓住把柄。或許正因為如此，許廣平當時也只是心存疑惑、有所不滿而沒有與之較真吧。

這就是我與周正章觀點的不同之處。——我認同誤診說，但對「偽造病歷說」還不敢輕斷。對於前人的是非，輕斷是很容易的，但若本著對歷史負責的態度，就不能有半點隨意性，沒有 100%的把握就不能下最後結論。要儘量多設想當時的客觀情況，才能避免苛責前人。

周正章的文章一出，學界又起了風波。上海《文學報》於 3 月 28 日對此文作了報導。其標題即為《魯迅死於醫生誤診》，其引題為「魯迅研究專家周正章、王錫榮分別撰文認為——」記者在寫此文前，曾電話採訪筆者，筆者即示以上文。但記者在採寫時，卻把我的觀點與周正章的說法混為一談，提出了兩點基本結論：一是須藤偽造了病歷；二是魯迅死於他的誤診。但讀者可以看出，我並沒有說須藤「偽造」病歷，我只是同意「倒填病歷」的說法，但這並不等於偽造，我認為只有故意作假才叫偽造。所以，記者說周正章的推斷與我「不謀而合」，是不很準確的。其次，我認為須藤的誤診有其主客觀兩方面原因，不敢說一定是 100%主觀原因。應當認為，須藤誤診有其本身醫術、反應能力、重視程度等方面的主觀原因，也有一定的客觀歷史條件原因的問題，例如魯迅體徵表現的不典型、多次出現相似病狀而都化險為夷，由此而引起的麻痹心理等。《文學報》報導還說「是否存在主觀上的拖延，專家意見不一」，而事實上周正章也並沒有說須藤有主觀拖延的表現。

4月12日，上海《文匯讀書週報》又刊出朱正的《魯迅死因「正、反、合」》一文，在回顧了這場爭論之後，對其間的一些現象提出了批評。他對這件事本身的主要論點，除在周正章的長文中已包含的以外，有兩點意見較為重要：

1. 朱正指出：3月28日的魯迅日記中「這裡不但沒有『行穿刺術取胸液』的記載，連『須藤先生來診』的記載也沒有。而且，在上午下午都排得這樣滿的日程裡，能夠在什麼時間去做穿刺術，取300公分胸液呢？」對此，我已在對周正章文章的分析中指出：這天其實整個白天都沒做事，完全有時間。

2. 泉彪之助說須藤為人溫厚篤實，又說魯迅所患之病「死亡率目前仍高達28.6%」，這是沒說服力的。即使他人再好，也不能保證他沒有失誤，既然死亡率為28.6%，那麼正說明存活率為71.4%，「為什麼魯迅不幸沒有能夠成為三分之二以上多數中的一人呢？」這個問題固然問得好，想來確實令人扼腕。但是，話又說回來，既然在醫學科學發展了半個多世紀之後的至今都有28.6%的死亡率，為什麼就絕對不允許在該病死亡率高得多的當時的魯迅正在其中呢？我們希望魯迅改入存活的 71.4%，但畢竟還有 28.6%的人不幸，如果魯迅可以改變命運，那別人也有理由改入其餘 71.4%。那當然不是現實。現實是，魯迅沒能逃過厄運。這畢竟也是在可能的範圍內的。

朱正的結論是：「到了今天，我想倒可以借用《朝日新聞》的標題：『魯迅的死因之謎的論爭可以終止了』。」意思是，在周海嬰的舊案重提中，最後結論已盡在其中了。或許周正章的文章出後，更有理由這樣說吧。

但是，是否真的會從此不再有人提出異議呢？但願如此。

2002 年 4 月 20 日補訂

補訂的補訂

在寫完上述的補訂後，在四月底收到江蘇魯迅研究會邀請書，請我於 5 月 11 日赴南京參加該會舉辦的「魯迅死因研討會」，可是我因要去北京參加《魯迅全集》修訂工作會議，沒能前往南京與會。自北京回滬，卻又看到《魯迅世界》》2002 年第二期上紀維周先生的新文章《「魯迅死因」引起的一場風波》，回顧了 1984 年那場風波，其中引張震麟發表在《新聞廣場》2002 年第四期上的文章《是誰言不由衷——17 年前〈週末〉報的一場風波》，談到當時情況：

先是有「魯研界」人士將日本報紙上的文章譯成「內參」向上報告，指出紀文「有礙中日友好」，「必須設法消除不良影響，以正視聽」。接著，上海和北京的報紙上就陸續出現了「魯研界」有關人士的批「紀」文章；「大人物」的發話，於是，有關方面找了當時的報社負責人和作者談話，指出此文錯誤的嚴重性，要作出深刻檢查。當時江蘇就有文化方面的領導人對作者說：「你這篇文章不是學術問題，是政治問題。」

紀維周自己的回憶是：

第一次檢討，我如實的說，是根據周建人一篇文章編寫的，目的是普及有關魯迅的知識。但沒有通過，指出檢討不能作一般說明，並嚴厲指出我的文章「不是學術問題，而是政治問題」，一定要從妨礙中日邦交上作出深刻認識和檢討，否則是過不了關的。於是，我昧著良心，說了我所不願說的話。

這確實是一件令人感慨的事。其實，紀維周先生主要是復述了當年周建人先生的懷疑，並沒有下結論，而受到如此嚴厲的批評，是不公正的。應該說，他文中有些地方不夠嚴謹是有的，例如把魯迅的死與霍元甲的死相提並論，也是不恰當的。再說，他雖沒下結論，但語氣卻可以引導人作出另一種結論，而那結論的證據畢竟還是不足的。但即使這樣，無論如何也是扯不上「政治問題」的。

不過，由於當年受到政治偏向的影響而被嚴加指責，到今天來翻這舊案，卻也要注意分寸。也不能因此就把原來文中的不嚴謹之處也抹平了。例如，紀氏這篇翻案文章，說道：「遺憾的是，魯迅的病，醫學界認為完全可以治療，至少不會立即死亡。但日本醫生須藤在治療上，不僅極不負責任，而且還存在有謀害魯迅的嫌疑。」這些話還是說得輕率了些。即使紀氏大力讚賞的周正章，在文章中花了那麼大的力氣來論證自己的觀點，卻也並沒有採用紀氏這樣的措辭。

我不知道南京的專題研討會有些什麼高見，但我覺得，關於這個疑案的討論還會繼續下去的。因為實在還有一些問題是並沒有真正搞清楚的。例如：

——魯迅用的那些外國藥物的真正功能、性狀是什麼？

——最後時刻須藤給魯迅注射的究竟是什麼針？

2002 年 5 月 18 日再補

參考書目

1. 周海嬰：《魯迅與我七十年》，南海出版公司 2001 年版。
2. 《魯迅先生紀念集》，1937 年魯迅先生紀念委員會出版。
3. 《紀念與研究》第六輯，上海魯迅紀念館 1984 年 9 月印行。
4. 《魯迅世界》2002 年第一期、第二期。

《魯迅生平遺案》，上海辭書出版社 2002 年 12 月

魯迅的「病」與「死」

符傑祥

作為現代文學史與思想史上一位特立獨行的大家，魯迅受人崇仰最多，也議論最多。魯迅的早逝並未如其所願的「埋掉，拉倒」，也並非如日本學者竹內好所謂的以死解救了對立，消泯了論爭（《魯迅》第 8 頁，浙江文藝出版社 1986 年 11 月版）。實際上，後世學人在慨然而生「千古文章未盡才」的浩歎之時，對其生前身後的命運也一直有「是非蜂起」的論爭與猜測。作為魯迅的後人，周海嬰的新著《魯迅與我七十年》以大量親聞親見的一手資料，披露了許多鮮為人知的隱情，破解了一些困擾魯迅研究的歷史謎團，意義甚殊。因為，這並不僅僅是一個簡單的史料問題（周海嬰在資料方面自然具有獨特的優勢）；更重要的是，「事實」的揭示與如何揭示本身就包含著「求是」亦即真理求索的嚴肅意義。比如魯迅「今天還活著，他可能會怎樣」的題目，就需要思想的勇氣。在我看來，周著更重要的價值就體現在一種「拋棄顧慮」、大膽直書的精神，也正是在這一點上，周海嬰真正承續了乃父最基本，也最可貴的精神原則。

但同時，我們亦須注意，秉筆直書雖然是歷史書寫的一個最重要的要求和原則，但它的一個基本前提是完備的事實考證。而且，事實也不等於結論，必須經過嚴密的邏輯分析與論證過程，否則，即使列舉很多的事實，也可能得出有偏差的結論。如果求全責備的話，我覺得周著的些許欠缺就在於個別地方的「大膽假設」似乎多於「小心求證」。比如在對魯迅之死的解釋上，認為給魯迅看病的日本醫生須藤五百三有謀害的嫌疑就顯得思慮不周，情感臆測的成分大於事實分析。不過應該看到，著者畢竟不是學者，其「拋棄顧慮」的「實事實説」的勇氣，表明只是「懷疑」，「以為否定不容易，肯定也難尋佐證」的坦誠，已殊為不易。周海嬰根據個人的意願來回憶往事，書寫自己心目中的魯迅，罅漏難免，他人可以批評，卻沒有權利苛責。因而，本文只算是對周著的一種補充和發揮。

魯迅的猝然而去是許多人所意料不及的，這甚至也包括魯迅本人。在耳聞目睹了多次打著民主、共和旗號的「搶奪舊椅子」的革命遊戲後，種種漂亮名頭下的黑暗現實使魯迅對中國社會有了更為深切的觀察，也使得他對中國未來充滿了深刻的悲觀。但魯迅之為魯迅，就在於以悲觀的勇氣否定了虛妄的「黃金世界」後，又同樣以一種深沉的勇氣來承擔和挑戰心內心外的死亡與幽暗。所謂「自家有病自家知」，學過醫的魯迅對自己嚴重的病情當然更應該有所瞭解。但那種「反抗絕望」的亢奮心態與剛毅氣質在很大程度上影響了魯迅對自己病情的看法。早在 1934 年，社會上就風傳過魯迅患重性腦膜炎的消息，魯迅戲擬一詩作為答覆：「詛咒而今翻異樣，無如臣腦故如冰」。謠言雖然是謠言，但魯迅嘲弄性的反擊卻的確洋溢著一種戰鬥的樂觀氣息。因之，到了 1936 年，魯迅在自己的日記中已不斷出現「發熱」的危險記錄，而史沫特萊請來的美國肺病專家鄧恩醫生又確診其病情嚴重後（「倘是歐洲人，則在五年前已經死掉」云云），魯迅雖然「受了些影響」，但又「不怎麼介意」，再加之醫生又有「拖得巧妙，再活一二十年也可以」的話，他反而增強了醫生所譽的「最能抵抗疾情」的信心。所以當茅盾、增田涉等幾位朋友看望他時，魯迅是笑著將自己的 X 光片指給他們看，一面還不免將美國醫生讚譽的話得意地重複一番。魯迅在病逝前所寫的《死》被許多人驚歎為先知的絕唱，但如仔細品味就可以發現，這篇文章其實充滿了慣常的冷嘲熱諷，那種幽默與樂觀洋溢可見。這種「樂觀」並非超然於死的「達觀」，正如魯迅的自我調侃：還「未曾煉到『心如古井』」的地步。魯迅在文末也說：「這些大約並不是真的要死之前的情形，真的要死，是連這些想頭也未必有的。」換言之，如果真的意識到死亡，恐怕寫不出這樣樂觀、從容的文章來，可惜人們的注意力多放在戲擬的幾條「遺囑」上，而忽視了這條重要的幕後說明。魯迅的這種樂觀似乎也感染了親屬，在給曹白的信中，許廣平就把「再活一二十年」當成了一個可信的「好消息」。也許正是這種樂觀，魯迅的忽然去世就讓人難以接受，也在親人們的心頭「始終存有一團排解不去的迷霧」。

就像周作人在愛女若子死後對日本醫生痛加指責一樣，懷疑醫生誤診的情感是可以理解的，但如果就此認為是謀害就有些過頭了。周書提到，日本醫學界的泉彪之助先生後來專程到上海魯迅紀念館查閱資料，做出了支援須藤醫生的結論，這就否定了周建人在 1949 年《人民日報》上的公開質疑。那麼，為什麼還要堅持懷疑呢？其實，診斷、用藥這些醫療上的懷疑，最終都歸結到了對須藤這個人的懷疑上，理由是有人說須藤是日本在鄉軍人團體「烏龍會」的副會長。姑且不論這個「聽說」來的故事是否和有關內山完造是日本間諜、「皇軍」獵犬的傳言一樣可靠，魯迅在猶豫後還堅持「叫他看下去」，可見其是極為信任的。在《死》一文中，魯迅稱其為「前輩」，「又極熟識，肯說話」，既可看出魯迅態度的尊敬，又可看出兩人能說得來、非常熟識的深厚交誼。事實也的確是這樣。查魯迅日記，1932 年 10 月 20 日有「寄須藤醫士信」的記錄（但魯迅日記的注釋稱其於 1933 年方在上海設立醫院，疑誤，待考），其與兼任內山書店醫藥顧問的須藤的交往最早應該是在這一時期。兩者最初的交往完全是書信、「邀客在飯」之類的朋友關係，並沒有看病的往還。魯迅在初期主要請篠崎醫院的坪井學士為周海嬰治病和高橋醫院的醫生為自己治齒。和須藤有了看病的往來，始於 1933 年的 6 月 2 日，不過第一次是代為馮雪峰的夫人

（即日記中的「何女士」）延請的，但從此以後須藤幾乎就成了魯迅家的私人醫生和常客。先是頻繁地給周海嬰看病拿藥，後來又出現了多次父子並診的情況，及至 1934 年與 1936 年兩次持續「發熱」、「肋痛」的大病，兩者的交往就更加密切了。僅從 1934 年算起，魯迅日記提到須藤的地方就有近二百處。長達四年的交往，兩人的交誼即便不如與內山完造深厚，至少已經相當親密了。在魯迅日記中，與須藤的關係除了提到治病，還有「邀客夜飯」，多次互贈荔枝、糖果、書畫的這種朋友性交遊的記載。魯迅與須藤也是無話不談。須藤在魯迅去世後，也並非如周書所說的完全銷聲匿跡了，在一篇紀念文章中，他描述了魯迅的病因，並深情地回憶了與魯迅「為朋友」的日子。在平日的敘談中，他們不僅談中日關係和文學批評、外國科學的大問題，還談到孩子的身體與教育，「虔心地禱祝著海嬰健康地長大」，有時還開一些玩笑（《醫學者所見的魯迅先生》，載《作家》1936 年 11 月號）。須藤對魯迅「正直」、「堅強」由衷的欽佩之情在這篇文章中是顯而易見的。當時師從魯迅翻譯《中國小說史略》的增田涉在回憶中印證了這個事實。他說，我認識須藤醫生，在大陸新村魯迅最後住過的地方，「時時在旁邊聽來診病的須藤醫生和魯迅關於德國文學或日本文學的雜談」。魯迅對須藤所說的「最討厭的是假話和煤煙，最喜歡的是正直的人和月夜」這類推心置腹的話，同樣出現在增田涉的回憶文中，也證明了須藤對與魯迅之間朋友關係的描述是真實的（《魯迅的印象》第 55 頁，湖南人民出版社 1980 年版）。如果再聯繫蕭紅在《回憶魯迅先生》一文中提到的須藤經常出入魯迅家中，「連老娘姨對他都是尊敬」的情況，兩人超乎普通醫治與一般朋友關係的互相尊敬、信任的親密程度已足見一斑。從這一點看，須藤謀害魯迅的猜測不大可能成立。

史沫特萊請美國肺病專家給魯迅診病是一個事實，但周著傾向鮮明的陳述方式也導致與其所述事實有一定出入。書中提到，鄧醫生認為「治療方法極簡單，任何一個醫生都會做」，「只要照我說的去做就行，無須我親自治療」，「如果現在就開始治療、休養，至少可活十年」（《魯迅與我七十年》第 60 頁）而實際上，魯迅、許廣平等當事人即使表示樂觀，也沒有這樣誇張，而是相當謹慎的。首先，鄧醫生在診斷出魯迅的病情極重後，不可能有「無須我親自治療」這樣輕描淡寫、不合邏輯的說法；而魯迅拒絕了鄧醫生的開方，理由是不相信歐洲的醫學一定會有「給死了五年的病人開方的法子」，也至少說明治療方法不會「極簡單」。蕭紅回憶說，美國醫生「只查病，而不給藥吃，他相信藥是沒有用的」，也與周書的陳述有異。同樣，許廣平在提到「再活一二十年」的「好消息」時，是有「如果拖得巧妙」這樣小心的假設。而前提也是對「經過幾次必死之病狀」的嚴重事實的認證。姑且不論醫生的話是否是一種安慰，增田涉在 1936 年專門去上海看望魯迅時，看到「先生已經沒有希望了」卻的確是一個悲哀的事實。因為帶著先入為主的觀念看問題（這種觀念由轉述周建人的看法所致，但周建人是在內山完造最後認識到魯迅「病勢很重」，為「顧慮萬一」才讓許廣平打電話將其叫來的，應該不是當事人），作者對一些事實的分析甚至已不近情理，對鄧醫生提出的休養方案，作者深以為是，而對須藤在很早就提出的同一方案，卻認定是個陰謀。須藤提出轉地療養從醫學角度來說是無可懷疑的，錯就錯在地點定到了日本。實際上，到日本療養的並非自魯迅始，早在此前，左聯作家蔣光慈就因肺病去日本休養過一段時間。況且勸魯迅赴日療養的也並非須藤一人，日本友人山本實彥（魯迅曾為其主辦的《改造》做《在現代中國的孔夫子》一文）在回憶中說，他曾三次敦請魯迅「來東京一遊」，而魯迅也是「有意來日本」的（《魯迅的死》，載1936年10月《日日新聞》）。同樣，在致茅盾的兩封信中，魯迅自己不僅表達過「決赴日本」的心願，而且也有「今年的『轉地療養』恐怕『轉』不成了」的惋惜，這表明周書中的「斷然拒絕」一事顯係誤說。進一步說，如果請魯迅去日本療養是一種陰謀，那麼又該如何理解請魯迅去蘇聯療養的事？為什麼後者偏偏被理解為朋友的關心而就不可能是一種「陰謀」？魯迅最終哪兒也沒有去，除了家族、經濟等方面的考慮，我覺得山本實彥的分析是有道理的，「因為不願意染上過厚的政治色彩」，害怕失去一種精神上的自由吧。

至於對須藤不送魯迅住院治療，「拖延」病情的懷疑，看一看蕭紅的《回憶魯迅先生》就可明白，「魯迅先生當時就下樓是下不得的」。須藤每日數次往返診視，不憚麻煩，應該說是從魯迅身體的角度著想的。既然謀害的可能性不大，那麼周書所指陳的一些醫療失誤又是怎麼回事，該做何解釋呢？內山完造在《憶魯迅先生》一文中描述了當時的情景；「這時，須藤醫生來了，說是不但哮喘總沒有好，而且好像已經變成心臟性哮喘。因為想要請松井博士診察一回，所以就馬上把汽車駛到福民醫院去接松井博士；但，偏巧博士今為禮拜天的緣故，不在家；問到了他的去處，須藤醫生就親自去接他。」這段表述有兩個問題需要注意：首先，作為「老朋友」，須藤與內山一樣，對魯迅的病是極為盡心的，所以有「馬上」、「親自」的舉動。但是，盡心未必能夠盡力，從要親自請福民醫院醫生的另外一面看，須藤是心有餘而力不足的。坦率一點說，須藤的醫術是有限的（但不能因此懷疑須藤的醫品）。由是之故，先前請美國醫生和拍X片都是在福民醫院，後來在魯迅病情兇險時首先想到的也是福民醫院。所以，醫療上出現的一些問題可以從兩方面來說明：一，如魯迅所說，須藤「不是肺病專家」；二，魯迅日記中稱呼醫生多用學位，如最初給周海嬰看病的坪井學士、後來的松井博士等，而獨對須藤多稱「先生」，可見這位退職軍醫學歷並不高。日本女作家河野櫻在《病床上的魯迅》一文中，談到過與鹿地亙夫人池田幸子一起拜訪魯迅時遇到的須藤印象：「這是一位在虹口開業的老年醫師，他既不會奉承，又不用得客套，完全是一個鄉村醫生的類型……魯迅一面接受注射，一面和須藤先生談著話，他們談的完全是日常生活的事情。我心裡卻在暗忖：『為什麼不找一位更好些的醫生來治療啊！是不相信新的醫學的進步吧！』我內心甚至還為此感到不滿哩。」河野櫻對「鄉村醫生」的「不滿」，與內山完造此後不再讓須藤給周海嬰看病一樣，都是從醫術的角度考慮問題的。因而，即使認為須藤對魯迅的死負有責任，實在也只能從醫術不高明來解釋，蓄意謀害的說法則多少有些是妄做揣測。

如果不纏繞於具體人事的枝枝節節，不僅僅從生老病死的自然現象來看問題，而從諸如知識份子的命運、社會環境等更重大的問題背景來展開思考的話，也許對分析魯迅的「病」與「死」更有意義。魯迅的病與死當然有先天的生理素質的問題。從魯迅 1912 年的壬子日記查起，陸陸續續就有數百次「腹痛」、「胃痛」、「肋痛」、「齒痛」、「腹瀉」、「發熱」的記錄，其中發病最頻繁的有四次：兄弟失和後的 1923 年，「和章士釗鬧」後的 1925 年，以及到上海後的 1934 年和 1936 年。正如魯迅在給母親的信中所說，自己的肺病「已經生了二三十年」，「不會斷根」，「痊癒是不可能的」。那麼，病根從何而來呢？無獨有偶，周作人在《知堂回想錄》一書中提到父親和弟弟的病「伯宜公的病以吐血開始，當初說是肺痛，現在的說法便是肺結核」；「椿壽則於六歲時以肺炎殤」（第 29、593 頁）。周作人自己也在 1920 年大病了半年之久，「因為生的是助膜炎，是胸部的疾病，多少和肺病有點關係」（第 402 頁）。可以看出，魯迅的肺病與家族有一定的關係。不過，承認這個客觀的前提，卻不可過於誇大它。因為先天的生理問題雖然無法拒絕，但後天的環境可以完全對其進行排解和調節。比如周作人，選擇西山碧雲寺作為清休之地，而且也度過了危機。魯迅也不是不想去休養，他在信中多次表達過「轉地療養」的意思，但最終實在是「非不為也，勢不能也」。同樣的病因，造生兩種不同的結果，與其說是環境的原因，不如說是兩人對相同環境的不同態度的問題。而後者的根本問題在於，如何對待置身其中的環境（社會、文化），將決定著個體對自我的定位和人生命運的選擇；這種定位與選擇，也深刻影響著如何看待疾病與死亡的問題。對於病，周作人選擇了寺廟的清休，這位苦雨齋的「老僧」在病後也果真大徹大悟，深悔過去的「滿口柴胡」之氣，而欲在十字街頭築塔，做平和沖淡的隱士文章。魯迅在病初的日記即有「無日不處憂患中」的記錄，這種不能忘懷於外在環境的敏感與憂慮顯然不利於清養。所以我想，即使魯迅真的去療養，恐怕也不會有周作人那樣的效果，因為他對環境的態度已深深地決定了冥神對「死」的這一安排。

在《「碰壁」之後》一文中，魯迅屢屢「碰壁」而不悔，坦承自己有到處「看一看」的「毛病」，「自己也疑心是自討苦吃的根苗；明白無論什麼事，在中國是萬不可輕易

『看一看』的，然而終於改不掉，所以謂之『病』」。直到生命末期的大病不起，魯迅還是固執地讓許廣平「給我看來看去的看一下」，就是出於「無窮的遠方，無數的人們，都和我有關」的現實關懷意識，出於只有這樣方才心安與「切實」的「動作的欲望」（《「這也是生活」》）。對於魯迅來說，「病後」之於「病」，猶如靜之於動，只是相對、暫時的現象。魯迅也一度想「靜一靜」，但終於離開了「伏處孤島」的廈門大學；就是因為那裡「無刺激」，感覺如「死海」？魯迅最後定居上海，明知「上海真是是非蜂起之鄉，混跡其間，如在洪爐上面，能躁而不能靜」（1934 年 4 月 9 日致姚克信），「滬上實危地，殺機甚多」（1932 年 6 月 5 日致臺靜農信），就是因為一份能夠「看一看」、介入社會現實的憂患之心。在索爾仁尼琴稱為「癌病房」的製造迫害、屠殺的專制社會中，「夜正長，路也正長」，現實的黑暗盛滿了魯迅的內心，也剝奪了他的安適與優裕，憤怒與絕望的抵抗使他時時處在「戰取光明」的「苦鬥」的激昂中；而發熱的胸肺愈是意識到病狀，也愈是有「趕快做」的撲火飛蛾似的念頭。這樣，魯迅似乎已是處於無日不憂患的「病中」，而不大可能有超然物外的休息與「病後」時候。因而，「怒向刀叢覓小詩」的魯迅很難「從血泊中尋出閒適來」，如周作人那樣擇寺建齋，修得「於瓦屋之窗之下，清泉綠茶」、「苦中作樂」的境界（《雨天的書．喝茶》）。

知識份子對病與死的態度，實際上也決定了他們對生存環境是迴避、隨順還是直面、反抗的姿態與選擇。莊子曾云，「差其時，逆其俗者，謂之簒夫；當其時，順其俗者，謂之義之徒」。順服環境，可得「養生」，反抗環境，則必「滅亡」。無論是莊子「明哲保身」的存身之道還是近代「適者生存」的進化原則，都是為魯迅所深諳的，但他最後還是堅持「爭天抗俗」的摩羅精神，「舉起了投槍」，走上了「弄文罹文網，抗世違世情」的無路之路。深深影響了魯迅早年思想的克爾凱郭爾的「人是精神」的命題，使他更深切地認識到「生存」之上還要「發展」的精神原則。這種自覺的選擇與承擔，同「華蓋運」將可能像鬼影一樣無休無止地糾纏著他。關於這一點，我想魯迅也不會不明白。

權勢者要統一意識，就要消泯知識者異議、批評的精神，而知識者為了不讓個體思想的聲音消亡，就不得不直面肉身的「無家可歸」：飄泊、流浪，乃至死亡。正是在這樣一種普遍的意義上，薩依德把知識份子刻畫為「邊緣人」和「流亡者」：「這些個人與社會不合，因此就特權、權勢、榮耀而言都是圈外人和流亡者。把知識份子設定為圈外人的模式，最能以流亡的情況加以解說」，因為「流亡這種狀態把知識份子刻畫成處於特權、權力、如歸感這種安適自在之外的邊緣人物」（《知識份子論》，第 48、53 頁，三聯書店 2002 年版）。與強大的專制權勢相對抗，如同茨威格在《異端的權利》中所說的「蒼蠅戰大象」的鬥爭，不可能指望有「俟河之清」的勝利時候，而且「還要準備著為它步上塵垢撲面的死亡之路」，「沒有十字架，也沒有花環，記錄他們徒勞無功的犧牲」（第 11 頁）。因此，薩依德儘管樂觀地肯定了流亡者的「解放」意義，但他也看到，知識份子如果「不能跟隨別人規定的路線」，「不被馴化」，堅持「對權勢說真話」，必然意味著「將永遠成為邊緣人」的悲劇命運。經歷了從北京到廈門、廣州、上海的輾轉流徙，經歷了政府的迫害與「友軍」的暗箭，經歷了威脅無日不在的病痛與死亡，魯迅對此有著切實而清醒的體認：「逃掉了五色旗下的『鐵窗斧鉞風味』而在青天白日旗之下又有『縲絏之憂』了」（《通信》）。在《關於知識階級》、《文藝與政治的歧途》這兩次探討知識份子命運的演講中，魯迅指出，知識份子「對於社會永不會滿意的，所感受的永遠是痛苦，所看到的永遠是缺點，他們預備著將來的犧牲」，因而「在皇帝時代他們吃苦，在革命時代他們也吃苦」。這是因為，道與勢、文藝與政治存在著深刻的分歧，「從前文藝家的話，政治革命家原是贊同過，直到革命成功，政治家把從前所反對那些人用過的老法子重新採用起來，在文藝家仍不免於不滿意，又非被排軋出去不可，或是割掉他的頭。」閱讀魯迅與薩依德相差近半個世紀的演講稿，可以想見他們內心哄鳴著的一種深深的悲涼。

貝爾在《資本主義文化矛盾》一書中曾深有意味地說「所有的問題都出現在革命的第二天。」正因為見證過「城頭變幻大王旗」的革命「風波」，被從現實與「夢境放逐」

的魯迅同時也放逐了許多知識份子對革命之後「黃金世界」的虛妄幻想與淺薄的樂觀（《在鐘樓上》）；也正因為懷著如此深刻的悲觀和識見，魯迅屢次提到葉賽寧等人的死，甚至表示出自己沒有被殺而足見文章無力的觀念（《答有恆先生》）。即使在因身中左聯內部「一大把暗箭」而滿心疲憊與創傷的生命後期，魯迅對自己可能「充軍到北極圈」和「穿紅背心掃馬路」的命運也做好了一定的精神準備。由此看來，魯迅對自己「如果還活著」的命運其實早有所知，後世好事者實在沒有必要再枉費思量。

陳漱渝在魯迅的一次紀念會上曾發言說，魯迅之死是不幸的，「但死得其時，避免了在中國『壽則多辱』的命運，又是他的有幸」（《突然想起魯迅之死》，《文藝理論與批評》2001 年第 4 期），將很多學者私下的猜疑直接公開了。其實，流傳於民間的魯迅「如果還活著」的傳說並非空穴來風，劉小楓就曾把它當做「笑話」講過（《聖人虛靜》，《讀書》2002 年第 3 期）。這倒不是有什麼可笑之處，多半是這種可能性因斯人遠逝，往事成塵，而難以求證吧。周著現在舉出一例孤證，近來已有多人質疑，尤以陳晉文章考證最為切實（《「魯迅活著會怎樣」》，《百年潮》2002 年第 9 期）。學者的考證自然更為嚴謹，但魯迅已然「遠行」，事實求證其實早已喪失了「魯迅活著」的大前提，將文件與講話一路羅列下去並無實際的意義，也難以說明可能性不會發生的問題。魯迅身後的知識份子改造運動是鋪天蓋地的整體性思潮，並不是針對個人的，覆巢之下，焉有完卵。不論是魯迅的弟子胡風、蕭軍，還是揚鞭的「奴隸總管」周揚，最後都是同樣的命運，便可想而知，何用翻箱倒篋，字字求證？實際上，歷史上的許多困惑是難以用考古得來的「事實」完全證明的，正常的思維與思想有時反而比知識更重要。

我想，用某種意識形態和人為界限來劃分年代，切斷時間之流，是不會有真正的歷史之同情的。運用所謂現代、當代的分野，站在時代之外來看魯迅，必然難以接受充滿了死亡、殺戮、血腥與陰暗的魯迅思想與文學，也不會真正瞭解魯迅「病」與「死」的如何與為何。在魯迅時期，世界上最大的流亡現象出現在史達林主義的蘇聯和法西斯主義的德國。湊巧的是，在劉半農戲贈魯迅並博其首肯的「託尼學說，魏晉文章」一聯中，魯迅所心儀的學說正是出產在這兩個國度；而其所深慕的魏晉風度，也恰恰是中國歷史上專制最深的黑暗時期。

也許，這不僅僅是一種偶然吧。

作者單位：復旦大學，原載廣州《粵海風》2003 年 1 期

關於《上海日報》所載

須藤五百三《醫生所見的魯迅先生》

北岡正子

前言

1936年10月19日，魯迅在上海公共租界的一隅結束了五十五年的生涯。魯迅是一生中與日本及日本人結緣很深的人。日本人中的有些人，寫下了對魯迅的印象和親密交往的回憶。其中，須藤五百三作為醫生，在與不是文學家的魯迅，而是同自然人的魯迅交流方面是一個特殊的存在。在魯迅的晚年，他在上海作為主治醫擔當治療，照看到魯迅至死，死後不久即寫了悼念文章。

上海發行的雜誌《作家》追悼號（2卷2號，1936.11.15）發表的文章《醫學者所見的魯迅》，人們都很熟悉，文末作為附錄有《魯迅先生病狀經過》一文。魯迅逝世一周年時出版的《魯迅先生紀念集》（魯迅先生紀念委員會編，1937.10.19）也收錄了該文。《作家》追悼號的開頭，作為

「特別寄稿」刊登了六個日本人即內山完造、鹿地亙、須藤五百三、奧田幸花、池田幸子、河野明子的追悼文章；編輯後記的《編輯室》中，還介紹他們與生前魯迅的親切交往，指出「作為本特輯底特色的是日本朋友們底幾篇文字」，「我們對這幾位賜稿的日本朋友，也致誠懇的謝意」。

該雜誌介紹須藤五百三的文章時說：「須藤五百三先生是給魯迅長期治病的醫生，他在這裡給我們寫的魯迅先生病狀經過報告，是一件極有價值的記述。」但是，這篇文章在《作家》雜誌發表時，已經翻譯成了中文。他最初寫的日語原稿是什麼樣的？現在被保存在哪裡？這些都不知道。

據《魯迅先生紀念集》中《日本各雜誌新聞所載追悼文細目》所記：10月23日（1936）的《上海日報》發表了須藤五百三的《醫者ヨリ観タル魯迅先生》。從題目來看，覺得好像是《醫學者所見的魯迅》一文的日文原稿。

幸好日本保存有昭和十一年十月的《上海日報》，確實刊有須藤五百三的悼念文章。查看這篇悼念文章，與《日本各雜誌新聞所載追悼文細目》所記標題和發表日期稍有不同，即標題是攙雜著平假名的《醫者より観たる魯迅先生》（《醫生所見的魯迅先生》）。發表日期不是23日，而是在昭和十一（1936）年十月二十、二十一、二十二日的《上海日報》夕刊上，分「上、中、下」三次刊載的。

所以，本文意在介紹《醫者より観たる魯迅先生》的全文，且講述與之相關聯的二三事。下面就是《上海日報》刊載的該文「上、中、下」的全文。明顯的誤植或脫落部分在（　）中標示，段落、標點照原文。另外，原文未標句號。

一、《上海日報》所載須藤五百三《醫生所見的魯迅先生》全文

醫生所見的魯迅先生（上）主治醫須藤五百三

（昭和十一年十月二十日夕刊）

我和魯迅先生熟識是從五年前。尤其是本年3月2日，先生患喘息症以後，作為治療醫生，我隔日或三天頭上便來接診、聊天、聽先生說話。所以，這一次的悲哀裡，胸中更是浮想聯翩。

先生生於浙江省紹興府。自七八歲起牙就不好，因齲齒之故夜難成寐；給兩親添難，又間或被叱責為不自愛。那時，附近別說沒有牙醫，即使出了紹興，也僅能達到拔牙的程度。所以，要忍受民間治療或誣陷之類的痛苦。可是，牙從根部爛起，齲齒洞孔增大，無奈，需要醫生為其拔牙。一點點地拔起牙來，二十二、三歲左右大半牙齒便已缺損，二十七歲時就鑲上了假牙，這牙齒疾病及缺損導致宿疾愈益惡化、胃擴張和腸弛緩症，影響其他消化器官的機能。先生到死時，食量不及常人一半，而且生來不知饑餓和美味。這是先生常說給我的。現在想來，牙病不只是齲齒，還應該是慢性牙根膜炎。

於是，這消化機能的衰退引起營養不良，結果造成筋肉

薄弱。自己知道之時，淨體重從未超過四十公斤。

先生有特殊的天分，起草原稿、讀書研究常在夜間進行，成常規之後，加之筋肉薄弱、神經過勞等，變成所謂災難之輪，釀成討厭的結核性體質。十六歲時父親死別之後，發生了種種辛酸慘事；家宅被人買走之後，孩童之心，更為身心所苦。尤其痛苦的，還是只有自己所遭受的牙痛。因牙痛徹夜不能安眠，如若考慮他當時身體的前途、方法等等，應該說是能夠減輕牙痛的。

二十五歲時，先生在仙台醫學專門學校學習。受日清戰爭的結果和中國形勢的刺激，思來想去，牙齦腫脹，三天三夜飲食未進，也與人談過那疼痛。這次深思熟慮的結果是：與其做醫生，莫如從事文學，訴諸國民，以圖中國覺醒；覺得會有大效果，便負笈歸國，刻印起他的所謂《新生》雜誌。

先生的牙，從少兒時期開始消滅齲齒，進入青年時期，反而為他深思熟慮轉換方向製造了動機。

先生因為是孱弱的體質，比較耐發熱。有微熱，則感受不到。一天，體溫計含在口裡後，因為有體溫計，反而使人過於敏感，誤人之事便多有發生。每每自己測體溫，一想到那不該有的意味，實在是不喜歡。

可是，兒子海嬰若說像是感冒、有病的時候，每次都親自給他檢測體溫。

醫生所見的魯迅先生（中）主治醫須藤五百三

（昭和十一年十月二十一日夕刊）

先生病中即使皮下注射、靜脈注射也毫無不快的表情，多麼苦的藥也聽不到他的抱怨。

可是，先生討厭胸部的濕布和冰枕。一時痔核出來疼痛之時，使用坐藥，止住疼痛也就達到目的，他不奢望痔核的消失，說那是老年人的附屬物，因為自己體格營養的原因，並不像很多人那樣奢望過多。

治療之際，由於有生理和病理方面的修養，若做各種說明，他也是決不說不滿之人。

這次疾病是過度疲勞與睡眠不足。我曾讓先生自己研究自己的身體，看體溫如何變化？如果高燒，五體活動，結核菌也伴之活動而發燒。先生對我說，伴隨病人主體的，是所領悟到的弱小者的習癖與各國的盛衰也正好相等。意識不到發燒的程度，自己被這細小的有機物滅亡的日子大概不會太遠。無論活多久，人的工作不能停止。至少在身體狀況好的時候，應該學習。不勞動就缺少人的價值，要讓自己做點事。發燒是給予人的一種認識和警戒。順應它有治療法和衛生法。自己知道就不會對醫術有所反對。身體狀況好時，散步、活動也能窺知一二，漫談也是樂趣。看到X光拍的胸部變化的透視照片，先生又說，即使受到損害，也還是健康的部位居多，不能落魄悲觀；長年使用，有污痕龜裂，也是正常的發展。最後，問到肺的症狀、胃腸的症狀，然後，又是從自己說起。

說到X光照片，反而會給不理解的人帶來不安。一天談起兒子的教育，先生也很苦悶，回答說自己也還鬧不明白用怎樣的方法好。兒子海嬰四歲起就常常發生支氣管喘息，現在已經沒有喘息，變得相當結實。先生自己曾經研究過種種根治喘息的方法，看到今天兒子結實的樣子很是高興。可是，與兒子的結實相反，自己的衰退，則是順從自然法則之故，這是沒法子的事，說罷大笑。先生平生對於死的觀念就有徹悟，這次又最後判明了死期。對於肉體的整體毀滅，看得出先生佯作不知的悠然姿態。呼吸困難時，問他感覺那裡最痛苦，先生說只是有點胸悶，完全一副普通人的樣子。先生的桌子和書架，平素總是收拾得整整齊齊，桌子的抽屜也是一樣，總是很嚴格地加以整理。如此整理之美心，嚴正之氣質，若是作為醫生之際，尤其是作為中國的醫生，是完全不合適宜的吧。所謂市井醫生或庸醫，只能讓普通人不明其存在而終其生，先生自己常常那樣想，且感歎目前中華民國所有的方面都不統一，教育的不統一最為嚴重，作為醫生能夠實地進行解剖的其數甚微。

醫生所見的魯迅先生（下）主治醫須藤五百三

（昭和十一年十月二十二日夕刊）

先生說他在杭州師範學校擔任生理學教學時，未能給予一般學生以某種興趣與研究之心，自己的教育方法不好是一個原因，自古以來習慣上對生理和物理，不僅嫌惡，還認為是一種低劣學科。今後國民向怎樣的方向發展，是先生研究的大題目。先生和我還常常議論中華民國是否適合科學研究。初學醫學之際，科學意志的發表也是很多。先生是記憶力顯著的人，每每感歎胃腸健康的人飽食終日貪圖安逸，反而使腦機能減退。體質孱弱的自己卻有了記憶力的長進，這一點倒是值得平常注意的。當我問到先生一旦選擇醫學，則有何計畫專攻怎樣的學科時，先生答曰：大概如解剖、組織或生理、病理等基礎醫學。談到放棄醫學的直接原因，先生常以為醫學立身，所以轉向文學方面。那時的中國是最為緊要且急需迅速改變的。苦思煩悶之時，正好有一天晚上，在仙台一間小劇場裡觀看日清戰爭的幻燈片。熱血沸騰，充滿了奮進心的先生，看到同胞被捕的畫面，便匆忙收拾行李，第二天就去了東京。先生說那個幻燈片，至今還歷歷在目。日常看病時，無論自己的病還是孩子的病，從沒有一次問過何時能全部康復。先生常問的是到什麼時候還有吃藥的必要。有一定程度的恢復後，自個（己）很注意養生，因為常有意見說：應該痊癒了。談到關於中藥研究時說：譬如中藥，各地的製藥方法千差萬別，應該在確認產地的基礎之上，再求研究材料；關於莨茱，詳細談到了自己目睹的方法，感興趣的地方很多；同種同屬的中藥，又由於批發店不同而有很大差異。無論到哪兒，中國都是不統一的，不統一的中國大陸，是今後世界人士的研究現場。現在的青年男女，感歎還不能達到所希望的領域。上海的醫學學校中，作為日中親善工作之一，有從九州大學寄贈的人體各部分的標本，保存則需破費，任其腐敗而終於放棄。這時的先生，眼角溢出淚水，感歎地說：眼下的中國，沒有認真的教育家，也沒有認真的學生，所以也就沒有真正的教育；自己也曾日夜苦悶自己孩子成長時期的教育方法。説罷，久久不語。製作這些標本的辛苦，竟在今日醫學學校的教師們中間，不僅不知且不能靈活運用。那是中國遺傳下來的舊習，比起製作來，工於毀壞乃是國民性的一種表現。所謂忠實於祖先的行為，卻是何等的不可思議！令人嗤笑！先生還是未被發現的真正的書畫鑒定家。不過，他鑒定的基礎，不像普通鑒定家那樣僅只依靠文字和書畫的形態、筆力等等，而是根據印章內部墨色變化的時日化，即彩墨內的酸化分解程度與時代的關係，進行適切的有眼識的鑒定。先生用特殊的汞劑即水銀化合物酸化分解色彩度，做化學的認定，是有驚人才能的。特殊的水銀性塗料和水分的關係，在暗黑的土中和裸露場所均為冷熱差異所左右。古色燦爛鮮艷的程度裡，有自身生成的成分，如此經驗之談，其蘊藏甚豐，折人敬服。所以，先生又是科學的鑒賞家。

二、《醫生所見的魯迅先生》與《醫學者所見的魯迅》

將前面《醫生所見的魯迅先生》與《作家》所載《醫學者所見的魯迅》相比較，立即就會發現有很大的不同，即沒有《醫學者所見的魯迅》附錄的《魯迅先生病狀經過》。還有，將兩者的日文和中文的差異計算在內，文字量也是《醫生所見的魯迅先生》一方相當大。與預料的不同，《醫生所見的魯迅先生》不是《醫學者所見的魯迅》一文的日文原稿，這是可以認定的。

那麼，關於內容的異同又是如何呢？

首先，共同之處是都敘述了患結核病的遠因即少兒時期嚴重的蟲牙是魯迅病弱體質的由來；客觀地，時而用批評家的眼光凝視疾病，從不提異議而淡淡地接受治療的患者魯迅的態度；預想到死反而珍惜有限的生命而繼續從事文學工作的魯迅的姿態；作為憂慮腺性病體質的兒子海嬰的健康與教育的父親的情感；這些交叉著各種各樣的例證和逸事描寫的具體表現，當然，也有其各自的特點。

從文章內容可以看到魯迅一貫的生死觀。他的生死觀的一個側面，表現在他對自我病狀解釋的觀照中。例如，《醫學者所見的魯迅》這樣敘述道：須藤列舉魯迅的病名筋骨薄弱、痔核、牙齒全缺、胃擴張、腸遲緩症、胸膜炎、喘息、肺結核等病症，然而魯迅答道，只要沒有花柳性病就可以證明自己是純潔的，再者自己雖是老眼，只要不是中國人多數的沙眼就行。當被告之X光照片結果是右胸病變多的時候，魯迅回答說：左邊損害不多，還可以做點事情。《醫生所見的魯迅先生》也同樣敘述了魯迅對疾病的這種反應。例如，魯迅看到自己的X光照片後說，「即使受到損害，也還是健康的部位居多，不能落魄悲觀，長年使用，有污痕龜裂，也是正常的發展。」持續發燒的時候，身體動則巢食在那裡的結核菌也活動，於是發燒。他用「伴隨病人主體的，是弱小者的習癖」來說明「各國的盛衰也正好相等」。使用坐藥祛除痔核的疼痛時，先生就說「那是老年人的附屬物」，並不奢望消失。還有一個側面，即認為自己的死乃是自然之理的達觀態度。他一直抱有這樣一種預感：自己「被這細小的有機物（結核菌）滅亡的日子大概不會太遠」。他很理解孩子變得結實自己反而就要衰退的「自然的法則」，於是感到無奈。總之，魯迅享受生的自在，就是從這樣的生死觀中導出來的。「不勞動就缺少人的價值」，因此，身體狀況好些時，他就繼續沒有完成的工作。對於魯迅來說，「散步、活動也能窺知一二，漫談也是樂趣。」生與死佔有同樣的地位。

這兩篇悼念文章，如實地傳達出看透逼近生死之境的有限生命之人魯迅的姿態。那是恪守著與闡明進化之理並不相背的年輕時代的信條，從容走向死亡的魯迅的姿態。

不同點有以下一些問題。只有《醫生所見的魯迅先生》講到的一些問題是：魯迅的人生經歷，特別是從醫學向文學的轉變，以及包括醫學在內的科學在中國的普及問題，和關於魯迅的科學的思考與精神。關於前者，即成為放棄醫學而走上文學之路契機的是：關於仙台的所謂「幻燈事件」。魯迅直到晚年依然談起「那個幻燈片，至今還歷歷在目」，這是很值得注目的。現在，假託這一事件而象徵性地談到魯迅對於本民族的省察是缺少魯迅人生起步的原點，沒有改變他的生涯。關於後者，舉了很多事例談曾經學醫的魯迅在其後來的生涯中表現出來的科學的思考與精神，也是意味深長。不能活用福岡大學寄來的人體標本而無端放棄，魯迅對於此事的感歎，在杭州的教育方面的經驗之談，和「作為醫生能夠實地進行解剖的其數甚微」的指責，與此相輔，傳達出魯迅希望在中國能夠以科學精神作為教育之本的迫切心情。對於學醫問題的回答：是選擇基礎醫學，這證實了魯迅的那種心情。文章還從科學的合理性方面，得出魯迅是適切鑒定書畫的「未被發現的真正的書畫鑒定家」，並且談到他思考的立腳點中也有科學精神。

須藤五百三在這裡談到的回憶，正如他在文章開頭所說，是在治療期間與魯迅雜談時所聽到的。但魯迅逝世之後，他卻把它寫成了文章。文中所聽到的記憶有誤之事也散見一些，例如，把日俄戰爭當作日清戰爭，歸國後發行《新生》，孩子的時候房子賣給了別人等等。然而，文中也含有非本人所不能說，或者進一步說，不是在身旁的醫生所不能觀察到的，而且是迄今為止不為人所知的事情。

接下來，這裡談一個在《醫學者所見的魯迅》中看到的問題，即文末附錄的《魯迅先生病狀經過》。主治醫留下來的作為魯迅最後病狀記錄的《魯迅先生病狀經過》，在傳記研究上是獨一無二的珍貴資料。但其中也有一點疑問。將要在這裡指出的是，把三月的病狀記錄與《魯迅日記》的記述相對照，就會發現病狀與魯迅日常生活的樣子不太吻合。

由於「三」和「五」字體的寫法相近，看上去很容易混淆。所以我覺得，要麼是由於譯成中文的緣故，或者是日文原稿有什麼特別。但這只有根據原稿才能判別，或許，「三」月是「五」月的誤寫？因此，把寫為「三」月的全四項病狀記錄日期，分別換讀成「五」月十九日、「五」月二十五日、「五」月二十八日、「五」月二十九日，再與《魯迅日記》相對照，日記中的這些日子也都是病況不佳，有發燒，受到須藤醫生診察之事。魯迅這時已逐漸進入病篤時期。當然，要想得出結論還有必要進一步探討，但至少把三月考慮成五月，大概不會發生不吻合的情況。

如前所述，《醫學者所見的魯迅》和「附錄」《魯迅先生病狀經過》是須藤五百三應《作家》之邀所作，寫作時該是用日文寫就，《作家》發表時被譯成中文。假定有「誤記」，則有須藤五百三的筆跡，譯者的解讀，對照兩種語言校對的謹嚴性等諸多因素，原因在哪裡並不清楚。然而，我們現在所看到的不是日文原稿而是譯成中文的文章，也就只好放棄這一想法。因為只有譯成中文的《魯迅先生病狀經過》，就不能判斷須藤五百三最初所寫的是否是「三」月。

總括起來，《醫生所見的魯迅先生》一文，是給魯迅看病、接觸魯迅的須藤五百三對魯迅直率吐露心情的最初的悼念文章。其他能夠讀到的須藤五百三的日文追悼文章，現在没有。這是魯迅死後第二天在夕刊上發表的。大概魯迅剛剛去世，便把魯迅的病歷和診察期間與魯迅的種種交談，來不及細想就將倉促間浮現的東西記述下來。可是，這反而如實寫出了須藤五百三本人悼念魯迅之死的未曾整理過的心情。《醫學者所見的魯迅》從刊載雜誌的日期來看，與《醫生所見的魯迅先生》不同，是在這之後寫的，大概是第二篇悼念文章。將這兩篇悼念文章合起來讀，可以看到須藤五百三看重魯迅的生活方式並寄予共感，熱情地傳達出一種親睦之情。

《醫生所見的魯迅先生》在《上海日報》發表之後，作為魯迅研究資料不曾被收錄，好像被埋没了。然而，將這篇文章的全文縮寫成極短的短文，在日本的雜誌《新青年》1937 年 1 月號（18 卷 1 號）上發表之事，我是最近通過奈良和夫的文章《「戰前日本的中國版畫研究初探」拾遺》（《中國版畫研究 4》日中藝術研究會，2002.9.30）才知道的。《新青年》雖然未曾見到，但在奈良和夫的文章中看到了添加的雜誌照片，用了《醫生所見的魯迅》的題目和力群的魯迅像的木刻畫插圖。這個木刻畫容待後述，這裡先看一下告之魯迅病篤的《上海日報》的記事。

三、《上海日報》與魯迅逝世關聯記事

發表《醫生所見的魯迅先生》的《上海日報》，是在上海有很長歷史的日文報紙。明治三十六（1903）年三月創

刊，昭和十三（1938）年末廢刊。它的前身是明治二十三年創刊的《上海新報》（週刊）。居住在上海的日本人，據昭和二（1927）年末的調查是25,827人（《上海史》1955），昭和十（1935）年十月一日的國勢調查是「在留邦人27,299人」（《上海居留民團三十五周年紀念誌》1942）。《上海日報》的發行部數不定，但可以認為有相當數量的讀者。

《上海日報》以昭和十一（1936）年十月十九日朝刊報導魯迅危篤為開端，連日刊載了魯迅逝世的關聯記事。下面是找出的一些記事。當時，夕刊曾附上翌日朝刊的日期發行，為方便計，這裡恢復實際日期。

十九日（朝刊）「魯迅病篤，日華文學交流的功勞者因『心源性哮喘』，昨晨重症。中國文壇浸透悲哀。」（力群的魯迅像木版畫插圖）／（夕刊）「秋風，文豪寂，魯迅今晨逝世，持病心源性哮喘」（魯迅剛逝世後照片），「魯迅的足跡」，「魯迅的絶筆」（致內山完造的請須藤醫生往診便箋的照片），「追憶衆人仰慕的魯迅『值得愛惜的人』，內山完造談．『正直的一方』談人間魯迅主治醫須藤院長．『實在惋惜』鹿地亙説．『文壇的損失』崔萬秋談」，「令人落淚的遺孤海嬰」，「明志於《死》之遺言本月《中流》雜誌」。

二十日（朝刊）「《評論》悼念魯迅純粹文豪之死」，「魯迅逝世之日從銀幕到全國群衆在《明星》的歐陽予倩指揮盡收膠片之中（與內山完造二人曬太陽的照片）」，「魯迅告別儀式 20、21 兩日治喪委員會正式決定」，「與魯迅離別鹿地亙」，「日本文學也大受影響佐藤春夫語」。／（夕刊）「醫生所見的魯迅先生（上）主治醫須藤五百三」，「魯迅葬儀緬懷生前之德的盛大告別儀式栩栩如生的安靜姿態（殯儀館門前葬儀的照片）」。

二十一日（朝刊）「文豪魯迅追悼號〈菊地勇編輯〉《鐵報》、《時事新報》、《大公報》、《立報》、《福爾摩斯》（魯迅自己簽名照片）」，「真實真實的魯迅葬儀記」，「五千人向遺體『告別』魯迅告別式的盛典」，「生前的魯迅」（與蔡元培、蕭伯納三人的照片）。／（夕刊）「醫生所見的魯迅先生（中）主治醫須藤五百三」。

二十二日（朝刊）「魯迅・國民黨・蔣介石一個插話鹿地亙（逝世前十日在全國木刻流動展覽會上的照片）」，「清貧的魯迅豪奢的寢棺之中二十四平方尺的墓地（奧田杏花套取的死者面型的照片）」，「《悼詞》魯迅先生治喪委員會」。／（夕刊）「醫生所見的魯迅先生（下）主治醫須藤五百三」。

二十三日（朝刊）「批判者的批判——答鹿地亙氏菊地勇」，「秋空挽歌低魯迅葬儀結束昨日一萬人參加葬儀」（葬儀的照片），「《緬懷魯迅》鹿地亙氏廣播，今晚七點」。

二十八日（朝刊）「中國文藝家之間『魯迅運動』抬頭向政治活動轉化？」

三十日（夕刊）：「參加『魯迅葬儀』，教師被逐出學校」。

三十一日（朝刊）「悼魯迅先生——獻給許夫人——東京山本初枝」。

總之，報紙悼念與日本關係很深的正直的文學家魯迅之死，充溢著善意的惜別之情；從魯迅的死到葬儀逐次報導，刊登追悼記事，以及和魯迅生前有深切交往的日本人的悼念文章和追憶雜談。寫悼念文章的是鹿地亘和須藤五百三，山本初枝投寄了挽歌六首。

鹿地亘兩次發表文章，在二十一日朝刊的「文豪魯迅追悼號」中，針對「青年時代是革命家壯年時代不是革命家老年時代是反革命家」的論述進行反駁，指出那是因為不知道中國的「御用新聞」而把革命說成反革命所造成的錯誤。

須藤五百三以追憶和悼念文章來談魯迅，時間的順序雖然相反，但追憶卻是可以作為悼念文章的補充部分來讀的內容。「《正直的一方》談人間魯迅」這樣說道：「……須藤五百三……關於魯迅之『人』，向來訪記者流露出上述那樣的感想，魯迅因為知道自己病弱，即使有些發燒也裝出平靜的樣子。醫生出身對疾病不是外行，所以即使對我來說，治療也是很難，出現過很困難的事。很早以前，他就因人力不及乃係天命毫無辦法而對死持達觀態度。所以，即使注射也決不言痛，通情達理，什麼都應承。昨天（十八日），我因為覺得『這很危險』就派了護士。當時他就露出懷疑的神色：『我真是那麼嚴重嗎？』我說『那是治療需要才安置的』，這才安下心來。無論做什麼都是正直一方的人……………的確值得惋惜。」

須藤五百三的追悼文章《醫生所見的魯迅先生》，就是作為構成《上海日報》悼念與日本關係很深的正直的文學家魯迅之死的版面之一而發表的。而另一方面，《醫學者所見的魯迅》，則是《作家》發表的紀念日本友人與生前的魯迅有親密交往的文章。由於《上海日報》是日本方面、《作家》是中國方面編輯的，在追悼魯迅方面儘管有所不同，但須藤五百三的悼念文章，無論從哪一方面看，在刊載作為與魯迅之心相通的日本人的東西這一點上，卻是共同的。

四、魯迅的主治醫須藤五百三

關於須藤五百三的經歷，泉彪之助已經在《須藤五百三——魯迅最後的主治醫——》（《福井縣立短期大學研究紀要》第10號1985）中詳細記述過。泉彪之助是身為醫學家的作者，他在醫學和醫學史的領域也是視野開闊，經過綿密調查和基於醫學知識所寫的論文，不但寫出了須藤五百三作為醫生的經歷，還認真地描摹出他的人格。既能知須藤五百三之人，又顯示了這種翔實論據且有說服力的論文，我以為唯有此文。因此，這裡根據泉彪之助所述來介紹一下須藤五百三的經歷。

須藤五百三，明治九（1876）年六月十八日生於岡山縣下原村（現為川上郡成羽町）。長大後在第三高等學校醫學部（入學時名稱為第三高等中學校醫學部，現為岡山大學醫學部）學習。畢業後第二年，明治三十一（1898）年，取得醫師執照就任陸軍三等軍醫。此後，作為軍醫被派遣到中國大陸和臺灣的部隊，還在國內善通寺預備病院和姬路衛戍病院等勤務，以軍醫身份任朝鮮總督府立黃海道（海州）慈惠醫院院長及該醫院醫長，到最後大正七（1918）年離開軍隊，當時的身份是陸軍二等軍醫正。

他在上海開業的準確時間不明，但是在上述時間之後。上海的須藤醫院，與在公共租界日本人居住區域的魯迅住居相距 2.4 公里。診療科目是內科小兒科，而實際上是外科、婦科都有，近於全科。1933 年 7 月須藤五百三第一次給海嬰看病，翌年 1934 年 11 月魯迅也接受他的診察，之後，須藤五百三幾乎是魯迅唯一的主治醫師，魯迅一直到死都接受他的診治。熟悉魯迅的內山完造與須藤五百三同鄉，出生地很近。魯迅接受須藤五百三的治療，據說是經內山完造的介紹。

戰後，須藤五百三回到故里，在成羽町出生的家中開業。泉彪之助在調查中得知，須藤五百三作為一個熱心誠實的醫生而為鎮上的人所仰慕。鎮上的人都異口同聲地稱讚須藤五百三「醫有仁術」。昭和三十四（1959）年十一月六日，八十三歲去世。據說，前一年成羽町的人有志召開「須藤老醫褒贊會」，以表謝意。

關於須藤五百三治療結核的經歷，該論文作過如下敘述，值得一讀。「當時日本青年層中結核病發生率很高，所以服兵役的集團中也出現很多患者，年輕女子的發病是得肺結核，士兵的場合則多發症為胸膜炎。須藤因此在軍隊生活中診治過許多胸膜炎患者。給魯迅診治的時候，須藤開業生活已經十五年以上，那期間的臨床經驗也是很有益的吧。」關於患結核的魯迅的死因，須藤五百三在《魯迅先生病狀經過》中記為「氣胸（Pneumothorax）」。

須藤五百三住在上海期間，除了作為開業醫的工作之外，還參與上海居留民團行政方面的種種有關工作。關於這一點，泉彪之助已經在其論文中談到一部分。雖然多少有些重複，但還是想介紹一下通過《上海居留民團三十五周年紀念誌》（上海居留民編 1942.9.1）的記事所知的一些事。

上海居留民團是據公布的《居留民團法》（明治三十八年）於明治四十（1907）年九月一日設立的。在那以前，「日本人協會」（明治三十八年結成）負責居留邦人「教育、衛生、其他公共事務的處理」，協會解散後，業務移交上海居留民團。當初的業務很多，為防備公共租界而組織的上海義勇團日本隊（工部局管轄）的運營，日本人學校（普通小學、高等小學、高等女學校、實業學校、商業學校等）的設立運營，還有日本人墓地火葬場的經營，來自滬上青年會「從事實業的青年」的教育，也有由上海醫師會的援助而對衛生、防疫方面的整備，昭和九年又設立了民團團立診療所。其後逐漸擴大規模，昭和十七（1942）年，在民團長、助理、會計主任下設四部（財務、教育、復興資金、市民）十科（文書、庶務、主稅、會計、調度、學務、社會教育、社會、保健、營繕）一診所等機構，維持運營在上海的日本人的社會。為進行這些事業，對居留民依據課金條例課金課稅，對組織居留民會而負擔一定課金的人給予居留民會議員的選舉權。上海居留民團依靠居留民會議員、居留民團官員來運營。

須藤五百三在昭和十（1935）年二月二十三、二十四日的上海居留民會議員第六次總選舉中當選為民會議員。民會議員的任期好像是二年。在這一任期中，三月二十日，又被選為會計監察委員；昭和十一（1936）年三月二十五日召集的第二十九次上海居留民會上當選為民會副議長；接下來的五月八日，在上海居留民團昭和十一年度福利增進研究第一次委員會上由互選而成了委員長。昭和十二（1937）年二月二十七、二十八日，在上海居留民會議員第七次總選舉中再次當選。這期間，在三月二十三日召集的上海居留民會上被選為民會副議長；五月十五日，在昭和十二年度上海居留民團課金調查第一次委員會上當選為委員長；六月十六日，當選為昭和十二年度上海居留民團課金異議審查委員會委員長；昭和十三（1938）年四月七日，受託成為應民團長咨問而設立的「上海居留民團有關貨幣單位變更研究委員會」的委員；七月十一日，再次當選為昭和十三年度上海居留民團課金異議審查委員會委員長。這是作為民會議員任職二期四年間他的職務。這以後民會議員中不見有須藤五百三的名字。昭和十七（1942）年的民會議員中有內山完造、岡崎嘉平太的名字，這已是後話。

須藤五百三除民會議員職務之外，也參與和上海居留民團有關係的業務活動。昭和十二年，日中戰爭爆發後，曾為由居住上海的日本人組成街區內聯合體的各路委員會的常任委員，從屬於時局委員會。常任委員的須藤五百三被分派在救護部。昭和十三年四月，上海居留民團也成了上海防疫委員會的下屬成員，設立了保健科，他是其中衛生委員會的八個委員之一。

這就是現今所知的須藤五百三在上海居留民團的活動。他在上海日本人的社會中是有相當的地位和責任的，加上作為醫生的本職工作，他難道不是生活在忙碌之中嗎？

結束語

須藤五百三與魯迅是醫生與患者的相會，並非一開始兩個人就相互在人格和想法上有共鳴才有了親密交往的。可是，讀須藤五百三寫下的悼念文章，卻感到他們超越了醫生與患者之間的關係而形成了有影響的人與人之間的關係。或者是與不知不覺間說出自己過去曲折多變的經歷和擔心病弱年幼兒子將來的魯迅對坐，側耳傾聽之時，又被當即意識到自身病狀而巧妙解釋自己生死觀的魯迅的機智所吸引，便常常會展開談話的內容吧。須藤五百三的這種姿態，是能夠看得出來的。魯迅直至逝世與病魔一起有好幾個月，這樣的時候正是向須藤五百三敞開胸襟之時。我以為，對於重病之中也向論敵挑起激烈舌戰的魯迅來說，診療期間彼此無拘束的語言交談也許是一種心靈的安慰。在二人之間能得到這種時機的，應該說是須藤五百三作為醫生的一種包容。須藤五百三的悼念文章中也折射出魯迅的那種姿態。

魯迅似乎清楚地感受到：朋友們的擔心起不了作用，直到死連主治醫也改變不了什麼的。

（靳叢林、宋揚譯自日本中國文藝研究會《野草》第71號，2003年2月1日。譯文原載《上海魯迅研究》第14輯，2003年5月）

駁秋石「愛護魯迅」的「道義」

周正章

讀罷秋石先生的《愛護魯迅是我們的共同道義——質疑〈魯迅與我七十年〉》一文（見 2002 年 9 月 17 日《文藝報》第 3 版，以下略稱「秋文」。筆者按），敝人也本著「愛護魯迅」的道義，對秋文的「質疑」提出如下質疑。

一

秋文《關於魯迅死因》一節開頭寫道：「魯迅因肺結核晚期又不同意外出休養療病，於 1936 年 10 月 19 日逝去。應當說，有關魯迅死因是十分明瞭的，也是一個沒有什麼爭議的問題。」事實果真像秋石所說的那樣「明瞭」、「沒有什麼爭議」嗎？

1. 關於魯迅死因長期而尖銳的爭議

1949 年 10 月 19 日《人民日報》發表周建人先生撰寫的《魯迅的病疑被須藤所耽誤》一文是最早就魯迅死因的公開質疑；周海嬰先生這次在《魯迅與我七十年》一書中又披露了周建人 1949 年 7 月 14 日致許廣平的信，是對公開質疑的進一步印證。周海嬰作為魯迅之子這次所提對須藤的種種質疑，可說魯迅家人對魯迅死因懷疑已長達大半個世紀之久。僅憑這一點就已說明，魯迅死因絕不是「十分明瞭」、「沒有什麼爭議」的問題。

秋文說「歷史的真實是誰也不能捏造或篡改的。」說得對。現在就讓我們來看看「歷史」吧。

史實之一：1984 年 2 月 22 日上海「魯迅先生胸部 X 光片讀片會」，由上海魯迅紀念館邀請 9 家醫院 23 位國內第一流放射科與肺科專家、教授，對死因作出極具權威性的科學論斷：「魯迅先生不是直接死於肺結核，而是死於自發性氣胸。」該次讀片會的有關資料及結論見於 1984 年 2 月 23 日《解放日報》第 1 版許菊芬記者的報導，同時還見於上海魯迅紀念館 1984 年 12 月發行的《紀念與研究》第 6 輯《魯迅先生胸部 X 線讀片會和臨床討論會的意見》。許菊芬《解放日報》的報導題為《魯迅先生不是直接死於肺結核病》，上下副標題為「上海著名醫學專家、教授作出新結論」、「根據遺物胸部 X 光片和逝世前二十六時的病情紀錄，專家們認為魯迅先生死於自發性氣胸」，明確判斷魯迅肺結核病情為「屬中等程度」。上海魯迅胸部 X 線讀片會的結論，向為研究者重視，也是研討魯迅死因不可迴避的基本事實。而秋文稱「肺結核晚期」說，不知由哪位醫學權威出具的，希望能出示一下，好讓國人見識見識。

史實之二：1984 年 5 月 5 日南京《週末》報發表《揭開

魯迅死因之謎》一文，作者紀維周先生在請教醫生後得知自發性氣胸在三十年代的上海並非不治之症，並把質疑矛頭指向日本醫生須藤。

史實之三：1984 年 7 月 21 日北京《團結報》發表《魯迅先生並非死於肺病》一文，作者蔡瓊先生亦根據上海讀片會結論，提及「魯迅先生氣喘復發，經須藤醫生注射治療，反而病情加重。」

史實之四：紀維周文章很快被日本《朝日新聞》翻譯成日文予以轉載，該報 6 月 4 日發表日本泉彪之助文章，6 月 16 日發表日本竹內實文章，對紀文提出批評，為須藤辯解。8 月 25 日北京《團結報》發表陳漱渝先生《日本讀者對魯迅死因的看法》，介紹並同意兩位日本讀者對紀文的批評，同時引用所謂周海嬰的委託，也對紀文提出批評。

史實之五：1984 年 9 月 23 日《解放日報》發表上海魯迅紀念館楊藍先生的《關於魯迅胸部X線讀片會的始末》一文，不顧事實為須藤辯解，再次不指名批評質疑須藤醫生的兩位中國作者紀維周和蔡瓊。

史實之六：在中國報紙刊登陳漱渝先生文章與楊藍先生文章的壓力下，《週末》報和《團結報》相繼被迫以編者按形式公開檢討。1984 年 8 月 26 日日本的《朝日新聞・朝刊》發表《魯迅兒子周氏否定魯迅之死與日本原軍醫有關的論點》一文，9 月 12 日《朝日新聞・夕刊》發表《魯迅死因之謎的論爭可以終止了——中國報紙刊登了自我批評》一文，對陳文和楊文一致叫好，並對中國報紙的公開檢討表示滿意。（9月12日《朝日新聞・夕刊》文章的日期出自陳漱渝《魯迅史實求真錄》第289頁，與楊藍文發表於9月23日似有抵牾，存疑待考。筆者按）

史實之七：1987年武漢《青年論壇》第1期發表拙作《魯迅死於醫生的誤診誤治》一文，對來自國內外兩股壓力不予理睬，從醫學角度對醫生須藤的誤診誤治提出批評。

史實之八：1987年9月陳漱渝出版《魯迅史實求真錄》一書，將1984年兩位中國作者質疑須藤的兩篇文章與日本《朝日新聞》兩篇文章，作為陳氏《日本讀者對於魯迅死因的看法》一文的附錄一併收入書中。並警告說：「作為今後研究工作的『前車之鑒』。」

史實之九：2001年第4期《新聞廣場》發表張震麟先生的《是誰言不由衷——十七年前南京〈週末〉報的一場風波》一文，對1984年陳、楊兩位批評者與兩位日本讀者泉彪之助、竹內實為須藤辯解進行了批評，並不理會陳氏發出的警告。該刊同時重載紀維周《揭開魯迅死因之謎》一文。

史實之十：筆者於2002年廣東《魯迅世界》第1期發表拙作三萬餘字的長文《魯迅先生死於須藤誤診真相》。2002年3月17日南京《現代快報》第4版記者曹鋒先生以《南京學者周正章發表3萬字論文／魯迅死於誤診》為題，給予報導，並報導甘競存、包忠文、姜建三位魯研專家對拙作的評價。相繼報導拙作的還有：3月19日《江蘇工人報》

第4版張震麟的《魯迅死因多次引起國人關注》；3月28日上海《文學報》第1版記者陸梅女士的《魯迅死於誤診》；4月16日《合肥晚報》陳彥慧先生的《南京學者大膽發言／魯迅死於庸醫誤診》；2002年《新聞廣場》第3期張震麟的《關於〈週末〉魯迅死因之爭有定論／魯迅死於日本醫生的誤診誤治》；2002年《南京作家》第2期張震麟的《周正章的文章引起魯迅研究界關注》；2002年《魯迅世界》第3期任真先生的《周正章披露「魯迅死因」引起廣泛關注》等等。涉及拙作的文章有：2002年《魯迅世界》第3期莊嚴先生的《兩個視野中的「魯迅之死」》，9月13日《雜文報》第2版施京吾先生的《從對魯迅死因的研究說起》等。此外，江蘇省魯迅研究會於5月11日召開「魯迅死因研討會」，邀請了省內外魯迅研究專家、學者赴會，對拙作給予積極評價，會議情況見於5月12日《現代快報》第8版、《魯迅世界》第3期、《紹興魯迅研究》總第24期。對於拙作提出反對意見的，據魯研專家閔杭生先生相告，他聽說網上已有，可惜本人未及搜索。

史實之十一：據我所知，近來對魯迅死因發表各自看法的魯迅研究專家、學者，尚有陳漱渝先生、陳福康先生、王錫榮先生、朱正先生，還有何滿子先生、王元化先生、鄭心伶先生、甘競存先生、包忠文先生、姜建先生、洪橋先生、張震麟先生、紀維周先生等等，均見於公開的報章雜誌。除其中陳漱渝春天的「認同誤診」說，秋天又「反對誤診」說之外，其餘均不同程度的質疑了須藤的責任問題。恕不一一列出。

我之所以不厭其煩，把對魯迅死因五十多年來長期而尖銳的爭議情況簡要介紹一下，其目的就是要用史實來向讀者說明，魯迅死因不是沒有爭議，而是個長期以來爭議十分尖銳乃至多次反覆的跨世紀的話題。掩飾、捏造或篡改歷史真實的，不是別人，正是秋石自己。

2. 關於須藤難以推卸誤診責任的確定性因素

秋文在摘引魯迅的《死》的有關文字後，結論道：「縱觀魯迅親述，一是替無辜的須藤先生摘（原文如此。筆者按）除了在他死後65年由海嬰先生冠以『謀害』或『延誤』的冤獄。二是經當時最具權威的肺病專家鄧恩診斷，魯迅不僅病危，而且『早在五年前就已經死掉』，其後的X光片證實了鄧恩醫生所言魯迅病情的危重。」彷彿魯迅死因，僅憑鄧醫生的一句「無根之言」，就「十分明瞭」了，而須藤醫生的有關魯迅死因的真情，也因這句「無根之言」化為烏有。

這裡還得借用秋文中的話：「歷史的真實是誰也不能捏造或篡改的。」

史實之一：1936年10月19日魯迅逝去。逝去前兩天即10月17日《魯迅日記》記載很完整：「晴。上午得崔真吾信。得季市信。得靖華信，午後覆。須藤先生來診。下午同谷非訪鹿地亙。往內山書店。黃君來並交《壞孩子》十本。

夜三弟來。」——這難道就是秋文所稱一個肺結核晚期患者臨終前所能有的體能狀態嗎？從早忙到晚，毫無倦怠的樣子，更絕無睡臥病榻的記載。魯迅不僅僅閱三封來信，還回覆其中一封信；不僅外出訪友（魯迅臥室在二樓，鹿地亙亦住二樓，二次登樓均無人攙扶，更無體力不支之記載。筆者按）、往書店，還正常接待幾位客人。其中一位是來診病的須藤，看來他也並未交待魯迅要臥床休息。魯迅是個嚴格遵守醫囑之人，如果須藤要他臥床，他決不會活動如常人的。谷非即胡風，來陪同魯迅訪鹿地亙的。黃君即黃慎祥，因業務關係前來送書。三弟即周建人，魯迅堅決急迫地委託他快找住房，要即刻搬家，說「電燈沒有也不要緊，我可以點洋燈。搬進去後需辦接火等手續。」並且親自寫了「周裕齋印」四個字，請周建人代刻印章，以備租房訂約用。（見周建人《略講關於魯迅的事情》第 51 頁）談得很晚，周建人告辭一切均很正常，但幾個小時後魯迅的氣喘發作了……

史實之二：魯迅十七日「下午同谷非訪鹿地亙。」同訪者胡風，在《魯迅先生》長篇回憶錄（見《新文學史料》1993 年第 1 期，並見北京出版社 1999 年 1 月第 1 版《魯迅回憶錄》）、被訪者鹿地亙在《魯迅和我》（見《魯迅先生紀念集》第二輯第 43 頁，並見北京出版社《魯迅回憶錄》）、池田幸於（鹿地亙夫人）在《最後一天的魯迅》（見《魯迅先生紀念集》第二輯第 53 頁，並見北京出版社《魯迅回憶錄》）三篇文章中都記載了魯迅在訪晤過程中愉快的心情，輕鬆的談吐，趣味橫生的幽默。尤其是鹿地亙、池田幸子分別記敘來訪進門時的神情彌足珍貴：「魯迅稀罕地戴了帽子，微笑著走上樓來。」，「魯迅微笑著走進房裡來了。」池田幸子隨魯迅下樓送客人告別時：「『再會！好好保養！』已經開步走的魯迅不再回顧。」「狂風要把他的深紫色的長衫的衣裾吹去；而他卻竟然頭也不回地跨步而去。沉靜的步調沒有紛亂。」（引文中著重號係筆者所加，以下類此，不再說明。筆者按）——這難道就是秋文所稱一個肺結核晚期患者臨終前所能具有的體能與心態嗎？

史實之三：魯迅十七日「得靖華信，午後覆。」這封致曹靖華的信用毛筆書寫，足足寫了七、八百字，在寫到病況時：「我病醫療多日，打針與服藥並行，十日前均停止，以觀結果，而不料竟又發熱，蓋有在肺尖之結核一處，尚在活動也。日內當又開始治療之。此病雖糾纏，但在我之年齡，已不危險，終當有痊可之一日，請勿念為要。」——這也絕不是一個肺結核晚期患者所能為也。魯迅說過「一任著日本的須藤的診治的」話，他也確實是個嚴格遵守醫囑的患者。這封信寫的關於病況的話，大體來自醫生之口；而須藤來診或往須藤醫院診的記載，日記中幾乎不間斷。「在我之年齡，已不危險，終當有痊可之一日」，墨蹟未乾，人則嗚呼哀哉！這難道就是秋文所稱：「應該說，有關魯迅死因是十分明瞭」嗎？

史實之四：魯迅十七日「往內山書店」該是傍晚時分，

魯迅將跨進書店時給日本塑像家奧田杏花遇上，奧田在《我們最後的談話》（見《魯迅先生紀念集》第二輯第 40 頁，並見北京出版社《魯迅回憶錄》）一文中描繪了魯迅瞬間的神態，並有一段「世界哲學者」的談話：「我站在傍晚的北四川路的電車的終點，眺望著火光消失了似的戒嚴令下的街頭。突然，一個五六十歲的孱弱的中國人，在尖利的北風中走來（當是魯迅從鹿地亙、池田幸子家中告辭後，向內山書店走來。筆者按），塵風翻起他的長袍的大襟，飄飄然像風也似地進了內山書店。呀，這不是魯迅先生嗎！」奧田杏花尾隨魯迅進入書店，「我從魯迅先生的後面以手輕叩他的肩頭，他回過頭來：『啊！久違了，』他的目光閃耀著，這聲音較平時的魯迅精神一倍，他的健康著實使我安心了。」魯迅回答了奧田對中日時局的發問：「『我認為中日親善和調和，要在中國軍備達到日本軍備的水準時，才會有結果，但這不能擔保要經過幾年才成。譬如：一個懦弱的孩子和一個強橫的孩子二人在一起，一定會吵起來，然而要是懦弱的孩子也長大強壯起來，則就會不再吵鬧，而反能很友好地玩著。』魯迅先生說到這裡，撓起八字式鬍鬚成一字式而笑了。」——我們可從上述三篇文章的不同角度，看到三位日本目擊者筆下魯迅敏捷的身姿和飛揚的神采，這些都在在表明魯迅的實際病狀並非秋文所稱肺結核晚期即肺結核終末期患者所解釋得了的。我之所以照錄魯迅這段極富哲理的比喻，就是深感到我們的某些為須藤辯解的論客，彷彿就是那個沒有長大的「懦弱的孩子」似的，不敢正視歷史的真相。

史實之五：魯迅十七日上午寫了一篇沒完稿的《因太炎先生而想起的二三事》，已達 2600 字。魯迅想起這一年一月份，吳稚暉發表回憶文章，攻擊章太炎。魯迅以清末剪辮話題，回憶了日本留學時的往事，重新肯定當年章對吳的批判。並指出，章在手定《章氏叢書》時未收當年攻戰文章，「其實是吃虧，上當的，此種醇風，正使物能遁形，貽患千古。」——我們且不說文字內容所體現的活躍而幽遠的文思，雄視未來的目光。就端詳一下，人人都可從《魯迅全集》插圖看到的這篇文章的毛筆書寫的手稿，那蒼勁的筆力，生動的氣韻，那的確不是一個肺結核晚期患者，臥床不起時所能為的。

史實之六：魯迅 1936 年 10 月 18 日凌晨 3 時 30 分氣喘發作，掙扎著給內山完造寫了封字跡歪歪斜斜的書信：「老闆：出乎意料之外，從半夜起，哮喘又發作起來了。因此，已不能踐十點鐘的約，很對不起。拜託你，請你打個電話請須藤先生來。希望快點替我辦！草草頓首 L 拜十月十八日」。許廣平於十八日凌晨六時多將此信送到內山完造手中。——這就是魯迅十七日幾乎與正常人一樣度過正常的一天之後，十八日未起床突然出現「生命危機」的狀態。這回氣喘是當年三月份以來的第三次，也不覺得比前二次厲害。其實所發氣喘並非「哮喘」，這是須藤從三月份起直至十月份仍誤診為「支氣管哮喘」的烙印，下面須藤留下的文字中還有，此處不枝蔓。前二回氣喘也是自發性氣胸，不過是可以自癒的、不致命的、較輕的自發性氣胸中的閉合性氣胸，而這回的氣胸則由閉合性氣胸的發展變化，向致命的自發性氣胸中最嚴重的高壓性氣胸轉變。關於自發性氣胸的比較詳細的病理機制，拙作《魯迅先生死於須藤誤診真相》已有介紹，這裡不必嚕嗦了。假若，此刻魯迅發作的氣胸不向高壓性氣胸轉變如前兩回一樣，或者即使向高壓性氣胸轉變，懂得氣胸病理與治療方法的須藤，能像給魯迅胸膜腔內抽取積水一樣，即時給魯迅胸膜腔內抽取高壓氣體，那麼，魯迅生命的「劫難」是可以跨過去的。須藤的引流穿刺已三次進入魯迅胸膜腔內抽取積水，為什麼須藤的引流穿刺一次都沒有進入魯迅胸膜腔內抽取高壓氣體呢？但是，須藤醫生當時確確實實沒有這樣做，他總是把氣胸誤為哮喘，進一步又誤為心源性哮喘，而急症狀態下的 26 小時的時間讓他白白浪費了。

史實之七：須藤醫生的《魯迅先生病狀經過》即《魯迅病歷》（見 1936 年 11 月 15 日上海《作家》月刊第 2 卷第 2 期，並見《魯迅先生紀念集》與北京出版社《魯迅回憶錄》）中關於魯迅死因的「分析」也寫得很清楚：「十月十八日。午前三時喘息又突然發作，午前六時半往診。」「右肺喘鳴盡去，左肺亦然，診察左胸下半部覺有高而緊張之鼓音，肋間亦覺陷落少許，心臟越過右界，橫徑約半指許。決定為心臟下方右傾，肺動與脈搏二音如稍亢進，諒已引起所謂氣胸（Pneumoth orax）。」「追加疾病名稱：胃擴脹，腸弛緩，肺結核，右胸濕性肋膜炎，支氣管性喘息，心臟性喘息及氣胸。」——這個關於魯迅病況記錄中的「左胸下半部覺有高而緊張之鼓音」，與下句「肋間亦覺陷落少許」是相抵牾的，因為在壓力增高的狀態下既然出現「高而緊張之鼓音」，「肋間陷落少許」是不可能的，應飽滿才是道理。指出這一句就行了，足證須藤瞭解氣胸病理，但不甚了然，追加補寫病歷時留下了破綻。指出以下兩點是必要的：①須藤追加疾病名稱中的「支氣管性喘息，心臟性喘息」，即今稱「支氣管哮喘」與「心源性哮喘」，上海魯迅胸片讀片會已予否認。拙作《魯迅先生死於須藤誤診真相》中已詳加論證係須藤誤診之原由，此處不再嚕嗦。②秋文所稱「肺結核晚期」之論斷，在它為之辯解的須藤寫了那麼多追加病名中也找不到任何蹤影。

史實之八：須藤在《醫學者所見的魯迅先生》中解釋魯迅之死的「突然」，也沒有提到肺結核晚期，而說的還是氣胸：「先生的死，為什麼這樣快地就來了呢？說起來，是從十月十八日午前三點鐘起，舊病支氣管喘息發作，因呼吸困難，肺臟組織的抵抗減少，由於呼吸困難促迫；因為胸內壓亢進，容易引起肺組織的脆弱部自開或穿孔，增加胸腔內氣壓壓迫心臟，引起心臟性喘息，愈加增呼吸困難自行異常及障礙。因此在比較的短時間，症狀遽增，而惹起心臟麻痹，終成不歸之客了。」——說的基本上還是氣胸。但其中有向莫須有的心源性哮喘方面胡扯的跡象，不深加討論了。

史實之九：周建人《魯迅的病疑被須藤醫生所耽誤》一文所載須藤關於魯迅之死的解釋，說的也還是氣胸：「魯迅的病漸漸沉重起來。但過了一個時期，又好像好起來。可是忽然急劇的氣喘發作，很快的就死去了。據須藤說：因肺結核穿孔，空氣外漏，心臟受壓迫，所以氣喘。」——此說當源於須藤也，秋文怎可捨氣胸一說而另起爐灶呢？看來連須藤都不會同意的。須藤比起他的辯護士要聰明得多，面對魯迅一切如常的生活、工作、身體及病況，他注意到了「突然」的急症狀態，是不會貿然說出死於肺結核晚期即肺結核終末期這樣愚蠢的話的。

史實之十：許廣平有篇寫於魯迅逝世後兩星期又四天的《最後的一天》，是篇極易尋覓的、幾乎重要魯迅回憶錄都要收錄的、對魯迅臨終二十六小時的病狀及須藤如何處理如何急救等過程有詳細而精確記敘的文字。秋文對此涉及魯迅死因不可迴避的重要文章竟然隻字不提，而去大段抄錄許廣平主要談魯迅六月間「病重」而不是「病危」的《關於魯迅先生的病中日記和宋慶齡先生的來信》一文，這不是故意向讀者瞞騙死因真情，是什麼？

史實之十一：內山完造的《憶魯迅先生》（原載 1936 年 11 月 15 日《作家》月刊第 2 卷第 2 期）一文，也不是篇「秘文」，而是篇幾乎較為重要魯迅回憶錄都要收錄的、有一節專門詳盡記載魯迅「病危」即十月十八日從早到晚病況惡化及須藤如何應對過程的文字；與上篇許廣平《最後的一天》的記敘完全吻合，同時還補充了許文未涉及的魯迅寓所病榻之外的須藤如何應對的內容。這篇涉及魯迅死因不可迴避的重要文章，秋文亦故意「秘而不宣」。

綜上所述，這些有關魯迅死因十月十七日、十八日、十九日三天的最基本史實，是任何真正研究魯迅死因者都不可迴避的。離開這些最基本史實，把真事隱去，將時間倒推到四個月零十九天之前的五月三十一日，大做攻擊文字，讓須藤遁形，這難道叫作「正義」嗎？只要把這三天十來件最基本史實疏理一下，魯迅死得「突然」就凸現出來了；須藤沒有正確處理魯迅的「急症」氣胸，把氣胸誤診為支氣管哮喘繼而誤為心源性哮喘的誤診責任就難以推卸了。

用一句法律術語，關於魯迅逝世前三天的最基本史實，才是研究魯迅死因的「確定性因素」。秋文企圖遠離「確定性因素」是徒勞的。

3. 用鄧恩醫生的「無根之言」是輕薄魯迅

秋文為了替須藤辯解，不僅無視長期以來在魯迅死因問題上的爭議及須藤誤診的確定性因素，而且還一口氣羅列五條理由把死因的責任推向魯迅本人。①魯迅不同意異地休養療病；②魯迅不同意打空氣針；③魯迅所患之病是肺結核晚期（其實當年六月份才確診）；④魯迅習醫懂醫不可能不察覺誤診等意外；⑤鄧恩醫生稱魯迅「五年前已經死掉」，多餘的五年存活是「外快」。為了替須藤辯解，不惜以輕薄的語言褻瀆魯迅，彷彿魯迅是自己找死，與他人無干。這樣惡劣的態度與做法，將責任轉嫁魯迅本人，還談什麼「愛護魯迅」！

秋文稱「魯迅因肺結核晚期又不同意外出休養療病，於1936年10月19日逝去。」又稱「事實上，正是魯迅先生拒絕鄧恩先生關於靜養一年及注射『空氣針』的診療方案。」秋文的意思很明白：倘若魯迅接受「外出休養療病」和「注射空氣針」是可以不死的，正是魯迅本人拒絕了在秋石看來是唯一活命的方法，所以魯迅之死怨不得別人，更不能怨須藤了。如果魯迅確實是死於肺結核晚期秋文之說不能說全無道理，但魯迅確確實實不是肺結核晚期慢性死亡，而是突然死亡，而是死於自發性氣胸，那麼對魯迅的這個指責，就毫無道理可言了。除非推翻上海魯迅胸片讀片會的科學結論，否則，秋文的辯解與指責無論如何是不能成立的。

關於魯迅習醫懂醫一說，秋文甚至以此稱魯迅為須藤「同行」，來為須藤辯解，實屬無稽之談。魯迅早年習醫是事實，但魯迅習醫僅一年半即棄醫從文，凡讀過魯迅傳記的人無人不知。魯迅終其一生沒有行過醫做過醫生，更是讀過魯迅傳記者人所共知的史實，何「同行」之有？這裡更不必去細說魯迅唯讀了解剖學、組織學、生理學、微生物學，還來不及讀病理學、檢驗學、診斷學、藥理學、內科學、外科學、婦科學、兒科學等及臨床見習了。秋文這樣歪曲史實，不擇手段哄抬魯迅，讓魯迅多擔責任，給須藤開脫，真可謂用心良苦了！

美國鄧恩醫生稱魯迅「五年前已經死掉」的無根之言，被論客們多相引用，負面影響較大。秋文也作為時髦貨用來替須藤辯解，這裡重點批駁如下：

堅持為須藤辯解的陳漱渝先生，早在 2002 年 9 月就在廣州拋出鄧恩醫生的「無根之言」說：魯迅「活到 56 歲已是奇蹟，因此被日本須藤誤診致死一說實屬無稽之談。」（見 9 月 5 日《揚子晚報》A11 版，以下陳文未注出處者，均見於此。筆者按）至於魯迅究竟怎樣「突然」死於須藤誤診的真相，陳某是無須一顧的。陳先生是魯迅死因爭議中的重要角色，他對上述指陳的史實當了然於胸，上海魯迅胸片讀片會的結論出現於他文章與著作中，但他為魯迅死因下斷語時，卻視而不見。

尾隨而後的秋文，在九月中旬，也把鄧恩醫生那句「無根之言」拋了出來，但秋文卻有三點不同：①把魯迅賺到多活五年的「外快」，通過摘引姚克的《最初和最後的一面》直接明示出來。（秋文稱姚克與魯迅的最後一面是「在魯迅逝世前數日」，其實應是「二十七天」。看來秋文在指責海嬰沒有讀好魯迅日記時，秋某本人其實也並沒有讀好魯迅日記。筆者按）②把鄧恩醫生的「無根之言」冒充成魯迅的原話，攻擊海嬰，胡說：魯迅「替無辜的須藤先生摘除了」「由海嬰先生冠以『謀害』或『延誤』的冤獄」。③把鄧恩醫生的「無根之言」冒充成魯迅的原話後，並哄抬魯迅「摘除了在他死後 65 年」的海嬰所為，彷彿魯迅閃耀先知的光芒，其實是搞唯心論。

為替須藤辯護，陳稱鄧恩醫生為「當時醫療條件最好的美國醫生」，秋稱鄧恩醫生為「最具權威的」「全面診察」。其實，那天鄧恩醫生不過「打診聽診」而已，魯迅筆下寫得那麼分明。當年鄧恩醫生，連那張 X 光片也沒有看過，沒有查痰、查血、查胸膜積液、查熱型等等，這樣的診斷有何「權威」可言？

這裡直率地說一句，鄧恩醫生空言五年前如何如何的廢話，而不向患者正確預後，肺結核有可能死於大咯血和自發性氣胸，他連個高明的或稱職的肺科醫生都談不上，何來這個「最」那個「最」呢？當時大家包括魯迅在內都稱鄧恩醫生為肺科專家，不過是說說而已。因為，據日本泉彪之助調查，鄧恩醫生「是一位熱病專家」（見陳漱渝《扶桑日記》），他對魯迅病情的診斷僅憑叩診聽診，決不是秋文所誇張的那樣是什麼所謂的「全面診察」。但憑聽診叩診已能得知肺結核病況，應該說實屬不易。可是，「早死五年」的證據在哪裡？

魯迅對鄧恩的診斷其實是並不認同的。緊接那句「無根之言」之後，魯迅說：

①「我也沒有請他（即鄧恩。筆者按）開方，因為我想，他的醫學從歐洲學來，一定是沒有學過給死了五年的病人開方的法子」——畢竟是魯迅，世間過去、現在、未來會

有「給死了五年的病人開方」的醫生嗎？一定是沒有的。誰在五年前已經病死的「診斷學」是不存在的，除非是算命打卦的江湖術士。

②「我並不怎麼介意於他的宣告。」（即鄧醫生的「無根之言」。筆者按）——終究是魯迅，終究是思維明晰的魯迅，他倘若真的「介意」這「無根之言」，魯迅就不成其為魯迅了！那魯迅豈不成了疑神信鬼的江湖術士了！

③此外，魯迅 1936 年 6 月 25 日致曹白信說：「再活一二十年也可以的。」——這不是明白無疑地表示魯迅對「五年前已經死掉」的「無根之言」的不信任嗎？秋文則把這「無根之言」冒充為魯迅的原話，真不知人間還有「恥辱」兩字。

《魯迅全集》中還有不少與「五年前已經死掉」完全相反的、病況日見好轉的、類似「再活一二十年也可以的」文字，看來亦不得不公布出來。否則，讓那句「無根之言」從南飛到北，從北飛到南，不知要騙過多少讀者。現將鄧恩醫生診病之後，魯迅 1936 年 10 月 19 日逝世之前，即秋文考證出的四個月零十九天中介紹病情的有關文字，以時間順序抄錄如下，並略加說明。

一、6 月 25 日致曹白：「現在看他的病的是須藤醫師，是他的老朋友，就年齡與資格而論，也是他的先輩，每天來寓給他注射，意思是在將正在活動的病灶包圍，使其不能發展。據說這目的不久就可達到，那時候，熱就全退了。……

據醫師說，這回修繕以後，倘小心衛生，①不要傷風；②不要腹瀉，那就也可以像先前一樣拖下去，如果拖得巧妙，再活一二十年也可以的。」——這封信是魯迅授許廣平筆錄，已收入《魯迅全集》。我們是相信那過去式的「無根之言」呢？還是相信這未來式的「再活一二十年也可以的」可能性很大的話呢？而魯迅怎麼就沒有「像先前一樣拖下去」呢？我認為，如果注意到自發性氣胸的突發並不致於誤診誤治，並排除發生大咯血之可能，這兩條實質性注意事項，「再活一二十年也可以的」這句話並非是句空言，確乎是完全可能的。遠的例子不必去尋找，即以魯迅身邊的三弟周建人為例就可以說明這一點。周建人（1888-1984）當年亦患有肺結核病，每天還堅持商務的上班，與魯迅天天在家工作下同；經濟狀況遠不及魯迅，時時接受大哥魯迅的接濟；醫療條件也達不到魯迅可以天天請醫生上門診治。但周建人活到九十六歲高齡才逝去，這便是無數同時代人從肺結核病魔的摧殘中掙脫過來的一個例證，何況魯迅呢！

二、7月6日致曹靖華：「不過這回總算又好起來了，可釋遠念。此後只要注意不傷風，不過勞，就不至於復發。肺結核對於青年是險症，但對於老年人卻是並不致命的。」

三、8月2日致沈雁冰：「注射已在一星期前告一段落，肺病的進行，似已被阻止；但偶仍發熱，則由於肋膜，不足為意也。」

四、8月13日致沈雁冰：「肺部大約告一段落了，而肋膜炎餘孽，還在作怪，要再注射一星期看。」

五、8月16日致沈雁冰：「肋膜炎大約不足慮；肺則於十三四兩日中，使我吐血數十口。肺病而有吐血，本是份內事，……血已於昨日完全制止，據醫生言，似並非病灶活動。」

六、8月27日致曹靖華：「我的病也時好時壞。十天前吐血數十口，次日即用注射制止，醫診斷為於肺無害，實際上確也不覺什麼。」「至於吐血，不過斷一小血管，所以並非肺病加重之兆，因重症而不吐血者，亦常有也。」

七、8月31日致沈雁冰：「我肺部已無大患，而肋膜還扯麻煩，未能停藥。」——這裡需略加說明者有以下幾點：①信中關於病況的種種說法，大抵出自須藤醫生之口，魯迅僅重點筆錄而已。這完全符合魯迅「一任著日本的須藤醫師的診治的」意思，魯迅是個嚴格遵守醫囑之患者；②須藤著眼於魯迅病狀要點在肋膜炎，而肋膜炎不足慮，尚不足致人於死命；③一連串的「肺結核對青年是險症，但對於老年人卻是並不致命的」，「肺病的進行，似已被阻止」，「肺部大約告一段落了」，「據醫生言，似並非病灶活動」，「並非肺病加重之兆」，「醫診斷為於肺無害」，「我肺部已無大患」等，在在都證明魯迅肺結核病況並不十分嚴重；④「因重症而不吐血者，亦常有也」一句，似明確說明魯迅的吐血「並非肺病加重之兆」，並非肺結核「重症」，何來肺結核晚期之說？⑤此點與上海X片胸片讀片會專家教授們認為魯迅肺結核病情屬「中等程度」是十分吻合的。⑥那麼須藤醫生是不是也會像鄧恩醫生那樣亂發空言呢？不是的，須藤關於肺結核病況進展情況的診斷是可信的。因為肺結核病灶活動與否，只要運用極簡便的查痰呈陰性與否即可得出結論，而須藤在《魯迅病歷》中確有查痰記載，所以他反覆向魯迅解釋肺結核病灶活動情況是有根據的。須藤的重要失誤，應考慮按常規做法，6 月 15 日攝全胸片已快到三個月，在 9 月間再攝一全胸片以對照就好了，但是他沒有這樣做。而兩位論客的「肺結核晚期」說，連從他們為之辯解的須藤這裡也找不到根據。

八、9 月 3 日致母親：「肺病是不會斷根的病，全癒是不能的，但四十以上人，卻無性命危險，況且一發即醫，不要緊的。」

九、9 月 7 日致曹靖華：「至於病狀，則已幾乎全無，但還不能完全停藥，因此也離不開醫生。」

十、9 月 21 日致唐訶：「我還在時時發熱，但這年紀的肺病，是不會致命的，可是也不會好」。

十一、9 月 22 日致母親：「男近日情形，比先前又好一點，臉上的樣子，已經恢復了病前的狀態了，但有時還要發低熱，所以仍在注射。」

十二、10 月 15 日致臺静農：「夏間本擬避暑，而病不脫體，未能離開醫生，遂亦不能離開上海，荏苒已至晚秋，倘一止藥，仍忽發熱，蓋胃強則肺病已癒，今胃亦弱，故致糾纏，然糾纏而已，於性命當無傷也。」

十三、10 月 17 日致曹靖華：「我病醫療多日，打針與服藥並行，十日前均停止，以觀結果，而不料竟又發熱，蓋有在肺尖之結核一處，尚在活動也。日內當又開手療治之。此病雖糾纏，但在我之年齡，已不危險，終當有痊可之一日，請勿念為要。」——這一系列與「五年前已經死掉」的「無根之言」完全相反的、病情逐漸見癒的、其中不少屬於魯迅自己對將戰勝疾病充滿堅定信心的文字，決不是一條「無根之言」的孤證所能比擬的。魯迅 10 月 1 日體重較 8 月 1 日增加 1 公斤。這一句句鏗鏘有力的聲音，這一拍拍生命節律的跳動：「四十以上人，卻無性命危險」，「至於病狀，則幾乎全無」，「這年紀的肺病，是不會致命的」，「比先前又好一點，臉上的樣子，已經恢復了病前的狀態了」，「於性命當無傷也」，「在我之年齡已不危險，終當有痊可之一日」。這難道就是某些論客所謂「肺結核晚期」之患者於 10 月 19 日即撒手人寰之前的徵兆嗎？魯迅 9 月 3 日致母親信中所言「一發即醫，不要緊的」，對於慢性病肺結核而言，是人所皆知的常識，也是這裡的一個關鍵字。因為魯迅 10 月 17 日剛說了「在我之年齡，已不危險，終當有痊可之一日」之後，餘音繚繞，10 月 18 日氣喘即氣胸發作雖也「一發即醫」，但 10 月 19 日竟窒息而亡。這難道就是兩位論客異口同聲地所稱「肺結核晚期」患者之死嗎？能不對魯迅突發之病醫生所治之法，打上一個若「天問」般的問號嗎？!

4. 須藤與魯迅旅日計畫究竟有無關係？

秋文對海嬰書中的「記得須藤醫生曾代表日本方面邀請魯迅到日本去治療，遭到魯迅斷然拒絕」，作出反詰道：「以區區一退休醫生而言，他能代表『日本方面』向魯迅發出日本治療的邀請？」然後又說：「翻遍魯迅所有書信日記、許廣平先生及其他親近者的追憶、回憶，我們都找不到這一說法的依據和由來。」——秋文花費那麼大的力氣「翻遍」那麼多資料「都找不到這一說法的依據和由來」，而且還不止一個人，是「我們」，說不定檢索工具還很先進。照此看來，魯迅旅日計畫與須藤無關該是確實無疑了？

魯迅是個嚴格遵守醫囑的患者，他既然拒絕了鄧醫生，繼續請用須藤醫生，就「一任著日本的S醫師的診治」。魯迅的旅日計畫的「由來」正是出自須藤的動議，是有「依據」的。秋石們並沒有「翻遍」魯迅的書信、日記及親近者的追憶回憶文字，只要打開《魯迅書信集》1936年下半年部分，就知道秋石們的「翻遍」不過是欺世之謊言：

一、6月25日致曹白：「至於轉地療養，就是須藤先生主張的，但在國內，還是國外，卻尚未談到，因為這還不是目前的事。」

二、7月6日致曹靖華：「本月二十左右，想離開上海三個月，九月再來。去的地方大概是日本，但未定實。」

三、7月11日致王冶秋：「醫生說要轉地療養。……現在在想到日本去，但能否上陸，也未可必，故總而言之：還沒有定。」

四、8月2日致沈雁冰：「醫師已許我隨意離開上海。但所往之處，則尚未定。先曾決赴日本，昨忽想及，獨往大家不放心，如攜家族同去，則一履彼國，我即化為翻譯，比在上海還要煩忙，如何休養？因此赴日之意，又復動搖，惟另覓一能日語者同往，我始可超然事外，故究竟如何，尚在考慮中也。」

五、8月2日致曹白：「我的病已告一段落，醫生已說可以隨便離開上海，在一星期內，我想離開，但所向之處，卻尚未定。」

六、8月7日致趙家璧：「我的病又好一點，醫師囑我夏間最好離開上海，所以我不久要走也說不定。」

七、8月27日致曹靖華：「不能離開醫生，去轉地療養，換換空氣，卻亦令人悶悶，日內擬再與醫生一商，看如何辦理。」

八、9月18日致許傑：「我並沒有豫備到日本去休養；但日本報上，忽然說我要去了，不知何意。中國報上如亦登載，那一定從日本報上抄來的。」——這封信的落款有些特別，與衆不同，為「魯迅九一八」。因為這天正是侵華日軍製造「九一八」事實五周年紀念日。

這所錄八封信中有六次直接提到魯迅的轉地療養與須藤主張有關，三次提到旅日意向。這裡雖沒有明說「代表日本方面邀清」之意，在没有發現新資料之前，既不能肯定，也不能否定，只能存疑待考。但是魯迅旅日計畫自始至終與須藤有關，則是難以排除的。

不過還有兩點應説明如下：

首先，魯迅在八月底九月初的另外幾封信裡，屢屢提及放棄轉地療養包括旅日計畫，但在這當兒日本報紙卻出現魯迅將旅日的報導，而且中國報紙亦登載。這不能不引起魯迅深深的懷疑與警覺，因此他乘覆許傑書信之機斷然否認預備旅日之事。這一天恰好是「九·一八」紀念日，當不排除政治上的考慮。

其二，我仍堅持拙作《魯迅先生死於須藤誤診真相》的觀點。我認為須藤動議魯迅轉地療養本出於醫學上的理由，他把魯迅的氣喘誤診為支氣管哮喘，而這個過敏性疾病是存在過敏源問題的。因而轉地以避開過敏源是個順理成章的辦法，但魯迅的氣喘其實是氣胸造成的，並非屬過敏性疾病的支氣管哮喘。當然，轉地療養，多呼吸新鮮空氣，對肺結核患者有益無害。須藤是否有「政治圖謀」目前尚查無實據，海嬰作為魯迅後人提出疑問，應無可非議。何況他是以「至於真相究竟如何，我也無從下結論，只能留待研究者辨析了」（見該書第 59 頁）的態度呢？但秋石則不然，大加討伐，又拿不出否定的「鐵證」，問題還是問題，這不是無理取鬧嗎？

二

對於海嬰先生的《魯迅與我七十年》這部回憶錄，不是不可以批評；對其差錯再指出一些也並非難事。但是，秋文以輕率的、武斷的態度與歪曲史實的方法，實施攻擊，結果卻是自己連連遭到敗露的命運。

1. 關於對海嬰質疑須藤的攻擊

海嬰先生的《魯迅與我七十年》有段對須藤有力的質疑，備遭秋文攻擊，現抄錄如下：

綜合以上事實，作為一個負有全責的、人命關天的搶救醫生，須藤醫生在這兩天裡採取了多少積極措施呢？這在母親的回憶錄裡敘述得很清楚，不再重複。我還有進一步的疑問：父親是肋間積水，去世前發生氣胸，肺葉上縮壓迫心臟，最終是心力衰竭而停止了呼吸。我當時站在父親床前，看到日本護士，兩手左右搖晃父親的胸部，力圖晃動胸中的心臟使它恢復跳動。這僅是「盡人事」而已，毫無效果的。使我懷疑的一點是：須藤似乎是故意在對父親的病採取拖延行為，因為在那個時代，即使並不太重的病症，只要有需要，經濟上又許可，即可送入醫院治療。須藤為什麼沒有提出這樣的建議，而只讓父親挨在家裡消極等死呢（見該書第63頁）。

海嬰這段質疑文字寫得明明白白，是針對「須藤醫生在這兩天裡採取了多少積極措施」的質疑，即對魯迅逝世前的

10 月 18 日 19 日「這兩天」須藤醫生行為的質疑。海嬰明明指「母親的回憶錄」係許廣平的《最後的一天》。但是把海嬰這部回憶錄讀了十一遍的秋石，卻採用歪曲的手法，將以上針對性十分明確的質疑，別有用心地搬到四個月零十九天（借用秋文的考證成果。筆者按）之前的 5 月 31 日，然後再胡亂引用針對魯迅 5 月 31 日前後病重的有關文字，魯迅的《死》、蕭紅的《回憶魯迅先生》、許廣平的《關於魯迅先生的病中日記和宋慶齡先生的來信》、宋慶齡 6 月 5 日致魯迅信，對海嬰實施攻擊與討伐。

海嬰先生質疑須藤醫生的「拖延」，明明是針對 10 月 19 日魯迅臨終前的「這兩天」，而秋文故意捏造、歪曲成是 5 月 31 日的事，莫須有地攻擊道：「就在鄧醫生診察的當日下午，須藤醫生也及時趕來給予了診治，可見也沒有海嬰所說『拖延』一說了。因為這一日日記中魯迅還有『須藤醫生來診』的字樣。」——這就是秋石「鍛鍊入罪」的伎倆，這哪裡是在做什麼質疑文章呢？魯迅彌留之際，冷汗淋漓，呼吸困難，嚴重缺氧，手腳變紫，哪裡會有秋某想像中的「日記」呢？為了給須藤辯解，竟移花接木要魯迅起來記日記，秋石是「愛護」魯迅，還是愛護須藤？

海嬰先生明明是指 10 月 18 日 19 日魯迅臨終前的「這兩天」，魯迅氣喘即氣胸發作，須藤如實在應付不了，應提出「送入醫院治療」的建議，千不該萬不該讓患者「挨在家裡消極等死」，而須藤醫生卻沒有這麼做。但秋文卻故意將這個事實歪曲成6月5日的事。這一天宋慶齡寫了封著名的《促魯迅先生就醫信》，提出「我懇求你立刻入醫院醫治！」秋文不僅引這封信，還引了許廣平的《關於魯迅先生的病中日記和宋慶齡先生的來信》中也有史沫特萊女士「最好趕緊入醫院」的建議，以及許廣平解釋魯迅6月初未接受朋友們建議的理由。這與海嬰質疑須藤在魯迅10月18日氣喘發作的急症狀態下，沒有動議急送醫院搶救，是完全風馬牛不相及的兩回事。可是秋文在胡亂引用上述文字後，攻擊道：「許廣平先生的這個親筆詮釋，從根本上否定了海嬰先生在該書中一再指責『須藤似乎是故意在對父親的病採取拖延行為』，不將魯迅『送入醫院治療』，『而只讓父親挨在家裡消極等死』的說法。」——如果說上面秋文是「移花接木」，這裡簡直就是「瞞天過海」了。引文抄錄五、六百字之多，竟統統是張冠李戴！秋文故意置與海嬰質疑完全吻合的、題義十分明確的回憶錄，許廣平《最後的一天》於不顧，把許廣平另一篇回憶錄提及的五、六月間的事用來做攻擊的材料，責難海嬰與許廣平「當時記述，有著如此之大如此之多的差異」。此等文字「道義」兩字，早蕩然無存，有的只是詭辯。

2. 關於對海嬰「不見蹤影」說的攻擊

這裡應該指明，秋文攻擊海嬰的馮雪峰「不見蹤影」說（其實「不見蹤影」說與「恰好半年」說，都是出自周建人之口，海嬰只是實話實錄而已。筆者按），提出1932年一·

二八期間「馮雪峰也一直與魯迅保持著聯繫」的立論，並未提供確鑿的史料，是不能成立的。

首先，秋文羅列 1932 年一·二八事件發生之後，馮雪峰與魯迅一起簽過兩次名，共同參加過一個協會：即 2 月 3 日馮雪峰與魯迅等 43 位文化名人聯名簽署的《上海文化界告世界書》（秋文在「世界」前誤加了一個「全」字，似不是植排錯誤，因秋文三次提到《世界書》時均誤加「全」字。筆者按），2 月 7 日馮雪峰與魯迅等 129 位作家聯名發表《為抗議日軍進攻上海屠殺民眾宣言》，2 月 8 日馮雪峰與魯迅等一道發起組織「中國著作界抗日協會』並當選為執行委員會和編輯委員會委員。秋文通過這三次活動馮與魯都參加，來證明馮魯「一直保持著聯繫」。但這個證明的錯誤是顯而易見的，因為，聯名簽署宣言之類或共同參加協會之類的活動，是不會把 43 位或 129 位文化人都集合在一起的，像開會似的在一個場合順序簽名或填表的。彼此不照面不相識的情況普遍得很。這三次活動馮魯都在一起，只是秋石想當然的推斷。一·二八事變時炮火連天，任何一個頭腦健全的組織者，都不會在這樣戰爭狀態下為了滿足秋的馮魯「一直保護著聯繫」猜想，把人員集中在一起的。

其次，這三次活動即我發現秋文誤加了一個「全」字的《上海文化界告世界書》是確鑿的，我在幾種《魯迅年譜》（北京版、安徽版、天津版、廣西版）、《魯迅生平史料彙編》及倪墨炎先生的《魯迅署名宣言與函電輯考》這專門書都查到。但是，以上這些資料工具書中，獨獨不見秋文提及的《為抗議日軍進攻上海屠殺民眾宣言》與「中國著作界抗日協會」的片言隻語，這裡只得存疑待考了。

第三，即使退一步說，馮魯在秋文提出的 2 月 3 日、2 月 7 日、2 月 8 日這三天有可能「見面」「聯繫」等，但是用一・二八事件發生之後的事來質疑一・二八發生之前的事，這不是亂放空炮嗎？秋文明明抄錄了海嬰書中的原文，卻故意哄騙讀者。請看秋文的無端攻擊：「海嬰先生又怎麼能夠毫無根據地說『形勢剛剛開始有點緊張，他就不見蹤影』及『魯迅很不滿』呢？」這著重號所加十個字的含義，十分明確，一・二八的戰事的炮火還沒有打響，「剛剛開始有點緊張」。秋文以 2 月 3 日之後，攻擊 1 月 28 日之前，看來與上文所揭露的同出一轍，是其一貫伎倆。

第四，就是魯迅家人對馮雪峰在一・二八之前形勢緊張「不見蹤影」的埋怨，「魯迅很不滿」，也只是從魯迅一家老小突然處戰火之下，並邀周建人一家來住，以免彼此分散，一時不知如何是好而發的。當天已有一顆子彈正從魯迅書桌旁邊洞穿而入。用魯迅的話說是「突陷火線中，白刃塞途，飛丸入室，真有命在旦夕之慨」，1月 30 日下午才「全寓中人俱遷避內山書店」。在這個時刻，一時找不到望也望不到完全信得過的年青力壯的馮雪峰，感到埋怨、不滿，甚至發點牢騷，是人之常情，也是可以理解的；不值得大驚小怪。魯迅與馮雪峰是師生之誼，先生責怪學生沒有什麼了不得。秋文在開首之處就給馮按上一個頭銜：「時任中共中央特派員、黨中央與魯迅先生之間的唯一聯繫人馮雪峰」。幸好是「特派員」與「聯繫人」，那這裡回敬秋石一句也未嘗不可，「偉大的共產主義者」對「特派員」與「聯繫人」，「偉大的左聯盟主」對「盟員」有所責怪有何不可？其實，馮在 1932 年時還沒有這個頭銜。秋文何苦在這裡「戲弄權威」（魯迅《答徐懋庸並關於抗日統一戰線問題》中用語）呢？完全犯不著搞這一套，誤會之後馮魯還是友好如初。

第五，馮雪峰「不見蹤影」說，從魯迅家人的視角來說，是確實的，並非如秋文所言是「毫無根據」的；從馮雪峰的視角來說也是確實的。但秋文的第三雙眼睛，只能是瞎說一氣。查《魯迅日記》從 1 月 30 日至 3 月 14 日，魯迅全家轉移外居避難戰火達一個半月之久，這麼長時間，不僅談不上秋文無中生有的「馮魯一直保持著聯繫」，就是馮雪峰想找魯迅也未必能在魯迅寓所找著，他們還是在魯迅沒有返回寓所的 3 月 7 日下午於北新書局碰上的。《魯迅日記》這天記載：「下午往北新書局，遇息方，遂之店茗談。」這「息方」就是馮雪峰。包子衍先生生前為了考證這次「茗談」是否開會，特寫信請教馮雪峰。馮雪峰致信答覆包子衍如下：「這是兩人隨便談談，並非開會。這時他避戰住在內山分店，上海戰爭起後我第一次去北新找到他。」（見 1979 年《新文學史料》第 4 期與《魯迅年譜》（北京版）第 3 卷第 311 頁）當然，魯馮的誤會也隨之而釋然；當然，區區茗費也由魯迅隨手而付了。

秋文在捏造與篡改過的馮魯交往史之後，還煞有介事地寫道：「在這裡，我只是希望，希望海嬰先生將來再度著書立說，特別是在涉及一些重大歷史事體、重要人物時，稍稍花點工夫查閱一下歷史資料以及父親的書信日記，這樣，失誤和偏差就會大大減少，莫須有也就自然不存在了。」秋石把海嬰的書讀了十一遍，歷史資料以及魯迅書信日記大概已讀過數十遍，是花過大功夫的。但因為頭腦中只記得如何教訓人，忘乎所以，結果自己的失誤、偏差和莫須有卻「大大增加」，真令人匪夷所思！

3. 關於對海嬰「羅稷南孤證」的攻擊

海嬰先生在該書，還披露了 1996 年應邀參加巴人研討會時，有人相告於他，羅稷南先生（1898-1971）在 1957 年反右開始後，利用一次見到毛澤東的機會，向毛提了個「要是今天魯迅還活著，他可能會怎樣？」的問題，毛沉思片刻回答說：「以我的估計，（魯迅）要麼是關在牢裡還是要寫，要麼他識大體不做聲。」

秋文還是運用時間移動法，置海嬰的「此時正值『反右』」這個時段十分明確的指認於不顧，引用毛在反右沒有開始前的 1957 年春天，鼓勵鳴放時設問自答過「魯迅現在活著會怎樣？」這個問題的答案，來實施攻擊；並又把時間向上推到 1937 年 10 月 19 日毛的《論魯迅》講話，再繞開「反右開始後」這個時段，提及毛逝世前一、二年仍在閱讀

《魯迅全集》云云，得出「毛澤東一直是備加敬崇魯迅的」結論，以推倒海嬰的所謂「羅稷南孤證」說。當然，秋文還引用了謝泳先生與陳晉先生的考辨成果，最終得出「自然也不存在假設的『老鄉』羅稷南向毛澤東提出這個『具有潛在的威脅性』話題的可能了」的結論。質言之，秋文推上去，繞過來，扯出去，再拉回來，只得出不可能的結論。這裡甚至還可以補充一個不可能，還有人說，毛澤東會像列寧對待高爾基那樣，再尖銳的政見不合也不可能「翻臉不認人」的。這些「不可能」的推理，都有可能。但，我認為，毛對羅說過這句話的可能性更大。

1957 年 3 月 10 日毛澤東在提倡「放」而不是「收」的全國宣傳工作會議（3 月 6 日至 12 日）期間說：「有人問，魯迅現在活著會怎樣？我看魯迅活著，他敢寫也不敢寫。在不正常的空氣下，他也會不寫的，但是，更多的可能是會寫。俗語說得好：『捨得一身剮，敢把皇帝拉下馬。』魯迅是真正的馬克思主義者，是徹底的唯物論者。真正的馬克思主義者，徹底的唯物論者，是無所畏懼的，所以他會寫。」「魯迅的時代，挨整就是坐監獄和殺頭，但是魯迅不怕。」3 月 12 日毛還說：「魯迅的雜文是對敵人的，魯迅對付敵人的鋒芒可不可用來對付我們自己內部呢？據我看也可以，假使魯迅還在，他就要轉過來對付我們的缺點、錯誤。」3 月 8 日毛還提到：「我看魯迅在世還會寫雜文，小說恐怕寫不動了，大概是文聯主席」。（以上引文轉引自 2002 年 9 月

27日《文匯讀書週報》第15版陳晉先生《「魯迅活著會怎樣？」》一文與秋文。筆者按）——毛澤東在1957年春天談到有兩種可能，與海嬰披露反右之後也有兩種可能，其基本精神是一致的：不寫則無事，寫則要挨整。不過，春天的挨整說，強調了假若的積極性；而夏季的挨整說，則不迴避現實的嚴酷性。兩者的側重點，隨著形勢的變化而側重不同。具體言之，春天的形勢是鼓勵鳴放，當然強調了「更多的可能是會寫」的積極因素，鼓勵大家要做「徹底的唯物論者」並要「無所畏懼」，意即要大家不怕挨整，即使挨整那也是「徹底的唯物論者」，何況現在是在黨發出了號召的「正常的空氣下」呢？這與毛後來發動「文革」之初大力提倡「五不怕」精神也是一致的。唯獨魯迅式的雜文「對付敵人的鋒芒可以用來對付我們自己內部的缺點、錯誤」說，與毛在延安《講話》否定「雜文的時代」，以及反右後雜文聲名狼藉是相抵牾的。當屬政治家的權宜之計。這就給響應學習魯迅鋒芒者，留下合理合法的生存空間，因為這是馬克思主義者、唯物論者，無所畏懼「對付我們的缺點、錯誤」，幫助中共開門整風是不可能挨整的。

1957年夏天，全國範圍內的大鳴大放發動起來之後，形勢急轉直下，開展聲勢浩大的反擊資產階級右派向黨倡狂進攻的運動，五十多萬知識份子內大大小小「魯迅」，包括秋文稱「中共中央特派員、黨中央與魯迅先生之間唯一聯繫人馮雪峰」，無一倖免挨整，坐監獄者不計其數。彼一時已屬過去，此一時已經來臨，其中沒有一個被認為是「徹底的唯物論者」，也沒有一篇雜文被認為是「對付我們的缺點、錯誤」的，「無所畏懼」者的結果，終於浮出水面。即使後來「右派」平反，也無一人追認「唯物論者」云云。

因此，在 1957 年反右後，毛回答一句魯「要麼是關在牢裡還是要寫，要麼他識大體不做聲」的可能性是很大的，是與他春天的講話有兩種可能性的邏輯是完全符合的，不過挨整的側重點由春天的假若積極性，轉化為夏季的現實嚴酷性罷了。在毛的心目中魯也只是「文聯主席」，比這職位高得多的人都坐監獄，何況魯迅呢？還可補充一句可能，魯的什麼「三個偉大，五個最」等等也不可能有；因為觀毛對活人的評價絕無類此高度評價的，除了對史達林是個例外。又，魯迅如果活著，比後來挨整的彭德懷、張聞天、賀龍、劉少奇等又如何？「文聯主席」不是小菜一碟嗎？毛說過那句話的可能性，似乎是不容置疑的。

正當我寫完上述文字後個把星期，接讀陳焜先生的《我的伯父羅稷南》一文（2002 年 10 月 18 日《文匯讀書週報》第 9 版），得知所謂「孤證」根本不是「孤證」。1996 年向周海嬰提及毛羅談話內容的，是賀聖謨先生。賀先生在 2001 年 12 月向上海《新民週刊》證實了是由他向海嬰說過這次毛羅之間設問求答的對話的，並澄清了海嬰回憶中的某些失誤。羅稷南原名陳小航，又叫陳子英，雲南鳳慶人。故其侄名為「陳焜」，稱羅稷南為伯父。其關係比賀聖謨與羅稷南關係當更進一層。陳焜在 2001 年冬天，曾寫信給海嬰，說明賀聖謨提供的情況不是「孤證」，因為他曾親耳聽見伯父對他講過這次毛羅之間設問求答的情況。這裡將陳焜文章有關內容摘錄如下：

> 1957 年 7 月，我在北京讀到過報紙以頭版頭條報導毛主席在上海接見一些人的消息，看見羅稷南也列在被接見的人士之中。（參見陳晉先生考證，具體時間應為「7 月 7 日晚上」。筆者按）1960 年，我從北大回上海，在伯父家養病住了幾個月，聽伯父講過那次接見的情況。他說，毛主席進來坐定以後，有人遞了一張在座人士的名字給他。毛主席看了名單，就挑了伯父第一個和他談話。他們先談了一段他們 1933 年在瑞金相見的事，毛主席又謝謝伯父翻譯了《馬克思傳》，說他為中國人民做了一件好事。後來毛主席問伯父有沒有問題，伯父想了一下就問，如果魯迅現在還活著會怎麼樣？毛主席沒有馬上回答。他也想了一下以後才說：如果魯迅現在還活著，他大概不是關在牢裡，就是不說話了。（著重號係為筆者所加，下同）

陳焜先生在文章中還進一步解釋羅稷南所以會發問這個問題的理由：

> 如果魯迅現在還活著會怎麼樣，這是很多年以來在不同的時機都有人提過的老問題。但是，有了1957年夏天發生的事情，問題重提的含義就完全不同了。就伯父來說，他提的問題並不是偶然隨便做得出來的普通事，這是他一生有了準備的結果。以伯父一生的經歷見識和他立即直指實質問題的洞察力量，在有了機會當面問毛主席一個問題的時候，他自然會問出這樣一個能夠集中地揭開毛澤東的思路和解釋當時全部局勢的大問題。

陳先生還提及毛羅之間兩次至今考證者無法從故紙堆中尋訪的新史料：①1933年羅任福建人民革命政府秘書，「曾經代表蔡廷鍇訪問瑞金，和毛主席見面談過話，和紅軍將領張雲逸簽訂了條約，向被封鎖的蘇區供應了當時迫切需要的布匹、食鹽、醫療設備和藥品。這個條約的簽字文本至少在1950年代末還在北京革命歷史博物館陳列著。」（似為「在北京的中國革命歷史博物館」，漏「中國」兩字。筆者按）②「1950年，毛主席曾給他寫過信，要他回雲南做西南軍政委員會委員。擔心思路不習慣，伯父沒有辭也沒有去，還是繼續留在上海做當時稱為自由職業的翻譯家。」——這兩條背景新史料，足證羅先生確有資格也具備這個氣質，能「在一個重要的時刻向一個重要的人物問了一個非常重要的大問題。」（陳焜語）

賀先生與陳先生兩位的證詞，是比海嬰更直接的證詞，可證海嬰所言並非「孤證」。陳先生的《我的伯父羅稷南》原載《老照片》第二十四集，山東畫報出版社出版，載有羅稷南 1957 年攝於書房中的照片。具體發表時間，是否在秋文之前不得而知，但賀先生的文章發表於 2001 年 12 月的上海《新民週刊》，這在秋文之前八、九個月時間，為什麼口口聲聲這也翻遍那也翻遍的秋石先生在向「孤證」發起攻擊時，又沒有去翻一翻呢？

著名演員、作家黃宗英女士於 2002 年 12 月 5、6 日同步在《南方週末》、《文匯讀書週報》、《炎黃春秋》上發表《我親聆毛澤東與羅稷南對話》一文，是衆多報刊討論毛、羅對話以來，迄今最重要的文章。該文作者以現場直接見證人的身份，不僅證實了海嬰所言不是「孤證」，而且也證實了羅稷南所言確非「孤證」。這恐怕是秋石等始料不及的，恐怕也是陳漱渝「很難設想的」（見 2002 年第 4 期《魯迅世界》第 10 頁）。

三

改革開放是當前的基本國情，也是今後發展的大勢。當今時代對國人的基本要求，就是弘揚現代民主理念、增強現代法治觀念、培育現代公民道德意識。秋文對海嬰的指責、訓斥，不能不令人想起「文革」中的大批判。

1. 對海嬰寫作的無理干涉說明了什麼？

上文說過，對海嬰這本書不是不可以批評，但要把它放在回憶錄範圍來批評，它有什麼錯誤硬傷任何人都有權批評，但不能抓住一點不及其餘。真實是回憶錄的生命，對回憶錄的要求，是越嚴密越嚴謹越好。不過要求回憶錄完美無缺，在任何一個細節上都準確無誤，没有人能做到的。個人視角的局限、歲月對記憶的磨損，以訛傳訛，以及外界刺激源對記憶刺激造成的增減、誤植、錯接、轉換乃至流失，是會經常發生，甚至是不可避免的。比如秋文中提及的魯迅與陳賡的會面，究竟是一次還是二次，當事人陳賡與陪同者馮雪峰只記得有過一次，而樓適夷卻記得還有第二次，並認定陳賡繪製的鄂豫形勢圖他是目擊者。這就是三人記憶力差異在同一件事情的記憶上的不同。古今中外，這種回憶錄出現類似失誤失實失記的例子，是屢見不鮮的，從不見有誰大驚小怪的。有錯就糾，有誤就正好了。魯迅研究界有好幾本「正誤」的專著，頗受好評；其著者，是當然的專家學者，如林辰、孫用、朱正、蒙樹宏等等，他們嚴謹質樸的考證學風很值得稱道與發揚。

秋文則不屬此列。訂正別人幾處差錯，自己的差錯竟然一大把；一篇文章之中硬傷之多，已到了俯拾皆是的地步，實不多見；抓住幾個差錯，甚至並非差錯，而是自己弄錯，則咋咋呼呼，教訓、斥責、威脅隨之而來，文風之惡劣，為「文革」以來所罕見。

海嬰為了回敬李初梨在「四人幫」粉碎後，一次會議上對魯迅、許廣平的污蔑：「魯迅算什麼！郭沫若提出革命文學的時候，他還在喊虛無主義呢！」「許廣平不是什麼因魯迅書信被拿走氣死的，而是因為她與王關戚關係密切，王關戚一揪出來，就嚇死了。」將 1966 年 5 月 27 日，在江青淫威下寫的《左聯時期有關三十年代後回憶資料》作為史料完整收入書中，以澄清事實真相，是完全必要的。李初梨 1928 年的《怎樣地建設革命文學》發難魯迅的文章，竟與他近四十年後繼續攻擊魯迅，一脈相承！江山易改，本性難移，確非空言。

面對李初梨的誣陷，秋文的「道義」竟然站在挾怨誣陷者李初梨一邊，指責為母辯誣的海嬰：「受江青密命而寫的這份材料原封不動地收錄了進去，但在收錄時仍不作任何考證。」如果材料時間有誤，那就把「1933-1934 年某日」訂正為「1932 年的夏秋之間」好了；「詳談長征的反圍剿鬥爭和事蹟，……談到延安種種故事」有誤，那就把其時長征沒有開始之誤、未達延安之誤指正並訂正過來好了。這些錯誤與「江青密命」何干！這不就是站在誣陷者的立場深文周納，羅織罪名嗎？難道海嬰母子是「江青同夥」？否則，「密命」是什麼含意！難道這份材料屬「反動性質」？否則，為什麼不能「原封不動」！

秋文指出海嬰書中提及馮玉祥遇難日為 1948 年 8 月 22 日，為 9 月 1 日之誤，就攻擊道：「一些與海嬰先生家庭無關的重大問題，海嬰先生也輕率地發表獨家看法。」——即使這個日期有誤，秋某難道因此就有權剥奪海嬰寫家庭之外的所見所聞的自由？秋文中涉及的人與事也不少，難道都與秋先生家庭有關？難道秋文不是「獨家」看法竟然是「大家」的看法？至於秋文對該書中有句引用轉述的「蔣介石的手没有那麼長」話，攻擊海嬰「武斷地下了替國民黨脱卻干係的結論」更為荒唐。因為在秋文所引馮玉祥之子馮理達的文章中，稱當年他們全家乘搭的蘇聯客輪「勝利號」抵達埃及亞歷山大港時，「發現這裡停泊著一艘國民黨的軍艦」。秋文對馮文批評道：「試想，在 1948 年 8 月，蔣介石正熱衷於同共產黨打內戰，且節節敗退。在這種情況下，他還能派出一艘軍艦遠赴數千里的埃及，而且恰好停泊在馮玉祥將軍乘坐的輪船途經之地。」秋某言詞鑿鑿地否認馮理達的説法，簡直像是蔣介石侍衛室裡一名機要人員似的。那麼，「替國民黨脱卻干係」者，不正是姓秋名石其人嗎？

秋文還莫名其妙地胡説：「這本書，與其説是《魯迅與我七十年》，倒莫不如取名為《我這七十年》更要貼近得多。這是因為讀者所要從中汲取的精神營養實在可憐得很。」——橫暴到竟要給別人的著作改名，聞所未聞。寫《魯迅與我》或《我與魯迅》篇目之類的文章，多得很，梁實秋的《魯迅與我》、朱自清的《我與魯迅》、曹聚仁的《我與魯迅》、《魯迅與我》、力群的《魯迅先生和我》、鹿地亙的《魯迅和我》、鎌田壽的《魯迅和我》等等，為什麼這麼多既非家庭成員又無親戚關係者，都能寫得，獨獨魯迅之於周海嬰反而寫不得呢 ?!

秋文干涉海嬰不該寫與家庭無關的事，那麼是不是海嬰家庭之內的事，就可以寫了呢？它把書目上「魯迅」兩字劃去，這豈不是把魯迅也從家庭成員中排除了嗎？它對書中寫了周令飛也大加指責，因為這一節「究竟跟魯迅的遺產，或者魯迅生前所要提倡的有什麼關係。」也不該寫，似乎周令飛也排除了家庭成員的資格。只允許海嬰寫「我這七十年」。那麼，海嬰這七十年所見所聞之事，是不是就可以寫了呢？還是不能隨便寫，不該寫許廣平和蕭紅同服治療痛經的白鳳丸，書中刊載一張白鳳丸包裝照片更不該！這個橫暴的秋先生指責了這麼多的「不該」，那麼指令海嬰「該」寫的又是什麼呢？「大綱」終於「下達」了，該寫一個當年還是幼稚園裡的乳臭未乾的孩子，不曾記憶的、事實上也不可能記憶的、只是成人私下才敢議論的革命故事：「談談蕭紅蕭軍這一對熱血夫妻冒著生命危險攜帶世界上最早兩部反法西斯小說原稿來到魯迅身邊的故事；談談博大仁愛的魯迅先生嘔心瀝血扶持兩位東北青年登上左翼文壇一舉成名的故事；談談你當著二蕭面在飯桌上喊『馮先生』以及馮雪峰述說紅軍二萬五千里長征的可歌可泣的眾多細節；談談在魯迅逝世前數日你當著蕭軍、黃源和父親的面認出手中的木雕像是『高爾基』的可愛鏡頭；談談你父親魯迅為祖國為民族壯壯烈烈戰鬥到生命最後一息的動人情節……」——秋文這一段的侃侃而談，如數家珍，那你秋某就揮起筆來去盡情地寫好了；或者你徑直去蕭紅、蕭軍、馮雪峰、黃源等當事人的書裡去找好了，他們都是革命作家，肯定會滿足你愛聽革命故事的渴望的。但是令人遺憾的是，馮雪峰兩次安排陳賡去見魯迅談蘇區的革命故事，他竟然只記得有一次，把第二次他派樓適夷陪陳賡去見魯迅談鄂豫皖革命故事都忘得乾乾淨淨；不無遺憾的是，講述革命故事的陳賡將軍本人也把有過的第二次忘記；陳將軍甚至很直率地對前來採訪的作者張佳鄰先生表示，「可惜時間相隔太久，很多細節和談話的具體內容已無從追憶了」；這篇文章，秋文已經提及，足證秋先生剛剛讀過不久，但很快就失去「記憶」；連陳將軍 1956 年回憶 1932 年與魯迅會見的「很多細節和談話的具體內容已無從追憶」，你怎麼竟然要求一個幼稚園的孩子強行「記憶」呢？這是海嬰在寫回憶錄還是你秋石替海嬰在「創作」?! 秋先生已昏到把白色恐怖下的嚴肅話題，當做幼稚園的兒歌這麼輕鬆地提出來，說的比唱的好聽。現在，實話實說的海嬰沒有寫，這位秋先生竟先驗的「可歌可泣可愛」得「動人」起來，那海嬰何必寫呢？因為，如果要寫，寫得秋石不滿意，不可歌可泣可愛不動人，那罪過豈不是更大了嗎？因為除了該寫什麼的問題解決了，緊隨而來的便是「怎樣寫」的問題，秋文還沒有交待明白，海嬰如何落筆？如何是好？

秋文對海嬰寫作的無理干涉說明了什麼？

說明二十多年前的教條主義，不，應該追溯到李初梨們上個世紀二十年代末期已被清算過的文藝教條主義，並沒有真正肅清；說明在有些人頭腦中完全沒有寫作自由的概念。「寫什麼，不寫什麼，怎樣寫，都應由作家自己來決定」的命題，經過無數次較量與反覆，甚至付出血的代價，也只是求得個基本解決；文藝教條主義的影響與流毒還存在，還有待引起人們的警覺，還有待進一步肅清。

2. 對周令飛婚事的說三道四說明了什麼？

秋文一面虛偽地說：「周令飛的婚事是周家的私事，由不著哪個外人來說三道四。」一面筆鋒一轉，還是把那陳年穀子大把地抖落一番。抖落時，竟然把自己「外人」的身份忘個淨光；用自己的「說三道四」掌了自己的耳光。秋文，也不得不承認，周令飛之事的是是非非早已塵埃落定。它寫道：「周令飛偕妻女在兩岸自由往來及經商做事，海嬰本人偕老伴赴臺灣出席學術研討會和探親，其親家公親家母來大陸探親及在京逗留」等早已趨於正常狀態。但是，秋文還是向周令飛發此怪問：「是否應當想一想：我為繼承祖父的精神，為祖國、為民族做了些什麼？」——你秋石有何權力在報紙上對個人的私事說三道四？

周令飛的婚事風波發生於 1982 年，已過去整整二十年了，這是一代人的時間。當年此事之所以沸沸揚揚，就在於周令飛婚事是兩岸長期隔絕狀態下第一對情人的「闖關」者，還在於魯迅之孫這個特殊身份；所以它竟比第一起涉外婚事還要轟動。

時至今日，人文環境隨著時代的前進而獲得長足進步的今天，還以過時的觀點追究在特定年代與特定環境中的個人愛情追求，難道是合適的嗎？

據裘士雄先生介紹，周令飛之妹周甯女士，也是涉外婚姻無數闖關後繼者之一，但比其兄長要幸運得多。她在日本期間，與日本田中正道先生結婚，已有田中華蓮、田中悠樹這對雙胞胎女兒。「1998 年 11 月，江澤民主席訪問日本仙台時，曾親切接見周甯、田中正道夫婦和他們的孩子。」（見 2002 年第 1 期《紹興魯迅研究》裘士雄先生《魯迅之子周海嬰》一文）這體現了國家領導人的現代意識與寬闊胸襟，也是展示目前改革開放大勢的感人一幕。

說起周令飛的婚事，海嬰的話很有分量：「他有權追求自己的所愛（就像他的祖父母）」！

秋文對海嬰寫作自由的干涉、對周令飛經商與婚事的說三道四，說明了什麼？值得深思啊。

2002 年 11 月 10 日初稿於南京曉莊
12 月 5 日改定於南京寓所

（原文 3 萬多字。本刊發表時有所刪節）
原載《魯迅世界》2003 年 1-2 期合刊

評價《魯迅與我七十年》的幾個問題

嚴家炎

近數月來，由於秋石先生《愛護魯迅是我們的共同道義》一文在 2002 年 9 月 17 日《文藝報》的刊發，周海嬰先生《魯迅與我七十年》的若干內容在學術文化界引起了廣泛的關注和討論。應該說，秋石先生出於「愛護魯迅」，對海嬰回憶錄中幾個問題加以質疑，提出他自己的看法，有助於人們思考的深化。他的論述在某些具體意見（如對馮雪峰的看法）和時間等細節方面，也起到了澄清和訂正的作用。但是秋石先生的文章自身又帶有根本性的缺陷——缺少實事求是的態度，因而也產生了不少偏頗和失實之處。這裡，我想就自己感覺到的幾個方面提出商榷性意見，求教於秋石先生和廣大讀者。

怎樣從總體上估價《魯迅與我七十年》

秋石先生說：「這本書，與其說是《魯迅與我七十年》，倒莫不如取名為《我這七十年》更要貼近得多。這是因為讀者所要從中汲取的精神營養實在可憐得很。」

事情果真如此麼？

無論就我個人讀這本回憶錄的印象，或者是看到、聽到的許多朋友對《魯迅與我七十年》的讀後反應，基本看法是一致的：都認為這是一本好書。好在哪裡？首先是真實地寫出了偉大魯迅作為普通人的日常生活和豐富的感情世界。海嬰以他獨特的視角和樸素坦誠的敘述，不帶光環地還原給讀者一個有血有肉的魯迅。像有關海嬰出生的陳述；像清晨時分魯迅躺在床上「瞇起眼睛」看海嬰為自己的煙嘴裝一支煙的神情；像在庭院內種南瓜以及收穫時給內山家送南瓜所體現的魯迅父子的情意；海嬰與小朋友在家中玩耍不慎撞碎拉璃以致右腕汩汩出血，魯迅為之默默包紮，不加責罵；有一次海嬰賴著不肯去學校，魯迅起初用報紙捲假意要打屁股，但當他瞭解海嬰氣喘病發作的實情後，立即要許廣平向老師請假，並親自向堵在家門口的小朋友做了解釋；……這些都可以說是一篇篇好讀的散文，充滿著濃郁親切的人情味，也滲透著魯迅人文精神所特有的強烈的現代性。即使後半本所記述的一些事情已在魯迅逝世以後，卻依然貫穿著「幼者本位」這種人文精神。像 192 頁所敘述的海嬰九歲時一次受「測試」的經歷，使作者幾十年後想來「仍不寒而慄」，禁不住要發出「祈願天下所有的孩子都不要遇到這種『測驗』」的呼籲；225 頁寫到的光夏附小國文老師對學生體罰的慘烈場面以及許廣平得知後採取的行動；這些文字背後，可以說都有一顆魯迅的靈魂在吶喊。也許在有的同志心目中，這些都是無謂的瑣事。但其實，離開了這類「瑣事」，魯迅精神的偉大也就無從突顯。魯迅自己說得好：「戰士的日常生活，是並不全部可歌可泣的，然而又無不和可歌可泣之部相關聯，這才是實際的戰士。」「刪夷枝葉的人，絕對得不到花果。」[1] 他的《答客誚》詩：「無情未必真豪傑，憐子如何不丈夫，知否興風狂嘯者，回眸時看小於菟。」其實正是對現實中「左」傾思想的有感而發。

不僅如此。在《魯迅與我七十年》中，海嬰還懷著深摯的敬意，寫到了許多先賢們的感人事蹟。像瞿秋白夫婦贈海嬰「積鐵成象」玩具並且做了十分細緻的說明所帶給孩子的無窮樂趣；蕭軍得知魯迅逝世的噩耗後奔上樓來「像一頭獅子一樣石破天驚般地號啕大哭」，「從肺腑深處旁若無人地發出了悲痛的呼號」；許廣平在日寇攻陷上海，租界成為「孤島」後預作準備，銷毀各種抗日的文字資料，被捕後遭毒刑拷打仍堅貞不屈；與她命運相近的還有柯靈、楊霽雲，也都飽受日寇刑審之苦，甚至被放出狼狗撲咬；許廣平的朋友、大革命時期就是共產黨員的黃定慧女士，她和丈夫陳志皋長期為革命工作，不但獻出畢生精力，還貢獻了大量家產；老共產黨員董秋斯夫婦長期在文化戰線上為人民作出貢獻，曾與史沫特萊有聯繫，還撫養了劉思齊這樣的烈士後

1　《這也是生活……》，收入《且介亭雜文末編），1981年人民文學出版社版《魯迅全集》第6卷。

代，「文革」中卻遭江青迫害，董用自己的寶貴生命保護了張文秋的政治生命；許廣平另一位朋友，出色的地下工作者關露，受命單身深入敵偽巢穴，後來卻蒙冤受屈幾十年。所有這些人士的革命情操、愛國志氣，難道不正為我們後人提供了上好的精神營養麼？即使日本人中，也有像鹿地亙這樣進步的反侵略戰爭的人士，像內山完造這樣「不賣血」的、後來更積極為日中友好奔忙的朋友。甚至連周作人家中，也還有周豐三（周建人與羽太芳子的幼子）這樣以自殺來諫阻二伯父出任偽官的剛毅愛國之士。他們難道不同樣是值得紀念的麼？《魯迅與我七十年》一書使讀者知道了過去不清楚的許多事情，從而增長了見識，激發了正氣。在寫出共產黨內外不少先輩志士感人事蹟的同時，海嬰先生也沒有忘記揭露敵對勢力的罪惡和虛偽。如他在回憶錄中多次提到自己童年時受日本孩子欺侮的事；還記述了沈醉當面告訴他的話：三十年代國民黨軍統特務曾經佈置過暗殺魯迅；對於 1942 年 2 月蔣介石派國民黨中央黨部秘書長鄭彥芬給朱安送十萬元法幣一事，海嬰評論道：「委員長此舉至今仍令我費解：一方面在政治上壓迫父親、母親和我，另一方面又假借『關心』父親的前妻，這究竟是要達到什麼目的？」難道所有這些內容和文字，都可以像秋石先生那樣，用「精神營養實在可憐得很」一句話來輕輕抹煞的麼？

任何回憶錄，都只能寫自己熟悉而且體驗最深的事情，這應該是人所共知的「起碼的常識」（秋石先生愛用之語）。所謂記憶力的好壞，也是與感受、體驗的深淺相聯繫的。秋石先生責備一個當時才六七歲的孩子幾十年後不寫「魯迅先生嘔心瀝血扶持兩位東北青年登上左翼文壇一舉成名的故事」，不寫在飯桌上聽「馮雪峰述説紅軍二萬五千里長征的可歌可泣的衆多細節」，不寫「父親魯迅為祖國為民族壯壯烈烈戰鬥到生命最後一息的動人情節」，這種責備不是太不合乎情理了嗎？尤其令人不解的是，秋石先生居然在批評《魯迅與我七十年》的文章中，寫下這樣一段頗值得玩味的文字：

> 記得1994年1月，臺灣國民黨喉舌《中央日報》以兩個版面的篇幅，以極其低級庸俗的話語，刊發攻擊魯迅及蕭軍蕭紅等大陸非黨左翼作家的文章，那時，我多麼地希望海嬰先生能夠站出來與之論理啊！可是，海嬰先生又一次保持了沉默。後來，在眾多前輩作家的支持下，《文藝報》以大篇幅刊發了我與之對陣的長篇文章，面對南北眾多報刊對拙文的轉載、推介、評論，海嬰先生依舊是一言不發。

我實在不知道這件事究竟與海嬰的回憶錄有什麼關係，為什麼它會成為海嬰先生的一條「罪狀」。誰都知道，魯迅屬於全體中國人民和中華民族，屬於世界進步人類，研究魯迅、捍衛魯迅決非只是家屬的責任。何況海嬰先生是一位科技工作者，他有自己的專業工作，根本不可能讀完幾乎是汗牛充棟的研究或評論魯迅的書刊、文章。為什麼秋石先生寫了文章，海嬰先生就必須站出來表態，甚至還要在自己的回憶錄中為此事大書特書一番？如果研究魯迅的文章刊發後都要海嬰站出來支持、讚頌與感謝，那麼海嬰還能不能做自己的專業工作？恕我直言：秋石先生這類批評和要求實在太過分太沒有道理了！

抹不去的須藤醫生的可疑點

提出有關須藤醫生的幾處疑點，是《魯迅與我七十年》的一個亮點，卻也成為秋石先生嚴厲批評、譴責的一個重點。秋石先生幾乎花了比海嬰《一個長埋於心底的謎》原文多出百分之五十的篇幅來考辨和釋疑，力圖證明海嬰書中那些疑點是「莫須有」的。應該說，秋石先生的部分考辨糾正了周建人的原話（卻常被誤解為海嬰的話）在某些細節上的疏失或出入，因而不謂無益。但是，由於秋石先生迴避了須藤醫生的關鍵問題，從整體上說，這些考辨就顯得缺少說服力，難以抹去讀者心上有關須藤醫生的疑點。

其實，對須藤醫生的治療有所懷疑，是魯迅逝世時許廣平、周建人等家屬當時就產生的（在須藤醫療報告的末尾用括弧所注的兩行字：「追加疾病名稱：胃擴張，腸遲緩，肺結核，右胸濕性肋膜炎，支氣管性喘息，心臟性喘息及氣胸」，應該就是家屬當年留下的批註和伏筆），而且早在

1949年10月通過周建人刊於《人民日報》上的文章《魯迅的病疑被須藤醫生所耽誤》就已公開化，完全不像秋石先生誇大地所謂的：「現在，距魯迅逝世65周年之後，海嬰先生用衆多『疑點』……驚爆了一個『秘聞』」。海嬰先生在回憶錄58頁上明白交代了這件事，他說：「關於父親的死，……在我母親許廣平和叔叔周建人的心頭，始終存有一團排解不去的迷霧。」為什麼會有這團「排解不去的迷霧」？原因在於，許廣平發現須藤醫生在魯迅死後應治喪委員會要求寫的醫療報告上做了手腳。也就是周建人告訴海嬰的：「（你）父親死後，須藤寫了一張治療經過，使用的藥物等等，你母親經常提起這份報告，說這不符合當時治療的實際情況。診斷報告的前段，講魯迅怎麼怎麼剛強一類空話，後段講述用藥，把診斷肋膜積水的時間提前了。這種倒填治療時間的做法，非常可疑。」[2] 請秋石先生注意，這不是海嬰的話，而是周建人的話。任何人想要為須藤醫生洗清干係，都不應該迴避這一重要關節。我不理解秋石先生花了那麼多篇幅進行考辨，卻為什麼獨獨不考辨周建人所說的這一段關鍵情節，為什麼不找須藤醫生寫的這份醫療報告來研究一下。這份題作《魯迅先生病況經過》的醫療報告並不難找，原件可能在上海的魯迅紀念館，悼唁魯迅的當時已在《作家》雜誌第2卷第2號（193年11月15日出版）刊出。報

2　見周海嬰：《魯迅與我七十年》第61頁，南海出版公司2001年9月第1版。

告的最大特點，是把魯迅肋膜積水的檢查與治療時間提前了整整三個月——從1936年6月提前到了3月份。據報告稱，須藤醫生在3月2日就聽出魯迅右肋「有似水泡之聲響」，疑為「胸膜炎」；「3月19日對右胸作突刺試驗，得微黃色透明液」；「3月28日，第一次行穿刺術採取胸液，約得300公分」；「6月15日，從右胸抽取胸水（第二回），採得帶黃半透明液體100公分」；「6月23日，第三次抽取胸水，全量百公分，較前15日所採得者稍黃而濃」；「8月7日，右胸下方感到重壓，診察後，有增加抵抗之兆。第四次抽取之胸水，呈濃黃色，半透明，200公分。」這些報告內容，到底哪些是真實的記錄，哪些是子虛烏有的編造，我們只要同魯迅的日記、書信及相關人員的回憶文章對照起來考察，不難真正釐清。

魯迅在1936年8月27日致曹靖華的信中說：「我的病也時好時壞。十天前吐血數十口，次日即用注射制止，醫診斷為於肺無害，實際上確也不覺什麼。此後已退熱一星期，當將注射及退熱、止咳藥同時停止，而熱即復發。昨已查出，此熱由肋膜而來（我肋膜間積水，已抽去過三次，而積不已），所以不甚關緊要，但麻煩而已。至於吐血，不過斷一小血管，所以並非肺病加重之兆，因重症而不吐血者，亦常有也。」這裡說得很明確：到8月27日為止，「我肋膜間積水，已抽去過三次」。而須藤在他的醫療報告中卻說至8月7日已抽過四次，兩者明顯不符。好在都有日期，我們可以由後而前一一核對。

須藤提到的最後一次抽取肋膜積水是8月7日。查魯迅日記，這一天確有如下記載：「往須藤醫院，由妹尾醫師代診，並抽去肋膜間積水約二百格蘭，注射Tacamol一針。廣平、海嬰亦去。」此與須藤報告完全吻合。

倒推上去兩次，分別是6月23日和6月15日。在魯迅日記中，沒有這兩次抽取肋間積水的記載，原因是6月份魯迅病重，自6月6日起即無法記日記（所謂「日漸萎頓，終至艱於起坐，遂不復記」）。從情理和事實上說，這兩次抽液治療應該是進行過的（日期可能比報告提到的要晚，大約在6月下旬）。作這種推測，重要依據有二：一、5月31日下午，史沫特萊邀約了美國肺病專家鄧恩（DUNN）醫師到魯迅家中看病（史沫特萊對須藤醫生的醫術不大放心），由許廣平介紹病情，茅盾翻譯，在座的還有一個多月前從陝北到達上海的中共中央特派員馮雪峰。鄧恩醫師用聽診器對魯迅胸部進行聽診，還用手指作了細緻的叩診，前後「足足聽了20分鐘」[3]。他認為魯迅病情複雜兇險，指出魯迅肋膜間已有積水，判定魯迅不但有肺病，而且正患著結核性肋膜炎，因而建議對病人實行抽取肋間積水以消炎退熱的治療方案。事後，須藤醫生也來到魯迅家中，卻不同意鄧恩醫師的診斷，認為「肋膜裡並無積水」[4]。二、到6月15日，魯迅

3 見茅盾回憶錄：《我走過的道路》中冊第326-327頁，人民文學出版社1984年出版。

在上海福民醫院拍攝了胸部X光片，其結果竟與鄧恩醫師的診斷非常相近，證實年輕時起魯迅就兩度患肺結核，還有肋膜炎和中度積水等。在這種情況下，6月下半月須藤也不得不改口並採取抽液措施，是符合邏輯的。

至於須藤醫療報告中所說的3月2日就懷疑魯迅「胸膜炎」[5]乃至疑有「水泡之聲響」，3月19日「作突刺試驗」，「3月28日第一次行穿刺術抽取胸液，約得300公分」，這些在魯迅日記中均無記載。3月2日日記涉及疾病的只有「下午驟患氣喘，即請須藤先生來診，注射一針」十多字。3月19日的魯迅日記只記：「曇。上午得樓煒春信。得王冶秋信。得三弟信。下午張因來。」3月28日的日記為：「曇。上午得增田君信，午後覆。寄吳朗西信。下午得唐弢信。得孟十還信。蕭軍及悄吟來。得《漱石全集》（十三）一本，一元七角。晚蘊如攜蕖官來。三弟來。夜小峰夫人來並交小峰信及版稅二百，付印證四千。邀蕭軍、悄吟、蘊如、蕖官、三弟及廣平攜海嬰同往麗都影戲院觀《絶島沉珠記》下集。」後兩天日記無一字提到醫療方面。兩者如此不符，會

4　見周建人：《魯迅的病疑被須藤醫生所耽誤》，載1949年10月19日《人民日報》。

5　須藤醫療報告中提到的魯迅患「胸膜炎」與魯迅家屬提到的魯迅患「肋膜炎」，含義相同。而名稱應用上的不同，亦足以證明須藤所撰《魯迅先生病況經過》在《作家》雜誌刊出時，篇末括弧內兩行文字「追加疾病名稱：胃擴張，腸遲緩，肺結核，右胸濕性肋膜炎，支氣管性喘息，心臟性喘息及氣胸」乃魯迅家屬所作的批註，並非須藤報告的原文。

不會是魯迅漏記呢？不可能。魯迅的習慣是：凡須藤醫生診病或注射，日記中必作記載。因每次診病均須給醫藥費，漏記就會出差錯。3 月份日記中共記到須藤七次，有的只是寄一封信的平常小事，他都没有放過；像胸部穿刺試驗和抽取肋間積水這類比較重大的醫療措施，魯迅絶不可能遺忘。所以，醫療報告中提到 3 月份這一次穿刺試驗、一次正式抽液，我認為只能是須藤在魯迅死後的編造。從情理上分析判斷，這種編造的痕跡也很明顯。試想：如果 3 月 28 日這天須藤真的對病人「行穿刺術採取胸液，約得 300 公分」，魯迅還有時間和精力來讀信、覆信、購書、付印證、接待蕭軍夫婦和三弟及弟媳、侄兒嗎？還會有這樣好的興致陪伴朋友、親屬到電影院去看電影嗎？據 8 月 7 日那次穿刺抽液 200CC 的目擊者海嬰回憶當時情景說：

> ……看見父親坐在一把有靠背的木椅上，斜側著身體，衣襟半解開著。我順眼一望，他的胸側插入一根粗的針頭，尾部還有一段黄色半透明的橡皮管，地下接著一隻廣口粗瓶，其中盛有淡黄色液體約半瓶，橡皮管子還在徐徐滴下這種液體，速度不很快，似乎與呼吸起伏相適應。

按此情形，那麼，3 月 28 日抽取肋間積水 300CC 需時不會很短，怎麼可能不在魯迅當天生活中留下任何印記？而且更大的破綻在於：既然直到 5 月 23 日魯迅在致趙家璧信中還在抱怨：「今日醫生始調查熱型，那麼，可見連什麼病也還未能斷定」；既然直到 5 月 31 日下午，須藤還表示不贊成鄧恩醫師關於魯迅患結核性肋膜炎並有肋間積水的診斷；既然直到 8 月 26 日，才查出魯迅發燒的原因「由肋膜而來」（見前引魯迅致曹靖華信）；那麼，須藤怎麼可能在 3 月份就懷疑魯迅為「胸膜炎」並實行胸肋穿刺抽液治療呢？這不是在「死無對證」情況下明目張膽地偽造病歷嗎？無怪乎當年許廣平一眼就望穿這把戲而要產生懷疑了！須藤編造這類謊言，其用心難道不正是為了掩蓋他本人「延誤」魯迅病情的重大責任嗎？

秋石先生對趙平聲所提供的須藤是上海的日本退伍軍人（日語稱作「在鄉軍人」）團體「烏龍會」副會長一事，也採取否定的態度。他以近乎不屑一顧的口吻說道：「有關須藤醫生係日本『烏龍會副會長』一說，迄今無有第二人涉及。而七十年前那個名叫趙平聲的人其可信程度，依據又有幾何？從 1932 年『一二八』前到魯迅逝世，須藤醫生竟然要用五年左右的時間來實施這個慢性謀殺計畫？」這裡所謂的「須藤醫生竟然要用五年左右的時間來實施這個慢性謀殺計畫？」只是秋石先生自己的誇大性推斷，無論是周建人或海嬰都沒有這樣說過，因為事實上，魯迅經常請須藤看病，是從 1934 年 7 月才開始的，直到他逝世，總共才兩年多，何來所謂「五年左右的時間」？至於對須藤曾任上海的日本退伍軍人團體「烏龍會」副會長一事，不作認真調查就加以否認，卻實在過於輕率。讀讀前述周建人1949年發表的《魯迅的病疑被須藤醫生所耽誤》一文就會知道，當年提供情況者對須藤的政治面目其實是相當瞭解的。他不但說到「上海有一個日本在鄉軍人（即退伍軍人）的會，是一個侵略性的團體，須藤擔任副會長。」而且居然「知道須藤家的電話裡所講的多般（半？）不是醫藥上的事情，卻多數是中日之間的交涉與衝突。」可見此人的話不是隨便說的，他應該與須藤有一點特殊關係，甚至肩負一點情報任務。從魯迅逝世後須藤所寫的《醫學者所見的魯迅先生》一文（亦載同期的《作家》雜誌）來看，須藤為人雖似謙和，醫療收費亦較低廉，但卻很瞭解和注意魯迅的政治態度。文中曾經記述了他們兩人之間一段頗有意味的對話：

> 有一天我半談半笑地對先生（指魯迅——引者）說：「日本古時武士的習慣，是在每年元旦那一天修改遺囑。因為他們過的那種生活，究在什麼時候遭人殺死，是很難預測的。像先生這樣或者為了主張和主義，會受敵害的危險的身份，對於日本武士的那種習慣，我覺得是頗必要的。」當時他回答說：「在我方面來說，到那時，我平生言論和主張，已很夠留在我死後了，那一套事恐沒有必要吧。」

這段多少有點暗含機鋒的談話，值得人仔細捉摸。當然，迄今所知的有限材料，不足以成為懷疑須藤醫生有意「謀害」的依據（誤診和偽造治療經過則完全可以肯定），因此，我很贊成海嬰先生的說法：「否定不容易，肯定也難尋佐證。」海嬰採取的態度是：只把前輩的想法和有關的疑點記錄下來，「將自己之所知公諸於衆。至於真相究竟如何，我也無從下結論，只能留待研究者辨析了。」應該說，這是一種客觀冷静、實事求是的態度，不應受到誤解和責備。

關於 1957 年夏毛、羅對話

披露 1957 年 7 月毛澤東與羅稷南有關魯迅的談話，是《魯迅與我七十年》中筆墨最少而其重要性卻絲毫不減的一節文字，也是海嬰先生猶豫再三而最終採取對歷史負責態度的表現。既然如秋石先生所說，「文革」期間「聽說過類似意思的人」就已「成千上萬」，而且直到後來還在不斷流傳，為什麼不能嚴肅認真地還原歷史的本來面目？如果說海嬰做這件事有缺點的話，那是在於對某些細節（如羅稷南的籍貫、卒年與當時座談會日期及參加人員中有無周穀城）缺少必要的核查。不過只要作者忠於當年毛、羅對談的基本史實，應該說就已做出了貢獻。對此事有所質疑，自然是可以的。但如果僅僅用 1957 年 3 月毛澤東的講話去否認四個月後毛、羅答問的真實性；或者以海嬰先生敘事中存在某些細節出入為由去推斷毛、羅對談之不可信，這種方法卻未免過於簡單。不幸，秋石先生的文章恰恰存在這類毛病，他以細節出入為由根本否定毛、羅對談的可能性，說什麼「既然不是『老鄉聊聊』，自然也不存在假設的『老鄉』羅稷南向毛澤東提出這個『具有潛在的威脅性』話題的可能了。」[6] 真是武斷得可以！

其實，海嬰披露的1957年夏毛、羅答問決非「孤證」，更不是有人所謂的「秘密談話」。這一談話雖然由當年聽過羅稷南面述的賀聖謨先生在 1996 年才告訴海嬰，但是，在不同的時間和場合親耳聽過羅老講述的，並不止於賀聖謨一人。王元化先生由於同羅老的親密關係，就曾聽他講過。另如羅稷南（本名陳小航）的侄子陳焜先生，早在 2002 年 8 月濟南出版的《老照片》第 24 輯上，就發表過《我的伯父羅稷南》一文。文中說：

> 1957 年 7 月，我在北京讀到過報紙以頭版頭條報導毛主席在上海接見一些人的消息，看見羅稷南也列在被接見的人士中。1960 年，我從北大回上海，在伯父家養病住了幾個月，聽伯父講過那次接見的情況。他說，毛主席進來坐定以後，有人遞了一張在座人士的名單給他。毛主席看了名單，就挑了伯父第一個和

6　見秋石：《愛護魯迅是我們共同的道義》，載 2002 年 9 月 17 日《文藝報》。

他談話。他們先談了一段他們 1933 年在瑞金相見的事，毛主席又謝謝伯父翻譯了《馬克思傳》，說他為中國人民做了一件好事。後來毛主席問伯父有沒有問題，伯父想了一下就問，如果魯迅現在還活著會怎麼樣？毛主席沒有馬上回答。他也想了一下以後才說，如果魯迅現在還活著，他大概不是關在牢裡，就是不說話了。

伯父怎麼會問毛主席這樣的問題呢？

如果魯迅現在還活著會怎麼樣，這是很多年以來在不同的時機都有人提過的老問題。但是，有了 1957 年夏天發生的事情，問題重提的含義就完全不同了。就伯父說來，他提的問題並不是偶然隨便做出來的普通事，這是他一生有了準備的結果。以伯父一生的經歷見識和他立即直指實質問題的洞察力量，在有了機會當面問毛主席一個問題的時候，他自然會問出這樣一個能夠集中地揭開毛主席的思路和釋解當時全部局勢的大問題。

可以說，陳焜先生早在秋石先生的文章發表之前，就好像預知了他的問題因而作了頗有說服力的回答。

到 2002 年 12 月初，黃宗英女士的《我親聆毛澤東、羅稷南對話》一文，在 12 月號《炎黃春秋》、12 月 5 日《南方週末》、12 月 6 日《文匯讀書週報》三家報刊同時發表。刊發時還配上 1957 年 7 月 8 日新華社報導前一天晚上毛澤東在上海中蘇友好大廈接見科學、教育、文學、藝術和工商界人士（包括漆琪生。談家楨、羅稷南、應雲衛、趙丹、黃宗英等）三十六人並進行親切交談的電訊全文，以及《光明日報》記者侯波拍攝的現場照片兩幀。黃宗英作為現場見證人之一，首次站出來真切回憶了當時的情景以及聽到毛澤東回答羅稷南提問所帶給她的巨大震撼。至此，有關 1957 年夏毛、羅對話是否真有的爭論，終於以得到證實而告一段落。

現在的問題倒在於，怎樣闡釋 1957 年夏毛澤東與羅稷南的這一對話？

在我看來，毛澤東這次有關魯迅的談話看似突然，其實是有內在的線索可尋的。作為一位革命的政治家和經驗豐富的領袖人物，毛澤東從 1927 年起，就給予魯迅衆所周知的崇高評價。但毛澤東對魯迅的肯定，又並非無條件的。毛澤東高度評價魯迅反帝、反封建、反國民黨的堅決態度以及策略上的成熟和正確，尊他為「空前的民族英雄」和「文化新軍的最偉大和最英勇的旗手」；但毛澤東同時又認為魯迅對群衆中蘊藏的革命積極性估計不足，認為魯迅批判執政的國民黨的武器——雜文，並不適用於共產黨領導的區域內。在 1942 年延安文藝座談會上，毛澤東就批評了延安文藝界提出的「還是雜文時代，還要魯迅筆法」的論調，他說：

把雜文和魯迅筆法僅僅當作諷刺來說，這個意見

> 也只有對於人民的敵人才是對的。魯迅處在黑暗勢力統治下面，沒有言論自由，故以冷嘲熱諷的雜文形式作戰，……但在給革命文藝家以充分民主自由，僅僅不給反革命特務份子以民主自由的陝甘寧邊區及各敵後的抗日根據地，雜文形式就不應該和魯迅一樣，……如果用對付敵人時所需要的刻毒手法來對付同志，就是把自己站在敵人的立場上去了。[7]

這裡表面上討論的是「雜文形式」問題，實質上談的卻是革命隊伍內的缺點錯誤可不可以比較尖銳地批評。從理論上說，開展批評與自我批評，是中共三大法寶之一，只會對革命有好處。然而事實上，權力有它自身的規律：處在臺上與處在臺下，常常大不相同；哪怕只是局部地掌權，考慮問題的角度也會不一樣。執政的政治家所要求於文藝者，大概永遠是「以寫光明為主」。稍有鋒芒的批評，往往會被另眼看待，甚至受到批判（《野百合花》、《三八節有感》等一批雜文的遭遇就是例證）。而魯迅，早在 1927 年就說過：「真的知識階級是不顧利害的」，「他們對於社會永遠不會滿意的，所感受的永遠是痛苦，所看到的永遠是缺點」（《關於知識階級》）。這類一心要讓社會進步的想法，使政治家感到頭疼。在這種情況下，就出現了奇怪的現象：魯

7　此據 1948 年東北書店印《整風文獻》所收文字，與上世紀五十年代《毛澤東選集》所收（在延安文藝座談會上的講話）文字略有不同。

迅的地位被推崇得很高，而魯迅式雜文在解放區早就被宣布為不宜生存。

只有到 1956 年至 1957 年春提倡「百花齊放、百家爭鳴」的時候，毛澤東的提法一度才有所鬆動。他說：「魯迅的雜文絕大部分是對敵人的，列寧的雜文既有對敵人的，也有對同志的。魯迅式雜文可不可以用來對付人民內部的錯誤和缺點呢？我看也可以。」[8]這是毛澤東在他思想最解放的時候說的話。在同新聞出版界代表談話時，毛澤東還說：「有人問，魯迅現在活著會怎樣？我看魯迅活著，他敢寫也不敢寫。在不正常的空氣下面，他也會不寫的，但更多的可能是會寫。俗話說得好，『捨得一身剮，敢把皇帝拉下馬。』魯迅是真正的馬克思主義者，是徹底的唯物論者。真正的馬克思主義者，徹底的唯物論者，是無所畏懼的，所以他會寫。現在有些作家不敢寫，有兩種情況：一種情況，是我們沒有為他們創造敢寫的環境，他們怕挨整；還有一種情況，是他們本身唯物論沒有學通。是徹底的唯物論者就敢寫。魯迅的時代，挨整就是坐監獄和殺頭，但是魯迅也不怕。現在雜文怎樣寫，還沒有經驗，我看把魯迅搬出來，大家向他學習，好好研究一下。」[9]看來，在 1957 年春天，毛

8 毛澤東：《在中國共產黨全國宣傳工作會議上的講話》，收入 1977 年人民出版社出版的《毛澤東選集》第 5 卷。

9 《和新聞出版界代表談話紀要》，《毛澤東文集》第 7 卷第 263 頁，1999 年人民出版社出版。

澤東對魯迅雜文幾乎無保留地給予肯定。

然而接下來幾個月，中國大地上風雲突變，出現了據說是「黑雲壓城城欲摧」的嚴重形勢。原以為「取得了決定性勝利」的「三大改造」戰線上，似乎又不平靜起來。經過從電影《武訓傳》開始直到對胡適和「胡風反革命集團」的一系列批判，改造得看來頗為順利的知識份子，重又被認為「資產階級思想蠢蠢欲動」。民主黨派中也確有某些頭頭要求與中共「輪流坐莊」。這幾乎是個一百八十度的變化。在毛澤東本人號令下，依靠「全國億萬工農兵說話」才擊退這場「資產階級右派份子」的「倡狂進攻」。此時提出「如果魯迅現在還活著會怎麼樣？」的問題，當然會得到嚴峻的回答。魯迅的「骨頭」之「硬」，是毛澤東深知的。何況魯迅早就預言：「革命成功之後，…也許有感覺靈敏的文學家，又感到現狀的不滿意，又要出來開口。從前文藝家的話，政治革命家原是贊同過；到了革命成功，政治家把從前所反對的那些人用過的老法子重新採用起來，在文藝家仍不免於不滿意，又非被排軋出去不可，或是割掉他的頭。」[10] 不但如此，晚年魯迅還曾設想過革命勝利後自己在上海街頭「穿紅背心掃馬路」[11] 的命運。試想，像這樣的一位魯迅，有可能在五十年代的環境中成為「黨的馴服工具」嗎？答案自然是

---

10 《文藝與政治的歧途》，收入《集外集》，1981 年人民文學出版社版《魯迅全集》第 7 卷。

11 見魯迅 1934 年 4 月 30 日致曹聚仁信。

不言而喻的。

所以，無論處在幾個月前毛澤東說到的那種「不正常的空氣下面」也好，或是處在「反右派鬥爭掀起高潮」這種也許可以叫做「正常的空氣」（實際是對政治思想戰線形勢的估計發生了嚴重誤差）下面也好，1957年夏季「如果魯迅還活著」，其遭遇恐怕都將是不妙的。記得陳漱渝先生兩年前在《突然想起魯迅之死》一文中曾這樣說：魯迅之死是不幸的，「但死得其時，避免了在中國『壽則多辱』的命運，又是他的有幸。」此言誠可謂一語中的！

然而，話得說回來，毛澤東在羅稷南面前所作的這個回答，從另一方面說，又畢竟是他與魯迅真正相知、深深瞭解魯迅思想的一個表現。

這是我的一點淺見，不知秋石先生以為然否？

2003年1月23日寫畢於北大

原載《中國文化》雜誌第19、20期合刊，2003年4月出版

實事求是是學術爭論的基本原則
——也論魯迅之死並答嚴家炎先生
秋石

第 440 期《中華讀書報》（2003 年 3 月 19 日）於「爭鳴」欄刊發了嚴家炎先生撰寫的「和秋石先生商榷」的《魯迅的死與須藤醫生無關嗎？》一文。

在此我再談「魯迅之死」。先將發生在上個世紀 80 年代的一幕重播一下，請學術界同行和讀者們相與析。

1984 年 5 月 5 日，南京圖書館一位名叫紀維周的研究人員在南京《週末》報上發表題為《揭開魯迅死因》的文章，文章重提當年周建人的觀點：魯迅之死為日本人所害。紀文雲：

> 魯迅突然病故，曾引起人們的懷疑。這要從須藤醫生談起。
>
> 據說，須藤醫生原是日本軍醫官。上海有一個日本在鄉軍人（即退伍軍人）會，是一個侵略性的團體。須藤擔任該會的副會長。他家裡裝有電話機，在

電話裡常談關於中日之間交涉與衝突的情況。

眾所周知，日本在軍國主義者的統治之下，特務的秘密活動不下於德國法西斯。電視連續劇《霍元甲》中雖有不少虛構的情節，但霍元甲在上海與日本人比武時負重傷，結果被日本醫生用毒藥謀害也是事實。

……

魯迅去世不久，周建人先生忽然接到交通大學一位素不相識的人寫來的密信。信中推測，魯迅不是死於肺病，而是被日本醫生所謀害，他要求周建人認真調查一下；如查無實據，則務請保守秘密。周建人看完信，遵照來信人的請求，立即把密信給燒掉了。

據說魯迅的病情雖嚴重，但還是可以醫的，第一步須把肋膜間的積水抽去，如果遲疑，必不治。須藤卻說肋膜下並無積水，但只過了一個月，他又說確有積水。魯迅逝世後，治喪委員會要須藤寫一份治療報告。他雖然寫了，但與實際治療不大相符。

後來周建人打聽他的下落，卻發現他早已不知去向了。

紀維周這一驚人之語立即引起強烈震驚，一時輿論喧嘩。

6月4日，日本《朝日新聞（夕刊）》發表日本福井縣立病院內科醫長、福井縣立短期大學內科學教授泉彪之助的文章。對此提出不同意見。泉彪之助經過調查指出：魯迅所患的活動性肺結核和氣胸合併症，死亡率目前仍達 28.6%，即使在擁有第一流設備的日本國立療養所中野病院，其死亡率也達 25%，所以，對須藤醫生的非難是不公平的。

6 月 14 日，日本著名漢學家、京都大學教授竹內實在《朝日新聞（夕刊）》發表文章，他比較客觀地分析了當時對魯迅死因表示懷疑的歷史原因。認為，魯迅去世時因中日關係較緊張，那樣的懷疑反映了中日關係的險惡。

7 月 21 日，北京《團結報》在「讀者評報」專頁刊登蔡瓊的文章《魯迅先生並非死於肺病》也引述了紀維周的觀點。

8 月 25 日，《團結報》又發表北京魯迅博物館陳漱渝先生的《日本讀者對於魯迅死因的看法》一文，陳介紹了泉彪之助和竹內實的看法外，特別著意澄清有關情況：

> 鑒於以上情況，筆者於 8 月 2 日就魯迅死因問題詢問了魯迅先生的公子周海嬰，周海嬰委託筆者說明：紀維周的文章，對魯迅的死因進行推測，但未提供任何新的確鑿的史料，不能代表中國魯迅研究界的看法，也不代表他本人的看法。

《團結報》在發表陳文的時侯，加了《編者小啟》說：

> 本報第669號發表讀者蔡瓊《魯迅先生並非死於肺病》一文，根據報刊發表的材料，指出魯迅先生並非直接死於肺結核，而是死於氣胸。這是一個可以研討的醫學課題，但由此引伸到當年治病的須藤醫生有什麼責任，是沒有根據的。現在發表魯迅研究室陳漱渝先生的文章，以正視聽。

8月24日，日本《朝日新聞（朝刊）》又發表報導《魯迅兒子周氏否定魯迅之死與日本原軍醫有關的論點》，其中報導了陳漱渝文章的觀點和周海嬰的態度說：「魯迅的兒子周海嬰明確表示反對這一論點。」其中還說：

> 關於魯迅的死因，魯迅紀念館表示不贊成紀氏的新論點，中國的報紙上也開始發表反對這種觀點的文章。《團結報》在此之前曾刊登和紀氏新觀點相同內容的讀者意見，然而現在則一轉，在編者按中說，認為日本軍醫在魯迅之死上有什責任是沒有根據的。

9月8日，南京《週末》報發表署名文章，批評了紀維周的說法。編者有按語說：

> 紀氏的文章發表後，國內部分魯迅研究者來信指出，紀氏的懷疑沒有根據，特別是魯迅之死與霍元甲

之死相提並論是不妥當的。我們認為這一指摘是正確的。本報刊登紀氏的文章時缺乏慎重的態度。

上述史料，引自王錫榮著《魯迅生平遺案》一書，上海辭書出版社 2002 年 12 月第一版。

綜上所述，早在 1984 年 8 月 2 日，海嬰先生就委託（授權）陳漱渝先生發表聲明，明確表示不同意紀維周關於魯迅被須藤醫師蓄意謀害致死的觀點；而到了 2001 年，海嬰在兜售《魯迅與我七十年》時卻又重複了當年紀維周的指摘，是海嬰先生遺忘了他 17 年前所持的正確立場？

此外，嚴家炎先生在其文中談及「一・二八」時有人說過的話題時，指責筆者係「誇大性的推斷」，而且「無論是周建人或海嬰都沒有說過」。而事實恰恰是海嬰先生在《魯迅與我七十年》一書中引用周建人原話加以親撰。在該書 62-63 頁中海嬰這麼寫道：

商務印書館一位叫趙平聲的人曾在「一・二八」前講過，須藤醫生是日本「烏龍會」的副會長，這是個「在鄉軍人」團體，其性質就是侵略團體，所以這個醫生不大靠得住。叔叔聽了就對父親講，並建議現在中日關係緊張，還是謹慎些不找須藤醫生吧。父親當時猶豫了一下，說：「還是叫他看下去，大概不要緊吧。」

讀罷海嬰先生上述親撰，任何一位讀者都可以作出判斷，正是周建人在「一．二八」前聽了這個名叫趙平聲的人的話，才有海嬰書中「父親當時猶豫了一下」的說法。

還要說的一點是，縱觀《魯迅與我七十年》一書，凡涉及魯迅之死因，周海嬰均引自「建人叔叔」的話，而不是其生身母親怎麼說，這是一個令人困惑的現象。而且，奇怪的是，無論是海嬰本人，還是為之辯護的著名學者，竟然會清一色地避而不談魯迅本人，以及許廣平先生對須藤醫生的誠信式的良好評價，這又是為什麼？

海嬰在撰書時不願花費時間讀魯迅著作的事也是事實。衆所周知的史實是，「一．二八」事件是發生在 1932 年，而須藤於「1933 年在上海設立醫院，並任內山書店醫藥顧問。1933 年 7 月開始繼坪井學士為海嬰診病，1934 年 11 月後迄魯迅逝世，常為魯迅診病」（《魯迅全集》15 卷 503 頁《人物注釋．須藤五百三》）。查魯迅日記，直到 1933 年 7 月 1 日始有「夜請須藤先生為海嬰診」記載（同卷 88 頁）。試問，在「一．二八」事件過去一年半後魯迅才延請須藤為海嬰治病，兩年十個月後，經仔細觀察、交往，對雖不是肺科專家的須藤醫生敬重有加的魯迅，才決定請他為自己治病的，又怎麼可能會在 1932 年 1 月 28 日前有此說法呢？「一．二八」前，魯迅與須藤還不認識哩，這哪兒跟哪兒呀！

嚴家炎先生在其文中說，史沫特萊對須藤醫生的醫術不大放心，其真實原因在於須藤並非肺病專家。1936 年 5 月 31 日史沫特萊引美國醫生鄧恩醫生來診。在場者有許廣平、馮雪峰、茅盾等 3 人。具體診斷結果卻異常兇險。據茅盾在其回憶錄（刊 1983 年《新文學史料》）中回顧道：診斷時，由茅盾作翻譯，雙方講的是魯迅聽不懂的英語。時鄧恩醫生用聽診器加以指背叩擊為之仔細診斷。20 分鐘後，鄧恩醫生用英語告訴史沫特萊和茅盾：病情很重。史沫特萊問：嚴重到什麼程度？鄧恩醫生說：「恐怕過不了年！」鄧恩醫生還以一種十分欽佩的口吻說：若魯迅的病發生在歐洲人身上，則早在五年前就死掉了。史沫特萊一邊流淚一邊問鄧恩：現在該怎麼辦呢？鄧答：我也沒有什麼辦法，他的病很複雜，不光是肺病，我現在只是聽聽敲敲，也不能完全斷定。最好找一所設備好的外國醫院，開一個病房，借醫院的設備，由我再來作詳細的檢查和治療。如果是病人同意，馬上可以辦。但鄧恩醫生從無下過「如果現在就開始治療、休養，至少可以活十年」的結論——見《魯迅與我七十年》60 頁，係海嬰引自當時不在場的周建人的話，但在場的許廣平從無有此說法。

但魯迅拒絕了鄧恩醫生要他住院治療及打空氣針等的建議，——我在《愛護魯迅是我們共同的道義》一文中引申了許廣平、黃源、馮雪峰、蕭軍、姚克一干當事人對此的闡述，在此不再贅述。

需要在此說明的是，在這之後不多日拍攝的 X 光透視片，完全證實了鄧恩醫生所言魯迅病的嚴重性。魯迅在 9 月 5 日所撰《死》一文中，在談及「今年的大病」時證實：早在鄧恩醫生為之診斷前，他的須藤醫生就極其負責地「至少已經給了我兩三回警告」，「不過我仍然不以為然，也沒有轉告別人」。魯迅的這個「沒有轉告別人」的話，很好地回答了海嬰一書及嚴家炎先生文中所言「拖延治療」的說法。其實質就在於須藤醫生早在鄧恩醫生診斷之前向魯迅發出了「兩三回警告」！

魯迅對須藤是相當尊重的，許廣平也如此。魯迅大病時的 1936 年 6 月 25 日，許廣平在致曹白信上談及鄧恩醫生診斷結果時強調指出：「據現在的病狀上的判斷將來」，治癒「已經辦不到」。同時又著重指出：「現在看他的病是須藤醫師，是他的老朋友，就年齡和資格而論，也是他的先輩，每天來寓給他注射，意思是在將正在活動的病灶包圍，使其不能發展。」

由於須藤非肺病專家，偶爾出現誤診也是在所難免，但提及「謀害」或蓄意「拖延治療」，迄今沒有任何確鑿的依據。我以為，海嬰 1984 年 8 月授權陳漱渝先生所作的表態，倒不失為一種冷靜的實事求是。

此外，筆者注意到了 2003 年 2 月 21 日香港鳳凰電視臺播放的對海嬰先生的專訪，專訪中，海嬰先生的可喜進步是：他又回到了 1984 年 8 月 25 日《團結報》的立場，他使用的詞是「誤診」，而不是其他。對此，希望嚴家炎先生加以注意。

不是肺病專家的須藤給魯迅治肺病有「誤診」，但有沒有蓄意拖延治療呢？對此，長期給以魯迅幫助的內山完造先生在其《思念魯迅先生》一文（刊 1956 年 3 月 28 日 15 期《文藝報》，此文相信許廣平讀過多遍，因為內山完造先生來中國時她曾予親切接待，但直到 11 年後去世，許廣平從來沒有表示過對此文的不同意見）中，對 10 月 18 日魯迅病情不斷惡化實施救治的情況，作了符合當時實際的詳細回顧：

> 不多時，須藤醫師到我家說，先生安靜一些了，不過，這種病叫做心臟哮喘症，情況是很嚴重的，希望再請福民醫院內科醫生松井博士診視一下。於是，我立刻打電話給松井博士，但是不湊巧，松博士不在家。當時，另外有一位醫師石井政吉先生偶然來訪，須藤醫師就把魯迅先生的病情告訴他，請他去診視一下。石井醫師說，就這樣去吧。於是，3 個人一同到了魯迅先生家中。石井醫師非常仔細地診斷以後，他說現在病情非常嚴重，今天一天需要特別注意，並且應該用氧氣治療器使病人吸收氧。……

在這裡，作為一名在海內外一些別有用心的人行誣衊、誹謗、攻擊魯迅時不止一次挺身而出維護魯迅清白的研究者，有資格，有理由，更有義務，真誠地勸告海嬰先生一句：請您認真地讀一讀自己父親的書信日記，切勿道聽塗説，望風捕影，有一分材料説一分話，沒有材料不要説話，一定要尊重史實，尊重事物的本來面目。

原載《中華讀書報》2003 年 4 月 23 日 7 版「爭鳴」欄

對歷史真相的推斷要講究邏輯性
——與秋石先生商榷

陳衛平

讀了秋石先生在 2003 年 4 月 23 日《中華讀書報》「爭鳴」欄上的文章《實事求是是學術論爭的基本原則——也論魯迅之死並答嚴家炎先生》後，深深地感受到了他對於魯迅先生的感情。但是，感情是不能代替科學研究，特別是不能滲入於帶有考證性的史料研究中去的。當我們還無法拿出真憑實據，還只能依據間接的材料對歷史真相進行推測的時候，邏輯的必然性是聯繫事實真相的唯一紐帶。可惜的是秋石先生的論述在這方面並不是十分嚴密。

1. 秋石先生在文中以很長的篇幅引用了「發生在上個世紀 80 年代的一幕」，來說明海嬰先生早在 1984 年 8 月就明確表示不同意關於魯迅被須藤醫師蓄意謀害致死的觀點，並責問海嬰先生怎麼遺忘了他 17 年前所持的正確立場。這裡有三個問題：其一，一個人在 17 年前說的話，難道 17 年後就不能有所修正嗎？只要稍有一點歷史常識、生活常識、思想常識的人都會知道這是很正常的；其二，秋石先生認為海嬰先生 17 年前的觀點是一種「正確立場」，那麼，這所謂的「正確」與否是從哪裡來的？現在討論的不是如何看待某一事實，而是討論事實是否如此，這與「正確」何干？又與「立場」何干？更不能在事實尚未定之前，就由某人先來斷定這是否「正確立場」；其三，秋石先生提供的材料與他由這個材料所得出的結論並無關係，他認為海嬰先生 17 年前是不同意關於魯迅被須藤醫師蓄意謀害致死的觀點，而他所引用的材料是；周海嬰委託別人說明，「紀維周的文章，對魯迅的死因進行推測，但未提供任何新的確鑿的史料，不能代表中國魯迅研究界的看法，也不代表他本人的看法。」在這裡，周海嬰說紀維周的觀點「不代表」他的看法，秋石先生怎麼就把它看作於周海嬰「不同意」紀維周的這一看法了呢？「不代表」和『不同意』這兩個詞語的意義區別是一目了然的。將它們強行拉扯在一起，在邏輯上是行不通的。

2. 在文中，秋石先生為了反駁嚴家炎先生關於「所謂的『須藤醫生竟然要用五年左右時間來實施這個慢性謀殺計畫』，只是秋石先生自己的誇大性推斷，無論是周建人或海嬰都沒有這樣說過」這一說法，引用了周海嬰在《魯迅與我七十年》中的一段話來證明這確實是周海嬰自己說過的，這段話是這樣的：「商務印書館一位叫趙平聲的人曾在『一·二八』前講過，須藤醫生是日本『烏龍會』的副會長，這是個『在鄉軍人』團體，其性質是侵略團體，所以這個醫生不大靠得住。叔叔聽了就對父親講，並建議現在中日關係緊張，還是謹慎些不找須藤醫生吧。父親當時猶豫了一下，說：『還是叫他看下去，大概不要緊吧。』」在這裡，從邏輯上是實在推斷不出秋石先生想證明的意思的。第一，這是一段概略的敘述，在時間上是會有省略的，它完全有可能是周建人在一．二八前聽趙平聲講了這事，到後來魯迅要請須藤看病時就講了這事。由這樣一段比較粗糙的文字來斷定一件歷史大事的細節，這未免太輕率了。第二，即使退一步，認可這裡的時間關係，那也是看不出有什麼「謀殺」的意思來的。秋石先生引用的這材料與他想證明的事似乎是沒有邏輯關係的。

3. 秋石先生認為鄧恩先生從無下過魯迅「如果現在就開始治療、休養，至少可以活十年」的結論，原因在於此「係海嬰引自當時不在場的周建人的話，但在場的許廣平從無有此說法」。這在邏輯上又有點說不過去了，不在場的人說出的話就一定不真實嗎？在場的人沒有說過的事就一定是不存在的嗎？

同樣，秋石先生在論及須藤醫生並沒有蓄意拖延對魯迅的治療時，引用了內山完造的文章《思念魯迅先生》，其依據是「相信許廣平讀過多遍」，「直到 11 年後去世，許廣平從來沒有表示過對此文的不同意見」。這在邏輯上又有了問題，一是憑什麼相信許廣平讀過多遍，而僅憑「相信」就可以對一個歷史事件做出真偽的結論嗎？二是沒有表示過不同意見就一定是表示同意嗎？這兩者之間在邏輯上並不是「非此即彼」的關係，更何況那是一個意識形態領域受到嚴格限制的時代。

4. 秋石先生認為須藤醫生對魯迅的病是「極其負責」的，依據是「須藤醫生早在鄧恩醫生診斷之前向魯迅發出了『兩三回警告』」。這「兩三回」只是一個數量概念，在性質上它有兩種可能，即可能是「鄭重其事」的嚴正警告，也可能只是「提提而已」的警告。在判斷一個重要歷史事件的真相時，怎麼可以拿一個具有兩可性的表面現象來下結論呢？這「兩三回警告」與「極其負責」之間還是缺少了具有唯一性的、嚴密性的邏輯佐證。

5. 秋石先生的結論在很大程度上是建立在「魯迅對須藤是相當尊重的，許廣平也如此」這一事實上的。但這在邏輯上也同樣不能證明須藤就是一個清白的人。因為魯迅是人。不是神，他也會有「當局者迷，旁觀者清」的時侯。

更令人奇怪的是，秋石先生在文章的最後有意無意地將這關於魯迅之死的討論與有人誣衊、誹謗、攻擊魯迅和維護魯迅清白聯繫了起來，這相干嗎？難道魯迅受了騙，他就不清白了嗎？就對魯迅的偉大有損害了嗎？秋石先生太感情用事了！

秋石先生的看法很可能就是歷史真相，只是他既拿不出真憑實據，在對事實的推斷中又缺少了必然的邏輯性，這就有了令人難以信服的遺憾。即使我同意他的結論，也決不會同意他的論述過程。

《中華讀書報》2003 年 7 月 16 日 7 版「爭鳴」欄

關於魯迅死因幾個醫學問題

周正章

讀了王錫榮先生的《魯迅死因之謎》一文（見 2002 年第 4 期《魯迅世界》第 48 頁至第 50 頁，並見王撰《魯迅生平疑案》第 357 頁至第 364 頁，以下略稱「王文」，筆者按），對其稱拙作《魯迅先生死於須藤誤診真相》（見 2002 年第 1 期《魯迅世界》）「應該說，無論是否懂醫學，從邏輯上、事理上判斷，周正章的這些論斷是具有邏輯力量的，我是相信的，——也正與我的結論相一致。」敝人不勝惶恐，對王先生的「正與我的結論相一致」則不敢高攀。其實深究一下，王文的商榷之點敝人並不贊成，而對王文所涉幾個醫學問題更不敢苟同。特答覆如下。

一、為什麼「倒填病歷」不是「偽造病歷」？

王文說：「『倒填病歷』已是不爭的事實。正因為是倒填的，所以，與魯迅的記載、與實際情況不合，可說是必然的。」又說：「須藤究竟有沒有掩蓋自己失誤的意圖呢？我以為是有的，至少，在被要求寫出病歷的顯然包含了不信任意味的目光注視下，他的潛意識中，是難免有把這補寫的病歷寫合乎醫理和規範，能夠自圓其說，以免受到指責的心理的。所以把5月間的熱型調查誤為3月間也就不奇怪了。」還說：「我並沒有說須藤『偽造』病歷，我只是同意『倒填病歷』的說法，但這並不等於偽造，我認為只有故意作假才叫偽造。」——這三句話的自相抵牾是顯然的：①「倒填病歷」是「不爭的事實」；②「倒填病歷」的結果，「與實際情況不合，可說是必然的」；③「倒填病歷」的「意圖」是為了「掩蓋自己失誤」；④但「倒填病歷」不等於「偽造病歷」；⑤因為「只有故意作假才叫偽造。」——既然王文認為「倒填病歷」必然「與實際情況不合」即與真實不合，那麼「倒填病歷」其本身必然是「偽」的；既然王文承認「倒填」的主觀意圖很明確，是為了「掩蓋自己的失誤」，那麼其「倒填」行為必然是故意行為；既然王文承認須藤把3月份壓根兒不存在的調查熱型的事實，用5月間調查熱型事實「誤」過去，以掩飾自己3月份沒有診斷出魯迅患有肺結核病的誤診，這不叫「偽造病歷」叫什麼？這不是很符合王氏「只有故意作假才叫偽造」的定律嗎？王文還稱「不奇怪」，是的，「偽造病歷」往往在日期上做手腳，須藤也不例外，從這點說「不奇怪」是對的。如果說病歷日期的改動變動「不奇怪」那是大錯特錯的。病歷是嚴肅的，一個字都動彈不得，那怕是「半點隨意性」都絕對不允許，何況是更改幾個月的日期呢？

二、有上門給魯迅抽取胸液的可能性嗎？

拙作《真相》考證的1936年3月19日、25日、28日、29日這四天魯迅無病無災，須藤的《魯迅病歷》憑空添加了這四天有關肺結核診治的病歷記錄係編造無疑。敝人這個結論不僅僅簡單對照《魯迅日記》就斷然論斷的，而是在詳加考證1936年6月15日之前魯迅所患肺結核併發肋膜炎沒有明確診斷的事實與1936年5月23日之前須藤沒有給魯迅發熱原因作結核病特有的消耗性熱型調查的事實，這兩個堅實的基礎上論定的。這是須藤當時給魯迅診治客觀上所留下的「歷史痕跡」，也是他「偽造病歷」難以逾越的屏障。既然須藤的診斷思維到5、6月間還沒有把魯迅的病與結核病相聯繫，那麼3月間怎麼可能會「出現」針對結核病診與治的「病歷記錄」呢?! 王文不理會拙作中這些考證的確鑿事實，也提不出任何證據予以否認，竟抓住拙作指出3月28日這一天「日程排得滿滿的」，「那有時間抽取300CC胸液呢？」這一句話就給須藤在這一天找時間了，這真滑稽得很。這豈不是在拿須藤開國際玩笑嗎？他到5月23日「連什麼病也還未斷定」，怎麼可能在3月28日就拿起針來向魯迅胸壁刺去？因此，王文稱「在魯迅家裡做的可能性不能排除。至於說魯迅日記沒有記載，則魯迅漏記當然也是完全可能的」，確屬無稽之談。因為時至今日，醫療服務雖日臻進步，從沒有上門抽取胸液的。這除了需要時間，還要條件，需要絕對無菌的空間，魯迅家裡安裝了紫外線燈了嗎？一套醫療器械怎樣在搬運過程中保證絕對無菌的消毒狀態？王先生似乎既少醫學知識，也缺衛生常識，更不知無菌概念為何物，突發奇思異想，提出須藤上門給魯迅抽取300CC胸液的可能性，這實在太離譜了！況且，魯迅活動如常，這天能上電影院為什麼不能往須藤的診所呢？在胸壁上留下的「小窟窿」不是小針眼，要力避公衆場合，嚴防感染。麻醉藥止痛效果消失後，疼痛則會陣陣加劇，患者一定要減少活動。而魯迅在這天晚上則邀請了包括海嬰在內的七人去看電影，恰恰反證這一天決無穿刺胸壁抽取胸液一絲一毫的可能。這麼一個在家裡搞的「大動作」，王文輕言「魯迅日記漏記當然也是完全可能的」，這真叫人啼笑皆非。用這種信口開河的方法，去研究「疑案」那豈不是越搞越糊塗嗎？

三、魯迅是死於自發性氣胸還是肺氣腫？

王文既然承認魯迅死於氣胸，那麼行文時就稱「氣胸」好了。這是上海魯迅紀念館的一個重要貢獻。但它則不然：「如此看來，魯迅先生死得真有冤。他的肺結核只是中度，在他年齡已經不致命了，卻不知道肺氣腫半路殺將出來，要了他的命！」（王在《疑案》第148頁稱「當時魯迅已55歲，且病入膏肓」的斷語，與這裡所稱「在他年齡已經不致命了」是完全抵牾的。筆者按）王文這個魯迅的「肺結核只是中度，在他年齡已經不致命」的觀點，我是欣賞的，是接近魯迅的實際病況的，當然比某些論客稱魯迅患肺結核晚期要高明得多。但王文稱肺氣腫「要了他的命」，即魯迅死於肺氣腫則並無根據。前一個階段，從報紙上看到王稱魯迅死於肺氣腫的報導，我滿以為是「手民」之誤。可現在看來不是，原來正是王本人之誤。王大概從「肺氣腫」上有個「氣」字，「氣胸」上也有個「氣」字，所以就將兩者混為一個病名一回事了。魯迅是個重度腫氣腫患者，這可以從胸片看出魯迅「桶狀胸」即可得出這個結論，胸廓肋間距離增大，扁平的前後徑明顯加大，這不是一朝一夕形成的，更不是「半路殺將出來」的，而是慢性氣管炎多年長期反覆發作的必然結果。患有肺氣腫的老年人群是很普遍的，只要留意我們周圍可隨時尋訪到。最終導致慢性肺源性心臟病而死亡，是肺氣腫患者的必然歸宿。王文輕言魯迅死於肺氣腫，則又與他信守的死於自發性氣胸拉開了距離，這是錯誤的，王先生可能未必收藏醫學書籍，如有收藏當然更好。敝人建議王先生就便把辦公室裡的 1999 年版《辭海》打開就可以了。翻到第 4141 頁的「氣胸」條，第 4268 頁的「肺氣腫」條，第 4270 頁的「肺心病」條仔細看一看就會完全明白了。當然，王先生如果興趣濃，為了研究魯迅死因，把涉及這方面的醫學名詞都翻來看一看並弄懂更好。什麼叫胸膜腔？什麼叫心源性喘息症？什麼叫慢性支氣管炎？什麼叫支氣管哮喘？等等。這裡就恕我不做「文抄公」了。

四、魯迅有無支氣管哮喘反覆發作史？

魯迅有無支氣管哮喘反覆發作史，這一點十分重要，因為這是判斷須藤誤診魯迅患有莫須有的支氣管哮喘的一條重要根據。雖然，拙作《真相》中已有論證，但我在引用魯迅1936年3月20日致母親信中的一句話：「至於氣喘之病，一向未有，此是第一次，將來是否不至於復發，現在尚不可知也，」為了怕做「文抄公」又用了一句「若查遍《魯迅日記》、《魯迅書信集》，似也（從）無氣喘之記載」，一帶而過。這次王文做了件大好事，下的功夫比我深，在《魯迅病史溯源》這節中，從《魯迅日記》的1912年做起，逐年依序詳細記載了二十四年間魯迅的全部病情，確實未見魯迅1936年3月2日之前有過氣喘的記載。這個「全掃描」式的記載事實，不僅完全證實了魯迅所言1936年3月2日之前「一向未有，此是第一次」氣喘這句話的實實在在，也證實了我「一帶而過」的懶散之筆，確非空言。因為這多方論證完全排除魯迅1936年3月2日之前有氣喘反覆發作史，就可以論定須藤把無反覆發作史的氣喘診斷為支氣管哮喘，是個完全錯誤的診斷。10月18日氣喘又發作，其實是氣胸發作又誤為哮喘，這是誤上加誤！什麼叫「支氣管哮喘」？這是個以反覆發作氣喘為特徵，常伴有咳嗽，肺部可聞哮鳴音的過敏性疾病。但王文不顧及這些，也不顧及上海魯迅胸片讀片會排除哮喘病的結論，輕言魯迅「還患有支氣管哮喘。

（也許他有些過敏體質，他的兒子周海嬰也是過敏體質，也患有嚴重的支氣管哮喘。）」王文既然由海嬰倒推到魯迅是過敏性體質，該是有反覆發作氣喘的病史，那麼王先生為什麼不在「病史溯源」中把魯迅二十四年間的氣喘反覆發作史抄出來呢？我注意到讀片會的魯迅病歷摘抄的「支氣管哮喘史」，那是從須藤的魯迅病歷摘抄的，但在結論中則是予以排除了。況且，專家們讀片時，上海魯迅紀念館並沒有提供這份完整的「病史淵源」。

五、氣胸在臨床上難以及時發現嗎？

王文說：「氣胸直到今天，還是很兇險的，還有很多人死於氣胸。不是在醫學上治不了，而是在臨床上難以及時發現，它發作之初常常與支氣管哮喘相似。」準確地說，直到今天還很兇險的是高壓性氣胸，而另外兩型氣胸則並不兇險，閉合型氣胸甚至可自癒，開放性氣胸不會即刻死人，不能把話說得那麼籠統，更不必談氣胸色變。「還有很多人死於氣胸」，別這麼危言聳聽，從人群的百分比來分析，死於氣胸者還是很少的，而不是很多人。我們經常會發現周圍人群中死於癌症者、心腦疾病者，可是誰會經常聽到死於氣胸者？王先生經常聽說過嗎？實事求是地說，「氣胸」這個病名至今很不普及，很陌生，就因為它不是常見病多發病，就連關心魯迅死因的、我所接觸的專家學者都沒從別處聽說過，由此可見一斑。有時我以臨床所見和他們談談氣胸的病理，他們都感到頗為「新鮮」。目前，肺結核患者的人群百分比已經降到很低水準，何況其併發症氣胸呢？連「還有很多人」死於肺結核者都不曾聽說，何況氣胸呢？說「臨床上難以及時發現」，更是外行話了。僅憑聽診即可診斷，一側有呼吸音，一側呼吸音無；無呼吸音一側者，即為氣胸發作之病側。如魯迅當時左側呼吸音完全消失，是為較厚的高壓氣層所阻斷。X 光一透視更可明確診斷，何難之有？至於「與支氣管哮喘相似」則更是外行話了。這是很容易鑒別診斷的：一個氣喘無反覆發作史，如魯迅；一個有氣喘反覆發作史，如海嬰，除非像須藤那樣的醫生，在所謂的「相似」面前會有意或無意弄得那麼暈頭轉向！而王文竟然不明醫理地稱：「從這點上說，又似乎有些怪不得他（須藤）。」這「怪不得」作為醫生的須藤，應該怪誰呢?! 王文的涵養與器量確實讓人吃驚。這可能該怪魯迅了，要是魯迅當初把醫學完，歷史可能就不會上演這幕催人落淚的悲劇了！

王文指責批評拙作《真相》是「帶著情緒的論證」，本不想回答。因為我確實沒有王的「涵養與器量」。那麼，王把「偽造病歷」曲解成「倒填病歷」，奇思異想般地讓須藤上門給魯迅胸壁穿刺抽取胸液 300CC，而解釋魯迅日記漏記「完全可能」，把死於自發性氣胸的科學結論屢屢說成死於肺氣腫，把極易明確診斷的氣胸說成「臨床上難以及時發現」，等等。這又是什麼「帶著情緒的論證」呢？這些不要說一般事理談不上，何談一般醫理呢?!

原載《魯迅世界》2003 年 3 期

兩個視野中的「魯迅之死」

莊嚴

由周建人在1949年對魯迅死因發出的疑問，到21世紀的開初之年，時間已經過去了大半個世紀，但這個疑問一直沉重地壓在人們的心頭。而當周正章同志的《魯迅先生死於須藤誤診真相》一文，發表於廣東《魯迅世界》2002年第一期以後，「一石激起千層浪」，頓時全國學術界沸沸揚揚，成為人們關注和議論的焦點。

然而，人們對探究魯迅死因具有什麼（或何等）意義，卻是看法不一的。大體上可以分為兩類，一是魯迅早就指出過的，中國人較多關心自己，較少關心他人，所以對一切世事大抵採取冷漠的態度，在他們看來，這些年湮代遠、早已過去的事情，何必再算老帳？何況一算老帳，也不一定能「算」出多大名堂？一位曾出過多部詩文集，也算小有名氣的老者，使用多少帶有驚異的口吻對我說：「怎麼，現在還追究這些事？」言下之意，自然是意義不大或沒有意義了。二是從「捍衛」魯迅出發，以為像魯迅這樣的名人或偉人，怎麼能「不明不白」地死去，必須搞個「水落石出」。甚至他們不以確證須藤誤診為滿足，而要進一步弄清須藤是不是「別有用心」或「別有背景」的「謀殺」？

這兩類，說到底，無非是心態的兩極化。用一句話來概括，前者是「大人物與己無關」；後者是「大人物我要捍衛」。如果不是魯迅，而是千百個死於誤診的平民百姓，即使不說對此不感興趣，至少也會是興趣減半吧？從這裡，人們才能真正體會到魯迅的「偉大」。因為，時至今日，魯迅畢生追求的「國民性」的改造，仍然是一個「懸而未決」的問題。

其實，探究魯迅的死因，最直接、最明顯的意義，是還歷史以本來的面目。要是再進行更深層次的思考，那麼，探究魯迅死因的意義，遠不止此。應該說，通過魯迅死因的深入探究和全面揭示，可以使我們重新認識歷史、重新認識魯迅、重新認識中國。

我們應該看到，對魯迅死因的探究，可以也必須在兩個視野中展開。第一個視野，是疾病和醫學的視野：須藤是怎麼誤診的？是在什麼環境、什麼情況下誤診的？誤診前後和誤診當時的一切有關因素和有關細節，都需要毫不含糊、毫不遺漏地搞清楚。因為，這不僅涉及到醫生和醫學，而且涉及到一個生命致死的全部因素和整體環境。只有在完成這樣的系統的考察與科學的論證之後，才能對與此相關的其他方面、其他問題，進一步作合規律、合邏輯的追究。第二個視野，是病死者的主體世界以及與它相聯繫、相依存的內部和外部的客體世界，也就是病死者的生態環境和生存狀態的視野。假如說，須藤誤診還只是魯迅死因的直接的、可見的東西，那麼，魯迅之死的背後，還深藏著許多非直接、不顯眼的，卻具有致死作用的東西。全面揭露和剖析這些近乎無形的殺手，我還缺乏必要的資料與應有的能力，但我至少能從兩個層面提供一個「可見一斑」的視角。

從魯迅的主體世界來說，他的「戀日情結」和「偏執性格」，是他只找須藤、不找別國醫生，只找西醫、不找中國醫生診病的重要原因，也是他被誤診致死的重要原因。魯迅無論在思想上、情感上以至文學事業上，都和日本有著千絲萬縷的密切聯繫。魯迅是從日本這個基地，實現改醫從文的歷程，確立以文救國的志願，並且發出「我以我血薦軒轅」的誓言，這是人所共知的。可以毫不誇張地說，從此開始，魯迅的精神上一刻也沒有離開過日本。魯迅在《且介亭雜文·隨便翻翻》一文中，曾斬釘截鐵般地指出：「我自己，因為懂得一點日本文，在用日譯本《世界史教程》和新出的《中國社會史》應應急的，都比我歷來所見的歷史書類說得明確。」直到 1936 年，魯迅還在致《中國小說史略》日譯者和《魯迅的印象》作者、日本著名學者和漢學家鹽谷溫的高足——增田涉的信中，把他寫《答徐懋庸並關於抗日統一戰線問題》一文的經過，即過去習慣稱為黨內路線鬥爭的重要事件與重要文獻告訴增田涉。可見魯迅對日本友人的信賴和中日友誼的尊重。換句話說，魯迅對日本和日本人的這種信賴感與親和感，使他被須藤這樣的「退職軍醫」蒙住了眼睛。而魯迅的「偏執性格」表現在求醫、就醫上，還有他父親的死，留在他心頭的永遠抹不去的陰影。

從和魯迅主體世界相聯繫的客體世界來說，或者從魯迅在主、客體世界的夾縫中的尷尬處境來說，魯迅一生除了受國民黨及其卵翼下的各種勢力的攻擊和迫害之外，還不時受到自己營壘內部各種人的攻擊和擠壓，這些越到魯迅晚年越使他陷入無法解脫的、尖銳的內心矛盾和痛苦的精神煉獄之中。對於魯迅和「自己人」作戰，人們往往提到周揚，卻較少或很少提到稱魯迅為「二重反革命」的郭沫若。然而正如魯迅的「自我表白」那樣：「我有一件事要感謝創造社的，是他們『擠』我看了幾種科學的文藝論，明白了先前的文學史家們說了一大堆，還是糾纏不清的疑問。並且因此譯了一本蒲力汗諾夫的《藝術論》，以教正我——還因我而及於別人——只信進化論的偏頗。」更重要的是，這是魯迅從民主主義傾向（或走向）馬列主義的重要契機之一。可是，越到晚年——這個自己營壘內部讓魯迅不斷承受的壓力、不斷震撼的資訊和不斷明白的事實，使他把寄託的希望與品嘗的失望之間的反差越拉越大，正像許廣平在她的回憶文字中所描述的：魯迅常常極為疲憊和孤寂地躺倒在陽臺的地上，不許任何人靠近他，任何人也不敢靠近他。這實際上表明：魯迅的心頭已在滴血，魯迅的雙眼已被淚水淹沒，魯迅的精神守望已瀕臨潰退的邊緣。即使他不因誤診而猝死，他的生命還能延續多久，也同樣是一個難於尋找答案的疑問。

由此可見，魯迅的死，不僅要追究疾病和誤診的問題，而且更應追究他之所以致病、致死的問題。也就是說，魯迅是在什麼樣歷史的、社會的環境中，什麼樣希望與失望的心靈折磨中，一步步和死神相遇的？而魯迅作為一個並非完人的人，也就不可能不出現他的偏執、他的失誤？所以這些，都是我們重新認識歷史、重新認識魯迅和重新認識中國的一面鏡子，都是我們自己教育自己，並且教育後代的最好的教科書。

同時，它也使我們不能不想到，這些年（尤其是近年）的魯迅研究，究竟離「求實化、科學化、非個人炒作化」的要求還有多遠？某些借魯迅研究而炒冷飯、獵虛名的現象，似乎並未完全絕跡。這裡就不多說了。

原載《魯迅世界》2002 年第 3 期

關於須藤醫生及其他

——致《魯迅世界》主編的公開信

陳漱渝

主編先生：

近好！

貴刊今年 1-2 期合刊以大量篇幅刊登了周正章先生批判秋石先生的雄文，題為《駁秋石「愛護魯迅」的「道義」》。令我感到詫異的是，我居然有幸成為了秋先生的陪綁，被合稱為「秋石們」，同樣遭到了周先生的撻伐。老實講，我把介入此類爭議視為畏途，因為其中涉及的許多問題遠遠超出了魯迅研究的學術範疇。我的知識遠不及周先生廣博，又礙於種種人際關係，實在不願意輕易置喙。比如魯迅是否死於須藤醫生的誤診問題，海嬰先生的結論是：「我以為否定不容易，肯定也難尋佐證。」（《魯迅與我七十年》，第 64 頁）既然如此，這場辯論除了可以給媒體提供一些作料，同時為周正章先生這樣的飽學之士提供一展才華的平臺之外，其餘的實際意義究竟有多大實在是難說得很。根據我淺薄的醫學知識，即使高明如周正章先生，也難於僅僅根據一張X光片和一些零星的病情記錄，就能對60年前的魯迅先生作出準確的個性化診斷。

當今我們生活在一個衆聲喧嘩的時代，在憲法允許的範圍內，任何人都有發表一己之見的權利。意見相左可以討論，但是最好不要盛氣凌人，而且必須言之有據。遺憾的是，就涉及我的部分而言，周正章的文章在上述兩方面都有很大的缺陷：不僅態度蠻橫粗暴，而且引以為論據的一些事情又純屬子虛烏有。什麼春天「認同誤診」秋天「反對誤診」，什麼稱讚鄧恩醫生為「當時醫療條件最好的美國醫生」……都使我感到滿頭霧水，不知所云。魯研界的人都知道，在如何看待須藤醫生的問題上，近二十年來我的看法是一貫的，從來没有出爾反爾。2001年10月，我在日本福岡發表講演時，就對「須藤有意延誤魯迅病情說」提出了質疑；去年在「廣州論壇」發表講演，我又重申了這一觀點。我不是醫生，不會不知天高地厚，隨意對鄧恩醫生的水準予以褒貶，說出一些周文援引的文理不通的話。我的公開表態，都有錄音、錄影和白紙黑字作證。文責自負，不容任何人加以歪曲篡改。周先生不是外星人，當然不會不知道當下媒體的報導經常失真。所以，我不能對未經我親自審核認定的報導負任何責任。周先生要開展革命大批判是他的自由，但首先必須弄清對方的準確論點。往空中擊拳雖然所向披靡，英武瀟灑，但在知情者看來難免會感到行為滑稽，非正常人所能為。

周正章在文章開頭回顧了「關於魯迅死因長期而尖銳的爭議」，判定我是這場爭論中的「重要角色」，使我受寵若驚。的確，最早公開對須藤醫生提出質疑的是周建人先生。據我所知，周建人先生生前將他撰寫的有關魯迅的文字彙編成了兩本書，一本叫《略講關於魯迅的事情》，另一本叫《回憶魯迅》。此外，還口述了一本回憶錄《魯迅故家的敗落》。但這篇被有些人奉若至寶的《魯迅的病疑被須藤所耽誤》未編入任何一本文集，這難道是偶然的遺漏嗎？至於發生於1984年的那場小風波，王錫榮先生在他新近出版的《魯迅生平疑案》中有詳盡的背景介紹，但因年久失記，我對其中的很多細節的確印象模糊。不過我撰寫的《日本讀者對於魯迅死因的看法》一文已收入拙作《魯迅史實求真錄》，包括周正章在內的許多讀者可以重讀細看。在這篇短文中，我只是客觀介紹了幾方面的不同意見，個人並未作任何表態。我介紹的日本學者竹內實教授，泉彪之助教授，都是知名的中日友好人士，絕不是日本軍國主義者的喉舌。周正章在文章中說我「引用所謂周海嬰的委託，也對該文提出批評」。明眼人一看便知，周先生使用「所謂」二字是居心不良的。我這個人水準雖低，但從來没有假傳聖旨的愛好和需要。況且，從 1984 年至今，周海嬰先生本人也從未否認過我援引的那段話，說明他敢作敢當，要比那種替他幫倒忙的人光明磊落。事實上，紀維周先生的文章也的確不能代表海嬰先生跟中國魯研界的看法。時至今日，海嬰先生當年的表態也没有絲毫錯誤。

坦率地說，紀維周先生把魯迅之死跟武術家霍元甲被日本醫生用毒藥謀害相類比，我從始至終是不贊成的。逝者家屬對醫生的診斷心存疑慮是常見現象，完全可以理解，但混淆「誤診」跟「謀害」、「有意誤診」跟「無意誤診」的法律界限，在我看來是不夠慎重的。儘管如此，我在短文中也未對紀先生的文章提出過一字一句的批評。周正章把南京《週末報》和北京《團結報》以編者按形式公開檢討說成是屈服於我的壓力，這實在是對我的高抬，愧不敢當。我當時剛過不惑之年，並無官位，至多是個副研究員；而我的文章又屬綜述性質，篇幅短小，且刊登於一家發行量極為有限的非官方報紙，能否具有如此強大的威力，頭腦清楚的讀者是不難辨明的。

為了使一般讀者進一步明瞭事情的真相，我認為還有必要簡略談談我跟紀維周先生以及跟江蘇魯迅研究會的關係。紀維周先生是魯迅研究界一位資深的業餘研究者，長期就職於南京圖書館，主要興趣似乎是評介魯迅研究著作。他花了二十多年功夫編撰《魯迅研究書錄》，限於南京的資料條件，無法成書。我利用編撰《魯迅大辭典》的機會將他借調到北京，使他得以遂願。書成之後，我又函請恩師李霽野先生為他的新編作序，交書目文獻出版社出版。1984 年 12 月，即那場小風波之後，紀先生在《編後記》中仍對包括我在內的「熱情鼓勵和支持」他的人表示了感謝。我在此倒騰這些舊事，並無表功取寵之意，只是想説明我跟紀先生絶無私怨。近些年來，我又數次在江蘇魯迅研究會舉辦的學術研討會上與他相聚，彼此相逢一笑，並無芥蒂。聽説紀先生當年因為他那篇文章受到了領導的嚴厲批評，但我不知其詳。只不過我估計他之所以會承受如此大的壓力是另有來頭，因為他的上司並非我的部屬，絶不會惟我的命令是從。周正章眼下乘機對我進行清算，不見得單純是為紀先生抱打不平。以小人之心推君子之腹，可能跟我未能對他洋洋灑灑的長文「予以積極評價」不無關聯。至於我跟江蘇魯迅研究會的關係，近些年來也頗為親密。吳奔老出任江蘇魯研會會長時，即有在南京籌建魯迅紀念室的動議；包忠文教授繼任會長之後，繼續推動這件極有意義的事情。在九屆政協期間，我跟江蘇省社會科學院院長宋林飛根據包會長提供的情況寫成提案，轉呈江蘇省人民政府。據宋院長説，近期可望付諸實施。所以，我相信我跟周正章的分歧，絲毫無損於我跟江蘇魯研會的友誼。

主編先生，因為貴刊刊登的文章首先損害了我的名譽，因此請求貴刊一字不易地刊登我的這封公開信。今後圍繞此類問題展開的爭議，只要不指名道姓跟我叫陣，我都願意三緘其口。但如果有歪曲事實的攻擊性文字出現，我將發揚韌的精神，盡殘年餘力，一一作出回應，以正視聽而維人權。

此致

敬禮

陳漱渝 4 月 10 日

原載《魯迅世界》2003 年第 3 期

主編先生：

又有一事相擾——近日抗「非典」，困居蝸室，閒時偶翻王錫榮的新作《魯迅生平疑案》，在第 363 頁發現一段引文，讀後感到驚詫莫名！引文作者張震麟，文章題為《是誰言不由衷——17 年前〈週末〉報的一場風波》。該文原載《新聞廣場》去年第 4 期，又為貴刊去年第 2 期刊發的一篇文章所援用。那段奇文是：「先是有『魯研界』人士將日文報紙上的文章譯成『內參』向上報告，指出紀文『有礙中日友好』。『必須設法消除不良影響，以正視聽』。接著，上海和北京的報紙上就陸續出現了『魯研界』有關人士的批『紀』文章……」

凡粗具閱讀能力的人都懂得張文的意思：「魯研界」先出現了投書告密之人，通過「內參」驚動了「大人物」，這才導致了對紀維周老先生先後的「迫害」。我不知道這位張震麟先生是哪方的消息靈通人士？他文章引號裡的那些話出自哪個黨政系統編發的「內參」？他是以什麼身份或憑藉什麼關係讀到的？他暗指的「魯研界」人士姓甚名誰？

顯然，張文涉及的內容已超出學術爭鳴的範疇，而涉及到中華人民共和國公民神聖不可侵犯的名譽權。如果張震麟是一個有膽量對自己言行負責的人，請他在貴刊和《新聞廣場》如實回答我提出的上述問題，使那位借「內參」向「大人物」打「小報告」的魯研界人士暴露於光天化日之下，以快人心而解十七年前的舊怨。如果張震麟無言以對，則請他舔乾自己仰天吐出的穢物，並承擔可能由此導致的法律責任。

此信亦請一字不易地刊出。

此致

敬禮

陳漱渝　2003 年 5 月 2 日

原載《魯迅世界》2003 年第 3 期

再駁秋石關於魯迅死因的「實事求是」

周正章

1988年12月筆者往廣州參加中國魯迅研究會全國第三次代表大會期間，9日上午晴，大風，與會代表參觀建成不久的天河體育場。走下大客車後，大夥兒緩步向空曠的場內走去時，陳漱渝先生熱情地拍著我的肩膀說：全世界只有兩個人研究魯迅死因，一個是日本的泉彪之助，一個是中國的周正章。對於他這個說法，我未及回應。我理解他大概是從敝人為臨床醫生之角度而言，其實他本人就是研究魯迅死因的權威人士，不只是一、二人也。陳先生還給我寄過國外有關魯迅死因的資料。至今未忘。嗣後，我確實不放鬆這方面的關注，包括陳先生的，並以陳先生「求真錄」的精神來審視之。難免得罪人，但像陳這樣沙場老兵自當理解其苦衷，不過學術文章而已。現在，魯迅死因研究者不斷增加，所見迭出。這裡，謹對秋石、王錫榮兩先生的加以辨析，合目題《魯迅死因辨析兩題》，以就教於方家和讀者。

讀了秋石先生的《實事求是學術論爭的基本原則——也

論魯迅之死並答嚴家炎先生》一文（見 2003 年 4 月 23 日《中華讀書報》第 7 版），我認為秋石這篇與秋石前一篇《愛護魯迅是我們的共同道義》一文（見 2002 年 9 月 17 日《文藝報》。為區別起見，以下均略稱秋石之前後篇分別為「秋前文」與「秋後文」。筆者按），其本身都不是「實事求是」的。因為對秋前文，拙作《駁秋石「愛護魯迅」的「道義」》（見 2003 年第1、2 期合刊《魯迅世界》。以下略稱《駁秋石》，筆者按）長文予以駁辯，故本文本著「實事求是是學術論爭的基本原則」，對秋後文再駁如下，題為《再駁秋石關於魯迅死因的「實事求是」》，以示連貫。

一、「可喜進步」，還是言不由衷？

秋前文與秋後文，分別發表於 2002 年 9 月與 2003 年 4 月，前後為七個月時間，但兩文對關於魯迅死因的同一話題，其說法前後迴然不同，判若兩人。如不細加辨認，讀者很容易誤認為是出自同名同姓兩位作者的手筆呢。

秋前文稱：

> 應當說，有關魯迅死因是十分明瞭的，也是一個沒有什麼爭議的問題。

秋後文則稱：

在此我再談「魯迅之死」。先將發生在上個世紀80年代的一幕重播一下，請學術界同行和讀者們相與析。

隨及，秋後文以占全文五分之二的特長篇幅，「重播」了王錫榮先生撰《魯迅生平疑案》一書中，上個世紀80年代中國的紀維周、蔡瓊、陳漱渝、周海嬰，還有日本的泉彪之助、竹內實計六人關於魯迅死因的尖銳爭議。其實拙作《魯迅先生死於須藤誤診真相》（見2002年第1期《魯迅世界》。以下略稱《真相》，筆者按）長文中早追溯過關於魯迅死因爭議的全過程。

這就是說秋前文認為沒有爭議的問題，到秋後文中則又認為是很有爭議的問題。

又秋前文稱：

縱觀魯迅親述，一是替無辜的須藤先生摘（原文如此。筆者按）除了在他死後65年由海嬰先生冠以「謀害」或「延誤」的冤獄。

秋後文則稱：

由於須藤非肺病專家，偶爾出現誤診也是在所難免，但提及「謀害」或蓄意「拖延治療」，迄今沒有任何確鑿的依據……

不是肺病專家的須藤給魯迅治肺病有「誤診」，但有沒有蓄意拖延治療呢？

這就是說秋前文認為須藤與魯迅之死無關，秋後文中則又認為魯迅之死與須藤「誤診」有關了。

那麼，請問秋先生到底是前文所說算數呢？還是後文所說算數呢？還是後文比較前文，您的「學術見解」已取得「可喜進步」？如果秋先生要是「實事求是」向讀者交代一句，或者真遵守「學術論爭的基本原則」如實交代一句，現在我秋某在這兩個問題上已經改口了，以今日之是改昨日之非，未嘗不可。因為學人的觀點的形成，都有一定來歷，不會說變就變的。如有改變，則應明白交待，像這樣含混不清，不是學人應有的態度。至於，後文隻字未提如何「誤診」，通篇沒有「誤診」的點滴事實，這豈不是秋後文又無端地把秋前文所稱「無辜的須藤」搞得更冤了嗎？

那麼，秋為什麼不願「實事求是」交待他的改口即改變觀點明擺著的事實呢？為什麼不願公開承認他的「可喜進步」呢？理由不外乎，為了在不明底裡的讀者面前維護其「一貫正確」的虛假面具，其實是言不由衷的。因為這裡故意模糊著，到時根據情況再變說法也無妨，自己留下痕跡豈不自找麻煩。這就是秋在「學術論爭的基本原則」旗號下的「原則」。

二、是遊戲玩耍，還是故沒騙局？

對秋前文，把海嬰先生在《魯迅與我七十年》一書中，質疑須藤在1936年10月18日、19日魯迅臨終前的「這兩天」，而對魯迅氣喘即氣胸發作，没有提出「送入醫院治療」的建議，讓魯迅「挨在家裡消極等死」的事實，故意移花接木成四個月前6月5日魯迅曾拒絕住院治療之事，來為須藤延誤病情辯解的惡劣行為，拙作《駁秋石》已予以揭露，茲不贅述。

嚴家炎先生在《魯迅的死與須藤醫生無關嗎？》（見2003年3月19日《中華讀書報》爭鳴第7版。以下略稱「嚴文」，筆者按）一文中正確指出，直到1936年5月23日魯迅還在抱怨須藤：「今日醫生始調查熱型，那麼，可見連什麼病也還未能斷定」（見魯迅致趙家璧信）。敝人再補充一條，魯迅在5月23日還說「這回又躺了近十天了，發熱，醫生還没有查出發熱的原因」（見魯迅致曹靖華信）。於是嚴先生據此責問道：「既然直到8月26日，才查出魯迅發燒的原因『由肋膜而來』（見前引8月26日魯迅致曹靖華信。此「8月26日」係筆者補充，筆者按）；那麼，須藤五百三怎麼可能在3月份就懷疑魯迅『肋膜炎』並實行胸肋穿刺抽液治療呢？這不是在『死無對證』情況下明目張膽地偽造病歷嗎？無怪乎當年許廣平一眼望穿這把戲而要產生懷疑了！須藤編造這類謊言，其用心難道不正是為了掩蓋他本人

『延誤』魯迅病情的重大責任嗎？」嚴先生這裡的指出與拙作《真相》（見該期雜誌第33至第34頁）中的指出是一致的：「可是須藤卻在3月19日、25日、28日、29日這四天魯迅沒有發熱也沒有看病的情況下，竟然大談所謂『發熱較高，係「消耗性熱型」』，『檢查咯痰有結核菌陰性』，這驚人的大漏洞，誰能補得上！須藤偽造《魯迅病歷》行徑誰能辯解得了？須藤玩弄的『死無對證』足實可瞞騙天下人於一時，但終不能瞞騙永遠；現在，我們就還他個『死有對證』」。因為，魯迅畢竟不是一般患者，留存的魯迅日記與書信，只要詳加考證，是足可以為證的。

請看秋後文對嚴文這裡指出的須藤的「延誤」是怎樣來「答」嚴家炎的？它對上述指出的須藤3月間偽造病歷的事實避而不答，卻用10月18日須藤在魯迅臨終之前手忙腳亂所謂搶救的情況搬過來把水攪混。

秋說：「不是肺病專家的須藤給魯迅治肺病有『誤診』，但有沒有蓄意拖延治療呢？對此長期給以魯迅幫助的內山完造先生在其《思念魯迅先生》一文（刊1956年3月28日15期《文藝報》……）中，對10月18日魯迅病情不斷惡化實施救治的情況，做了符合當時實際的詳細回顧」。

內山完造這段「10月18日」回顧魯迅臨終前須藤「實施救治的情況」的引文就不再抄錄了。因為這段「詳細回顧」再「詳細」，也只能符合「10月18日」當時實際情況，用「10月18日」去回答嚴文所指1936年3月間須藤偽造魯迅病歷以掩蓋其對病情的「延誤」，這不是在與嚴先生大捉迷藏嗎？如果說秋前文是把海嬰質疑須藤在魯迅 1936 年 10 月 18 日病危之際延誤病情之事，用 1936 年 6 月 5 日病重之事來混淆，是以「前」置「後」；那麼秋後文則是把嚴家炎質疑須藤偽造 1936 年 3 月間病歷以掩蓋其誤診之責任，用 1936 年 10 月 18 日須藤實施救治來胡扯，就是以「後」換「前」了。這是秋在一次又一次玩耍撲克牌遊戲，還是在研討魯迅生與死這樣嚴肅的學術問題時一再故設騙局呢？

其實，嚴文與拙作《真相》對須藤早在 1936 年 3 月份偽造魯迅病歷的考證，足可以回答秋「答嚴家炎先生」的「答」：秋所謂須藤「偶爾出現誤診也是在所難免」的辯詞乃無稽之談，絕不是「偶爾」，更不是「在所難免」，因為須藤的誤診早在 1936 年 3 月間的《魯迅病歷》中，就已經留下難以磨滅的痕跡。

既然，秋後文提及了秋前文完全迴避的 1936 年 10 月 18 日魯迅病危的情況，那麼這裡就順勢抓住，考察一下須藤這一天的處置，是否如海嬰所質疑的「讓父親挨在家裡消極等死呢」？事實確實如此。正如秋文信賴有加的內山完造「詳細回顧」的那樣，須藤把魯迅患有的自發性氣胸誤診為莫須有的「心臟哮喘症」，請來石井醫師會診也沒有及時糾正須藤的診斷錯誤，18 日這一天完全沒有給處於高壓狀態下的魯迅胸膜腔做穿刺抽氣減壓的、唯一正確的處理。傍晚時分，須藤就從魯迅寓所心安理得地打道回府了。須藤此刻雖然一籌莫展，臨走時卻對內山完造「說了一聲大概不妨事，明天再來，就回家去了。」（見《魯迅先生紀念集》第 2 輯第 3 頁）對許廣平說：「過了這一夜，過了明天，沒有危險了。」（見《魯迅先生紀念集》第 4 輯第 61 頁）這是魯迅逝世不久即從兩個不同視角，兩位現場目擊者留下的證言，當準確無誤。但是須藤這時所說的「明天」已經沒有了！魯迅已經沒有「明天」！須藤「明天再來」幹什麼 ?! 倘若，此刻須藤能給魯迅胸膜腔抽氣減壓，或者即刻送醫院搶救，魯迅還有活命的希望。從須藤傍晚走後到 19 日凌晨 5 時 25 分魯迅逝世還有十多個小時的時間，和白天被浪費掉的時間一樣白白拋棄著！這不是「挨在家裡消極等死」是什麼？須藤的誤診誤治理應遭到嚴厲譴責！這是任何善良之心沒有泯滅的人都會有的義憤！某些論客總是在這個問題上為須藤辯解，不正視事實真相，糾纏不休，究竟是為了什麼？難道真是為了所謂的「學術論爭的基本原則」？

三、是偶爾出錯，還是不願改過？

秋前文中有句「從 1932 年『一・二八』前到魯迅逝世，須藤竟然要用五年左右的時間來實施這個慢性謀害計畫？」對於屬於秋本人的這個設想，嚴文批評道：這「只是秋石先生自己的誇大性推斷，無論是周建人或海嬰都沒有這樣說過。因為事實上，魯迅經常請須藤看病，是從 1934 年 7 月才開始的，直到他逝世，總共才兩年多，何來所謂『五年左右的時間』」？這裡嚴對秋「五年左右的時間」之誤的質疑，是正確的；但是嚴對秋之誤來源於海嬰書中之誤，是秋的以訛傳訛之錯誤不察，則是不確的。然而，秋在反批評時，卻對自己把「兩年多時間」以訛傳訛成「五年左右時間」的錯誤，採取概不承認的態度。甚至還就海嬰時間有誤之勢，企圖把周建人先生曾提供過須藤是上海的日本退伍軍人團體「烏龍會」副會長及其政治面目的事實推倒，是徒勞的。因為這事實早在周建人 1949 年 10 月 19 日發表的《魯迅的病疑被須藤醫生所耽誤》一文中擺著，並未說是 1932 年「一・二八」之前的事。秋為什麼不去查核，再搞以訛傳訛呢？正因為秋對待正確批評沒有虛心的態度，結果在反批評時又犯下新的以訛傳訛，還有新的其他錯誤，這不是故意不願改過嗎？

秋後文這段文字確實是值得「相與析」的：「須藤於『1933 年在上海設立醫院，並任內山書店醫藥顧問。1933 年 11 月後迄魯迅逝世，常為魯迅診病』（《魯迅全集》15 卷 503 頁《人物注釋・須藤五百三》）查魯迅日記，直到 1933 年 7 月 1 日始有『夜請須藤先生為海嬰診』記載（同卷 88 頁）。試問，在『一・二八』事件過去一年半後魯迅才延請須藤為海嬰治病，兩年十個月後，經仔細觀察、交往，對雖不是肺科專家的須藤醫生敬重有加的魯迅，才決定請他為自己治病的」。

秋文中引《魯迅全集》15卷503頁《人物注釋・須藤五百三》稱「1934年11月後迄魯迅逝世，常為魯迅診病」是錯誤的。嚴文所說「1934年7月才開始」是正確的。其實拙作《真相》早在2002年第1期《魯迅世界》第31頁已明確指出：「1934年7月（筆者按：1981年版《魯迅全集》中的人物注釋『須藤五百三』條誤為『1934年11月』）起，迄魯迅逝世兩年多時間，須藤是魯迅的主治醫生。」這就是說《魯迅全集》這條錯誤的注釋，識者嚴先生與愚者敝人都不為之所惑。只有像秋石這樣能「近千次核對《魯迅全集》」的「研究者」（見秋的《蕭紅與蕭軍》第438頁與秋後文末段）才會以訛傳訛的。其次，「一年半後」應為「一年五個月後」，1932年1月28日至1933年7月1日究竟是多少時間？這個簡單的帳還算不過來嗎？再次，「兩年十個月後」這個時間也是錯誤的。1932年1月28日加上「兩年十個月後」才給魯迅治病，那須藤看病的時間連兩年都不足了。最後，「雖不是肺科專家的須藤醫生」是什麼意思？秋石難道現在還不明白，1934年7月魯迅開始請須藤診病時，並不是請他治療肺結核病，而是一般內科病。1936年6月15日「確診」肺結核病之前，包括魯迅本人在內誰都不知道患有此病。秋這話豈不是暗含魯迅有肺病卻偏不找治肺病的醫生來治是自己找死。否則在這主旨要弄清時間概念的文字裡夾帶上這句「閒筆」幹什麼呢？而作為主旨的幾個時間概念卻成了一筆糊塗帳。拙作《駁秋石》一文，雖然長達三萬字，但對秋前文一大把諸如此類的硬傷差錯沒有功夫去指陳，只給《文藝報》責任編輯周玉甯同志寄上一份備案，今後注意改正就算了，不必在篇幅上多佔用讀者寶貴時間。可是，秋後文老毛病照舊，這裡就不得不點了，請讀者見諒。

四、是有一說一，還是有一說二？

秋後文中有句話說得對：「有一分材料說一分話，沒有材料不要說話。」那麼，秋本人是「有一說一」，還是「有一說二」呢，先看秋所引用的陳漱渝先生刊於 1984 年 8 月 25 日《團結報》的《日本讀者對於魯迅死因的看法》中的「一份材料」，即陳原文：

> 鑒於以上情況，筆者於 8 月 2 日就魯迅死因問題詢問了魯迅先生的公子周海嬰，周海嬰委託筆者說明：紀維周的文章，對魯迅的死因進行推測，但未提供任何新的確鑿的史料，不能代表中國魯迅研究界的看法，也不代表他本人的看法。

再細看秋是怎麼「說」這「一分材料」的：

第一句秋是這樣「說」的：

> 綜上所述，早在 1984 年 8 月 2 日，海嬰先生就委託（授權）陳漱渝先生發表聲明，明確表示不同意

紀維周關於魯迅被須藤醫師蓄意謀害至（原文如此。筆者按）死的觀點；

秋第二句說：

我以為，海嬰 1984 年 8 月授權陳漱渝先生所作的表態，倒不失為一種冷靜的實事求是。

第三句秋說：

筆者注意到了 2003 年 2 月 21 日香港鳳凰電視臺播放的對海嬰先生的專訪，專訪中，海嬰先生的可喜進步是：他又回到了 1984 年 8 月 25 日《團結報》的立場，他使用的詞是「誤診」，而不是其他。

對周海嬰在陳文出現的意見，當可見仁者見智，誰都可以議論一番。但是無論如何，評論者對被評論者的原意是不能混淆曲解的。否則，不忠實於原文原意，這不僅是對被評論者的不夠尊重，而且也是評論者在公眾場合展示自己背離誠信的行為。

秋在復述引文的過程中，隨意強加所引之文中完全沒有的內容，細心的讀者是不難看出的。①陳原文無「授權」兩字，秋先在第一句中添加「（授權）」作為過渡，到第二句就熨平為不帶括弧的「授權」，篡改成原文原意。②原文中「說明」秋似嫌剛性不足，第一句篡改成「發表聲明」，隨後「表態」、「立場」尾隨而至。③原文中所「說明」的，是紀維周對魯迅死因的「推測」，「不代表他（周海嬰）個人的看法」；秋則把它改成周海嬰「明確表示不同意紀維周關於魯迅被須藤醫生蓄意謀害至死的觀點」。無視「推測」的含意，肆意強加偷換。④其實周海嬰究竟是什麼看法，原文中一個字都沒有透露，可是秋卻無中生有地看出「誤診」的立場。⑤原文中紀的「推測」的看法，「不代表他（周海嬰）個人的看法」，表明海嬰有屬於自己獨特視角的看法，別人代表不了代替不了他對魯迅死因的看法，正如已在書中表達的或許還有尚未表達的。「不代表」不等於「不同意」。⑥原文中「詢問」是個關鍵字，表明當時是陳漱渝口頭「詢問」周海嬰，周海嬰口頭回覆了陳漱渝的問題，如此而已。實際情況，並不存在某些人所期待的那樣，當時不可能會有周海嬰簽字蓋章的具有法律意義的授權文本。如有，陳漱渝屢屢提及這個著名的「說明」時，早就會披露出來了。因此，這個口頭問答對周海嬰表達有關魯迅死因的看法沒有任何約束力。這是敝人的推斷。

為了慎重起見，筆者寫到這裡特於5月5日下午4時，就當時「詢問」的情況電話採訪了周海嬰先生。海嬰先生回答說，我是魯博魯迅研究室的顧問，對於研究人員提出的問題，是經常與之探討的。有一天陳漱渝給我打電話，問到紀維周文章事。我說不知道，沒有看過。陳向我介紹紀的看法並問能代表我的看法嗎？我說紀維周的文章寫之前沒有和我聯繫過，怎麼代表我的看法呢？電話中陳漱渝沒有把問題說得嚴重，也沒說做什麼用，他的文章發表之前，也沒有給我看過。不幸正被筆者言中。

為了本文不像秋石答嚴家炎，收尾竟以「答」周海嬰的結語而跑題，本文還回到秋石並以秋文結束語的「風格」來結束本文。

作為一名資深臨床醫生，根據敝人三十多年前開始接觸第一例自發性氣胸患者的歷來經驗，與學習研究魯迅的長期累積，對於魯迅死因的探究與研究已歷一代人的時間。因此，敝人「有資格，有理由，更有義務，真誠地勸告」秋石幾句：要想真研究魯迅死因，請您認真學習幾年醫學專業，真讀好讀懂魯迅著作。首先要學做人，學會做好學問。不要光顧著去教訓人，而把自己文章搞得傷痕累累。不要在學術這塊淨土搞撲克牌遊戲，屢屢以訛傳訛，還有瞞天過海。板凳坐得十年冷，文章不寫一句空。切勿打聽到一點風就當做一場雨。否則，哪有什麼「實事求是」和「學術論爭的基本原則」可言呢？

2003 年 5 月 6 日於南京

原載《魯迅世界》2003 年第 4 期

《秋石撰文質疑周海嬰寫書風波又起》
——一文寫作、發表的前後
陳香

在出版社工作一年後，我到《讀書報》算來也有一年了。將心比心，我交了很多出版界的朋友。一天，出版社的一位朋友打電話給我，說手中有一本稿子涉及我的部分讓他們很是驚訝，「我們覺得這不像你。」

作者是秋石先生，即去年以一篇煽動情緒極強而非正規學術論爭的長文質疑周海嬰先生所著一書《魯迅與我七十年》、迅速在學術圈掀動風雨的秋石。去年我初至《中華讀書報》，做的第一篇稿子就是秋石先生這篇長文出來後，各方尤其是學術界的反應。稿子的採訪還算是到位、客觀，各方面的意見都有集中體現，所以稿子的影響也是當時初為記者的我始料不及的，以後的一系列的有關對秋石先生、對周海嬰先生或其書稿的評論和論爭都或多或少引用了這篇稿子裡的原話，灕江出版社的《2002 年度文壇大事記》也鄭重其事地將其收入。而秋石先生多少有些意氣用事的《愛護魯迅是我們共同的道義——質疑〈魯迅與我七十年〉》在某些細節方面還是經不住細細推敲的，他咄咄逼人的行文也引起了一些學者的不滿，而我的稿子當中有採訪秋石先生的原話，被質疑秋石先生的文章引用也是自然，但秋石先生卻憤怒了，認為我的稿子對他造成很大的麻煩，在這篇記錄對周海嬰先生質疑始末的文章中不惜花上大量珍貴的筆墨對我這位小小的記者極盡攻擊，包括人身攻擊。

大凡熟悉我的朋友都知道我做人做事的態度：負責。對我所說的每一句話負責，對我所做的每一件事負責，我受不起別人對我的誇讚，同樣，我也受不起旁人毫無道理甚至是無中生有的取鬧。事情做了就是做了，話說了就是說了，無論如何，也要還事情一個本來面目，這是本著做人的良知和為人的道德底線。如果是出於某種不可告人的目的或開脫責任而粉飾事實甚至捏造事實，且不論對他人的傷害，這更是對自己極端的不負責任。更何況，秋石先生文中所及，除了我個人，還涉及到我的工作單位。所以，我說話了。

秋石文中所言，當時他有事在北京，住在人民文學社招待所，知道的人並不多。而我從《文藝報》編輯處得知他的聯繫方法，他便對我的人品下了一個定論：鑽營。秋石文中還提到，「她一再纏著要求我『私下談談』，而此時已是深夜 11 時多。為避免影響值班人員休息，我勉強談了一些看法」。我讀到此處，都不禁為秋石先生臉紅，在一篇「非小說」的記錄文字中，秋石先生用多麼強烈的褒貶取向和小說家的語言將他人形象醜化到何種地步！的確當時是星期日的深夜 11 時，我們《讀書報》是星期一交稿，我連著打了好幾天電話，秋石先生都外出交際未歸。星期日晚上，我守著電話從 8 時到 11 時，交遊廣闊的秋石先生才欣欣然從外歸來。我想，我畢竟還算是一個勤奮而盡職的記者。我表明自己的身份之後，秋石先生就精神起來了，他聲如洪鐘，所謂「勉強談了一些看法」竟足足有半小時！這些看法也不是隨意而談，而是有問必答，請參看拙作《秋石撰文質疑周海嬰寫書風波又起》，秋石先生對《魯》一書責編楊雯的提法的反駁是條分縷析，思路清晰。熱情的秋石先生還當即表示，第二天要到報社與我見面，還要惠贈我幾本他的書。我自忖年輕擔當不起，連連推辭，奈何秋石先生一意孤行，熱情洋溢，定要會面。哪裡料得秋石先生這篇文中將我貶得如此不堪！

秋石先生還繪聲繪色地描繪了第二天到《光明日報》與一老友閒聊的情景。他和老友說，他和我只是私下談談，老友卻點醒他說現在的年輕人膽子大得很，肯定要炒作，他頓時驚出一身冷汗。確實，剛和秋石先生提到他的長文時，秋先生是說沒有接受南方各媒體的採訪以避免有人說他是想借此文出名，但是後來我提到《魯》一書的責編楊雯對該書的意見，說《讀書報》做這樣一篇稿子也絕非要炒作吸引眼球，只是想搭建一個對話的平臺，讓各方表明態度。秋石先生最後表示，他不是接受採訪，但他要鄭重表明自己的立場和態度，就是讀者看到的拙作中秋石先生表明態度的那一段。秋石先生明明知道我是要做這樣一篇稿子的，怎麼又會「驚出一身冷汗」？又怎麼在他文中言到「『拒絕接受任何媒體採訪以避免炒作嫌疑的秋石卻向本報鄭重表明態度』的後半段純粹是杜撰！」？

秋石先生言到，拙作中「『海嬰先生只記得母親月經失調（在書中描寫過兩次）而不及其他』大大歪曲了我的原話。」我記得很清楚，當時秋石先生慷慨激昂，說為什麼周海嬰先生不記得二蕭千里迢迢，為追尋光明，從東北來到魯迅先生身邊；為什麼不記得一次馮雪峰來到他家，在飯桌上教他認識「德先生」和「賽先生」，而只是記得母親月經失調，而且還描寫了兩次？那麼，我報導中的「秋石表示他無法理解周海嬰先生只記得母親月經失調（在書中描寫過兩次），而不及其他」又如何歪曲了秋石先生的原話？

秋石先生還認為，我的報導當中的「而《文匯讀書週報》轉發時加上的題目未免曲解了他的用意」又有失實之處。當時，秋石先生是這樣說的，他說，《文匯讀書週報》轉載他文章時加上的題目《海嬰先生，請讀讀〈魯迅全集〉》是他們自己加的，根本沒有經過我的同意。《文藝報》用的標題很好地表達了我的意思，而《文匯讀書週報》沒有。那麼，我的報導中的這句話又如何曲解了秋先生的用意？

秋石先生還描述了一個典型的小說裡的情節。他說他來找我，提出要看第二天出版的報紙清樣，而我竟回答：没有。秋石：那電腦裡總有儲存的。答：也没有。秋石：我有權在報紙開印之前就有關引用我的話進行過目、審核……一概不負責任！當時，秋石先生帶著他出的幾本書來到報社找我，我請他到辦公室坐，兩人談話約有 20 分鐘。秋石先生提到他與蕭軍先生的特殊關係，提到自己人生的坎坷經歷，獨獨没有以上的生動的小說情節。秋石先生，本著知識份子的良知，和為人的道德底線，請您再說說，以上您杜撰的問答，究竟是有，還是没有？語言是蒼白的，它没有能夠留下任何痕跡；但是，語言又是有力的，它的背後，是我們內心崇高的道德法則！

秋石先生說我強調我來自廣西師大出版杜，用極盡譏諷的語氣描述我：「還極慷慨地替根本不認識我的廣西師大社的社長、總編許了願：『以後你有書可以交給我們出，廣西師大社很有名的。』」他挖苦說，他的書都是上海、北京的出版社出的，不需要到什麼廣西師大出版社去。的確，當時，我對秋石先生印象是比較好的。無論如何，提出批評是比表揚更需要勇氣。我是在廣西師大社工作過，但是，業內人士都知道，廣西師大社在出人文社科書方面是做得相當出色而且相當用心的，決非秋石先生想像的那樣，上海、北京的出版社都是好的，廣西的出版社就差勁、組不到好稿。我當時是說，秋石先生以後有什麼稿子，我可以幫牽個線，推薦到廣西師大社出版。我以為我是好意，無奈秋石先生認為是對他的侮辱，我是枉做好人了。

還可以告訴大家的是，秋石先生對我有的種種不滿，我竟一無所知。他在我面前也絲毫沒有表露。他直接找到我的總編輯，說我如何如何。對於一個初到新單位的年輕人來說，大家都知道這意味著什麼。還好，雖然做得比較辛苦，我還是走過來了。

我想，我總算是知道了所謂「社會是很複雜」的含義。雖然，這個明白，讓我很是心酸。

《魯迅的五大未解之謎——世紀初的魯迅論爭》

（東方出版社 2003 年 10 月）

魯迅病重、逝世及大出殯始末

秋石

1936 年 10 月 19 日清晨 5 時 25 分，一顆偉大的心臟停止了跳動。

中國新文學、現代革命文學和左翼文學的奠基者魯迅，因患肺結核晚期且又屢屢拒絕外出休養療病，同時伴之以多種經年未癒的嚴重疾病，年僅 56 歲就走到了生命的盡頭。

魯迅不幸逝世的消息一經傳出，旋即在國內外引發出了巨大的反響。唁電、唁函，如雪片般飛往上海北四川路底大陸新村 9 號先生寓所，成千上萬的中外人士自發地趕往位於膠州路上的萬國殯儀館瞻仰魯迅先生的遺容。在以張聞天、毛澤東為首的中國共產黨中央委員會的緊急電令下，半年前自陝北抵達上海的中共中央特派員、中共與魯迅間的主要聯繫人、魯迅先生生前的親密戰友馮雪峰，與宋慶齡、蔡元培、沈鈞儒等著名愛國人士、民眾領袖共同策劃，中國歷史上一場前所未有的由非政府機構和各界人士發起的盛大祭奠、送葬和追悼儀式拉開了帷幕。

魯迅逝世一年後，1937 年 10 月 19 日，毛澤東在陝北公學作了題為《論魯迅》的著名講演。在講演中，秉承全國人民意願的毛澤東對魯迅作出了極高的評價。在其後的 40 年生涯中，毛澤東率先垂範，學習魯迅，推崇魯迅，為在全國範圍內繼承和發揚魯迅戰鬥精神，弘揚民族魂的不朽業績，進而推動全民族的魯迅研究，奠定了堅實的基礎。

新中國成立後，中國共產黨和人民政府完完全全實踐了當初由馮雪峰代表中共中央向魯迅先生遺孀許廣平許下的莊嚴諾言：為魯迅舉行了隆重的國葬，歷年舉行的悼念活動規模僅次於中國近代革命的奠基者孫中山先生；對魯迅遺孀許廣平、其弟周建人等作出了高規格的國家職務安置；在國家經濟處於困難的情況下，斥鉅資在上海、紹興、廣州及北京等地設立了以其名字命名的紀念館、博物館；對魯迅的子孫後代給予了無微不至的關懷，包括上大學、參軍、入黨、安排工作、出國留學及給予在高層人士和文藝界元老雲集的高標準住宅樓內多套寬敞明亮的大面積住宅，等等。

但是，亦應指出的是，半個多世紀來，在黨、人民政府和各界人民群眾大力弘揚民族魂、緬懷魯迅戰鬥精神和不朽業績的同時，出現了一些與時代主旋律極不諧調的音符。近年中，有人以其特殊的所謂歷史見證人的身份著書立說，且文章頻頻，提出了眾多有悖於史實的「結論」。尤甚的是，在談及當年魯迅大出殯的過程時，除提供有限的幾幅照片外，絕口不提我黨中央唁電對魯迅的崇高評價，不提成千上萬中外各界群眾甘冒生命危險前去悼念、參加葬禮的動人情節，不提由於宋慶齡、蔡元培、沈鈞儒等在魯迅墓前發表旗幟鮮明的反蔣抗日演講導致一個月後著名的救國會七君子被反動當局逮捕入獄這一震驚中外的重大事件始末。與此相反，卻喋喋不休地在什麼喪葬費用上大做其文章，乃至對宋慶齡、救國會和我地下黨多有微詞。為此，筆者在再度查閱了近百萬字的魯迅書信日記和大量當事人撰寫的見證史料後，特撰此文，以紀念宋慶齡誕辰 110 周年和馮雪峰誕辰 100周年，並以此作為對筆者2002年9月17日在《文藝報》發表的《愛護魯迅是我們共同的道義》一文的補充。

魯迅死於疾病

談及魯迅的逝世，不能不提及魯迅病因及為什麼不及時治療。

歷史上，魯迅因病情危急兩度大難不死。

一次是在 1928 年。

一次，是在 1936 年的 5、6 月間，這時，魯迅因病情加劇，體重下降到了 37 公斤。在這之前，考慮到魯迅的身體健康，於 1935 年十月革命節時，蘇聯駐上海總領事曾代表蘇聯政府邀請他去蘇聯南方旅遊勝地克里米亞療養。後來，受我黨及蘇聯方面的雙重委託，胡愈之同志於 1936 年初的農曆正月間專程自香港趕到上海，在北四川路一家飯館約見魯迅，再度勸說魯迅去蘇聯養病，並由他負責送至香港，繼而由中共派專人護送出境至莫斯科，均被魯迅拒絕了。魯迅對胡愈之說：

「很感謝蘇聯朋友的好意，但是我不去。蘇聯朋友關心我無非為了我需要養病；另外國民黨想搞我，處境有危險，到蘇聯安全。但我的想法不一樣，我五十多歲了，人總是要死的，死也不算短命，病也沒那麼危險。我在上海住慣了，離開有困難。另外我在這兒，還要鬥爭，還有任務，去蘇聯就完不成我的任務。敵人是搞不掉我的。這場鬥爭看來我勝利了，他們失敗了。他們對我沒有別的辦法，只有把我抓去殺掉，但我看還不會，因為我老了，殺掉了，對我沒什麼損失，他們卻損失不少，要負很大責任（在這裡，魯迅分析得很有道理，也符合當時實際。這是因為雖然國民黨蔣介石反動政府於6年前發出了對魯迅的通緝令，但實際上他們從來沒有要抓捕魯迅的計畫。魯迅住在大陸新村，魯迅隔三差五去內山書店，魯迅不住地在一家白俄人開的咖啡館會見各方面的客人，還經常在廣西路 332 號的梁園豫菜館宴請信得過的朋友，以及單個或全家或與他人一起去電影院觀摩新片、訪友等，國民黨和日本特務是一清二楚的。後來，在魯迅移靈至萬國殯儀館時，國民黨上海市長吳鐵城及財政部長孔祥熙分送了花圈，凡此種種，均證實了這一點。正如魯迅所說的，其通緝他的真正目的是為了限制他的自由，並起到震懾他人的作用——筆者注）。敵人一天不殺我，我可以拿筆桿子一天。我不怕敵人，敵人怕我。我離開上海去莫斯科，只會使敵人高興。請轉告蘇聯朋友。謝謝他們的好意，我還是不去。」

（胡愈之：《談有關魯迅的一些事情》，1972 年 12 月 25 日在魯迅博物館座談會上的發言，載《魯迅研究資料》第 1 輯）。

以後，無論是友人相邀請，還是魯迅本意，有過去日本療病的打算，但最終還是被他自己否決了。關於去日本療病的事，魯迅先後同許廣平、馮雪峰、胡風、姚克、蕭軍、黃源等人談起過。胡風先生後來這樣回憶道，關於魯迅易地療養，有兩個似是可行的方案：

一是到蘇聯去。……他當即表示了不能去。怎麼去，怎麼回？即使國民黨不阻攔，但回來了以後，一定會陷進國民黨不准他活動的困境裡面，還有另一種情況，如他自己所說，在左翼內部，一定會捆得他手腳不能動彈了；吃了麵包回來，還能不完全聽話麼？現在要去養病，「吃麵包」的債務更大，他更不願意了。

另一處是去日本，這是自費，沒有了白吃麵包的問題，再就是語言暢通。但也有不能克服的困難。記者一定會經常地包圍他，要情況，要感想；敬仰他的文化人和讀者也一定要不斷地訪問他；報刊也定會監視他的言行，這些都是在預料之中的，怎麼能養病呢？

在另一次談話中，魯迅表示可以考慮接受友人邀請去日本休養的計畫，不過，要帶家小去就要忙於照料他們（許廣平不懂日語），不帶去又不放心。這時，胡風對魯迅說：「如果去日本，我也陪去，幫周先生料理事務。」聽了他這話，魯迅頓感意外，急切地問道：「怎麼，你也悲觀了麼？」（梅志：《胡風傳》第330頁）

黃源先生在其《魯迅先生》一文（刊1936年11月1日1卷第6期《文季月刊》）中曾這樣描述了魯迅對疾病的不屑一顧：

> 有一天我下午去，他把X光的照片拿給我看，並給我作種種的解釋。最後說：「照醫生說，看這照片我在五年前就該死了。然而現在卻還活著，他便不知如何治法。」
>
> ……

但是隨著病逐漸好起來，先生愈益不肯「安分」了，（須藤）醫生常警告他不要多動，提防疲勞，靜靜地躺著。

他的答覆是：「我一生沒有養成那樣的習慣，不做事，不看書，我一天都生活不下去。」最後他甚至向醫生說：「我請你醫病，是有條件的。」

「什麼條件。」醫生問。

「第一，是要把病醫好，是要活命。第二，假如動也不動一個月可醫好，我寧願花兩個月醫好。第三，假如醫不好，就想法把生命拖延著。」

醫生當然無話可說了。

談及去日本療養，在同一文中黃源寫道：

> 那時天氣漸漸熱起來，他本想七八九三個月往日本去養病。起初想到鐮倉，那裡須藤先生有熟人，可以就近照料，但覺得離東京太近，怕新聞記者繞纏。後來想到長崎，有一天我去，看見書桌上放著兩本《長崎旅行案內》之類旅行指南書。但長崎沒有熟人，他覺得 Hotel 太貴，住「下宿」或租「貸家」又太麻煩。「那時我要一天到晚給他們（指家裡的人）當翻譯了。」他說。
>
> ……

他患著不治的肺病，他住在不論精神與肉體都不適於他的病體的地方，但是他還工作。愛他的人，看他工作心痛，但誰能阻止他呢？

馮雪峰的《回憶魯迅》一文（載1952年《新觀察》），可以說，較為客觀地反映了魯迅當時對療病的真實想法。馮雪峰寫道：

> 他並不是沒有離開上海到什麼地方去療養的打算，但據我所知道和所瞭解，除了經濟困難和沒有適當地點可讓他去療養的原因外，就是他自己有兩種心情使他沒有真的認真地去計畫。一種心情，就是他不願意離開工作，覺得不做工作過日子將會無聊到很難堪，像下面這樣的話在好幾次的談話中都說過：「我覺得，那麼躺著過日子，是會無聊得使自己不像活著的。……我總這樣想，與其不工作而多活幾年，倒不如趕快工作少活幾年的好，因為結果還是一樣，多幾年也是白白的。」
>
> 另一種心情，是他頑強地仍舊不以自己的病為事。例如有一次，我先和許廣平先生談過以後，很想促成他的療養的打算，和他談起來，他也確實認真地沉吟了好一會兒，然後和我商量似地說：「就是決不定什麼地方。日本，我想過，不好。……蘇聯，我不懂俄文，也太不便。此外，就沒有地方能去了。……」

後來，許廣平在1941年太平洋戰爭爆發前同蔣錫金先生的一次談話中曾談到：魯迅當年對自己的出國（養病）與否，曾作過種種的分析與考慮，最後的決定是不去。不去，主要是出於以下三個方面的考慮：第一，是一出國就要離開了戰鬥著的革命群衆，離開了當時的火熱的鬥爭；國民黨反動派的賣國陰謀使民族危機和階級鬥爭都空前的激化，休養不休養，都是為了鬥爭的需要，他一刻也不願脱離戰鬥；第二，是不願意讓國民黨反動派的陰謀得逞，他曾設想過如果出國，敵人將如何的造謠誣陷，造成真偽莫辯的結果，他堅決不給敵人可以從中得到任何利益的可乘之機；第三，是也要提防，由於誤解什麼別的原因，會有從不知道什麼地方射來的「冷槍」或「暗箭」，決不能讓這樣的事發生，因為這就會對敵人有利。在自己的生命處於危急的狀態的時候，他仍然是這樣想的。（蔣錫金《魯迅為什麼不去日本療養》，載《新文學史料》1978 年第 1 期）

正因為魯迅執意不去國外養病，不願停止戰鬥，才使病體越來越沉痾。

還有另一個原因，此時，魯迅最為關注的乃是為紀念被國民黨反動派殺害的戰友瞿秋白而由他一手編著的《海上述林》的印刷和出版事宜，這也是他生前編輯的最後一部書稿。所以，可以這麼説，正是他夜以繼日地為亡友編輯文稿，加劇了他的病情，耽誤了治療，從而過早地走向死亡。

1935 年 6 月 18 日，瞿秋白在福建長汀羅漢嶺英勇就義。魯迅獲知這一噩耗後，在相當長的一段時間內充滿了悲憤。

為紀念瞿秋白，他找到鄭振鐸等人商量為瞿秋白出書。魯迅建議，先將瞿秋白所譯外國作品編輯出版。為此，他首先慷慨解囊，以200元從現代書局贖回了瞿秋白的《高爾基論文集》和《現實——馬克思主義論文集》兩部譯作，並於亡友犧牲後的第4個月就進行編輯。至11月，僅用一個月的時間，魯迅就編完了30萬字的《海上述林》上卷。次年春，魯迅病情一度加劇，整日咳嗽、發低燒，體重下降到37公斤，可他愣是不顧自己的病體，晝夜編輯校對，就連封面設計、選擇插圖和印刷用紙，他都事必躬親，一絲不苟。剛從陝北來到上海的馮雪峰，一度住在魯迅家中，見其如此不愛惜自己的身體，不住勸他休息養病，而魯迅卻回答說：「我這樣想，與其不工作而多活幾年，倒不如趕快工作少活幾年的好，因為結果都一樣，多幾年也是白白的。」說完，他還是不停地夜以繼日地校對《海上述林》，致使病情大大加劇，不得已，在馮雪峰近乎強制命令式的規勸下，方才接受醫生的診察，但也僅僅是在家接受診察和簡單的治療罷了，因為他不願意放下手中的工作，脫離戰鬥的崗位。

1936年4月底，正是在馮雪峰帶來了張聞天、毛澤東和黨中央的親切關懷，以及紅軍東渡黃河所取得的勝利鼓舞不幾天，魯迅為《海上述林》的下卷寫完了序言。其後，當得知開明書店所屬的美成印刷廠已打出了《海上述林》的上卷紙型，他絲毫不顧慮自己的沉重病軀，親自將紙型送至內山書店，託內山完造先生寄往東京印刷。

1936年5月剛過，魯迅的病情再一次加劇，到了幾乎拿不動筆的地步，這在魯迅的一生中是極其罕見的。6月6日，連日記也被迫中止。但他仍然沒有忘記催促書店抓緊時間出版《海上述林》。他似乎是在同死亡賽跑。在他寫給開明書店經理章錫琛的信上以焦急而又詼諧的口吻催促道：「翻譯的人老早就死了，著作家高爾基也於最近去世了，編者的我，如今也要死了。雖然如此，但書還沒有校完，原來你們是在等候讀者的死亡嗎？」就這樣，魯迅抱著常人難以克服的病痛，且又冒著南方夏日的酷暑，直至臨終前二十天的九月才完成了《海上述林》的下卷校對工作。

10月2日，魯迅收到了在日本印刷的《海上述林》上卷。5天後，《譯文》主編黃源來訪，魯迅把一本精裝的《海上述林》送給他，並詢問能否「揩油」在譯文上登一個廣告。在得到肯定的答覆後，魯迅還告訴黃源：書的下卷已校好，年內可出版。10月9日，魯迅親撰一書面廣告交黃源，寫道：

> 紹介《海上述林》上卷
>
> 本卷所收，都是文藝論文，作者既係大家，譯者又是名手，信而且達，並世無兩。其中《寫實主義文學論》與《高爾基論文選集》兩種，尤為煌煌巨制。此外論說，亦無一不佳，足以益人，足以傳世。全書六百七十餘頁，玻璃版插畫九幅。僅印五百部，佳紙

精裝，內一百部皮脊麻布面，金頂（《海上述林》的印刷極為考究，分平裝和精裝兩個版本，全部採用重磅道林紙精印。精裝本用麻布作封面，金色字標題，皮書脊，裝禎典雅；平裝本則採用天鵝絨做封面，標題同樣用金字——筆者注），每本實價三元五角；四百部全絨面，藍頂，每本實價二元五角，函購加郵費二角三分。好書易盡，欲購從速。下卷亦已付印，將於本年內出書。上海北四川路底內山書店代售。

在這之前，他親筆寫就一份贈書名單，將書分贈給為出版《海上述林》效過力的朋友，其中，章錫深、葉聖陶、徐調孚、宋雲彬、夏丏尊「以上五位皮脊本各一本」；王伯祥、丁孝先「以上二位絨面訂本各一本」。魯迅還將三本絨面平裝本包在一起，上書「內地絨三」，贈於陝北的中國共產黨。另特意取出兩本告馮雪峰：「皮脊的送 M（毛澤東），藍絨面的送給周恩來。」上述五本《海上述林》，由馮雪峰安排交通員周文送往西安「八辦」轉陝北黨中央。

10 月 14 日，分別達三個月剛從北方歸來的蕭軍前往探望，魯迅又「忍痛」將一本皮脊背的精裝本贈於他。

10 月 18 日早 8 點，魯迅問許廣平：報上有什麼事情，許答有譯文的廣告，而由魯迅翻譯的《死魂靈》登在頭一篇。魯迅一邊沉重地喘息著，一邊接過報紙仔細看《譯文》上的廣告。見《海上述林》的廣告也在其中，他久久地凝視著，凝視著……

僅僅過了一天，19日晨，魯迅與世長辭了。聊以告慰他的是，由他親手為已亡戰友所編輯的《海上述林》大功告成，這也是他生前編輯的最後一部書。如果不是為了戰友這部書的儘早問世，只要他稍稍聽從一下醫生和馮雪峰、茅盾、史沫特萊、胡愈之等人的勸告，停止工作，外出療養、治病，也許他的生命之燭還能燃燒一段時間，可是……

敘述到這裡，我們不能不將這一年五六月間魯迅病情危急及請外國名醫為之全面診察的情況作一鋪墊。

據茅盾先生回憶：

1936年5月中旬的一天，魯迅先生因受涼天天伴隨低燒，精神萎靡不振，體重也下降到了37公斤的最低點，引起了馮雪峰等人的高度關注。史沫特萊表示，她有兩個朋友，一個美國人，一個德國人，都是有名的肺病專家，不妨請他們來作一次會診，但遭到了魯迅的拒絕。後經馮雪峰與許廣平苦勸，魯迅才勉強同意了另請醫生會診。

5月31日上午，馮雪峰派人送給茅盾一封急信，告知魯迅已同意請醫生，同時為避免時間一長魯迅又要反悔。經聯繫，下午三點鐘光景，史沫特萊陪著美國醫生鄧恩來了。診斷時，由茅盾作翻譯，雙方講的是魯迅聽不懂的英語，在場的還有許廣平和馮雪峰。時鄧恩先生用聽診器加以指背叩擊為之仔細診斷。20分鐘後，鄧恩醫生用英語告訴史沫特萊和茅盾：病很嚴重。史沫特萊問：嚴重到什麼程度？鄧恩醫生說：「恐怕過不了年！」鄧恩醫生還以一種十分欽敬的口吻說：若魯迅的病發生在歐洲人身上，則早在五年前就死掉了。史沫特萊一邊流淚一邊問鄧恩：現在該怎麼辦呢？鄧答：我也沒有什麼辦法，他的病很複雜，不光是肺病，我現在只是聽聽敲敲，也不能完全斷定。最好找一所設備好的外國醫院，開一個病房，借醫院的設備，由我再來作詳細的檢查和治療。如果病人同意，馬上可以辦。

然而，鄧恩醫生關於住院治療的建議，再次遭到了魯迅本人的堅決拒絕。

三天後，魯迅病得連日記也不能寫了。

上述，見茅盾《回憶錄》中有關馮雪峰部分，刊1983年第3期《新文學史料》。

這之後不多日拍攝的X光透視片，證實了鄧恩醫生所言魯迅病的嚴重性。魯迅先生於9月4日所撰的《死》一文中，在談及「今年的大病」時證實：早在鄧恩醫生為之診斷前，他的家庭醫生須藤先生就極其負責地「至少已經給了我兩三回警告」，「不過我仍然不以為然，也沒有轉告別人。」

有關鄧恩醫生所言「他的病很複雜，不光是肺病」一說，同須藤先生在魯迅逝世後所撰的《醫學者所見的魯迅先生》一文（刊 1936 年 11 月 15 日 2 卷 2 期《作家》）中的相關內容有著驚人的相同之處。須藤認為，魯迅除患有已難救治的晚期肺結核外，還患有胃擴張、腸弛緩、右胸濕性胸膜炎、支氣管性喘息、心臟性喘息及氣胸等多種嚴重疾病。此外，還有自七、八歲起就患上了極為嚴重的齲齒，至二十六、七歲即裝上了滿口假牙。眾所周知，嚴重的齲齒會導致胃、腸、心等內臟器官功能的混亂和疾病，魯迅正是這樣。

誠如魯迅在《死》一文中所言須藤先生是一位負責的醫生，長期給予魯迅照顧、幫助的日本朋友內山完造先生在後來撰寫的《思念魯迅先生》一文（刊 1956 年 3 月 28 日第 15 期《文藝報》）中指出：「須藤醫師是先生非常信任的醫師，也是我十二分地信任的秉有高尚人格的醫師。」

在同一文中，針對 10 月 18 日魯迅病情不斷惡化的實施救治的情況，內山完造先生作了符合當時實際的詳實回顧：

> 不多時，須藤醫師到我家說，先生安靜一些了，不過，這種病叫做心臟哮喘症，情況是很嚴重的，希望再請福民醫院內科主任松井博士診視一下。於是，我立刻打電話給松井博士，但是不湊巧，松井博士不在家。當時，另外有一位醫師石井政吉先生偶然來訪，須藤醫師就把魯迅先生的病情告訴他，請他去診視一下。石井醫師說，就這樣去吧。於是，3 個人一同到了魯迅先生家中。石井醫師非常仔細地診斷以

後，他說現在病情非常嚴重，今天一天需要特別注意，並且應該用氧氣治療器使病人吸收氧。於是，我們三人又一起回到我家，石井醫師就用電話通知護士攜帶藥品立刻到這裡來。

石井醫師也是魯迅先生以前相識的醫師。這位醫師曾在現任中國科學院院長郭沫若先生（這裡所說的「現任」，係指本文撰寫時的1956年，但所言「為郭沫若治過病」顯然是指以往──筆者注）患斑疹傷寒入院時為郭先生治過病的。

不久，石井醫院的護士來了，石井醫師把病情詳細地告訴她，要她每兩小時注射一次，並且要使病人充分吸入氧氣。當時，我又和護士一道再到魯迅先生家裡。由於吸入氧氣和每兩小時注射一次藥針的關係，魯迅先生的病情好像大有減輕，但是，這也不過是一種暫時的現像罷了。

從那時起，先生睡在床上就沒有再起來，只是昏睡，直到第二天早晨，也就是10月19日上午5時25分，先生最後只說了一句「我的病究竟到了什麼程度」，就在夫人許廣平女士和弟弟周建人先生等人的守護之下，與世長辭，結束了56歲的生涯。

從內山完造先生親筆所撰的這段回顧，我們從中可以得出這樣一個結論：作為醫生，須藤先生可以說是負責的。特別是在挽救魯迅生命的最後時刻，從其要求內山完造先生再請其他醫學專家前往診治來看，須藤醫師不僅沒有延誤診治，而且是盡了最大的努力的，這是一個不爭的史實。（誠然，須藤醫生畢竟不是專治肺病的專家，有時候出現誤診也是在所難免的，關鍵的一點是看他在緊要關頭的表現。從他早期「至少」給魯迅「兩三回警告」及「不要傷風」「不要腹瀉」的醫囑，就足以說明這個問題了。再者，西洋醫生、肺病專家鄧恩關於「早在五年前就死去了」的診斷結果，更是印證了魯迅之病的不可治癒性——筆者注）。因而，針對極個別人危言聳聽地製造須藤醫師有「謀害」魯迅的企圖，及所謂「故意拖延」對魯迅的搶救等指責，可以休矣！

無獨有偶，另一個當事人，這就是迄今仍活在世上，多次受到魯迅精心呵護的 97 歲高齡的著名翻譯家、出版家黃源先生，早在二十年前，就以歷史見證人的身份作了有力的說明，並對社會上一些無視史實，惡意染指魯迅好友內山完造先生及須藤醫生的行徑予以了痛斥。

1983 年 1 月 13 日，黃源先生在一次題為《魯迅與內山完造》（刊日本 1983 年 3 月第 1 期《鄔其山》季刊，後收入《在魯迅身邊》一書 119-120 頁）的談話中，以自己親歷的所見所聞，強調指出：魯迅與內山的友情是由於互相信賴結合起來的。黃源說道：

……特別是進入三十年代以來，魯迅的境遇，非常困難，在他身臨危險的時候，總是內山先生出來幫忙。

可是那時在中國卻有人說內山先生是日本軍的奸細。這惡毒的話一出來，魯迅自己出來為內山先生辯明，說他是書店的老闆，賣書是他的本份。而當時上海的日本領事館又懷疑內山先生有共產黨的嫌疑。在中國人方面，懷疑內山先生的，都是攻擊魯迅時說的。為了攻擊魯迅，加罪於內山。說魯迅怎麼受日本人收買，收買款達一萬元。通過什麼人呢，當然是通過內山完造。這樣，攻擊魯迅的同時，也攻擊了內山先生。幹這事的主要人物是張資平。日本領事館對內山先生和魯迅的來往，當然知道得很詳細。而他們兩人的投合，在日本人中間也是公開的，……而現在香港竟還有人說內山先生是暗探的，我想他不是暗探，早為歷史所證明。

此外還有給魯迅看病的須藤五百三醫師，他曾當過日本軍的軍醫，後來也成了懷疑的對象，這點我想應該充分信任魯迅先生。魯迅是很瞭解日本人的，他非常信任這位醫師。他給魯迅看病時，有時我也在魯迅身旁。魯迅看人很重品質。比如魯迅對我的評價，不僅在我有否編輯《譯文》的能力，而在我有否利用魯迅的名義以謀私。我在《文學》上發表過許多翻譯作品，而在魯迅託我主編的《譯文》上，卻一篇譯文也沒有我。……他不是盲目的，對於對手的觀察是非常敏銳的，他有豐富的經驗，任何事都欺騙不了他。因此我想，憑魯迅對人事的明察秋毫，他是信任內山先生和須藤醫師的。（上海，經黃源先生核對無誤）。

幾十年來，在研究所謂魯迅死因（有無此必要長時間花費精力來研究？）時，一些人似乎在無視一個根本無法規避的事實，這就是魯迅在患有嚴重肺結核的同時，還患有其他多種嚴重疾病。這好比，兩個人同樣患肺結核，一個除此而外無有其他疾病，而另一個卻伴隨多種且是與肺緊密相連的器官病，而且是兩肺同患。相比之下，我們不難得出結論：當然是前者好治，後者難治。更何況，由於魯迅一刻也不願停止戰鬥，一再拒絕入院治療和外出休養，這就是魯迅之病無法得到有效救治的根本原因所在。

許廣平在 1936 年 6 月 25 日也就是魯迅大病期間致曹白先生的信上，也十分明瞭地證實了這一點。許廣平在信中這樣寫道：

……要寫明周先生的病狀，可實在不容易。因為這和他一生的生活，境遇，工作，掙扎相關，三言兩語，實難了結。

……大約十天以前，去用 X 光照了一個肺部的相，才知道他從青年至現在，至少生過兩次危險的病，一次肋膜炎。兩肺都有病……

……據醫師說，這回修繕以後，倘小心衛生，1不要傷風；2 不要腹瀉，那就也可以拖下去，如果拖得巧妙，再活一二十年也可以的。

綜上所述，第一，魯迅確實病情嚴重，兩肺結核由來已久；第二，是須藤醫生發出的「不要傷風」的警告實實在在見證了四個月後的嚴重後果：因為 10 月 17 日魯迅去鹿地亙家時，「外面正有些風」（許廣平語），從而最終導致了對病魔已經喪失任何抵抗力的魯迅，於受風後不足 40 小時就走到了生命的盡頭。

附帶說一句，許廣平還在同一封信中談及美國鄧恩醫生作出的診斷結果時，說「據現在的病狀上判斷將來」，治癒「已經辦不到」。同時又著重指出：「現在看他的病是須藤醫師，是他的老朋友，就年齡和資格而論，也是他的先輩，每天來寓給他注射，意思是在將正在活動的病灶包圍，使其不能發展。」

關於魯迅對須藤的評價，我們還可以從兩年前他給老友許壽裳的信中窺出一二。在這封 1934 年 11 月 27 日的信中，魯迅稱讚須藤：「他是六十多歲的老手，經驗豐富，且與我極熟，決不敲竹槓的。」

至於某先生在其所著書中云：新中國成立後，許廣平

「幾次訪問日本」没有見到須藤先生一事，看來，某先生忘了須藤先生的確切年齡了。魯迅在《死》一文中有須藤醫生「年紀大」及「是我的前輩」之說，那時魯迅五十六歲，而須藤早已是六十開外的人了。待到二十世紀五六十年代，許廣平訪日時，須藤已經是八、九十歲乃至還要衰老的年齡了。他能否健康地行走或者能否活於世上都成了問題，又怎麼能夠前去東京向「媒體追蹤的目標」的許廣平「問候幾句」呢？要知道，須藤醫生為魯迅家庭服務了好幾年，没有功勞也有苦勞，而不是什麼許廣平母子恩澤於他，怎麼「問候」卻要來個主次顛倒呢？在這裡，某先生唯一的依據又是「聽說」，而且是「只間接聽說，他還活著……」請問，這樣的依據又怎麼能夠讓讀者信服呢？

在這裡，還必須強調指出的是，無論是在中國，還是在日本，自古以來都有尊老的良好傳統。退一萬步講，即使須藤醫生還活著，還能健康地行走，為什麼非要這位耄耋老人前往東京向比他小三、四十歲的許廣平朝聖般地「問候幾句」呢？難道許廣平就不能屈尊地去探望一下她所「間接聽說」「在一個遠離繁華城市的偏僻小地方」「還活著的」須藤老人？難道因為許廣平做了中國政府的大官，成了「日本媒體追蹤的目標」，就可以堂而皇之地凌駕於包括老朋友在內的中日諸多人士的頭上？某先生的這種邏輯未免過於霸道了一些吧！行文至此，筆者想，若是多多少少獲得一些魯迅人道情懷真傳的許廣平先生還在世的話，同樣不會容於某先生這種有悖於中華民族優良禮儀的邏輯的。

馮雪峰臨危受命安排喪事

1936年10月19日，晨5時25分，魯迅先生咽下了最後一口氣。當時在場的有許廣平、周建人，以及在魯迅家徹夜守候、傳遞消息的內山書店店員、石井醫院負責看護的護士等數人。內山完造先生是中外人士中第一個趕到大陸新村魯迅先生遺體旁的。在證實魯迅確已離開人世後，內山完造先生立刻把這一驚人的噩耗通知了上海的各中外報紙。很快，凡有早報的各報都在頭版醒目位置報導了魯迅逝世的消息：

「文壇巨星殞落」

還是在魯迅處於彌留之際，守護在他身邊的胞弟周建人給剛躺下不多時的馮雪峰去電話（前一晚上，為搶救魯迅事，馮雪峰專門與潘漢年同志作了詳細的研究，之後，通過地下電臺向陝北的黨中央作了稟報，並擬在第二天即請宋慶齡邀當時上海最好的兩位外籍肺科專家協同前往救治），說情況壞到了極點。馮雪峰接電話後，速向宋慶齡電話通報了此事。待馮雪峰趕至魯迅家中的時候，魯迅離開人世已經有半個多小時。不一會，宋慶齡先生也急匆匆地趕來了。

緊隨內山完造之後的是胡風先生，胡風先生是魯迅逝世後第一個趕到大陸新村的中國人。

胡風後來回憶道：

> 1936年11月19日黑早，內山書店一個店員找到我們住處，打門把我叫醒了，告訴了魯迅先生逝世的噩耗。我坐上他坐來的汽車趕去了。
>
> 趕到後，那兒幾個人都在靜默中。我瞻仰了遺體，才覺得果然是真事。那只好要我做什麼就做什麼。許廣平要我記錄什麼（似是記送訃告的親友們的地名人名）。我背著門坐在先生的書桌前，沒有注意到還有什麼人進來。不久，馮雪峰趕來了，好像是對遺體面部吻了一下。馬上叫我同到樓下客廳，這才看見宋慶齡先生已經坐在那裡（不記得是否還有別人）。雪峰要我起草一個等於訃文的公告。（胡風《關於魯迅喪事情況——我所經歷的》，寫於1976年11月16日夜，刊1981年8月第4期《社會科學》。）

從魯迅先生逝世開始，馮雪峰就緊張地全力以赴地投入了治喪工作。在陝北的黨中央、毛澤東和張聞天同志，通過地下電臺，並由潘漢年同志通知馮雪峰代表我黨全權安排魯迅喪儀。但馮雪峰也有他的難處，他無法公開露面。只能躲在「幕後」進行策劃，首先同宋慶齡先生商量具體事項。當時，許廣平先生由於處在極度的悲哀之中，已經無法具體料理魯迅的善後事項了。

值得指出的是，在移靈至萬國殯儀館後，宋慶齡先生臂戴黑紗，長時間陪同許廣平、海嬰母子為之守靈。宋慶齡的這一偉大、仁愛之舉，使得前來弔唁的萬千各界群衆為之敬崇萬分。這同相隔 65 年後有人在其書中無來由地編排宋慶齡及地下黨没有為魯迅喪儀支付任何費用的行徑形成了一個多麼鮮明的對比。

宋慶齡於 1977 年 8 月 2 日寫就的《追憶魯迅先生》一文（後刊《魯迅回憶錄》第 1 集）中證實了此事：

> 一天早晨，我忽然接到馮雪峰的電話，在魯迅家我曾見過馮一面。當我這次去魯迅家時，馮同我走進臥房，只見這位偉大的革命家，躺在床上溘然長逝了。他夫人許廣平正在床邊哭泣。
>
> 馮雪峰對我說，他不知怎樣料理這個喪事，並且說如果他出面就必遭到國民黨反動派的殺害。當時我想到一位律師，他就是年邁的沈鈞儒。我立即到沈的律師辦事處，要求他幫助在虹橋公墓買一塊墓地。沈一口答應，並馬上去辦理。

關於馮雪峰接受黨中央委託在「幕後」安排、指揮喪儀的事，作為一則秘聞，也悄悄地在社會上流傳開了。有一家報紙還煞有介事地刊發了一條「獨家新聞」，云：因為夫人許廣平哀毀過度，治喪委員會的委員又十分忙碌，凡是有關喪事的規劃，另外由一個人全面負責。這個人獨居斗室，從不露面，只在幕後指揮，但從佈置靈堂，瞻仰遺容，一直到出殯路線和下葬儀式，都經他親自研究，然後作出決定，付諸實施。消息還說，這個從不拋頭露面的是一位十分神秘的人物。

報上所云這位「十分神秘的人物」，就是領銜中共中央重要使命的魯迅戰友馮雪峰同志。對此，唐弢先生寫道：

> 一天傍晚，我從膠州路萬國殯儀館回家，治喪辦事處要我順道帶一封信到周建人先生家裡，收信人不是周建人本人，而是報上說的那位神秘的人物。所謂神秘的人物其實也不神秘，而是我早已聞名卻還不曾見過面的馮雪峰。

唐弢先生還進一步指出，馮雪峰「代表組織盡了他個人應盡和能盡的力量。」

在宋慶齡抵達魯迅家中時，與宋慶齡同為中國民權保障同盟領導人的蔡元培先生等人也先後抵達。隨後，在馮雪峰的主持下，經商量，組成了以蔡元培先生為首的魯迅先生治喪委員會，並由治喪委員會向等候在樓下的各新聞單位記者發出了訃告。

訃告如下：

魯迅先生訃告

魯迅（周樹人）先生於一九三六年十月十九日上午五時二十五分病瘁於上海寓所，享年五十六歲。即日移靈置萬國殯儀館，由二十日上午十時至下午五時為各界瞻仰遺容的時間，依先生的遺言「不得因為喪事收受任何人的一文錢」，除祭奠和表示哀悼的挽詞花圈外，謝絕一切金錢上的贈送。

謹此訃聞

魯迅先生治喪委員會

蔡元培　　內山完造　　宋慶齡　　A・史沫特萊

沈鈞儒　　蕭　參　　曹靖華　　許季茀

茅　盾　　胡愈之　　胡　風　　周作人　　周建人

上述訃告，由馮雪峰、宋慶齡、蔡元培等人共同審定，並請許廣平過目後即交「本埠中文和日文的諸報紙」刊登。

據馮雪峰、胡風等人證實，本來治喪委員會裡還有毛澤東的名字，當時，僅一家名叫《日日新聞》的外文報紙刊登過一次外，由於懾於國民黨蔣介石反動當局的淫威，其他報紙均不敢列入，但在日本的一些報紙也是刊登了的。10 月 20 日，《日日新聞》披露的消息稱：「魯迅氏的告別禮今明兩天中舉行，毛澤東也是治喪委員。」

19 日下午，在由大陸新村移靈至萬國殯儀館之時，馮雪峰與許廣平、宋慶齡一起到萬國殯儀館弔唁大廳佈置檢視了一番，之後，他再也沒有能夠公開露面。因為在弔唁過程中，也混入了一些喬裝打扮的國民黨特務。他們雖然不敢公開破壞各界群眾弔唁、瞻仰魯迅先生遺容的氣氛，但一旦被他們掌握的共產黨人露面，必盡力跟蹤乃至抓捕事宜。後來，在魯迅先生靈柩落葬萬國公墓的第二天，也就是 10 月 23 日那一天，百感交集的馮雪峰獨自一人來到先生墓前悄悄地憑弔了一番。

10 月 20 日，中共中央、中華蘇維埃政府致電許廣平，深切哀悼魯迅先生的逝世。唁電如下：

> 魯迅先生逝世，噩耗傳來，全國震悼。本黨與蘇維埃政府及全蘇區人民，尤為我中華民族失去最偉大的文學家，熱忱追求光明的導師，獻身於抗日救國的非凡領袖，共產主義蘇維埃運動之親愛的戰友，而同聲哀悼。謹以至誠電唁，深信全國人民及優秀文學家必能賡續魯迅先生之事業，與一切侵略者、壓迫勢力作殊死的鬥爭，以達到中華民族及其被壓迫的階級之民族和社會的徹底解放。

與此同時，中共中央、蘇維埃政府還發表了《為追悼魯迅先生告全國同胞與全世界人士書》。《告全國同胞和全世界人士書》高度讚揚魯迅「做了一個為民族解放、社會解放，為世界和平而奮鬥的文人的模範。他的筆是對於帝國主義、漢奸賣國賊、軍閥官僚土豪劣紳、法西斯以及一切無恥之徒的大炮和照妖鏡，他没有一個時間不和被壓迫的大衆站在一起，與那些敵人作戰。他的犀利的筆鋒，完美的人格，正直的言論，戰鬥的精神，使那些害蟲毒物，無處躲避」，

「他在中國革命運動中立下了超人一等的功績。」

在另一封《為追悼與紀念魯迅先生致中國國民黨中央委員會與南京國民政府電》的電文中，中國共產黨提出了如下要求和建議：

> 為魯迅舉行國葬，並付國史館立傳；改浙江省紹興縣為魯迅縣；改北平大學為魯迅大學；設立文學獎金獎勵革命文學；設立魯迅研究院，搜集魯迅遺著，出版魯迅全集；廢止國民政府在魯迅生前一切關於禁止言論、出版自由的法令；……

中共中央的上述要求和建議，無法也不可能使國民黨蔣介石接受和付諸實施。即使是在次年——1937年1月13日，中共中央遷駐延安後，在其後滯留陝北的十年間，也只是辦了一所以魯迅名字命名的文學藝術學院及一個少得可憐的圖書館，以及全力支援許廣平在上海出版了中國歷史上最早的一套《魯迅全集》。

在這裡需要強調的一點是，在魯迅喪葬全部結束後，馮雪峰代表黨中央向許廣平承諾：待新中國成立以後，再對魯迅舉行隆重的國葬。有關這一點，以及當時並沒有承諾的旨在讓魯迅精神和業績傳播千秋萬代的一系列措施及投入的浩大人力、物力、財力，中國共產黨和新中國人民政府是完完全全履行了當初立下的諾言的。

可以這麼說，如果沒有中共在上海的代表潘漢年、馮雪峰與宋慶齡、蔡元培、沈鈞儒等各界民衆領袖的精心策劃和積極參與，魯迅的喪葬事宜是不可能辦得這樣井井有序，有聲勢有規模，從而起到轟動海內外、震懾敵人、形成萬衆一心全民抗日的大示威的重要作用的。

萬眾同悲巨星殞落

魯迅的逝世牽動著成千上萬人的心，巨大的悲痛，籠罩在大江南北每一個憂國憂民的人的心上。

站在魯迅的遺體前，宋慶齡，這個偉大、剛強而又美麗的女性落下了自 1925 年孫中山先生逝世以來又一次的悲痛淚水。魯迅為繼承孫中山先生的遺志，為著中華民族的解放和崛起，抱病戰鬥到了生命的最後一息，他連孫中山的壽命也沒有活到。作為戰友，魯迅的逝世是對她的又一次沉重的打擊。「因為中國需要你，革命需要你!!!」四個月前她忍著剛割治盲腸的痛苦，在無法起床行走的情況下，用抖顫著的手寫下了這麼一封言辭懇切的信，可是，魯迅先生還是走了……

站在魯迅遺體旁，中國近代革命的先驅者之一，孫中山的戰友，年長魯迅 13 歲的蔡元培先生強忍住即將奪眶而出的淚水，默默地、默默地佇立在那兒……民族危亡，戰鬥正未有窮期，戰士卻離去了，然而，他的戰鬥精神永存！

無數人哭泣著來到敬愛的導師遺體旁。這其中當數關東大漢蕭軍尤為真誠而悲痛萬分。6 時剛過，與黃源夫婦一起火速趕至大陸新村的蕭軍，颶風般地衝上樓梯，衝進先生臥室，「撲通」一聲跪倒在先生的床前，他的雙手撫摩著先生骨瘦如柴的雙腿，平生第一次石破天驚的慟哭了起來。他把頭深深地埋在尚有餘溫的先生胸前，旁若無人地發出悲痛的哀號，他一邊哀哭，一邊在內心裡傾訴著對敬愛的導師的愛戴之情。

在東京，當得知恩師魯迅去世的消息後，在異國他鄉的淒風苦雨中，蕭紅情不自禁地失聲痛哭了起來。透過淚水，她彷彿看見魯迅先生像往常一樣坐在籐椅上，和她，和她的軍一起談笑風生。他那慈祥親切的父親般的面容，感人肺腑的笑聲，春風拂面般的話語，至今歷歷在目……可誰能料到，這 7 月 15 日一別，竟會是永生永世的訣別！

「讓我的哭聲和你們的哭聲混在一道！」

在魯迅先生的遺體前，無數個青年，無論是受過他當面教誨、提攜的，還是素不相識從其作品中汲取營養的，無不都是在掩面哭泣，哭泣他們失去了世界上最偉大最仁慈的導師。

五個月前陪同愛德格·斯諾與魯迅作過一次長談的姚克，在參加治喪並為之守靈的同時，懷著極其沉痛的心情擬就了一首挽聯，並與好友斯諾一同署名，敬獻在先生靈前。挽聯寫道：

魯迅先生不死

譯著尚未成書，驚聞殞星，中國何人領吶喊；

先生已經作古，痛憶舊雨，文壇從此感彷徨。

姚莘農

EDGAR. SNOW 敬挽

兩個多月前，憑著年輕人的意氣和草率，給魯迅寫信從而遭到魯迅痛斥的徐懋庸先生，懷著十分沉痛、複雜的心情，送上了一副蘊藏在悲痛後面千言萬語的挽聯：

敵乎友乎，余惟自問；

知我罪我，公已無言！

魯迅大出殯時，徐懋庸也手持一朵小白花加入了送葬的行列。後來，在得知許廣平要編輯魯迅先生的書信集時，徐懋庸毫不猶豫地將魯迅給他的52封信全部寄給了許廣平。

10月20日上午9時許，魯迅遺體從前一日晚停放的二樓移至樓下大廳，正式接受各界人士的瞻仰和弔唁。宋慶齡在這裡長時間陪伴許廣平為之守靈。10月21日舉行大殮時，宋慶齡再赴萬國殯儀館，並在擁擠的人群中回答了《立報》記者的提問。宋慶齡強調指出：「魯迅先生底死，是中國一種重大的損失。……魯迅先生生前既然為中國民族求解放而奮鬥不懈，死後我們便得拿他這種精神去宣揚給全國的民眾。」宋慶齡還特別提醒人們：紀念魯迅的最好方法「是把他的那種求中國民族解放的鬥爭精神，擴大宣傳到全世界去，而幫助完成他未完成的事蹟和偉業。」第一天前來瞻仰魯迅遺容者計 4462 人，團體 46 個。其中，國民黨財政部長孔祥熙和上海市市長吳鐵城也派代表前來弔唁，並敬送了以他們個人名義挽獻的花圈。第二天——10 月 21 日的悼念盛況更加熾烈，既有衆多的文藝工作者和大中學校學生，也有工人、店員、郵差、黃包車工人和家庭婦女等生活在社會最低層的人們，以及國民黨的員警、士兵、政府工作人員等；此外，還有蘇聯、日本、西歐各國的國際友人前來瞻仰。對魯迅的悼念遠遠打破了國界、黨派、貧富和宗教信仰的界限。

與魯迅有著莫逆之交的一代才子郁達夫先生聞訊後，坐最早一班船，從千里之外的福州火速趕赴上海，加入了瞻仰和送葬的行列。

在故都北平，中法、清華、師大、民國、法商等高等院校先後舉行了隆重的追悼大會。在魯迅當年任過教的「五四」運動發祥地北京大學，舉行了有 1000 餘名各校師生出席的追悼會，許多著名教授都發表了緬懷魯迅業績，繼承魯迅戰鬥精神的激昂講演。北大文藝研究會的「為人類為真理苦鬥一生，哀中國哀世界喪斯巨人」、北大新史學建設學會的「層層剥削中的大衆正高喊著反抗，在這黎明的時期，哪位再作高爾基？種種壓迫下的大衆方展開了鬥爭，值此緊急的關頭，誰再警醒阿Q？」的挽聯尤為震撼人心。國際友人華羅琛夫人在會上道出了世界上一切愛好和平、正義、反對戰爭的人們對魯迅的崇高評價。她說：魯迅先生是中國一個最偉大的作家，而且也是世界上一個最偉大有著崇高地位的作家。他的作品不僅是中國民族的寶藏，同時也是全世界的文化寶藏。擁有廣泛讀者的《北平新報》破天荒地連續七天刊發追悼專頁，把上海、北平和全國乃至世界各地悼念魯迅的活動和社會賢達的紀念文章源源不斷地介紹給北平的中外讀者。

「代表平、津、京、滬、漢、杭、晉、桂、濟、青等 27 學聯 24 萬學生鞠躬」的全國學生救國聯合會，發表了「哭魯迅先生」的哀辭。

在上海，瞻仰、弔唁進入了第三天。下午 1 時 50 分，由胡風、蕭軍等 30 餘人組成的治喪辦事處人員繞棺一周，爾後由胡風、蕭軍、鹿地亙、巴金、黃源、黎烈文、孟十還、靳以、張天翼、吳朗西、陳白塵、蕭乾、聶紺弩、周文、曹白、歐陽山等 16 人扶柩上車。

群衆，尤其是那些衣著樸素的工人、店員、學生、市民，爭先恐後地擎起了擺放在靈堂內外的挽聯、花圈，剎那間，萬國殯儀館內外成了一片白色的哀悼海洋。在這片白色的海洋前列，由張天翼寫的「魯迅先生殯儀」的白布横幅格外地醒目。由司徒喬繪製的一幀魯迅大墨像，仿如他生前一樣冷眼俯視著世界。

没有專備的汽車，由內山先生出資雇了 9 輛計程車。草明、雨田兩位青年女性陪同許廣平母子坐在靈車內，原先安排宋慶齡、蔡元培、沈鈞儒、章乃器、史良、周建人和內山完造、史沫特萊等分乘其他幾輛車，但宋慶齡為表達對魯迅逝世的悲悼和對國民黨蔣介石反動當局的蔑視，同時也是為了保護整個送葬隊伍人員的安全，親手執紼，昂首走在隊伍的前列。葬禮結束後，她又隨大隊伍走了回去。事實上，正是由於宋慶齡的這一壯舉，保護了所有參加喪葬的人們——整個送葬隊伍的近萬人沒有一個人被逮捕或羈押。

原定靈車自殯儀館出來，經由膠州路、赫德路（今常德路）、愛文義路（今北京西路）、卜德路（今石門二路）、同孚路（今石門一路）、福熙路（今延安中路）、大西路（今延安西路）、虹橋路到萬國公墓。但由於租界當局極度恐懼這開埠以來史無前例的萬人送葬行列會形成一觸即發的示威遊行，於他們不利，不允許通過鬧市區，遂改由自膠州路、極思菲爾路（今萬航渡路）、地豐路（今烏魯木齊北路）、大西路（今延安西路）、虹橋路直至萬國公墓。

一直延至下午 2 時半才啟靈，奏起了哀樂，一萬多人的送葬隊伍，懷著極其悲痛的心情緩緩走出了殯儀館的大門，他們唱著挽歌，喊著口號，隊伍齊聲地高呼著「爭取民族解放來紀念魯迅先生」的口號，沿途不時有市民加入送葬隊伍。

蔣牧良、歐陽山等人高擎著寫有「魯迅先生殯儀」的特大白布黑幡，走在送葬隊伍的最前面，緊隨其後的是近 300 人組成的一長列白色的花圈、挽聯和幾十個人簇擁著的繪有魯迅的巨幅遺像的大白布，隨後是軍樂隊、挽歌隊、靈車、家屬，以及人手一面小白旗的徒步送殯者。這支上萬人的出殯隊伍代表著千千萬萬中國人的心願。他們既是送葬的隊伍，又是一支聲勢浩大令敵人心驚膽顫的示威隊伍。在低沉的軍樂隊哀樂聲中，人們連綿地唱著極為悲壯的「安息吧！魯迅先生」的挽歌，整個送葬隊伍逶迤達二里多長。

租界區域內，由於當局的極度恐懼，兩旁是全副武裝槍上了刺刀騎著高頭大馬的印度巡捕，而在中國地界的虹橋路，則是長短槍齊全、一身黑衣白裹腿的中國員警。與其說他們是在虎視眈眈監視，倒莫不如說是為保護魯迅大出殯行注目禮。

由於隊伍中有不少小學生，送葬隊伍直到下午四時半才抵達萬國公墓。靈柩停在公墓禮堂中，在蔡元培先生的主持下，參加追悼會的萬人全體肅立、默哀、致敬。蔡元培先生首先致悼詞，號召人們：「我們要使魯迅先生的精神永遠不死，必須擔負起發揚他精神的責任來」，「我們要踏著前驅的血跡，建造歷史的塔尖。」蔡元培還指責了國民黨反動當局對魯迅的迫害，被巨大悲痛籠罩著的宋慶齡先生用簡短的英文泣不成聲地表達了自己對失去最親密戰友的悲痛心情（姚克翻譯）。宋慶齡說：「魯迅先生是革命的戰士，我們要承繼他戰鬥的精神，繼續他革命的任務！我們要遵循他的路，繼續他打倒帝國主義，消滅一切漢奸，完成民族解放運動。」繼宋慶齡之後，長期給魯迅先生幫助的內山完造先生，動容地致詞說（日文演講，由黃源口譯，內容經黃源核對無誤）：

> 魯迅先生是一個世界的偉大的存在。所以，我們受到的印象和影響，也是非常多方面的。
>
> 然而，用一句話總括起來，那麼，先生是一個「預言者」。先生的一言一語，恰好是「曠野上吶喊者的聲音」。
>
> 這是我們日本人的普遍而深刻的印象。
>
> 先生屢次在我們的頭腦上壓上不能消磨的印象。
>
> 先生說：「路本來是沒有的，有人走了以後，才有路。」
>
> 每想到這句話，我的眼前就依稀映現出先生獨自一人在曠野寂寞而鮮明地印著開始的足跡而前去的身影。我不住希望各位，能隨著先生的足跡，為了開闢大路而奮鬥努力。

內山完造先生致詞結束時再一次疾呼：「魯迅先生就是荒野中的呼聲，他曾在寂寞的人生大道上獨立呼喊著！」

沈鈞儒先生代表上海各界人民群衆致悼詞。他在痛斥了國民黨蔣介石政府的媚日投降政策和對魯迅的長期壓迫之後，極度激憤地說道：「高爾基前幾個月死了，死後由蘇聯政府替他國葬。現在，像魯迅這樣偉大的作家，我們人民群衆一致要求國葬，但政府不管。今天我們人民自己來葬，到的都是民衆自己，這個我想魯迅先生一定很願意！」

伴隨著沈鈞儒先生的悼詞，是台下群情激憤的一片震天吼聲：

「打倒帝國主義！」

「打倒漢奸賣國賊！」

沈鈞儒先生旗幟鮮明的講演，引起了奉行媚日投降政策的國民黨蔣介石反動政府的極度恐懼和仇視。距沈鈞儒的這個發言恰好一個月——11 月 22 日，蔣介石終於一舉撕破了他的假抗日面具，悍然下令，以莫須有的「誹謗政府，危害民國安全」的罪名，將沈鈞儒、史良、章乃器、王造時、鄒韜奮、沙千里、李公樸等七人抓捕入獄，這就是歷史上震驚中外的「救國會七君子案」。

最後，由魯迅晚年最為器重和關注的學生蕭軍代表治喪辦事處全體同仁和魯迅先生生前支持過的四大刊物《作家》、《譯文》、《中流》、《文季》作講演。

蕭軍的講演如其人其性一樣剛烈而又極富號召力：

> 我代表《譯文》、《作家》、《中流》、《文季》四個刊物和治喪辦事處全體同仁，向諸位說幾句話，就是：魯迅先生他不應該死，他還沒到應該死的年齡，他自己也不想死，他不想用死來「逃避」自己的責任。他要活，他要用活著的最後一滴血，為中國

> 的整個民族和人民，為世界上被壓迫的大眾，爭解放，爭平等……可是他的敵人卻要他死，三十年不准他活，接連不斷地壓迫了他！現在他死了，裝在棺材裡了……這是他的敵人勝利了嗎？（群眾：沒有勝利！）不錯，他們並沒有勝利，魯迅先生的死正是為他們點起了最後送葬的火把！魯迅先生的死是一把刀——一把饑餓的刀！深深插進了我們的胸槽；我們要用自己和敵人的血將他餵飽！我們要復仇和前進！

悼念結束後，由章乃器、王造時等四人將一幅巨大的綴有「民族魂」（沈鈞儒手跡）三個大字的黃綢旗輕輕地覆蓋在盛有魯迅先生遺體的玻璃蓋靈柩上。在陣陣低沉的全場民眾誦唱的《安息歌》與哀樂聲中，仍由胡風、蕭軍等十六個抬棺人，將靈柩緩緩地落入了墓穴中……

應當說，以潘漢年、馮雪峰為首的上海地下黨，以蔡元培、宋慶齡和沈鈞儒為首的救國會，在發動和組織上海各界人民群眾悼念魯迅逝世的過程中，作出了巨大的努力和犧牲，從而使整個魯迅治喪工作畫上了一個圓滿的句號。然而，在魯迅大出殯結束 65 年後，有人卻在其書中向我們展示了一張喪葬帳單，並以許廣平「從未講過魯迅的喪葬費和買棺木的錢是救國會或是宋慶齡或是地下黨支付的」為憑證，作出了「足以從側面否定了他人或團體曾經在經濟上給予支援」的結論。

在 2002 年 10 月 17 日上海出版的《社會科學報》上，仍然是同一個人以《給魯迅先生送行》為題，再度向我們展示了幾張所謂否定宋慶齡及有關團體、社會各界人士資助魯迅喪儀的帳單。而且，在這篇長達 5000 字的文章中，如同一年前其所著書中一樣，絕口不提黨中央特派員馮雪峰及宋慶齡、蔡元培、沈鈞儒等民衆領袖和成千上萬各界群衆悼念民族魂的悲壯激昂情景，也不提胡風、蕭軍、黃源等人和治喪辦事處全體人員日夜操勞的忘我鏡頭。

史實果真如此嗎？

同樣是上海魯迅紀念館的「館藏資料」，同樣是胡風先生發表於 1981 年第 4 期《社會科學》雜誌上的《關於魯迅喪事情況》的文章，該書（文）作者或視而不見，或斷章取義，來加固所謂沒有任何團體個人資助魯迅喪儀的結論。

筆者經過長達二月之久的奔波考證，從紹興魯迅紀念館到上海魯迅紀念館及宋慶齡故居紀念館，從仍健在的 97 歲高齡的黃源先生家中留存資料，到一些已故當事人生前撰寫的史料，並向各地有關專家、學者及知情人諮詢後，得出的結果完全相反！

第一個是與魯迅並肩戰鬥數年的魯迅治喪委員會成員的胡風先生所寫的一份材料。在這份題為《關於魯迅喪事情況——我所經歷的》（刊 1981 年 8 月第 4 期《社會科學》，發表前梅志先生特地另注說明道：此文「經我們兩人共同回憶，基本上是無大錯的」——筆者注）的材料中，胡風寫道：

> 喪事兩三天後，我去看許廣平，看到茶几上放著包著一厚疊紙幣的信封，上面寫著孫中山式的粗筆劃「周同志」三個字，下面當有「喪禮」之類的字吧。

在這裡，胡風證實了宋慶齡先生於喪事結束後確實捐助了數目較大的「一厚疊紙幣」給許廣平。

1981 年 6 月 3 日，宋慶齡逝世 5 天後，黃源先生在發表於人民日報上的《宋慶齡與魯迅》一文中，則進一步印證了胡風的這一說法。黃源在該文開首部分寫道：

> 1936 年 10 月 19 日魯迅逝世的那天，我趕到先生住宅時，宋慶齡同志已在三樓，和雪峰、許廣平、周建人商量治喪大事。雪峰凌晨 5 點鐘就打電話通知她了。……雪峰和地下黨同志所處地位，不能公開出面，一切重要的關鍵性事件，全仗宋慶齡主持和承擔的。魯迅的靈柩是她親自去選辦的，萬國公墓的葬地是她去選定的。

與宋慶齡有著長達半個世紀友誼的著名國際友人伊斯雷爾・愛潑斯坦在其所著《宋慶齡——二十世紀的偉大女性》一書第 344 頁（人民出版社 1992 年 11 月版）中這樣寫道：

……馮雪峰等地下共產黨人不能在公開場合露面，所以宋慶齡不僅擔任治喪委員會主席，並且親自前往選擇墓地，償付費用並參加守靈。

在經過更為嚴謹考證後，宋宏先生在其《共同為中國的新生吶喊——宋慶齡與魯迅》一文（刊《宋慶齡與中國名人》一書第321頁，上海人民出版社1999年9月版）中寫道：

……1936年10月19日早晨，宋慶齡忽然接到馮雪峰電話告以魯迅病危的消息。當宋慶齡迅速趕到魯迅寓所時，這位偉大的革命家已躺在床上溘然長逝了，他的夫人許廣平在床邊嚶嚶哭泣。當時馮雪峰不便公開出面，經商量決定由宋慶齡和蔡元培等組成治喪委員會負責辦理魯迅喪事。宋慶齡即請沈鈞儒幫助在虹橋萬國公墓購買墓地一塊，還親自陪同許廣平到萬國殯儀館選擇棺木，她考慮到中國和世界人民對魯迅的愛戴，拿出自己的數千重金，幫助購得一具上面鑲有玻璃的棺木，以便使廣大群眾得以最後一次瞻仰戰鬥了一生的魯迅遺容。

此外，作為當事人的馮雪峰於1972年在北京魯迅博物館的一次座談會上證實了由他經手交許廣平的宋慶齡資助喪葬費3000元（刊《魯迅研究資料》第一輯，1976年10月出版）。此外，他還不只一次同長子馮夏熊及人民文學出版社多位資深編輯談及宋慶齡資助許廣平用於魯迅喪葬 3000 元這一事實。這同迄今保存在上海魯迅紀念館許廣平手寫的一筆收入帳幾乎不相上下！

宋慶齡是一位在資助革命事業方面從不刻意張揚的偉大女性，她 1981 年逝世後，包括周建人先生在內的許多人都著文加以了證實。筆者 2002 年 11 月 28 日在上海宋慶齡故居紀念館查閱考證時，該館工作人員再次強調了這一點。

在治喪期間，也有幾個人默默地為之墊付了一些費用。

一個是長期給予魯迅幫助、保護的內山完造先生。關於他的具體資助數額，以及有否另外給予許廣平現金，現在，已經難以考證了，但有幾筆是不可疏漏的。第一，魯迅剛一逝世，內山先生雇了多輛計程車，令其店員四處接人（而且是全店歇業總動員），如胡風、黃源雨田夫婦、蕭軍，以及住在上海西部邊緣真如季家庫的版畫家力群先生——他被接去畫魯迅最後遺容，請日本殯儀修飾專家奧村博史畫魯迅臉部，奧田杏花製作臉部石膏模型等；第二，初時為聯繫殯儀館、招待記者等的一些費用；第三，魯迅大出殯時，所租九輛計程車，以及其他一些零星費用。上述持續數日，恐怕也不會是一個小數。由於是為老友送行，內山先生自然不會計較個人得失，但決不能因為他本人没有張揚，就可以否定他為魯迅治喪付出的那一部分費用。試想，他的胞弟內山嘉吉都捐了 10 元，他孰能無動於衷？

還有一個人，是不能忘記的，他，就是為我們留下大量珍貴歷史瞬間的著名攝影家沙飛先生。儘管在許廣平經手的「付帳」一欄中有「照相及像架46（元）」一項，但這顯然是拍攝宏大場面的，包括由姚克接洽與歐陽予倩偕明星電影公司為魯迅喪儀拍攝記錄片的少量必要費用。自魯迅一逝世，沙飛即快速趕至現場，直到最後萬國公墓安葬結束，沙飛自始至終拍攝了大量的珍貴照片。出於對魯迅的崇敬與熱愛，他不可能會向許廣平索要什麼膠捲等。

附帶在這裡說明一下，在上海魯迅紀念館查考有關宋慶齡與魯迅的資料時，筆者的目光無意間被攤放在桌上的 1986 年上海出刊的一份資料所吸引。這是為紀念魯迅逝世 50 周年，由著名學者丁景唐先生主編的題為《紀念與研究》的特輯。這期特輯悉數公布了當年許廣平寫下的全部帳單。刊發時加注編者按，特別說明這是「館藏魯迅喪儀有關文獻」，屬於「還有很多未曾披露，記錄著鮮為人知的史實。」

據瞭解，一再提出沒有任何人任何團體資助魯迅喪儀論點的某先生，當時也收到了這一期特輯！那麼，為什麼作者在接二連三地著書撰文引自「保存在上海魯迅紀念館的檔案室裡」的資料時，偏偏會漏掉同樣由許廣平親手寫下的這一系列「收入」帳單呢？

某人在其書其文中不是說許廣平生前沒有交代過他人或團體資助喪儀嗎？那麼我們就在這裡公布由上海魯迅紀念館

館藏的資料——而且是由許廣平親手記下的「收入」帳單。

第一筆：上海、北平收奠禮登記

上海收：奠儀——日友送

長谷川三郎	二十元
山崎（東京）	九元五角九分
增井	四元八角
改造社	五十元
內山嘉吉	十元
山本初枝	五元

上海：奠儀

常晉升	十元
謝毅	廿元
宋竹軒	四元
李秉中	廿元
曹靖華	壹佰元
李霽野	四十元
朱吉人	四元
崔真吾	十元
臺靜農	壹百元
許季茀	壹百元
許叔和	六元

北平收：奠儀

小柴印刷所	五元
壽鄉	十元
張子明	二元
阮和森	二元
朱自清	五元
宋琳	四元
胡英	二元
宋友英	
俞藻	一元
車耕南	四元

上述，共計收到以中外個人名義送的喪儀計558.39元。

第二筆：魯迅喪儀收支清單

收入帳：

摘要	金額
墳地	1280
殯儀館	1000
另收	800
又	500
	3580

付帳：

用途	金額
墳地	1280
殯儀館	1430

衣服	103
掘墳費	15
紮匠店（內醫藥費五元）	112
捕房登記費	12
音樂隊	36
布料（黑紗、白布等）	112.45
伙食及小帳	95.3
童子軍用費	7.3
文具	27.07
竹匠工資及草花	15.4
汽車及其他交通雜用	85.56
又	3.6
雜支	33.4
廣告（未清）	14
照相及像架等	46
	3428.08
	餘存 151.92

附付青年會茶店費 20 元，餘存 131.92

下面是一張萬國殯儀館出具的清單

周樹人先生葬禮費用

靈柩及服務費	930.00
靈堂兩個，使用兩天	400.00

水泥棺座	180.00
水泥棺座搬運及勞務費	20.00
	總計：1530.00

（總計壹千伍佰參拾元）

1936-10-22 收到現金 1000 元，感謝支付現金

中國萬國殯儀館

經理 A·N·W·霍特

除清單外，還有殯儀館出具的兩張發票：

一張標明 1936-10-23 及發票號為 3127 的寫道：

「周樹人先生服務費現金——總數壹千元謹此感謝。」

而另一張標明 1936-10-24 及發票號為 3128 的寫道：

「周樹人先生服務費現金總數金額肆佰參拾元，謹此感謝。430.00 差額補足。」

值得注意的是，清單上明確寫明「靈柩及服務費 930 元」，表明了棺材確由萬國殯儀館代辦，所以含有服務費。另外，許廣平的「收入」帳裡還有「墳地 1280 元」一項，這就印證了魯迅逝世當日宋慶齡自述「我立即到沈（鈞儒）的律師辦事處，要求他幫助在虹橋公墓買一塊墓地。沈一口答應，並馬上去辦理」這一史實，也印證了筆者在前文引述的歷史見證人黃源，以及伊斯雷爾·愛潑斯坦、宋宏先生等

經詢問當事人及嚴謹考證後有關這一段史實論述的真實性。

此外，還有不少個人及單位，在魯迅病重期間或多或少地作了捐助。曾與周而復等人合編《文學叢報》的馬子華先生在其《點點星光》一文（刊《魯迅誕辰百年紀念集》，湖南人民出版社 1981 年 7 月版）中寫道：

> 一九三六年十月中的一天，聶紺弩到極司菲爾路文學叢報社找我，迎面便說：
>
> 「老頭子又病倒了！」
>
> 「還是老毛病吧？」
>
> 「這次要比以前重得多，看樣子醫藥費要花得不少，我們《動向》送了一點去，你們有錢也送點去吧。」
>
> 我當天晚上託人送了三十元去，由許廣平代筆寫了一封信來致謝，看樣子。魯迅先生已經不能動筆寫字了。
>
> 誰知沒幾天，先生竟一病不起。……

黨和人民的關懷

魯迅逝世後的 60 多年來，黨和人民在推動全民族弘揚魯迅業績，繼承和發揚魯迅戰鬥精神方面作了大量工作，同時對魯迅家屬、後代給予了無微不至的關懷。

據在上個世紀三十年代參與出版斯諾《西行漫記》和

《魯迅全集》的胡愈之先生回憶，為了實現許廣平保存魯迅全部文稿，出版《魯迅全集》的心願，在蔡元培和宋慶齡的支持下，地下黨四處派人預售（再用預售得來的錢付印刷費）。其中，當時正在武漢的中共領導人周恩來和八路軍辦事處也給予了大力支持，周恩來還親自向國民黨高官和當時在漢的中外知名人士推銷。

八年抗戰中，黨始終關懷著許廣平母子。據馮雪峰、胡風等人回憶，周恩來曾指示要關心在孤島艱難度日的許廣平母子。在這裡值得一提的是胡風先生，無論是在重慶的繁忙抗戰宣傳事務中，還是在顛簸流離的撤退途中，胡風先生一次次同一些不願支付魯迅著作版稅的出版商打交道，把收到的魯迅作品版稅悉數匯給許廣平，而他自己及家人卻一直過著極其清貧的生活，從沒動過一分錢的魯迅版稅。

全國解放後，黨和人民政府給予了魯迅遺孀許廣平、其弟周建人高規格的禮遇安置。許廣平和周建人出席了參與建立新中國的第一次全國政治協商會議。許廣平先擔任了由周恩來任總理的政務院副秘書長，後又改任全國人大常委、全國婦聯副主席；周建人先後任浙江省副省長、省長直至進入國家領導人行列的人大常委會副委員長。「文革」中，包括共和國主席、中央政治局委員、元帥、將軍在內的一大批開國元勳，以及遠比許廣平、周建人德高望重的民主黨派領導人都受到了衝擊和迫害，而由於毛澤東和周恩來的悉心呵護，無論是許廣平還是周建人，都沒有受到非難和衝擊。就是許廣平先生去世後，魯迅之子也可以將信送遞到患白內障的毛澤東手中並得到批覆。

在魯迅故鄉紹興，最早設立了魯迅紀念館：1951 年籌建，1953 年即行開館，1972 年再易地重建。不僅如此，政府還出鉅資恢復了三味書屋、老台門和百草園，不僅恢復了魯迅故居，而且還原汁原味地恢復了魯迅祖居。衆所周知的事實是：魯迅家族的房產、地產均已在 1948 年由家人處理完畢。上述房產的投入之巨大，可想而知。在這裡特別要指出的是，在魯迅逝世 66 年後的今天，經浙江省人民政府批准，一項投資高達 10 億元，旨在原汁原味保護整個魯迅故里歷史街區的重建計畫即將全面展開，其中僅魯迅紀念館易地重建一項的投資將達 5000 萬元以上。

在上海，同紹興一樣，魯迅家人沒有一分一厘房產、地產，政府出資將大陸新村 9 號闢為魯迅故居供中外遊人瞻仰、參觀。1956 年，在魯迅逝世 20 周年之際，黨和人民政府實踐了當年由馮雪峰向許廣平作出的承諾：在虹口公園內建立了氣勢恢宏的面積達 1600 多平方米的魯迅墓以及占地 5000 多平方米、建築面積達 2477 平方米的紀念館，為魯迅舉行了隆重的國葬。國家副主席宋慶齡、中共中央政治局委員兼上海市委書記柯慶施、中宣部常務副部長兼文化部黨組書記周揚、文化部部長茅盾、中國作家協會副主席巴金，魯迅遺孀許廣平及魯迅兒孫輩，以及有關方面負責人和各界人士、各國駐滬外交人員共 2000 餘人出席了 10 月 14 日在虹口公園舉行的魯迅墓落成和紀念館開館儀式。10 月 19 日，首都隆重舉行魯迅逝世 20 周年紀念大會，周恩來總理出席大會，郭沫若主持大會，茅盾作長篇學術報告，來自世界上 18 個國家的作家應邀出席。自 20 日至 24 日，在北京還舉行了為期 5 天的由馮雪峰主持的紀念學術報告會，郭沫若、茅盾、周揚、老舍、鄭振鐸等和應邀前來的 20 餘國作家出席交流。現在，上海魯迅紀念館年年都獲得政府財政撥款 700 萬元以上。

在北京，經過歷年的改、擴建和徵用周邊民舍，當年的魯迅故居僅占現館面積的不足十分之一。

在廣州，儘管當年魯迅在此逗留僅八個月又十天（1927 年 1 月 18 日至 1927 年 9 月 27 日），但解放後，在原國民黨「一大」會址上設立的廣州博物館內，仍闢出千餘平方米的屋宇專作魯迅紀念館。

新中國成立之初，難能可貴的是，許廣平先生並沒有將魯迅遺產看作是她個人或魯迅家屬的私產，而是將其提高到全民族財富這樣一個高度來加以認識和保護、推介。因之，她先後作出了將魯迅版稅、北京魯迅故居，以及魯迅遺物、手稿、書信等捐贈給國家的一系列決定。許廣平的這一系列決定，受到了黨、人民政府和廣大人民群衆的高度評價。後來的事實充分表明，許廣平先生當初的抉擇是明智的、正確的，從根本上避免了魯迅遺物、書信、手稿等因人力、財力有限，保管不善造成霉變、遺失等損失，乃至有被變賣的可能。有人曾這樣委屈地在其所撰書中強調：「至於父親的遺物、手稿、書信乃至八道灣和西三條的房子，母親也悉數捐給國家和博物館、紀念館，非但不收分文，甚至連『捐獻證』、房產轉換手續都沒有想到要。」那麼，今天，我們在這裡告訴這位作者：當初許廣平先生所捐贈的一切，黨和人民政府全部用於了對魯迅不朽業績的宣傳，迄今，沒有哪級政府、組織和個人佔用任何魯迅的遺物、手稿、書信等。半個多世紀以來，京、滬、紹、穗四地為養護、修繕四館及附屬設施等，費用達到上億元之巨（不包括房地產本身）。此外，也是極其重要的一點，在中國，魯迅逝世以來，特別是新中國成立以來，對魯迅的宣傳和紀念，除孫中山先生外，還沒有第二個人夠得上這個規格和規模，包括中國共產黨創始人之一的李大釗。繼毛澤東於 1937 年發表《論魯迅》的著名講演之後，在 1981 年魯迅百年誕辰和 1991 年魯迅 110 周年誕辰之際，中共中央主要負責人在首都舉行的紀念大會上都發表了重要講話。

葛濤《魯迅的五大未解之謎——世紀之初的魯迅論爭》

（東方出版社 2003 年 10 月）

後記

新中國成立伊始，周建人先生在 1949 年 10 月 19 日的《人民日報》發表《魯迅的病疑被須藤醫生所耽誤》之時，關於魯迅死因之謎似乎還未引起人們太多的注意。上個世紀八十年代當這一問題重新提起時，才引起學界的關心乃至於也引起了有關部門的注意。而歷史進入到二十一世紀，魯迅死因的再次提起，則進一步引起了學界廣泛而深入的探討。尤其是此問題的重新提起者周海嬰，不僅僅因為他是魯迅先生兒子之故，更重要的是，他還是至今健在的惟一的親歷者。

魯迅先生離開我們已經過去了七十五載，由於諸多當事人都已故去的緣故，魯迅的確切死因似乎依然還是一個謎，但依然值得我們去深入探討，去發掘值得發掘的史料。編者這裡盡可能全地蒐集、輯錄魯迅逝世七十五年來關於探討魯迅死因的文章，就在於想給關心此事的讀者提供一些歷史的材料，包括譯介了一些日本報刊發表的有關此事的報導和日本學者的研究文章。

聰慧的讀者自有自己的價值判斷，執著的讀者自然也會窮追不捨，一探究竟，直到真相大白的。編者也就無須贅言了。

感謝周海嬰先生允諾將其《一樁解不開的心結》作為此書代序！

感謝出版社為此書的出版所傾注的熱情和精力！

編者

2006 年 12 月 6 日於吉林大學

國家圖書館出版品預行編目資料

鲁迅死因之謎 / 靳叢林, 劉中樹編 . -- 初版
. -- 臺北市：人間, 2014. 1
556 面；15×21 公分
ISBN 978-986-6777-50-9（平裝）

1. 周樹人　2. 傳記　3. 報導文學

782.884　　101007466

中國近・現代文學叢刊　13
魯迅死因之謎

編者　靳叢林・劉中樹
出版者　人間出版社
發行人　呂正惠
社長　林怡君
地址　台北市長泰街 59 巷 7 號
電話　02-2337-0566
郵撥帳號　11746473 人間出版社
排版印刷　龍虎電腦排版股份有限公司
電話　02-8221-8866
登記證　局版台業字第三六八五號
初版　2014 年 1 月
定價　新台幣 500 元